歐美
西方

20世紀

西方美學史

（大眾篇）

金惠敏 主編

HISTORY OF WESTERN AESTHETICS

從「存在主義」到「格式塔」，從認識世界到形式研究，反思藝術背後的社會作用

二十世紀中葉二戰爆發，末日感侵襲了人們的心靈，舊制度被摧毀的同時，
新秩序悄悄再造；美學走向大眾，不再只為少數人所擁有。

海德格、沙特、維根斯坦、丹托、班雅明、哈伯瑪斯……
且看各大名家如何重塑美學，在時代的變革中為「美」另闢蹊徑！

目錄

目錄

第一章

存在美學

概論

　　存在主義作為一場思想運動，興起於 1940 年代。它所涉及的核心人物包括：海德格、雅斯佩斯（Karl Theodor Jaspers, 1883-1969）、沙特、波娃（Simone de Beauvoir, 1908-1986）、卡繆（Albert Camus, 1913-1960）、馬塞爾（Gabriel Marcel, 1889-1973）、烏納穆諾（Miguel de Unamuno, 1864-1936）、奧特加·加塞特（José Ortega y Gasset, 1883-1955）和田立克（Paul Tillich, 1886-1965）。這是一批連繫相當鬆散，有著不同宗教信仰、不同政治立場，甚至不同思路的哲學家，之所以被劃歸在存在主義名下，是因為他們具有如下一些共同特徵：首先，他們都深切關懷現代人的精神處境，希望能夠為人的生存尋找到意義的根基；其次，他們大都不認為現成的範疇體系可以窮盡個人具體的生存體驗，也不相信僅靠純粹的理性反思就可以確定生存的意義。透過追溯這一思想運動的源流我們可以發現，在西方思想史中，這種對個體生存體驗的推重和對於個體生存意義的追問，作為被理性主義遮蔽的潛流，是始終存在的。無論在古希臘思想家那裡還是在猶太－基督教的傳統中，我們都可以找到它的淵源。然而，存在主義最晚近的先驅當數 19 世紀的兩位思想家，即齊克果（Søren Aabye Kierkegaard, 1813-1855）和尼采（Friedrich Nietzsche, 1844-1900）。

　　西方理性主義傳統到 19 世紀上半葉發展到達巔峰，代表著理性主義最高成就的黑格爾哲學盛極一時。也就在這個時候，叔本華（Arthur Schopenhauer, 1788-1860）公然以他的唯意志哲學對其發難。這種以生命意志而不是理性作為宇宙終極實在的基本立場對尼采產生了深刻的影響，儘管後者並不滿意叔本華哲學的消極傾向。尼采將叔本華的生命意志概念改造為他所謂的「權力意志」。但在他那裡，權力，並非如一般理解的，是意

志追求的目標，而是驅動意志活動的生命的力，它不可避免地要尋求各種形式宣洩和表現自己，而這種宣洩和表現自己的過程也就是它自由創造的過程。一切抽象的概念系統，一切道德和審美價值系統都不過是這種生命力的創造物，與生命本身相比，它們是第二性的。當然，一方面，生命力的表現可以採取正面的、健康的形式，也可以採取反向的、病態的形式。尼采歡呼生命力以正面、健康的方式創造價值，而鄙視生命力以反向、病態的方式創造價值。在另一方面，生命力總是透過具體的生命形態表現出來的，這種具體體驗的豐富性絕不可能被規約為抽象的形式系統。然而，人出於對不確定性的畏懼（這本身仍是生命現象），硬要藉理性行使其暴政。於是，理性儼然成了救世主，而拯救的結果是把一切晦暗的激情都帶到理智的光輝之中，任何向本能、無意識的讓步都被看作是墮落的開端。在尼采看來，這種在理性中尋求庇護的做法是一種自欺的自滿，這無疑是一種生命力的病態的表現。

在抗議理性對規約生命的豐盈的同時，尼采還斥責群體透過意識的平均化作用消解個體的獨特性。尼采洞見到，意識這個以往被理性主義神化的領域，不過是群體為了使交往活動得以進行而建立的中介機制。個體活生生的真切體驗，一旦經過意識整理，就立刻被兌換成群體性的東西，與前者相比，後者永遠是平庸、虛假和病態的。尼采以蔑視的口吻將群體稱為「獸群」。群體意識是人類出於惰性、同時也是為了克服孤獨與恐懼，彼此達成妥協的結果。而這一妥協的代價是抹殺個體的獨特性、價值的差異和高度的區別。在獸群意識中，卓越、驕傲是遭到怨恨的品性，被當作惡來詛咒，只有平凡、謙卑才作為美德而受到頌揚。在這樣的時代裡，英雄不再出現，上帝自貶為人。至此，我們就不難理解尼采驚世的呼號：「上帝已死！」「我們殺死了祂。」基於尼采的思想，我們可以這樣理解：是我

們用理性抽象的形式和群體平均化的意識殺死了象徵著無限高度的上帝。

　　齊克果是對存在主義運動影響最大、最直接的思想家，正是他第一個明確用生存（existenz）這一概念來標舉人之為人作為個體的存在方式。他強烈批評黑格爾（Georg Friedrich Hegel, 1770-1831）用絕對知識體系來消解個體存在的做法，指出人作為生存的個體是無法用任何概念、範疇加以還原規約的，每個活生生的「我」的最真切的生存感受是焦慮（angst），是對喪失其真我的恐懼、戰慄和絕望，既無法用抽象的概念體系給出正當理由，也無法靠依附群體為自己壯膽來消除。在齊克果的哲學中，這些情緒有著非同尋常的意義，它們絕不僅僅是心靈在偏離理性常態的情況下發生紊亂的表徵，而是透露出被理性知識體系和體制化生活所掩蓋的生存實情，即個體的存在並非完滿自足的，而這種生存的欠缺是難以指望透過理性來彌補的。處於焦慮、恐懼、絕望之中的個體感受到從生存本身而來的內在驅迫，它逼使個體放棄飄忽不定的審美生活，拒絕浮泛不實的體系認知，脫離扼殺個性的群體庇蔭，以絕對個體的方式去承擔生存的重負。而這涉及個人具體的道德抉擇，特別是以個體的方式與絕對的超越者即上帝建立關係。

　　齊克果和尼采的這些思想後來成為雅斯佩斯、海德格、沙特、卡繆等人的重要哲學來源。幾乎所有存在主義者都關注這樣的問題，即在一個沒有上帝或上帝隱去的世界中，個體如何面對生存的偶然性和荒誕性，如何確定生存的意義。他們都認為，範疇體系與第一人稱視角無法囊括，它不能切合獨一無二的我的最真切的生存感受，而我的情緒體驗恰恰透露著生存的真相；他們都承認生存意義的非現成性，都強調個體必須透過實際生存的抗爭去實現自我的超越，而這一過程是無限的。相應地，存在主義對於藝術的思想與具體的藝術實踐也圍繞著這些核心主題展開。藝術被看作

是撇開現成的、可疑的概念體系，直接呈現具體生存體驗的途徑，與生存的真理密切相關。

　　雅斯佩斯雖然不排斥概念性的專門知識，但他認為更重要的是認清這些將存在固定下來的世界知識的限度，從而超越物性思維為我們劃定的邊界，他把這一過程叫作哲學的世界取向（philosophische weltorientier-ung）。這樣做的真正目的不是為了進一步擴展我們的知識體系，而是為了表明物性思維在尋求存在本身的無能。世界知識向我們呈現的是缺乏統一性的現象界，這個多維的現象界的集結點，並不在任何具體的現象領域之中，而是指向我的存在，即生存。生存本身絕不是思想的客體，相反，思想與人的其他活動和體驗一起同屬於生存。因此，生存無法靠概念思維來認識，我們只能隨著思想和體驗漸漸使之明亮起來（erhellung）。像齊克果一樣，雅斯佩斯關注情緒體驗的生存性。在焦慮或畏懼（angst）這類情緒中，他看到的不是人對於具體事物的懼怕，甚至不是對作為我們現實存在之否定的死亡的恐懼，而是自我存在的沒有著落、沒有根基所引發的虛無感。也正是在焦慮中，我意識到任何生存的可能選擇都只能依靠我自己做出，這在死亡、罪責、衝突等邊緣狀態下顯得異常顯著。這意味著我的生存是自由的。然而，所謂自由只是就選擇依賴於我的決定而言。另一方面，可供選擇的可能性卻不是無限的，它受制於我存在的現實。正是在這種持續不斷的生存選擇中，我使生存真正成為我的。作為有神論者，雅斯佩斯還為這一過程確定了應有的方向，那就是，生存應該是趨向超越存在（transzendenz）的飛躍，而這一過程是永無止境、不斷奮鬥的過程。在超越存在的顯現方式中，有一種方式格外引人注目，即透過所謂符碼書寫（chiffreschrift）進行的超越。在自然、文化和人類歷史之中，特別是透過達到超越的努力的失敗，我們可以讀到超越存在的符碼。

　　跟康德（Immanuel Kant, 1724-1804）一樣，雅斯佩斯也承認人的理性具有一種追求統一性的衝動。他把這種衝動所指向的東西叫作無所不包者，或統攝者（das umgreifende）。統攝者有著各種不同的樣式，包括世界、一般意識、（人的）此在（dasein）、精神、生存和超越存在，而只有超越存在才具有真正的統一性。相應於統攝者的不同樣式，真理也有著不同層次，而各種特殊的真理最終統一於超越的「一」。

　　在這個思想背景下，雅斯佩斯將藝術看作是最初與宗教、詩歌渾然不分的東西，是在這個比哲學更為原始的統一體中隱含著真理的語言。他說：

　　藝術使我們的可見世界對我們傳情達意。我們像藝術所教的那樣去看待事物。我們體驗到空間，是透過建築師所賦予的模式；我們體味到景觀，是當它聚集在人類勞動所建成的、並因長期使用而成為生活的一部分的宗教建築的時候。而只有當自然和人類在雕刻、素描、繪畫中凝定為本質狀態時，我們才能體驗到它們。從某種意義上說，只有當它成為藝術……的時候，事物才會確立其特徵形式，呈現出它的可見性質以及那原先似乎隱匿著的靈魂。

　　我們必須把表現個別美學的藝術和作為抽象實在的象徵符合的藝術加以區分。只有當美恰好揭示出超越的實在，當這一實在被感受為美，且每件事物因其真實而被認為本質上的美的時候，這兩種藝術才合而為一。我們為形而上藝術所保留的稱號「偉大的藝術」──就是指其形象創作揭示出潛隱的實在的藝術。[001]

　　可以看出，雅斯佩斯透過超越存在來尋求生存意義的最終實現，他對

---

[001] 雅斯佩斯：《悲劇的超越》，亦春譯，工人出版社 1988 年版，第 5 頁。

於藝術的思想也自然成為這種準宗教學說的環節之一。

與雅斯佩斯的這種有神論存在主義形成對照的是，無神論存在主義者拒絕接受任何形式的上帝，更加決絕地面對宇宙終極的無意義。海德格強調人的存在的被拋擲性，並明確把死亡當作組建人的生存之整體性的必要環節來掌握。沙特宣布，既然我們決定不接受上帝，那麼，一切以上帝存在為前提的論證都將失效。物質的實存沒有任何充足理由，它是偶然的、多餘的（de trop），它的多餘令人作嘔；這個世界從根本上說就是荒誕的。荒謬（l'absurde）彌漫於我們的時代，卡繆對此感受最為強烈。冷漠的宇宙沒有意義，它並不為我們而存在，但人卻偏偏要求它合乎理性，合乎自己的價值標準，這中間的巨大反差就是荒謬的根源。既然宇宙中不存在終極意義，我們的一生是否值得（la vie vaut ou ne vaut pas la peine d'être vécue）就成了嚴肅的問題，在《薛西弗斯的神話》中，卡繆把這看作哲學的根本問題。然而，接受沒有上帝作為意義來源或價值基礎的事實，卻沒有使這些無神論存在主義者流於虛無主義，相反地，他們都傾注畢生的思考，企圖克服虛無主義這個時代的頑疾。而他們採取的重要途徑之一就是透過藝術來實現價值的創造。這裡，我們將集中考察海德格和沙特這兩位哲學家的思想。

第一節　海德格

海德格（Martin Heidegger, 1889-1976）是 20 世紀影響最深廣的哲學家。他對存在問題的不懈追問，對人在世界中實際生存的分析，對西方形而上學傳統的克服，以及對前蘇格拉底時期古希臘思想的回歸，極大地改變了 20 世紀西方思想的走向。

　　海德格於 1889 年 9 月出生於德國巴登，早年曾在弗萊堡大學學習神學和哲學，隨後又跟隨胡塞爾（Edmund Husserl, 1859-1938）研究現象學。1916 年至 1945 年，他曾先後在弗萊堡大學和馬爾堡大學任教。由於 1930 年代與納粹合作的經歷，海德格於 1946 年被盟軍審查機構停職，自此直到 1976 年去世，他再也沒有以正式教授的身分出現在大學講堂上。毋庸諱言，作為 20 世紀最重要的思想家之一，海德格對納粹活動的參與以及隨後拒絕反省的態度是當代知識界的一大醜聞。儘管如此，我們還是應該認真研究其思想。

　　海德格的主要著作包括：《存在與時間》（1927）、《賀德林與詩的本質》（1936）、《藝術作品的本源》（1950）、《形而上學導論》（1953）、《技術的追問》（1954）、《尼采》（1961）。

　　海德格的早期思想與後來的存在主義運動有著明顯的親緣關係。《存在與時間》中關於人在世界中面向死亡的生存的分析，曾經深刻影響了包括沙特在內的一大批存在主義者。因此，海德格通常被看作是存在主義哲學的奠基人。然而，他本人並不情願承認自己的存在主義者身分。這不僅是因為他拒絕被劃歸某個陣營，更主要的原因在於，思考人的生存問題並不是他的最終目的。事實上，海德格最關注的是存在本身的問題，人的生存分析只是達到這一目的的手段，而不是海德格一生貫徹始終的途徑。在海德格哲學生涯的後期，隨著他與先驗主義的決裂，他基本放棄了藉考察人的生存方式來通達存在本身的企圖。但就存在主義運動的發展而言，海德格在《存在與時間》中有關人的生存之思想無疑具有里程碑般的重要意義。另一方面，這些思想也構成了他 1930 年代思考藝術作品之存在的背景。

一、藉人的存在之理解來通達存在的意義

（一）存在與存在者之區分

　　「存在」一詞的德語原文是 Sein。在希臘語、拉丁語、法語、英語等其他外語中，都有與之相應的詞，它們分別為：einai、esse、être、 being，但在中文卻找不到嚴格的對應詞，我們只能勉強把它譯成「存在」。由於這個詞幾乎在所有外語中都兼有表示實存和兼作介詞兩種功能，因而我們有時也會根據上下文把它譯作「是」。從古希臘的巴門尼德（Parmenides of Elea）開始，存在一直是西方哲學關注的中心。亞里斯多德曾將研究存在之為存在的學問稱為第一哲學。近代又出現了專門以存在為研究對象的科學 —— 本體論或存在論（ontologie）。然而，在海德格看來，所有這些聲稱對存在的研究都僅僅是將存在當作存在者，而忘卻了存在本身，西方形而上學的歷史就是不斷『遺忘存在』的歷史。海德格認為存在與存在者有著根本差異，他將其稱為「存在論差異」。為把自己對存在本身的追問與傳統本體論區分開來，他將前者叫作基礎存在論（fundamental ontology）。

　　存在者（seiende），即存在的或所是的東西。一方面，存在的東西以如其所是的方式存在（Das-sein），因而，說某物存在無異於說某物是某個對象（gegenstand）。另一方面，所是的東西總要是個什麼。當我們要掌握某個東西時，我們首先要問：「……是什麼？」而當我們回答「……是 A」時，我們就以 A 確定了這個什麼，也就是給出了這個存在的東西所是的本質（was-sein）。我們知道，每一個本質都相應一個概念，而概念之間存在著現成的邏輯關係。這樣一來，當確定了某個存在者的本質後，如果還要進一步追問這個本質，我們就可以藉這種邏輯關係追溯到另外的存在者那

裡，即以其他的存在者來確定要確定的存在者。這種追溯過程往往是從較具體的概念過渡到較普遍的概念；而當我們被逼到這樣的地步，以至於我們無法說出某物具體是什麼，而只能說「S 是存在者」時，此一過程就到達終點。因為，「存在者」似乎是最普遍的概念，不能再被定義。說某物是存在者，意味著用最為抽象的形式性範疇 —— 對象、本質來說明它，而這些形式性範疇被認為是具自明性的。

那麼，我們又如何理解存在本身呢？照海德格的說法，存在（sein）絕不是存在者（seiende），存在（是）既不是指對象也不是指本質，更不是指某種特定的本質，某個具體的什麼。[002] 然而，「使存在者之被規定為存在者的就是這個存在；無論我們怎樣討論存在者，存在者總已經是在存在已先被領會的基礎上才得到領會」[003]。對於存在與存在者的差異，亞里斯多德已經有所察覺。他指出，存在的普遍性是類比的普遍性，而不是類的普遍性。只是他未能深入追問這一問題，以致後世都無一例外地將存在混同於存在者，即將存在當作一個類概念或形式範疇。

存在與存在者雖然都無法定義，但兩者之不可定義的原因卻不同。存在者之所以不可定義是由於它作為最抽象的概念的無規定性，而存在之所以不可定義則是因為它的普遍性超出了類的普遍性。只要是存在者就一定存在，存在因而有著極大的普遍性。但是，不同存在者的具體存在方式卻無法用某種共性來概括。人這種存在者的存在方式，尤其無法以某個本質來規定。

透過上面的分析，可以得出兩點重要結論：

第一，如果說存在者是最抽象的概念，是無法定義的，因而不能再進

---

[002] 前者是形式化的結果，後者是總體化的結果。參見希歐多爾・基希爾：《海德格〈存在與時間〉的起源》，英文版，加州大學出版社 1993 年版，第 165 － 170 頁。

[003] 馬丁・海德格：《存在與時間》，陳嘉映等譯，生活・讀書・新知三聯書店 1999 年版，第 8 頁。

一步追問，那麼，存在（是）本身的意義則構成一個非常重要的問題。因為，只有從存在本身入手，我們才能明白存在者何以是其所是，如何以其特定的方式存在。

第二，存在（是）不是類概念，所以傳統的邏輯方法在揭示存在本身的意義時派不上用場；存在（是）甚至不是形式性範疇，因而，胡塞爾現象學的本質直觀方法也不適用。

（二）從此在逼問出存在

那麼，我們如何能夠接近這個晦暗不明的存在本身呢？在這裡，我們接觸到海德格哲學的另一個重要命題：存在總是存在者的存在。這意味著，我們必須藉存在者來接近存在本身。海德格說：「只要問之所問是存在，而存在又總意味著存在者的存在，那麼，存在問題中，被問及的東西恰恰就是存在者本身。不如說，就是要從存在者身上來逼問出它的存在來。」[004] 但是，又要從什麼樣的存在者身上才能逼問出存在來呢？

不過，我們用「存在著」（seiend，存有）一詞可稱謂很多東西，我們各式各樣對其有所關聯的東西，這一切都是存在著的。我們自己的所是以及我們如何所是，這些也都存在著。在其存在與如是而存在中，在實在、現成性、持存、有效性、此在中，在「有」（es gibt）中，都有著存在。我們應當從哪種存在者擷取存在的意義？我們應當將哪種存在者作為出發點，好讓存在開展出來？[005]

對此，海德格自己給出的答案是，那種能夠追問存在問題的存在者，也就是我們每個人以各自具體的方式所是的那種存在者。海德格將其稱為

---

[004] 馬丁・海德格：《存在與時間》，陳嘉映等譯，生活・讀書・新知三聯書店 1999 年版，第 8 頁。
[005] 馬丁・海德格：《存在與時間》，陳嘉映等譯，生活・讀書・新知三聯書店 1999 年版，第 8 頁。

此在（Dasein）。所有存在者的本質都源於存在，但此在與其他存在者的不同之處在於，它會追問這種使它成為它自己的存在本身，而它的這種追問就屬於它的存在方式。以追問存在為自己特有的存在方式的此在，實際上總是已經對存在本身有所理解、有所領會，並且基於這種領會而對遭遇到的存在者有所作為。在我們與事物打交道時，並掌握事物，且說「S是P」時，我們早已經對使某物是其所是的是（存在）本身有所領會。不然，我們怎麼可能使用「是」來判斷呢？我們之所以對存在（是）早有領會，是因為我們總已經在存在中，我們自己就存在（to be），而我們對存在的領會也顯現在我們的存在方式中。「此在在存在者層面上的獨特性在於它在存在論的層面上存在。」就是說，此在不單是作為存在者存在，更重要的是，它是以對存在有所領會的方式存在。「此在能夠透過各種方式與之發生交涉的那個存在，以及無論如何要以某方式與之發生關係的那個存在，我們稱之為生存（existenz）。這個存在者的本質規定無法靠援引（或給出）一個關於某主題事物的『什麼』來進行。」[006]

事實上，海德格在這裡用「此在的生存」替換了自己早先的另一種說法，即人的實際生活。在海德格看來，這才是哲學的開始之處。也就是說，我們必須從理解或領會此在在實際生活中的生存領會入手，才能揭示存在本身。在這裡，海德格與胡塞爾在對現象學的理解上發生了分歧。

為了解決存在問題，海德格曾追隨胡塞爾學習現象學。胡塞爾在《邏輯研究》中關於範疇直觀的思想帶給海德格很大的啟發，胡塞爾現象學宣導的「回到事情本身」的原則也深合他的心意。但海德格很快發現，胡塞爾在貫徹這一原則上並不徹底，「事情本身」在更根本的意義上應該是實際生活，而不是胡塞爾認定的、經過現象學還原後剩下的、已經帶有理論

---

[006] 馬丁·海德格：《存在與時間》，陳嘉映等譯，生活·讀書·新知三聯書店1999年版，第15頁。

痕跡的先驗意識體驗。與此相應，使事情本身顯露的途徑不應是本質直觀的現象學，而應是解釋學的現象學。顯然，海德格是在與以往不同的意義上理解現象學和解釋學的：現象學已經被賦予了更加徹底的內涵 ——「讓人從顯現的東西本身那裡，如它從其本身所顯現的那樣來看待它」。現象學要揭示的真理不是主觀判斷與客觀實在的符合，也不是被明證的給予的本質、觀念的可能性，而是實際生活之存在整體的自身敞開，是毫無隱蔽（aletheia），是讓存在者如其所是的存在。為了達到這樣的目的，我們就需要解釋的介入。如上所述，存在總是存在者的存在，而此在這種特殊的存在者總是基於對存在的領會而存在。從這種意義上說，此在的存在本身就是具解釋性的。這意味著，人在世界中的每一種具體存在方式，總是已經透露出個人對存在的領會。儘管人的實際生活所基於的存在領會尚不明確，還不是從存在論角度對存在所做的有意識的專題性研究，但它卻為存在論通達存在本身的意義提供了可能的途徑。也就是說，只要如實地描述此在生存的各個環節，進而領會滲透在這些環節中的此在的存在，就能使存在本身的意義漸漸地自行顯露出來。不難看出，這一過程是從「存在區別於存在者」、「存在是存在者的存在」、「此在總已具有存在之領會」這些前提出發的，只是我們在這些前提中還不清楚存在的意義，但根據海德格的設想，隨著我們解釋的過程，存在的意義會漸漸清晰起來。可以說，此時的海德格是要透過解釋學的循環論證來完成他的存在論研究。另一方面，依照海德格的初步構思，此在的存在最終統一於時間性，因而存在之意義要在時間的視域（horizont）中來掌握。

（三）此在之在世界之中存在

在開始具體的生存分析之前，海德格對人生存的實際狀態給出了基本描述：此在存在的基本建構（grundverfassung）是在世界之中存在（in-derwelt-sein）。海德格在這裡首先要呈現的，是此在在世界中的日常狀態。日常狀態雖然不屬於此在實際上的（eigentlich）生存，但卻是實際生活中的人絕對難以擺脫的、最活躍的生存狀態。

這裡我們必須格外小心，決不要對「在世界之中存在」這個看起來極為平常的陳述作一般的理解。因為，海德格這裡的關鍵概念 ── 「世界」、「在……之中」有著非同尋常的含義。

讓我們先來看世界的概念。在一般說到世界的時候，我們總是首先想到事物的總和；這些事物一般被看作孤立的實體，它們彼此之間並沒有與此在的生存相關的意義關聯。用海德格的話說，這是一個「存在者層次上的概念」。當然，如果我們關注這些存在者的存在，我們完全可以對它們進行傳統本體論的考察，按照特定的理論要求將存在者劃分為不同領域。例如我們在這個意義上可以談論「數學家的世界」，而這裡的「世界」意指由數學的可能對象所構成的領域。不難看出，無論是在第一種意義上，還是在第二種意義上的「世界」概念，都不是得自於對此在實際生存的現象學描述，它們都不是海德格所說的此在存在於其中的世界。看來，要想準確掌握這個此在的世界，還需要先對「在……之中」有一個基本了解。

「在……之中」是對此在這種特殊存在者的存在的描述。因而，它絕不是指「現成的東西在空間上的『某個在某個之中』」，如水在杯子之中、衣服在衣櫃之中，以及諸如此類的關係。海德格明確指出，「在……之中」是一個生存論（existenzial）概念，也就是說，它是對此在的生存進行存在論考察時所涉及的形式表達（formale existenziale Ausdruck）。確切地說，其中的「在」實際上意味著「居而寓於……」、「與……相熟」。只有此在才以這種方式存在，在這個意義上可以說，它對此在的存在方式而言是本質性的。「在……之中」總是以各式各樣確定的方式呈現，例

如：「和某種東西打交道，製作某種東西，安排照顧某種東西，利用某種東西，放棄或浪費某種東西，從事、貫徹、探查、詢問、考察、討論、規定，諸如此類。」[007]如果對上述這些「在……之中」的方式作進一步的生存論考察，我們會發現，它們分享一個共同的存在方式（seinsart）——操勞（besorgen）。「操勞」在日常意義上意指「料理、執行、整頓」、「為自己弄到某種東西」，還有擔心、害怕等意思。但在這裡它是作為生存論術語，專門來標舉一種可能的在世界中之存在的。可以說，「操勞」是此在朝向世界而存在、與世界相關聯的方式。「……此在的向世之存在本質上就是操勞。」[008]

需要指出的是，海德格將此在的向世存在當作操勞來掌握，往往給人一種感覺，彷彿他把此在的在世界中存在首先了解為實用性的，然而這是一種誤解。「我們選用這個名稱倒不是因為此在首先與通常是經濟的和『實踐的』，而是因為應使此在本身的存在作為『操心』（sorge）映入眼簾。」[009]不難看出，「操心」仍然是一個存在論概念，但是與操勞明顯的朝向世界的存在特性不同，「操心」與此在生存性的情緒有關，它並不指向確定的對象，然而，它卻是存在論上更為基本的結構概念。「這個詞跟在每一個此在的存在者層次上都可以發現的『沮喪』和『為生計操勞』完全不同。只因為此在存在論上被領會為操心，所以諸如此類的東西以及反過來像『無憂無慮』和『歡快』這樣的東西在存在者層次上才是可能的。」[010]

如上所述，此在的在世界中存在的方式，不是如一個現成存在者在

---

[007] 馬丁·海德格：《存在與時間》，陳嘉映等譯，生活·讀書·新知三聯書店1999年版，第66頁。
[008] 馬丁·海德格：《存在與時間》，陳嘉映等譯，生活·讀書·新知三聯書店1999年版，第67頁。
[009] 馬丁·海德格：《存在與時間》，陳嘉映等譯，生活·讀書·新知三聯書店1999年版，第67頁。
[010] 馬丁·海德格：《存在與時間》，陳嘉映等譯，生活·讀書·新知三聯書店1999年版，第67頁。

空間上處於另一現成存在者之中，而是「操勞」，是「居而寓於……」、「與……相熟」，是跟某某東西打交道，是製作、安排、利用、放棄某某東西以及諸如此類。可以說，此在以這種「在……之中」的方式與之發生關係的存在者就是世界。與前面說到的第一種意義的「世界」概念平行，但又有根本不同，海德格對自己的世界概念作了如下的初步界定：

> 世界還可以在另一種存在者層次的意義下來了解，這時，它不被了解為本質非此在的存在者和可以在世界之內出現的存在者，而是被了解為一個實際上的此在作為此在「生活」、「在其中」的東西。世界在這裡具有一種先於存在論的生存上的（existenzielle）含義。在這裡又有各種不同的可能性：世界是指「公眾的」我們世界（wir-welt）或是指「自己的」而且最近的「家常的」周圍世界（umwelt）。[011]

從上述規定中我們可以看到如下要點：第一，海德格是在存在者的層面上使用世界概念的，但與傳統本體論所處理的現成存在者以及現成存在者的總體不同。第二，世界是由此在和作為「操勞」的、此在的「在之中」來規定的。世界是此在生活在其中的東西。在其他地方，海德格曾經強調，只有此在有世界，只有此在以在世界中的方式存在。第三，其他不是此在的存在者與世界的關係是，它們是在世界內（innerweltlich）而不是在世界之中的。它們並不就是世界本身，儘管如我們將會看到的，要了解世界的存在方式，就離不開對這些世內存在者存在方式的考察。第四，作為此在日常存在於其中的東西，世界總是已經對此在的生存性理解有所敞開；日常此在對世界之中的存在者有所作為時，通常已對世界有所領會。但是，這種領會還不是從存在論角度對世界的存在方式的專門研究，因而是前存在論的（vorontologisch）。它是生存性的（existenzielle），因為它

---

[011] 馬丁·海德格：《存在與時間》，陳嘉映等譯，生活·讀書·新知三聯書店 1999 年版，第 76 頁。

與此在日常生存中的具體選擇有關，但它不是生存論的概念。這種從存在論、生存論角度專門探討世界的存在方式的研究，旨在揭示世界之為世界，它是哲學家的工作，而非普通人日常生活所面對的問題。第五，從大的方面講，世界有兩種可能性：「大眾的」我們世界和最切近的「家常的」周圍世界。

當然，這還只是對世界概念的初步界定，它只是大致確定了世界與此在和其他存在者的關係，指出了它不同的可能性，並暗示了通達世界的途徑——此在透過日常存在對存在者的作為，總是已經以對世界前存在論理解為基礎，但這還不算是從現象學上明確揭示出世界現象。切中世界現象本身並從存在論上掌握世界之為世界的工作，要透過考察世界之中的存在者以及它們的存在結構的途徑來完成。

（四）世界現象、世界之為世界、在世界中的他人

讓我們先從周圍世界入手。海德格強調，此在在世界中的操勞乃是比理論靜觀更加原始的存在方式：

認識本身先行地奠基於「已經寓於世界的存在中」——而這一存在方式在本質上組建著此在的存在。這種「已經依寓」首先不僅僅是對一個純粹現成的東西的瞠目凝視。在世作為操勞活動乃沉迷於它所操勞的世界。為了使對現成事物的觀察式的規定性認識成為可能，首須「操勞著與世界打交道」的活動發生某種殘斷。[012]

按照這種思路，海德格選擇了透過操勞活動、而非透過理論靜觀出現的存在者作為開始之處。這樣的存在者絕不是傳統本體論所謂「當下給定的」中性的赤裸的「物」，也不是被武斷地認定必然具有價值的物，因為

---

[012] 馬丁·海德格:《存在與時間》，陳嘉映等譯，生活·讀書·新知三聯書店 1999 年版，第 72 頁。

兩者都是從某一既定的理論預設出發得到的，這些理論預設都錯過了原始的在世存在 —— 操勞，因而它們所了解的存在者概念已經是第二性的了。那麼，在操勞活動中出現的存在者究竟是什麼？對此海德格作出了明確規定：「我們把這種在操勞活動中出現的存在者稱為用具。在打交道之際出現的是書寫用具、縫紉用具、加工用具、交通用具、測量用具。」[013]

把操勞所涉及的存在者界定為用具，這似乎不難理解。但這僅僅是開始，關鍵的問題是要揭示用具這種存在者的存在方式，以便最終能夠掌握世界之為世界。首先，用具不可能孤立存在，它總是以屬於一個用具整體的方式存在。「用具本質上是一種『為了做……東西』。有用、有益、堪用、方便等都是『為了做……用』的方式。各式各樣的方式組成了用具的整體性。在這種『為了做』（Um-zu）的結構中有著從某種東西向某種東西的指引。」[014] 指引牽連出用具的相互依附關係，它構成用具的整體性。「揭示出用具的整體性一向先於個別用具。」[015]

對用具的操勞活動就是與之打交道，也就是使用用具。「在這種情況中，操勞使自己從屬於那個對當下的用具起組建作用的『為了做』。對錘子這一物越少瞠目凝視，用它用得越起勁，對它的關係也就變得越原始，它也就越發昭然若揭地作為它所是的東西來出現，作為用具來出現。」[016] 此在在世界中使用與之打交道的用具，其存在消散（aufgehen）於操勞活動而不被特意關注，這種存在方式被海德格稱為及手之物的存在狀態（Zuhandenheit）；相反，當存在者被以專注的方式掌握時，它的存在方式被稱為現成之物的存在狀態（Vorhandenheit）。後面我們將會看到，海德

---

[013] 馬丁·海德格：《存在與時間》，陳嘉映等譯，生活·讀書·新知三聯書店1999年版，第80頁。
[014] 馬丁·海德格：《存在與時間》，陳嘉映等譯，生活·讀書·新知三聯書店1999年版，第80頁。
[015] 馬丁·海德格：《存在與時間》，陳嘉映等譯，生活·讀書·新知三聯書店1999年版，第81頁。
[016] 馬丁·海德格：《存在與時間》，陳嘉映等譯，生活·讀書·新知三聯書店1999年版，第81頁。

格以這兩種存在方式作為參照，來探討藝術作品不同於兩者的、獨特的存在方式。

與對現成之物的「瞠目凝視」不同，操勞有著自己特有的「視之方式」。「與用具打交道的活動使自己從屬於那個『為了做』的形形色色的指引。這種順應於事的視乃是尋視（Umsicht）。」[017] 打交道的活動、操作的活動正是由這種尋視來引導的。

有了這些準備，我們現在就可以討論世界本身了。必須承認，世界是一個存在者，但它絕不是世界之中的一種存在者，它也不是由世界之中的存在者疊加起來的總體，它甚至不是由及手之物的存在者所「組成」的。那麼世界究竟是什麼？正如此在在日常生活中的具體選擇總是基於它已經有的某種對存在的理解，此在對世界之中存在者的操勞也總是基於對世界的先行領會。「任何操勞向來都已經如其所是地依據於對世界的熟悉。」「尋視操勞可以通達世內及手之物。但凡在通達之際，世界總已經先行開展了。」而且，「它先於一切確定和考察，就在『此』之中」[018]。不過，這仍然只是從世界與世界之中存在者的關係上，對世界所做的初步說明，我們還沒有觸及世界在何種契機下顯現自身這個關鍵性問題。的確，儘管此在與世界之中的存在者打交道並預設了關於世界的理解，但當此在沉迷於及手之物之際，且它得心應手地使用對應的用具時，世界本身卻沒有跳到前臺。當用具損壞、不能用、礙事，從而引起關注時，它們的及手狀態也隨之變為現成之物狀態。只有在這種情況下，用具始終所屬的、由「為了做」的指引來規定的用具關係整體才突然變得顯著起來。也就是說，正是用具及手狀態的突然喪失，使操勞的尋視被戛然打斷，而這反而突顯了

---

[017]　馬丁·海德格：《存在與時間》，陳嘉映等譯，生活·讀書·新知三聯書店1999年版，第82頁。
[018]　馬丁·海德格：《存在與時間》，陳嘉映等譯，生活·讀書·新知三聯書店1999年版，第88頁。

平時未曾被明確意識到的、現成之物的存在結構——整體用具關係。「而世界就隨著這一整體呈現出來。」[019]

存在者之間總有一定的關聯方式。從不同的理論預設出發，可以在現成之物的存在者之間建立不同的連繫。但世界之中，及手之物的存在者的關聯並不是基於理論預設而建立的範疇性關聯，而是基於此在對其在世界中存在的理解的指引性關聯。「及手之物的存在具有指引結構，也就是說：它於其本身就具有受指引的性質。存在者作為它所是的存在者，被指引向某種東西；而存在者正是在這個方向上得以被揭示的。」[020] 我們已經在「為了做」中對指引有所認識，現在進一步來看指引如何揭示著及手之物的存在：「一事因其本性而緣某事了結。」換言之，就是一個（及手之物）存在者依自身（所是）而向某東西中盡其功用。上手的東西的存在性質就是「因緣」，或曰用向脈絡（Bewandtnis）。某東西的用向脈絡讓其依某事而向另一事中盡其功用（es hat mit ihm bei etwas sein Bewenden）。例如：錘子的「因緣」或用向脈絡讓它依其本性而向錘打中盡其功用；依錘打而向修固中盡其功用；依修固而向防風避雨中盡其功用。可以看出，用向脈絡的每一個「階段」所朝向的終點都是為一定功用服務為目的，而這又是為下一個目的服務的起點。我們所說的及手之物存在者的指引關聯就是用向脈絡中的「依……向……」（mit... bei...）的關聯。從存在論的層面上來看，「用向脈絡乃是世內存在者的存在：世內存在者向來已首先向之開放（freigeben）。存在者之為存在者，向來就有用向脈絡。如此的存在者有著『依……向……盡其功用』這樣的用向脈絡，這是這種存在者於存在論上

---

[019] 馬丁·海德格：《存在與時間》，陳嘉映等譯，生活·讀書·新知三聯書店1999年版，第88頁。
[020] 馬丁·海德格：《存在與時間》，陳嘉映等譯，生活·讀書·新知三聯書店1999年版，第98頁。

的規定，而不是關於存在者的某種存在者層次上的規定」[021]。根據上面所說的錘子的情況中還可以看到，用向脈絡是一個整體，它「構成了在一個工廠中的東西的及手狀態」。而這種整體性總是先於個別的用具本身。

在實際的操勞中，此在可以讓某個及手之物根據其本性向某事中盡其效用。但這只是存在者層面的「存有」。對這個層面的「存有」進行存在論的解釋可以使我們看到，此在實際地讓某東西根據其本性存在的可能性條件在於，世界之中切近的及手存在者先行開放──一種先行的「存有」。這種先行的「存有」並不是指把某物製造出來，「而是說就其及手狀態把向己『存在者』揭示（entdecken）出來，從而讓它作為具有及手存在方式的存在者出現」[022]。而只有每一個及手之物都作為其被開放出來，才算是在存在論上掌握的「讓其依用向脈絡存在」。

上述的「先行於存有」描述的是此在本身的存在方式。先行存有又意味著先行揭示用向脈絡整體。這個用向脈絡整體導向哪裡？它又如何被揭示出來？我們前面已經看到，用向脈絡與功用及其所用於的目的有關，每一個「階段性」目的又指向下一個「階段性」目的，這種指引過程所構成的用向脈絡整體最終指向「何所用」。這種「何所用」是用向脈絡的終結，因為它就是此在本身。「這個首要的『何所用』不再是為了什麼，不是用向脈絡的某個可能的向其中盡功用的東西。首要的『何所用』乃是一種『為何之故』（Worum-willen）。這種『為何之故』卻總與此在的存在相關，這個此在在本質上就是為存在本身而存在。我們這樣就提示出：用向脈絡結構導向此在的存在本身，導向這種本真的、唯一的『為何之

---

[021]　馬丁・海德格：《存在與時間》，陳嘉映等譯，生活・讀書・新知三聯書店 1999 年版，第 98 頁。
　　　　譯文略有改動，原譯本中的「因緣」此處試改譯為「用向關聯」。
[022]　馬丁・海德格：《存在與時間》，陳嘉映等譯，生活・讀書・新知三聯書店 1999 年版，第 99 頁。

故』。」[023] 此在先行的對用向脈絡整體的揭示，包括了對用向脈絡最終導向此在這回事的理解或領會。這就再一次具體地說明，「作為在世界之中的存在，此在先於存在論就領會著自身」。在這種先於存在論的領會中，此在對「為何之故」有所領會 —— 此在為「能存在」之故而存在。當然，「這種能存在可能是言明地也可能是未言明地得到掌握，可能是本真的也可能是非本真的」[024]。但無論如何，這種理解或領會將此在指引到某種「為了做」。而這種「為了做」則先行標畫出用向脈絡的某個「階段性」目的，以及與之有著結構性關聯的「所依」。至此，我們已經接近我們所要掌握的世界概念，即此在在其中理解自身的那個東西：

此在以自我指引的樣式先行領會自身；而此在在其中領會自身的「何所在」，就是先行讓存在者向之出現的「何所向」。作為讓存在者以用向脈絡存在方式來出現的「何所向」，自我指引著的領會的「何所在」，就是世界現象。而此在向之指引自身的「何所向」的結構，也就是構成世界之為世界的東西。[025]

這就是說，世界是此在在其中理解自身的東西，也是此在讓世界之中的存在者根據用向脈絡從其中獲得意義的東西。它對於理解和基於理解的操勞來說是在先的（a priori），但這種「在先」絕不是如一個房間先在那裡等人去住意義上的在先。此在的理解是以自我指引的方式進行的，指引不是任意的，而是以一定的關聯方式進行，這種關聯由「為何之故」最終指向此在的存在。這種指引關聯就是此在在其中理解自身的東西，也是世內存在者的存在依之得到規定的東西。世界就是這個作為理解條件的指引

---

[023] 馬丁·海德格：《存在與時間》，陳嘉映等譯，生活·讀書·新知三聯書店1999年版，第99頁。
[024] 馬丁·海德格：《存在與時間》，陳嘉映等譯，生活·讀書·新知三聯書店1999年版，第101頁。
[025] 馬丁·海德格：《存在與時間》，陳嘉映等譯，生活·讀書·新知三聯書店1999年版，第101頁。

關聯，而它的先在性是作為條件的先在性。

在世界中存在的此在總是已熟悉這個作為指引關聯的世界。不過，這種熟悉是前存在論的，也就是說，還沒有從存在論角度掌握其結構。然而，從存在論角度闡明世界之為世界，卻要基於此在對世界的前存在論的熟悉。因為，「在這樣熟悉地自持於其中之際，領會就把上述關聯持存在自己面前，作為自己活動於其中的東西」。於是，根據這種領會，我們就能確定指引關聯的本性。海德格把它叫作「賦予含義」（be-deuten）。他解釋道：

在熟悉這些關係之際，此在為它自己「賦予含義」，它使自己原始地就其在世來領會自己的存在與能存在。「為何之故」賦予某種「為了做」以含義；「為了做」賦予某種「所用」以含義；「所用」賦予用向脈絡的「何所向」以含義；「何所向」賦予用向脈絡的「何所依」以含義。[026]

透過這種賦予含義，指引關聯的結構被勾畫出來，而這種含義的關聯結構的整體被海德格稱作意蘊（Bedeutsamkeit）。它即是構成世界之為世界的東西。

我們看到，海德格首先從操勞入手分析了此在在世界之中的存在。他的分析使我們了解了此在如何根據自己對指引關聯的熟悉，將周圍世界內的存在者首先揭示為及手之物。然而，此在在世界中不僅以操勞的方式存在，在世界中遭遇的也不僅是及手的和現成之物的存在者，在世界中我們還遇到他人。「他人隨著在勞動中使用的用具『共同出現』了，而『工具』就為這些他人而設。」[027] 而他人是與我們一樣以此在方式存在的存在者。

---

[026] 馬丁・海德格：《存在與時間》，陳嘉映等譯，生活・讀書・新知三聯書店1999年版，第102頁。
[027] 馬丁・海德格：《存在與時間》，陳嘉映等譯，生活・讀書・新知三聯書店1999年版，第136頁。

世界向來總是我和作為其他此在的他人共同分有的世界。「此在的世界是
共同世界。」因而，所謂「在世界中存在」必然是與同樣作為此在的他人
共同存在。共在是此在存在的基本建構，它從生存論角度規定著此在。作
為生存論規定，共在並不依賴他人的現實而站在眼前。即使當此在獨處之
時，它也是在世界中共在。「獨在是共在的一種殘缺形式，獨在的可能性
恰是共在的證明。」[028] 如果說，此在以操勞的方式與世界之中的及手之物
打交道，那麼，它與他人共在的方式就是操持（Fürsorge）。與操勞一樣，
操持也是描述生存論結構的術語。作為操持的實例，海德格舉了社會福利
事業，而「互相慫恿、互相反對、互不需要、陌如路人、互不關心」也都
作為殘缺樣式被歸入操持。稍後我們將會看到，操勞（Besorge）和操持都
奠基於對此在更基本的存在規定 —— 操心（Sorge）。

在涉及周圍世界時我們看到，作為世界之為世界的意蘊最終指向此在
本身的存在。此在為其本己的存在之原因而存在。但既然共在亦屬於此在
的存在，「此在作為共在在本質上是為他人之故而『存在』」。「共在就是
生存論上的『為他人之故』；在這樣的共在之中，他人亦在其此在中得以
展開。因而，他人的這種先行以及共在組建起來的展開也參與構成意蘊。
也就是說，參與構成世界之為世界，因為世界之為世界是在生存論上的
『為何之故』中確定下來的。」[029]

然而，在日常與他人共處中，人總為自己與他人的差別操心。這種差
別是由他的所作所為來衡量 ——「他們是他們所從事的東西」。這樣一
來，此在在日常與他人共處的存在中失去了自己的存在，它總是不知不覺

---

[028] 馬丁·海德格：《存在與時間》，陳嘉映等譯，生活·讀書·新知三聯書店 1999 年版，第
140 頁。

[029] 馬丁·海德格：《存在與時間》，陳嘉映等譯，生活·讀書·新知三聯書店 1999 年版，第
143 頁。

地服從他人的統治。但這個「他人」不是某個具體的人，也不是抽象的所謂「字面意義的人的概念」。「這個『誰』是中性的：常人。」需要注意的是，所謂「此在受常人主宰」並不是指此在存在的某種非常態。常人代表著存在的平均狀態。「常人是一種生存論環節並作為原始現象而屬於此在之積極狀態。」[030] 日常此在絕難擺脫的存在狀態就是作為常人的生活。因而，常人不是此在以外的東西，而正是日常生活中的此在自己。此在本真的自己當然不是常人，但本真的自己並不是日常生活中此在最原始的現象。「我首先是從常人方面，而且是作為這個常人而『被給予』我『自己』的。」[031]

（五）對此在之「此」的生存論分析

到這裡為止，海德格對此在在世界之中存在的現象學描述，主要是從世界的層面來進行的。然而，對此在存在的描述還要針對此在的「此」，也就是此在所在的「此」或「彼」。但這裡要關注的不是此在在「此」對存在者的揭示活動，而是「此」之在如何展開（erschließen）其存在的整體。也就是說，我們在這裡要著重闡明，此在如何敞開決定著其揭示活動的、但在揭示活動中又沒意識到的東西 —— 它存在的整體。此在如何展開其存在的整體？不是靠理論思辨，不是靠專門的研究考察，而是靠它的「此」之在。實際上，此在在其實際生活中並非有意識地展開什麼，但在其「此」之在中，此在總是已經展開了其存在。如果我們把此在對存在的展開叫作展開狀態（Erschlossenheit），那麼可以說「此在就是它的展開狀態」。這種展開狀態就是此在之「此」的生存論建構，包括：現身情態、領會和話語。

---

[030] 馬丁‧海德格：《存在與時間》，陳嘉映等譯，生活‧讀書‧新知三聯書店 1999 年版，第 150 頁。
[031] 馬丁‧海德格：《存在與時間》，陳嘉映等譯，生活‧讀書‧新知三聯書店 1999 年版，第 151 頁。

　　一種在存在者層面上為我們所熟知的東西 —— 情緒，被海德格從存在論角度了解為「現身情態」（Befindlichkeit）。作為存在論術語，現身情態並不是心理學用來描述人的主觀心理活動的概念，它首先說的是這種生存現象，即「此在總已經是有情緒的……在情緒中此在被帶到它作為『此』的存在面前來」[032]。這意味著它構成此在存在的一種展開狀態，在這種狀態中此在「總已經發現自己，不是那種有所感知地發現自己擺在眼前，而是帶有情緒的自己現身」[033]。此在在現身情態中發現自己存在著，但對自己從哪裡來、到哪裡去並不清楚。「此在存在著」，「且不得不在」，這個被給予的實際情況稱為此在的「被拋擲境況」（Geworfenheit）——此在被拋入它的「此」，而且還在不斷的被拋擲過程中。這裡說的情緒不是指產生於內心的東西；作為現身情態，「情緒是從在世本身中升起來的」，情緒已經把此在在世界中的存在的整體展開了，也就是說，作為現身情態，情緒不是針對某個存在者的，不是針對張三李四，或者針對此在自己的；情緒透露的是此在的存在整體的「訊息」，而這種存在整體的「訊息」，在我們關注存在者時是被「封鎖」的 —— 此時我們的意識使存在者是其所是的存在。只是在現身情態中，此在存在的被拋擲的實際性（Faktizität）才向我們敞開。當然，連同此在被拋擲境況中一起被展開的，還有此在被拋入於其中的世界以及在世界中的共同此在。世界、共同此在和生存是被同樣原始地展開的，現身是它們的這種同樣原始的展開狀態的某種生存論上的基本方式，因為展開狀態本身本質上就是在世。此外，還必須了解，先前對世界之為世界的掌握雖然仍具有其有效性，但在現身情態

---

[032] 馬丁·海德格：《存在與時間》，陳嘉映等譯，生活·讀書·新知三聯書店 1999 年版，第157 頁。

[033] 馬丁·海德格：《存在與時間》，陳嘉映等譯，生活·讀書·新知三聯書店 1999 年版，第157 頁。

的展開中，我們進一步認識到，此在在世界中尋視操勞地揭示存在者的活動總已經是帶有情緒的。

此在的另一種展開狀態是領會或理解（Verstehen）。需要注意的是，這裡的領會不是指先驗唯心論所說的心靈的理智能力。它不是指可以抽象地與感性能力分開的、單純的邏輯判斷活動，而是此在「此」之在的方式，它跟現身情態一同根植於生存，因而與情緒始終交織在一起。「現身向來有其領會，即使現身抑制著領會。領會總是帶有情緒的領會。」[034] 任何明確的解釋和判斷都只不過是對總已經發生的領會的梳理與挑明。

此在在世界中生存於「此」，也把世界帶到「此」。世界作為指引關聯由「為何之故」最終指向這個在「此」的存在。領會根據「為何之故」與世界的意蘊相熟，作為此在的展開狀態，領會也就展開「為何之故」和意蘊。而當這些層面被展開的時候，此在便意識到它的在世界中存在是為它自己的存在之故。領會就此將此在的存在展開為「能存在」。也就是說，此在能夠生存，並且此在依其生存可能性去是它所能是。此在的可能性不是邏輯的可能性而是生存的可能性。這種可能性不是漫無邊際的，而是受它被拋擲的實際性限定的。基於這種實際性，「領會總是突入諸種可能性之中」，也就是說，領會把可能性作為可能性拋投向前，選擇某種可能性，並同時不得不放棄其他可能性，而這就是此在的存在方式。因此可以說，領會具有籌劃的性質（Ent-wurf，意向前拋），領會展開了此在籌劃的存在方式。「並且，作為被拋擲者，此在被拋入籌劃（前拋）的存在方式中。」（Und als geworfenes ist das Dasein in die Seinsart des Entwerfens geworfen.）

---

[034] 馬丁·海德格：《存在與時間》，陳嘉映等譯，生活·讀書·新知三聯書店 1999 年版，第 166 頁。

此在展開狀態的生存論建構的第三個環節是言談（Rede）。「言談是可理解性的分別關聯。」「言談與現身、領會在生存論上同樣原始。」闡明領會的解釋以及基於解釋的判斷都以言談為條件。並且，「現身在世的可理解性也由言談道出」[035]。

以上就是此在之展開狀態的三個生存論建構。我們知道，此在在日常狀態的存在中被常人主宰——「此在首先被拋入常人公共意見之中」。在這種狀態下，此在的領會、解釋與話語的展開狀態表現為閒言、好奇與兩可。日常此在除了被拋入常人的公眾意見，還被拋入周圍世界並寓居於世界之中的存在者之間，此在操勞著沉迷於「世界」。此在總是傾向於消散在「世界」及常人中，海德格把這稱為此在的「沉淪」（Verfallen）。在這裡，沉淪是存在論的術語，而非倫理概念。它所展開的是作為「能在」的此在的一種可能的存在方式，我們將會看到，與此在本真的存在方式相對，沉淪是此在非本真的存在方式。

（六）操心、時間性

至此，海德格已經從各個不同層面揭示了此在「在世界中存在」的生存論建構。但下一步還需要掌握這些層面所構成的整體結構。可以用一句話把此在日常存在的整體結構概括為：「沉淪著開展的、被拋擲並籌劃著在世，這種在世為本己的能在而『寓世』存在和共他人存在。」

然而，僅僅這樣把這些不同層面聚集在一起，還不足以從現象學角度掌握這種存在整體結構的本質。海德格問道：「能不能統一地嶄露出此在之存在，而同時又從這種統一的此在之中使已經展示的諸結構，在本質上的同等原始性得到理解，並且使隸屬於其下的生存論變式的諸種可能性

---

[035] 馬丁·海德格：《存在與時間》，陳嘉映等譯，生活·讀書·新知三聯書店1999年版，第188頁。

也一起被理解？」[036] 此處，海德格希望透過此在存在的「一種原始統一的單一現象」一次性展開此在的本真存在，而不僅僅是展開此在的日常存在。一旦達到這個目的，則日常存在的整體結構的統一性也自然會一起得到理解。

受齊克果啟發，海德格從畏（Angst）這種現身情態入手來進行這一研究。畏很容易被混同於怕，但兩者有著層次上的不同。怕的對象是有害的存在者，但畏所關涉的卻不是某個世界之中的存在者，而是在世本身：「畏之所畏者是被拋擲的在世；畏之所為而畏者是能在世。」[037] 在畏這一現身情態中，此在日常消散於其中的存在者不再露面，只剩下此在的能在及失去關聯的世界，此在體驗到無處安身的焦慮（Unheimlichkeit）。此在被從它的沉淪中召回到自己本真的存在面前，必須面對「此在總是我的此在」這一本真狀態。而沉淪本來恰恰就是對這一本真存在的逃避——此在沉迷於世界之中的存在者並按照普遍標準生活，怕就是這種狀態下的情緒，因而是屬於沉淪的一種現身情態。可以看出，畏這一現身情態將此在的本真狀態和非本真狀態一同展開。「據此，畏的整個現象就把此在顯示為實際生存在世的存在。這一存在者的諸基礎存在論性質就是生存論性質、實際性與沉淪。」[038]

此在的生存論性質是指此在的領會的存在建構。「這種領會即是向最本己的能在籌劃自身的存在。」籌劃是面向未來而進行的，因而「此在在其存在中已經先行於它自身了」。實際性指的是此在的被拋擲，它限制著

---

[036] 馬丁・海德格：《存在與時間》，陳嘉映等譯，生活・讀書・新知三聯書店 1999 年版，第210 頁。
[037] 馬丁・海德格：《存在與時間》，陳嘉映等譯，生活・讀書・新知三聯書店 1999 年版，第221 頁。
[038] 馬丁・海德格：《存在與時間》，陳嘉映等譯，生活・讀書・新知三聯書店 1999 年版，第221 頁。

籌劃。沉淪即前面說過的、此在消散於常人和世內存在者中。現在我們可以根據畏的展開把此在之存在的整體結構重新表述為：「先行於自身已經在（世）的存在就是寓於（世內出現的存在者）的存在。」對此，海德格用操心這個生存論術語來加以描述。操心絕不是指任何存在者層面的心理狀態，而是此在存在的多個環節結構的統一。「因為在世本質上就是操心，所以在前面的分析中，寓於及手之物的存在可以被把握為操勞，而與他人的在世內出現的共同此在可以被了解為操持。」[039]

操心因其「先於自身」這一環節總是指向未來的可能性，而屬於此在的最極端的未來可能性就是「不可能性的可能性」，即死亡。這使我們看到我們的生存是朝向死亡的存在。此在是有限的存在者。

我們說過，日常此在絕難擺脫沉淪這種非本真的存在而直面自己的本真存在。只有極少數的契機把此在帶回到自己本真的存在中。良知的呼喚便是這樣的契機。良知的呼喚打斷此在對「世界」的沉迷，使此在日常所根據的意蘊突然坍塌；它暫停了此在作為常人生活的狀態，召喚此在使之面向它本己的存在。但良知的呼喚不是從「我」以外的地方來的，否則就算不上良知。良知的呼喚從「我」自身發出。但在另一方面，它又超越於我——它超越了作為常人的我，使我將平日所遵從的常人標準視為糞土。「呼聲出於我而又逾越我。」[040] 而被呼喚的此在從中領會到自己的罪責。海德格強調，這些都不能以宗教或倫理來理解，而必須從存在論來了解。「良知的呼喚出於我」，而「我」作為此在的存在就是操心，因而「呼聲是操心的呼聲」。此在之所以把它自己發出的呼聲理解為一種存在論上

---

[039] 馬丁·海德格：《存在與時間》，陳嘉映等譯，生活·讀書·新知三聯書店 1999 年版，第 222 － 223 頁。

[040] 馬丁·海德格：《存在與時間》，陳嘉映等譯，生活·讀書·新知三聯書店 1999 年版，第 315 頁。

的罪責，就是因為發出這一呼聲的操心作為生存（籌劃）、實際性（被拋擲）和沉淪的統一始終被不的狀態（Nichtigkeit）所貫穿。

作為存在者，此在是被拋擲的此在，但卻不是把它自身帶入它的「此」。作為存在者，此在被規定為這樣一種能在：它聽到了它自身，但卻不是作為它自身把自己給予本己。生存著的此在從不回到其被拋擲境況後面去，以便能把這一「它存在，且不得不存在」從它的自身存在割捨掉並把它引入「此」。但被拋擲境況並非掛在此在身後，好似隨此在發生的、事實上落到此在身上卻又能從它身上脫落的時間。實則只要此在存在，此在作為操心就總是「存在且不得不存在」。[041]

這意味著，如果要追問此在的根據，我們就只能得到這樣的回答：「此在生存著就是它能在的根據……它向著它被拋擲的種種可能性籌劃。自身之為自身，不得不為自身設置它的這種根據；這自身卻絕不能控制這根據，而是不得不生存著接受根據性的存在。」[042] 這一系列的不，同樣是聆聽自己操心之呼聲的此在就「作為……的根據存在」這種問題所領會的不，而這也就是所謂罪責。可以說，對呼聲的領會就是，直面此在自身的根據本是無底深淵（Abgrund）這一實情。海德格的這一結論無疑已經嚴重損傷了形而上學對於根據的持久熱情，儘管從後期海德格的角度來看，這種損傷還不夠徹底。

「領會召喚就等於說：願有良知。」願有良知意味著承擔起生存的重負。這裡所謂生存的重負就是，生存著成為自身能在之根據。這種重負透過畏公開出來。此在在畏之中承受著自身的無家可歸。無家可歸狀態

---

[041] 馬丁‧海德格：《存在與時間》，陳嘉映等譯，生活‧讀書‧新知三聯書店 1999 年版，第 325 頁。
[042] 馬丁‧海德格：《存在與時間》，陳嘉映等譯，生活‧讀書‧新知三聯書店 1999 年版，第 325 頁。

是無聲的，因而良知的呼喚乃是默默的呼喚。海德格把包含在願有良知之中的、此在的這種突出的展開狀態（Erschlossenheit），即「緘默的、時刻準備畏的、向著最本己的罪責存在的自身籌劃」，稱作決心（Entschlossenheit）。本真的決心就是先行到死，此在因而展開了自身本真的整體能在——必死性必然包含在此在生存的原始真理之中。可以說，先行到將來的決心把死亡這一此在最本己的可能性保持在生存的整體真理之中，從而使得同在這一真理之中的、此在本真的曾在與當前，都浸潤著此在之必死性的底色。正是先行到將來的決心展開著本真的曾在與當前處境。

至此，海德格已經做好了一切準備，可以將此在的生存透過操心結構統一地理解為原始的時間性了：

從將來回到自身來，決心就有所當前化地把自身帶入處境。曾在源自將來，其情況是：曾在（更好的說法是：曾在著的）將來從自身中放出當前。我們把如此這般作為曾在著的有所當前化的將來而統一的現象稱作時間性。只有當此在被規定為時間性，它才為它本身使先行決心的已經標明的本真的能在整體存在成為可能。時間性綻露為本真的操心的意義。[043]

海德格提醒我們注意，時間性不是現成的存在者，「時間性不存在」，時間性只不斷地到時（zeitigen）。所謂「操心的三個環節統一於時間性」，意味著生存論性質（籌劃）、實際性（被拋擲）和沉淪都分別以各自的方式到時。

將來、曾在與當前顯示出「向……自身」、「回到」、「讓……出現」的現象性質。「向……」、「到……」、「寓於……」等現象乾脆地把時間性公開為 ekstatikon。時間性是原始的、自在自為的「出離自身」本身。因而

---

[043] 馬丁·海德格：《存在與時間》，陳嘉映等譯，生活·讀書·新知三聯書店1999年版，第372頁。

我們把上面描述的將來、曾在、當前等現象稱作時間性的綻出。時間性的本質即是在諸種綻出的統一中到時。[044]

既然此在存在的操心結構最初統一於時間性，既然時間性意味著在諸種綻出的統一中到時，那麼從相反的方向看，此在存在的各環節的本真與非本真的樣態，都應該看作本真時間性與非本真時間性的不同到時方式。「原始本真的時間性的首要現象是將來。非本真時間本身有其不同的到時樣式；將來所擁有的優先地位將與此相應而有所改觀，但這種優先地位還會在衍生的『時間』中浮現出來。」[045] 概括地說，本真的時間性在操心的三個環節，即領會、現身與沉淪中的到時方式，分別是先行、重演和眼下，非本真時間性在這些環節中的到時方式分別是預期、遺忘和當下化。

在此基礎上，此在的歷史性被了解為此在生存的實際發生（geschehen）或「歷史化過程」，而不是作為現成存在者的人的過去的故事。由於此在生存的操心結構統一於時間性，因此，歷史性必然要透過時間性而得到理解。於是，此在本真的歷史性與本真的時間性相對應，首先基於先行到死的決心「自由地面對死」。不僅如此，此在在本真的歷史性中還要從直面自己的必死性而返回到自身的當下處境，有決心地重演從過去流傳下來的生存的可能性。「本真地重演一種曾在的生存可能性——此在為自己選擇自己的英雄榜樣——這在生存論上根據於先行的決心，因為只有在先行的決心中，使追隨和忠實於可重演之事的爭鬥成為自由的這種選擇才被先決出來。」[046] 這樣此在的本真的歷史性，作為生存的原始發生或歷史

---

[044] 馬丁·海德格：《存在與時間》，陳嘉映等譯，生活·讀書·新知三聯書店 1999 年版，第 374 − 375 頁。

[045] 馬丁·海德格：《存在與時間》，陳嘉映等譯，生活·讀書·新知三聯書店 1999 年版，第 375 − 376 頁。

[046] 馬丁·海德格：《存在與時間》，陳嘉映等譯，生活·讀書·新知三聯書店 1999 年版，第 436 頁。

化過程就意味著：「此在在歷史化過程中自由地面對死，而且藉著繼承下來的、然而又是選擇出來的可能性把自己傳承給自己。」[047] 在海德格看來，我們所說的命運在根本的意義上就應該指這種此在的原始過程。至於另一個意義相近的詞 —— 「天命」，則指此在與他人共在的歷史化過程。在另一方面，此在的生存總是在世界中存在。因此，「歷史的歷程是在世的歷史化過程。此在的歷史性本質上就是世界的歷史性，而世界根據綻出視野的時間性而屬於時間性的到時」。由於世界與此在統一於生存，所以世界歷史就意味著世界以及世內存在者的歷史化過程。

　　至此，海德格終於完成了將此在存在真正領會為時間性的到時的學說。但存在問題並未得到解決。因為這裡的時間性還只是此在生存的時間性，在這個意義上我們只能說時間是此在的存在之領會的視域，或者說只有透過與我們的存在本質同源的時間性，存在才成為可理解的、存在的意義，並被我們領會。但這個時間性對通達存在本身到底能有多大幫助？對此海德格毫無掌握。在《存在與時間》這部未完成的著作的結尾部分，他問道：「時間是否公開自己即為存在的視野？」[048]

二、藝術作品的存在與真理的發生

（一）此在生存解釋學的局限與藝術問題的提出

　　透過以上概述，我們已經大致了解海德格企圖藉此在的存在領會、此在的時間性來掌握存在的意義的思路。必須承認，海德格運用解釋學現象學對此在在世生存的描述，較之傳統形而上學的抽象更加貼近我們生存的

---

[047] 馬丁‧海德格：《存在與時間》，陳嘉映等譯，生活‧讀書‧新知三聯書店 1999 年版，第436 頁。
[048] 馬丁‧海德格：《存在與時間》，陳嘉映等譯，生活‧讀書‧新知三聯書店 1999 年版，第494 頁。

實際情況。然而，這畢竟只是一幅圍繞著此在的生存而展開的圖景，僅就這一點而言，我們不能說它是事實的全部。此在的存在之領會與存在本身之間、此在存在的時間性與存在意義的所謂時間狀態之間隔著一道難以逾越的鴻溝。這種局限恐怕要歸咎於海德格在《存在與時間》中所倚重的方法——此在生存的解釋學。這種解釋學傾向於從存在論的肯定方面來規定人生此在，即突出其存在。[049] 當然，不可否認的是，在畏以及願有良知等本真的存在的展開狀態中，無的經驗的確也曾得以浮現。[050] 但由於這裡的核心是此在，是此在基於本己的能在而偏向著未來這一時間向度進行的籌劃，因而在《存在與時間》中，無論是存在者的存在還是無，都暗中基於此在的意志——在前一種情況下，此在讓存在者根據意蘊存在，而意蘊則是圍繞「為此在自身存在之故」這一意志而連結起來的。在後一種情況下，無顯現為意蘊的消失、世界的赤裸，而這無疑是出自此在的「願有良知」或決心這種意志。[051] 這些都不得不說是海德格在寫作《存在與時間》時未能全部拋棄的形而上學的殘餘，它們妨礙了對存在問題的追問。1930 年代，海德格開始思考這些局限。他充分意識到，自己早期對存在的追問還未脫離先驗主義的窠臼，仍將存在的意義奠基於此在的生存，而這種做法必然帶有他所要克服的形而上學的弊端。如若滯留於此，則他在追尋存在本身的路上必將半途而廢。正是因為有了這樣的認知，他才開始了所謂「轉向」（Kehre），即放棄了藉解釋對此在的存在的領會來通達存在的進路，而試圖直接從存在本身、存在的真理開始。從這時起，我們更常聽到的是存在者之真理作為毫無隱蔽而被經驗為事件發生；而歷史性也主

---

[049] 參見伽達默爾《海德格之路》，英文版，紐約州立大學出版社 1994 年版，第 97 頁。

[050] 參見奧托·帕格勒《馬丁·海德格的思想之路》，英文版，Humanities Press International，1987 年，第 169 頁。

[051] 參見奧托·帕格勒《馬丁·海德格的思想之路》，英文版，Humanities Press International，1987 年版，第 173、88、138 頁。

要是指存在之發生的歷史性以及民族的歷史性，而不是此在之歷史性。

　　然而，這並不意味著《存在與時間》所取得的成果是無效的。雖然《存在與時間》主要談的是此在的存在，但這部著作最終還是著眼於存在本身，因而在海德格後期的思想中，當存在的真理被作為出發點以後，此在的地位也隨之調整，從過去生存著揭示存在者的真理的主體，轉變為與其他存在者一同站在存在的真理之中的真理的守護者。經過這一轉變，《存在與時間》的成果得以在新架構中取得相應的意義——此在的存在之展開不再被看作是出於此在的超越性生存，而是被看作歷史性的存在發生於此在的自行展開。

　　在這個背景之下，海德格於 1935 年至 1936 年做了一系列關於藝術作品的演講。這些講演後來以「藝術作品的本源」為題收入他於 1950 年出版的《林中路》一書中。可以說，《藝術作品的本源》是海德格在追尋存在之真理的道路上奮力前行的一個重要里程碑，在此，關於藝術、藝術作品的討論始終是圍繞著真理問題進行的。因而倘若我們根據標題，企圖在其中找到人們通常所熟悉的傳統美學的主題，必定會大失所望。但如果我們牢記海德格的核心問題，努力跟隨他的思想腳步，我們定能獲得關於藝術本質的前所未有的深刻洞見。不僅如此，我們還將能夠與他一起超越他自己早先關於此在在世界中生存的真理的思想。

（二）物概念作為考察藝術作品存在方式的切入點

　　在《藝術作品的本源》的開始，海德格首先對問題的結構進行梳理：所謂「本源」就是某事物從它而來並憑藉它而是其所是的東西。如果將某事物的如其所是的什麼稱為它的本質，那麼它的本源就是它的本質的來源。這樣一來，藝術作品的本源問題就可以轉化為藝術作品本質的來源問

題。是誰給了藝術作品如其所是的本質？這一問題自然會使我們想到藝術家，是藝術家創造了藝術作品，從而成為其主人。然而，從另一方面來看，我們同樣可以說，是藝術作品使其作者成為藝術家。可見，藝術作品和藝術家是互為本源的。追問至此，我們被迫轉向一個比這兩者更為原始的第三者，是它扮演了兩者共同起源的角色，它就是藝術。於是，對於藝術作品本源的追問就進一步變為對藝術為何的追問。但是，我們到哪裡去尋找藝術的本質？恐怕還是要到藝術的顯現之處去尋找，這自然又將我們引回到藝術作品。

任何一個哲學的初學者都能看出，我們在這裡陷入了某種循環困境。然而，捨此循環我們卻無路可行。而且，在海德格看來，進入循環並不是徒勞無功的：

因此我們必得安於繞圈子。這並非權宜之計，亦非缺憾。走上這條道路，乃思之力量；保持在這條道路上，乃思之節日 —— 假設思是一種手藝（Handwerk）的話。不僅從作品到藝術和從藝術到作品的主要步驟是一種循環，而且我們所嘗試的每一具體的步驟，也都在這種循環中兜圈子。[052]

為了揭示藝術的本質，海德格必須走上這條循環之路，而他所選定的循環的入口是現實的藝術作品。當他考察藝術作品的時候，他所運用的方法仍是現象學方法，他所關心的問題仍是存在 —— 藝術作品的存在方式，儘管這裡已經少了從此在在世的生存理解出發的解釋學色彩。

對藝術作品的初步描述表明，它們必然首先是物，是可以懸掛、儲藏、包裝、搬運的物。在搬運工人眼裡，藝術作品與其他物品沒有不同，

---

[052] 馬丁・海德格：《林中路》，孫周興譯，上海譯文出版社 1997 年版，第 2 頁。

這正好能說明藝術作品的物性。當然，高雅之士總能以完全不同的眼光看待藝術作品，他們總是會強調藝術作品絕不僅僅是物，但即使是這些人恐怕也不得不承認，他們無法繞過藝術作品的物性而獲得高貴的審美體驗。建築離不開石頭；雕刻離不開木頭；繪畫離不開顏料；文學作品離不開言語；音樂作品離不開聲音。看來，物的因素是藝術作品中無法去除的東西。依照一種通行的看法，藝術作品是一種被製作的物，因而必有某些東西被加諸赤裸的物之上。就它公布了它之外其他東西而言，它是一種諷喻（Allegorie）；就它被與其他東西放在一起而言，它是一種象徵。海德格問道：「在藝術作品中這種不言自明的物因素究竟是什麼呢？」[053]

　　在關於藝術作品之存在的討論之初，海德格提出物的概念，這並非偶然。物這個概念在傳統形而上學的歷史上由來已久，而 1930 年代風行的新康德主義尤其喜歡使用這一概念。[054] 海德格自己並不打算迴避物概念，恰恰相反，在他看來，批判形而上學包括新康德主義的物概念，揭露這一概念所基於的、未經反思的預設，將有助於我們從更加本源的起點出發去揭示物的本性，而以物和早先曾深入分析過的用具作為參照，將是追問藝術作品之存在的恰當進路。

　　海德格首先分析了日常語言中「物」一詞的各種寬狹含義，他最後得出這樣的結論：我們一般將無生命的自然物以及用具叫作物，而當我們說「純然的」物，即一種獨立、自足、自然形成的物時，我們則僅僅指前者。不過，這還沒有回答物之物性究竟為何的問題。為了切合物性本身，海德格提出了傳統哲學中兩種看似當然的物概念 —— 物作為承載偶性的實體，以及物作為感覺與料的雜多之統一體。然而，隨著海德格犀利地剖

[053] 馬丁・海德格：《林中路》，孫周興譯，上海譯文出版社 1997 年版，第 3 頁。
[054] 參見伽達默爾《海德格之路》，英文版，紐約州立大學出版社 1994 年版，第 102 頁。

析，這兩個長久以來被認為無須論證的概念很快變得大為可疑。

首先，實體和偶性一直被看作是對物之結構的如實描述，現在卻被懷疑為不過是語句之主謂結構的投射，而這種投射則是思想對獨立、自足的物之本然狀態的施暴。其次，實體和偶性以一種固定的語句結構無區別地處理所有的存在者，因而無法讓不同於其他存在者的純然物的特性如實地顯露出來。

物概念的第二個問題在於，它是基於這樣一種未經反思的假設，即我們的感官首先接受感官資訊，然後將這些資訊交給心靈去綜合，而物則是這種綜合的結果。但海德格指出，實際的情況是，我們從來不曾先感知到雜多的感覺資訊，相反，我們總是感受到物本身，為了要感覺所謂資訊，我們必須努力撇開物，去抽象地感知。海德格總結道：

對物的第一種解釋彷彿使我們與物保持著距離，而且把物挪得老遠；而第二種解釋則過於使我們為物所糾纏了。在這兩種解釋中，物都消失不見了。因此，確實需要避免這兩種的誇大。物本身必須保持在它的自持（Insichruhen）中，物應該置於它的本己的堅固性中。[055]

接著，海德格又考察了似乎可以使物保持其自持的第三個物概念——物作為具有形式的質料。形式和質料一類範疇的歷史同樣非常古老。在藝術理論和美學中，這類範疇極受青睞，幾乎成了分析問題的靈丹妙藥。並且，它們的適用範圍早已延伸到美學領域以外，差不多對所有的存在者，人們都可以分析其中的形式方面和質料方面。同前兩個物概念一樣，這種對存在者不加區分的處理方式無法使我們了解純然物這一領域的獨特之處。那麼，我們能否透過追溯這類範疇的起源來發現它們由之發生的前哲學的經驗，以便確定它們可以真正發揮力量的領域呢？於是，海德

---

[055] 馬丁·海德格：《林中路》，孫周興譯，上海譯文出版社 1997 年版，第 10 頁。

格開始尋找質料－形式這一結構原初顯現之處。他問道：「質料－形式結構的起源在哪裡？在物之物性中呢，還是在藝術作品的作品性中？」[056]然而，分析的結果卻出乎我們意料。質料－形式最初既不是來自純然物的存在，也不是來自藝術作品的存在，而是與用具的存在方式最為吻合。用具的本性在於其有用性，如我們在本節第一部分中看到的，它總是根據它向來所屬的用向脈絡指向一定目的，而目的決定著用具的形式，進而規定著質料的選取。這裡，作為用具之本性的有用性先行規定著形式與質料的融合，這種融合在有用性的目的引導下沒有強加的痕跡。當然，我們不會忘記，用具總是人工製作出來的，然而製作卻總是一種對質料的塑形活動，而在這種活動之中，形式和質料總是暗中受到用具為之服務的目的決定。在這裡，思想與用具的存在最為貼近，因為在用具的存在中展現著世界性，而這是思想一向所熟悉的。

至此，我們雖然還沒有揭示出純然物的存在方式，雖然離認識藝術作品的本性還有相當的距離，但至少可以確定用具的存在結構－質料－形式。而這三者的存在方式是可以相互參照的：

用具，比如鞋吧，作為完成了的用具，也像純然物那樣，是自持的；但它並不像花崗岩石塊那樣，具有那種自身構形的特性（Eigenwüchsige）。另一方面，用具也顯示出某種與藝術作品的親緣關係，因為用具也出自人的手工。而藝術作品由於其自足的在場卻又堪與自身構形的不受任何壓迫的純然物相比。儘管如此，我們並不把作品歸入純然物一類。我們周圍的用具物毫無例外地是最切近和本真的物。所以用具既是物，因為它被有用性規定，但又不只是物；用具同時又是藝術作品，但又要遜色於藝術作品，因為它沒有藝術作品的自足性。假如允許以計算性去排列的

---

[056] 馬丁・海德格：《林中路》，孫周興譯，上海譯文出版社 1997 年版，第 12 頁。

話，我們可以說，用具在物與作品之間有一種獨特的中間地位。[057]

　　居於純然物與藝術作品之間，這使得用具成為我們探明純然物及藝術作品之本性的關鍵環節。值得慶幸的是，到此為止，我們對於這個關鍵環節已經有了一定程度的理解：海德格在《存在與時間》中對用具的分析讓我們了解到它們是如何被此在的操勞所揭示，它們的用向脈絡以及它們存在方式的世界性；在《藝術作品的本源》的開始，海德格又讓我們看到，哲學長久以來不加區分地用於談論所有存在者的質料－形式概念，實際上只適合於規定用具的存在。然而，要把這些關於用具的理解轉化為揭示藝術作品及物的本性的資源，還需要在與藝術作品及物的連繫中對用具進行考察，而這樣做也將有助於我們進一步認識用具的本性。

（三）存在者的真理作為無蔽發生於藝術作品之中

　　海德格選擇了呈現在梵谷的名畫中的農鞋作為進一步追問的入口。當我們隨著海德格的目光去打量這件眼前的東西時，我們發現自己是在以現象學的方式來看它。我們沒有涉及任何藝術理論的現成術語，沒有用到什麼哲學的基本範疇，我們甚至沒去理會它作為著名藝術作品的事實，我們僅僅是根據實際的生活經驗去理解畫中呈現的東西。如此這般，我們看到了什麼？我們看到，這是一雙破舊的農鞋；雖然，畫面中沒有出現它的主人，但其磨損程度卻無疑宣告了使用著它的農人的辛勞。在我們的理解中，農鞋作為用具，其存在在於它的有用性，而這又使它處於一個關聯整體之中。但對此，「及手」使用著它的農民本人卻並不特別留意，農民熟悉他的世界，但對此他卻沒有意識。他穿著農鞋踏在田野上，它迴響著大地無聲的呼喚。「這用具屬於大地，它在農民的世界裡得到保存。」[058] 現

---

[057]　馬丁・海德格：《林中路》，孫周興譯，上海譯文出版社 1997 年版，第 13 頁。
[058]　馬丁・海德格：《林中路》，孫周興譯，上海譯文出版社 1997 年版，第 17 頁。

在，我們遇到了比有用性更加根本的用具之存在：「雖說用具的用具存在就在其有用性之中，但有用性本身又植根於用具之本質存在的充實之中。我們稱之為可靠性（Verlässlichkeit）。憑藉可靠性，這用具把農民置於大地的無聲的召喚之中，憑藉可靠性，農民才掌握了他的世界。」[059]

對農鞋這種用具的用具性的認知，無須借助對其製作過程的紀錄。我們曾經把用具看作是出自把形式加於質料的製作活動，但進一步分析使我們懂得，這種活動受到用具的有用性的引導。然而，有用性卻僅僅把我們引向世界。我們說過，「此在在世界中的生存」只是海德格以前關注的核心問題。現在，他透過對用具之存在的更深刻的理解，發現了用具的可靠性，而可靠性不僅關聯著世界，而且還關聯著與世界相對的大地。「用具之用具存在即可靠性，它按照物的不同方式和範圍把一切聚於一體。……用具的有用性只不過是可靠性的本質後果。」[060]

然而，這一切我們是怎麼看到的呢？不是透過對鞋的製作過程或使用情況進行實地考察，也不是透過儀器對它進行測量分析，是藝術作品把農鞋作為用具的存在以及由此開啟的其他存在者的存在展現在我們眼前。

這裡發生了什麼？在這作品中有什麼在發揮作用呢？凡・高（梵谷）的油畫揭開了這用具即一雙農鞋真正是什麼。這個存在者進入它的存在之無蔽之中。希臘人稱存在者之無蔽為「aletheia」。我們稱之為真理，但對這個字眼少有足夠的思索。在作品中，要是存在者是什麼和存在者如何是被開啟出來，作品的真理也就發生了。

在藝術作品中，存在者的真理已被設置於其中了。這裡說的「設置」（Setzen）是指被放置到顯要位置上。一個存在者，一雙農鞋，在作品中走

---

[059]　馬丁・海德格：《林中路》，孫周興譯，上海譯文出版社 1997 年版，第 18 頁。
[060]　馬丁・海德格：《林中路》，孫周興譯，上海譯文出版社 1997 年版，第 18 頁。

進了它的存在的光亮裡。存在者之存在進入顯現的恆定中了。

　　那麼，藝術的本質就應該是：「存在者的真理自行在作品中發生作為。」[061]

　　「作為存在者之無蔽的真理在作品中發生」，存在者「在作品中走進了它的存在的光亮裡」、「存在者的真理將自身設置於作品之中並自行在作品中發生作用」，這些說法聽上去似乎太過詩意，似乎難以理解，但只要我們明白，在海德格那裡，真理和存在的意義基本是一致的——存在者的真理就是作為存在者之無隱蔽的存在；而且，只要我們明白，海德格在此關注的核心問題是存在者的存在以及讓存在者如其所是地存在的存在本身，那麼理解這些說法就有了可能。可以說，「存在者之真理」顯現存在者的真是（Wahrsein），它讓存在者如其所是地存在。而「存在者如其所是地存在」，又是什麼意思？對這個問題，沒有一個可以用某個抽象理論把所有存在者「一網打盡」的回答。我們已經看到，此在、世界、用具、作品等存在者各自有著不同的存在方式。存在者如其所是地存在，就是存在者對我們顯現出來，它們在以屬於自己各自本性的存在方式存在。這不僅意味著，人不被強行認作以用具的方式存在；用具不被強行認作以普通物的方式存在……諸如此類，而且還意味著，這些不同的存在者的存在不被不加區分地強行套入思想事先準備好的統一框架之中。而在海德格看來，只有在藝術作品中我們才能夠看到存在者不被強占、並能如其所是地存在的情況。

　　「藝術作品以自己的方式開啟存在者之存在。」然而，又是什麼讓存在者如其所是地存在呢？我們在《存在與時間》中曾經看到，海德格主要

---

[061] 馬丁・海德格：《林中路》，孫周興譯，上海譯文出版社 1997 年版，第 19－20 頁。

談論的是，此在的本真或非本真的生存揭示著存在者的存在。而在這裡海德格則強調，是作為存在者的無蔽的真理讓存在者存在。海德格所說的真理不是什麼前後一致的思想性的原則，不是與事實相符合的命題。真理是存在的事件性發生，它包括了命題「所指向的東西」，「這個『指向某物』（Sichrichten nach etwas）的活動發生於其中的整個領域，以及使命題與事實的符合公開化的東西」，[062] 它的發生使個別命題的真成為可能。事實上，這就是希臘人的真理概念（aletheia）的本義，即存在者的無隱蔽狀態。而這樣的事件有時會作為藝術而發生。「藝術就是自行置入作品的真理。」[063] 而它又總是在作品這個存在者藉自己的存在所敞開的領域中發生的。

（四）藝術作品的作品存在實現世界與大地的爭執

為了追問這個發生在作品之中，並於此發揮作用的真理本身，海德格又選擇了另一個藝術作品；這次不是再現性的作品，而是一座建築——希臘神廟。如前所述，作品產生於製作活動，在這一點上，它像用具，然而又與用具有別，因為它並不為任何實用目的而存在，它自足地存在。為揭示藝術作品的這種自持的存在，探明真理如何發生，選擇希臘神廟這座並不描摹特定對象的建築作品再合適不過。

我們說過，藝術作品讓存在者在它開啟的領域中如其所是地存在，而作品之存在正在於這種開啟。當我們來到神廟所開啟的領域，我們所見所感是怎樣的？首先，包含著神的形象的神聖圍地使踏足它的人感到神的臨在，而神的臨在又劃定神聖圍地的範圍。「正是神廟作品才嵌合那些道路和關聯的統一體，同時使這個統一體聚集於自身周圍；在這些道

---

[062] 馬丁·海德格：《林中路》，孫周興譯，上海譯文出版社 1997 年版，第 36 頁。
[063] 馬丁·海德格：《林中路》，孫周興譯，上海譯文出版社 1997 年版，第 23 頁。

路和關聯中，誕生和死亡、災禍和福祉、勝利和恥辱、忍耐和墮落——從人類存在那裡獲得了人類命運的形態。」[064] 一句話，一個世界透過作品的存在而得到確立（aufstellen）。這種世界的確立並不意味著在物理空間上的搭建。在這種世界的確立中，最為關鍵的是對神聖的彰顯，作品中神的形象不是神的替代性符號，它就是神本身，而在獻祭中神就真實地臨在。隨著神聖的開啟，公正的標準也訂定出來，而這正是作為一個歷史性民族存在的指引網路的世界的核心。我們在這裡發現，海德格的世界概念悄悄地發生了變化。較之《存在與時間》中的世界概念，即圍繞為此在生存之故而展開的指引，這裡的世界概念更加強調其作為公正之標準的神聖之維。

然而，作品不僅確立世界。在作品開啟的領域中，我們不僅看到一個世界，我們還看到默默地支撐著作品的岩石、強勁地席捲著作品的風暴、猛烈地不斷拍打著作品的海潮，還有光芒四射的太陽和不可見的空氣。所有這些東西的存在，都因作品的存在而被帶到眼前——「作品的堅固性遙遙面對海潮的波濤起伏，由於它的泰然寧靜才顯出了海潮的洶湧。樹木和草地、兀鷲和公牛、蛇和蟋蟀才進入它們突出顯明的形象中，從而顯示為它們所是的東西。」[065] 很清楚，這些方面並不屬於世界，它們屬於希臘人叫作 phusis 的東西。Phusis 長久以來一直被譯成 natura，也就是自然，而海德格在此強調它在希臘人那裡的本義——「露面、湧現本身和整體」。他把這稱為大地（Erde）。作品在確立世界的同時把大地也帶到我們眼前。作品建立（herstellen）著大地。大地究竟意味著什麼？海德格解釋道：

---

[064] 馬丁·海德格：《林中路》，孫周興譯，上海譯文出版社 1997 年版，第 25 頁。
[065] 馬丁·海德格：《林中路》，孫周興譯，上海譯文出版社 1997 年版，第 26 頁。

　　在這裡，大地一詞所說的，既與堆積在那裡的質料的觀念相去甚遠，也與一個行星的宇宙觀念格格不入。大地是一切湧現者的反身藏匿之所，並且是作為這種湧現把一切湧現者反身藏匿起來。在湧現者中，大地現身而為庇護者（Das Bergende）。[066]

　　大地的庇護表現在，它對於侵入以及將其吸納到可控制範圍的、企圖的拒絕和逃避，無論這種暴力行為是透過直接作用的方式還是僅僅在思想中發生。「要是我們砸碎石頭而試圖穿透它，石頭的碎塊卻決不會顯示出任何內在的和被開啟的東西。石頭很快就隱回到碎塊的負荷和同樣碩大的陰沉之趣中去了。要是我們把石頭放在天平上，以這種不同的方式來力圖掌握它，那麼，我們只不過是把石頭的沉重帶入重量計算而已。也許這對石頭的衡量或許是很準確的，但只是數字而已，而真正的負荷卻從我們這裡逃之夭夭了。」[067] 大地似乎指作品材料的層面，但對作品使用「材料」這個概念，又會產生以同一個範疇不加區分地對待不同存在者的危險。我們通常稱為材料的東西，在作品中的顯現方式與用具完全不同。材料在用具的存在中沒有獨立的「尊嚴」，它不拒絕、不逃避，只一味地服從用具的有用性目的。用石頭來製作石斧，「石頭於是消失在有用性中。材料愈是優良愈是適宜，它也就愈無抵抗地消失在用具的用具存在中」[068]。與此相反，「材料」在作品之中格外引人注目，「金屬閃爍，顏料發光，聲音朗朗可聽，詞語得以言說」[069]。準確地說，它們在作品中屬於和世界相對的大地，而作品「讓大地成為大地」。

　　現在，發生於作品之中的事情漸漸清晰：世界被確立起來，大地被建

---

[066] 馬丁・海德格：《林中路》，孫周興譯，上海譯文出版社 1997 年版，第 26 頁。
[067] 馬丁・海德格：《林中路》，孫周興譯，上海譯文出版社 1997 年版，第 30 － 31 頁。
[068] 馬丁・海德格：《林中路》，孫周興譯，上海譯文出版社 1997 年版，第 29 － 30 頁。
[069] 馬丁・海德格：《林中路》，孫周興譯，上海譯文出版社 1997 年版，第 29 － 30 頁。

立起來。「確立一個世界和建立一個大地，乃是作品之作品存在的兩個基本特徵。」[070] 然而，這還不是事情的全部。在作品之中，被確立的世界和被建立的大地不是毫不相干的。世界與大地彼此依賴，「世界建基於大地之上，大地穿過世界而湧現出來」。[071] 但另一方面，世界與大地也處於對立之中，世界總試圖侵入大地，將其納入自己的指引；「世界不能容忍任何閉鎖，因為它是自行公開的東西。但大地是庇護者，它總是傾向於把世界攝入它自身並扣留在它自身之中。」[072] 海德格稱這樣的對立為一種爭執（Streit）。我們在日常的忙碌中從不留意這種爭執，它只在作品中才變得如此顯眼。作品確立世界，建立大地，這還不夠，它還讓世界和大地彼此爭執，並把這種爭執持存在自身之中。「作品之作品存在就在於世界與大地的爭執的實現過程之中。」

（五）真理作為原始的爭執

我們不禁要問，這一切與發生在作品中的真理又有什麼關係？我們前面曾經說過，在海德格那裡，真理意味著無蔽。當真理發生之時，存在者都處在無蔽之中，我們要認識的存在者在無蔽中，我們自己也在無蔽中，包括我們認識活動所依據的東西都在無蔽中。在無蔽中，我們所揭示的存在者首先以某種方式向我們顯露出來，彷彿處在光亮的澄明之中。但此時，我們由於全神貫注於光亮中的存在者，而沒看見無蔽中發生的其他事情。[073] 因此，海德格說：「存在者站入其中的澄明，同時也是一種遮蔽。」[074]

---

[070] 馬丁・海德格：《林中路》，孫周興譯，上海譯文出版社 1997 年版，第 32 頁，原譯文略有改動。

[071] 馬丁・海德格：《林中路》，孫周興譯，上海譯文出版社 1997 年版，第 32 頁，原譯文略有改動。

[072] 馬丁・海德格：《林中路》，孫周興譯，上海譯文出版社 1997 年版，第 32 － 33 頁。

[073] 比梅爾：《海德格》，劉鑫、劉英譯，商務印書館 1996 年版，第 96 － 97 頁。

[074] 馬丁・海德格：《林中路》，孫周興譯，上海譯文出版社 1997 年版，第 37 頁。

遮蔽以雙重方式進行：拒絕（Versagen）和偽裝（Verstellen）。當我們對存在者除了說「它們存在」以外，別無他言；當我們發現自己只能用諸如「一」或某個顯而易見的「什麼」這些抽象的形式來說存在者時，存在者便拒絕我們。而正是當我們被拒絕的時候，我們反而能從存在者那裡回頭來關注澄明本身。[075] 所以海德格說：「作為拒絕的遮蔽不只是知識的一向的界限，而是光亮領域之澄明的開端。」遮蔽的第二種方式偽裝則是指，「存在者蜂擁而動，彼此遮蓋，相互掩飾，少量隔阻大量，個別掩蓋全體」就是說，「存在者雖然顯現出來，但它顯現的不是自身而是他物」[076]。

真理作為無蔽必有澄明，而澄明中又始終貫穿著拒絕和偽裝這雙重形式的遮蔽。「這種以雙重遮蔽方式的否定屬於作為無蔽的真理之本質。真理在本質上即是非真理。」[077] 真理的本質就是澄明與遮蔽的原始爭執（Urstreit）。

我們在前面看到過另一種爭執，藝術作品呈現的世界與大地的爭執。那麼，在這兩種爭執之間是否存在對應關係？對此，海德格解釋道：

世界和大地屬於敞開領域，但是世界並非直接就是與澄明相應的敞開，大地也不是與遮蔽相應的閉鎖。毋寧說，世界是所有決斷與之相順應的基本指引的道路的澄明。但任何決斷都是以某個沒有把握的、遮蔽的、迷亂的東西為基礎的；否則它就絕不是決斷。大地並非直接就是閉鎖，而是作為自行閉鎖者而展開。按其自身各自的本質而言，世界與大地總是有爭執的，是好爭執的。唯有這樣的世界和大地才能進入澄明與遮蔽的爭執之中。[078]

[075] 比梅爾：《海德格》，劉鑫、劉英譯，商務印書館 1996 年版，第 97 頁。
[076] 比梅爾：《海德格》，劉鑫、劉英譯，商務印書館 1996 年版，第 97 頁。
[077] 比梅爾：《海德格》，劉鑫、劉英譯，商務印書館 1996 年版，第 38 頁。
[078] 比梅爾：《海德格》，劉鑫、劉英譯，商務印書館 1996 年版，第 39 頁。

可見，澄明和遮蔽的爭執是更根本的爭執，難怪海德格將其稱作「原始的爭執」。無論是在世界還是在大地之中，都有這種原始爭執的發生。《存在與時間》曾經暗示，世界指引的重新確立要靠決斷，這似乎屬於澄明，但海德格提醒我們，決斷所依據的卻是遮蔽的、難解的東西。至於大地，我們已經說過，它不是單純的鎖閉，而是「湧現者的反身藏匿」，因此恰恰展現出原始的爭執。這就意味著，在世界、大地以及兩者的爭執中貫穿著某種更深刻的爭執，而這都始於作品。「作品確立著世界並建立著大地，作品因之是那種爭執的實現過程。在這種爭執中，存在者整體之無蔽亦即真理被揭露出來了。」[079] 這就是真理在作品中發生的方式。

對藝術作品的討論總要觸及美。海德格對美是這樣定義的：當真理在作品中產生作用時，發生的不是個別存在者的逼真再現，而是牽涉著存在者整體的無蔽。在這當中，所有存在者都不加修飾地在其本質中出現。「於是，自行遮蔽著的存在顯得澄亮了。如此這般形成的光亮，將它的閃耀嵌入作品之中。這種嵌入作品之中的閃耀就是美。美乃是作為無蔽的一種現身方式。」[080]

（六）藝術作品的現實存在敞開真理發生的領域

真理在作品中發生，意味著現實的作品是承載這種發生的存在者。如此一來，我們起初討論的作品的物的因素再一次成為我們關注的焦點。因為現實的作品總是不能迴避物的因素。另外，理解現實作品的作品性必然要從作品的實際創作過程入手。創作是一種生產（Hervorbringen，這個詞在德文中有「帶向前來」的意思）。然而，用具的製作亦是生產。生產涉及手工技藝，這就給人一種印象，彷彿藝術作品和用具在產生自手工技藝

---

[079] 比梅爾：《海德格》，劉鑫、劉英譯，商務印書館 1996 年版，第 39 頁。
[080] 比梅爾：《海德格》，劉鑫、劉英譯，商務印書館 1996 年版，第 40 頁。

這一點上沒有分別；而某種流行的看法，即希臘人用 techne 一詞同時指技藝和藝術，更加深了這種印象。但是，根據海德格的說法，在希臘人那裡，techne 與我們今天理解的技藝、藝術和技術都不相同，它根本就不是指實踐活動，而是指一種知的方式：

techne 這個詞毋寧是知道（Wissen）的一種方式。知道就是已經看到（gesehen haben），而這是在「看」的廣義上說的，意思就是：對在場者之為在場者的知覺（vernehmen）。對希臘思想來說，知道的本質在於 aletheia，亦即存在者之解蔽，它承擔和引導任何對存在者的行為。由於知道使在場者之為這個出於遮蔽狀態的在場者，而特地把它帶入其外觀（Aussehen）的無蔽狀態中，因此 techne 作為希臘人所經驗的知道，就是存在者之生產（帶向前來）；techne 從來不是指製作活動。……把藝術稱為 techne，這絕不是說藝術家的活動應從手工技藝的層面來了解。在作品製作中，看來好似手工製作的東西，卻有著不同的特性。[081]

藝術家的創作既然不能透過手工技藝的角度來理解，就只有在作品的作品存在那裡來了解。根據作品是真理在其中發生的存在者這一本質規定，海德格把這種存在者的創作規定為：讓某物作為一個被生產的東西而出現。真理也就隨這種東西的出現而發生。「作品之成為作品，是真理之生成和發生的一種方式。」我們在這裡再一次遇到了循環——真理發生於作品之中，現實的作品產生於創作，創作是讓一個前所未有的存在者出現，而真理就在其中發生。於是，我們又回到了真理的本質這一問題，只是，我們在這裡要著重考慮真理與被創作的現實存在者的關係。

我們在前面已經看到關於存在者之真理的總體原則：真理作為原始的爭執，顯現在澄明和雙重遮蔽的對立之中。從這個意義上講，真理同時是

---

[081] 比梅爾：《海德格》，劉鑫、劉英譯，商務印書館 1996 年版，第 43 頁。

非真理。在屬於真理的原始爭執中，總有一個敞開領域以各式各樣的方式被顯明，而真理就將自己設立在這個敞開領域中。現在，海德格可以透過澄明與遮蔽的爭執所爭得的敞開領域，來進一步理解真理：「這種敞開領域的敞開性也即真理；應當且僅當真理把自身設立在它的敞開領域中，真理才是它所是，亦即是這種敞開性。」[082]

在《存在與時間》中，海德格曾經談到存在本身或存在者的無蔽狀態需要「此之澄明」。在這裡，海德格也同樣強調，敞開性需要在其中得以維持敞開領域的存在者。因而可以說，是存在者的敞開性使敞開領域得以現實地敞開，澄明和遮蔽的對立因此而得以顯現，進而才使一切存在者得以顯現或退隱。看來，一切都有賴於作為敞開性的真理在某種存在者中的先行確立。但這並不是說，有一個現成永恆的真理等待著一個存在者來附體。對於真理的本質，我們只能普遍地以澄明和遮蔽的爭執來決定，至於這種爭執的實際發生方式則是歷史性的。真理的歷史性發生方式包括藝術、建立國家、犧牲、思想者的追問等，而始終高聲要求真理的科學卻不是真理原始發生的方式，它只能算作是已有真理領域的擴建。

在真理之發生的所有各種方式中，海德格特別看重真理將自身設立於藝術作品中這種方式，認為這是「真理本身得以在存在者中間存在的突出的可能性之一」。海德格對真理的這類特殊的發生過程作了如下說明：

真理進入作品的設立是這樣一個存在者的生產，這個存在者先前還不曾存在，此後也不再重複出現。生產過程把這種存在者置入敞開領域之中，從而被生產的東西照亮了它出現於其中的敞開領域的敞開性。當生產過程特地帶來存在者之敞開性亦即真理之際，被生產者就是作品。這種生產就是創作。作為這種帶來，創作毋寧說是在與無蔽之關聯範圍內的某種

---

[082] 比梅爾：《海德格》，劉鑫、劉英譯，商務印書館 1996 年版，第 44 － 45 頁。

接收和獲取。[083]

　　海德格的這段話澄清了真理在作品中發生如此方式的獨特性：這種發生有賴於一個獨一無二的存在者的生產，這種生產與其他東西的生產的不同之處在於，它生產出存在者的敞開性。這意味著，隨著這種存在者被生產，無蔽的真理就作為敞開性而發生。這個存在者的生產就是作品的創作。

　　前面已經談到，作為無蔽，真理的本質是澄明與遮蔽的原始爭執，真理被置入作品，這種原始爭執就貫穿於世界與大地的爭執之中。「真理作為這種世界與大地的爭執被置入作品中。」海德格用「裂隙（Riβ）」來描繪這種爭執，意在表明它不是一味地割裂爭執雙方，而是使雙方在爭執中仍能保持在統一性之中。他說：「這種裂隙並不是讓對抗者互相破裂開來，它把標準和界限的對抗帶入共同的輪廓之中。……裂隙乃是剖面（Aufriβ）和基本圖樣（Grundriβ）、裂口（Durchriβ）和輪廓（Umriβ）的統一牽連（Gezüge）」[084]顯現作為世界與大地的爭執之處，裂隙似乎與作品的形式方面有關。但是，我們很快就發現，傳統的形式－質料概念在這裡再次失效了。裂隙要被生產出來，從而獲得現實性，就必須被置回到大地之中。「這裂隙必須把自身置回到石頭的沉重、木頭緘默的堅固、色彩幽暗的濃烈之中。大地把裂隙收回到自身之中，裂隙於是進入敞開領域而被製造，從而被置入亦即置入那作為自行鎖閉者和保護者進入敞開領域而顯現的東西中。」[085]這種被置回到大地之中並被固定下來的裂隙，海德格稱之為「形（Gestalt）」。至此，作品的存在的本質可以得到進一步規定 ── 「作品的作品存在意味著：真理之被固定於形態中。」在作品的

[083] 比梅爾：《海德格》，劉鑫、劉英譯，商務印書館1996年版，第46頁。
[084] 比梅爾：《海德格》，劉鑫、劉英譯，商務印書館1996年版，第47頁。
[085] 比梅爾：《海德格》，劉鑫、劉英譯，商務印書館1996年版，第47－48頁。

作品存在中，形態固定於其中的大地與我們用來製造用具或器具的材料有著根本的不同：

在作品的創作中，作為裂隙的爭執必定被置回到大地中，而大地本身必定作為自行鎖閉者被生產和使用。但這種使用並不是把大地當作材料之一加以消耗或肆意濫用，而是把大地解放出來，使之成為大地本身。這種對大地的使用是對大地的勞作，雖然看起來這種勞作如同工匠利用材料，因而給人這樣的假象：似乎作品創作也是手工技藝活動。其實絕非如此。作品創作始終是在真理固定於形態中的，同時也是對大地的一種使用。與之相反，器具的製作卻絕非直接是對真理之發生的獲取。當質料被做成器具形態以備使用時，器具的生產就完成了。器具的完成意味著已經超出了它本身，並將在有用性中消耗殆盡。[086]

可以看出，作品的作品存在與作品立於其上的大地之間的關係是「讓……存在」、「使……自由」的關係，這與用具的用具存在，即有用性與構成用具的材料之間的關係形成鮮明對照，後者是「剝奪存在」的關係──也就是說，用具的存在使材料的存在消散於用具自身的有用性之中。

作品與用具的存在方式還有另外一個重要區別，這就是，雖然我們可以說兩者都是被生產出來的，但與用具的一般意義上的生產不同，作品的生產從根本上講是創作。作品的被創作是一個非同尋常的事件，這一事件把這一作品帶入實存，而且，這一事件的「此一性」（Daβ）也被作品帶入敞開領域，作為作品的被創作存在而得到敞開。與此不同，用具的被製造這樣一種事件的獨特性，不能在用具存在的有用性中顯現，反而總是消散於其中。

---

[086] 比梅爾：《海德格》，劉鑫、劉英譯，商務印書館 1996 年版，第 48 頁。

　　然而，作品被創作出來，還不是其現實性的最終完成。只有當我們遵從上述對作品存在的理解，抑制形而上學的作品概念，確認於作品中發生的真理，從而讓作品成為作品，作品才達到它完滿的現實性。海德格將這種「讓作品成為作品」稱為作品之保存（Bewahrung）。只有透過保存，作品才能「以作品方式在場」。他說：「如果作品沒有被創作便無法存在，因而本質上需要創作者。同樣地，如果沒有保存者，被創作的東西也將不能存在。」[087]

　　毋庸諱言，談論藝術作品必然要涉及作者和觀眾，在這一點上，海德格也不例外。但與以往的唯心主義美學不同，海德格既沒有到天才的自由心靈的創造中去索取作品的出生證明，也沒有把觀眾的審美體驗當作作品之完成的最終形式。在海德格那裡，作品的作品存在總是占據優先地位，其本質要在先行的敞開中去理解，創作者與保存者則作為作品的現實存在所需要的東西而處於次要位置。在他看來，如若從主體心靈出發，將作品還原為體驗，不管是天才的創作體驗，還是觀眾的審美體驗，都是對作品的強占，必定導致對作品之作品存在的扭曲。

　　在以作品的存在為核心的場域中，《存在與時間》中的此在的形象發生了變化。在《存在與時間》中，此在或者操勞者揭示用具存在，為自身生存之故而在世，從而消散於世界之中，或者憑藉自身「願有良知」的自由使世界虛無化。現在，此在成了「置身於在作品中發生的存在者之敞開性中」的保存者。此在的知道和意願都透過這種「置身於其中」（Inständigkeit）來規定。

　　保存著意願的知道和保存著知道的意願，乃是生存著的人類綻出地進

---

[087] 比梅爾：《海德格》，劉鑫、劉英譯，商務印書館 1996 年版，第 51 頁。

入存在之無蔽狀態。在《存在與時間》中思考的決心（Ent-schlossenheit）並非主體的深思的行動，而是此在擺脫存在者的困圍，向著存在之敞開的開啟。然而在生存中，人並非出於一內在而到達一外在，不如說，生存之本質乃是懸欠著置身於存在者之澄明的本質性分離中。在先已說明的創作中也好，現在所謂的意願中也好，我們都沒有設想一個以自身為目的來爭取的主體的活動和行為。……

　　這種知道作為意願在作品之真理中找到了自己的家園，並且只有這樣，它才是一種知道；它沒有剝奪作品的自立性，並沒有把作品強行拉入純然體驗的領域，並不把作品貶低為一個體驗的激發者的角色。作品之保存並不是把人孤立於其私人體驗，而是把人推入與作品中發生著的真理的歸屬關係中，從而把相互共同存在確立為出自與無蔽狀態之關聯的此之在（Da-sein）的歷史性懸欠（Ausstehen）。再者，在保存意義上的知道與那種鑑賞家對作品的形式、品質和魅力的鑑賞力相去甚遠。作為已經看到（Gesehen-haben），知道乃是一種決心，是置身於那種已經被作品嵌入裂隙的爭執中去。[088]

　　初看起來，海德格的這段話似乎是在強調他關於存在之真理的新思考與《存在與時間》的連繫，實際上卻是在對他以前關於人生存的此之在概念進行調整。對此，柏格勒（Otto Pöggeler, 1928-2014）做過精到的分析。他指出，這一變化象徵著從生存概念（exitenz）向出離（ek-sistenz）概念的轉變。在《存在與時間》中，決心將存在的意義掌握為最終基礎，於是，生存經驗到自身的「罪責」。此時，此在的作用僅僅是讓作為非存在者的無得以顯現，是為這樣的無清場和觀看。但這個作為非存在者的無只是未展開的存在的本質。在存在的全部的真理之中，無應當被經驗為拒

---

[088] 比梅爾：《海德格》，劉鑫、劉英譯，商務印書館 1996 年版，第 51 — 52 頁。

絕。在這個背景下，此在的生存就是對作為真理之核心的拒絕和遮蔽的看護。從這個意義上講，生存毋寧說是出離，是懇切地（inständigen）從真理之中站出來（ausstehen，或譯懸欠）。這樣一來，此在從無的觀眾變成了存在的守護者。如果說真理是存在者的庇護所，它讓存在者包括人如其所是地存在，那麼，這個庇護所需要人來作為守護者。這個守護者對庇護所精心照料，卻絕不據為己有。[089]

如此一來，按照作品之中的真理的要求，人的角色發生了轉變，作品存在的現實性得到了成就。只是到了現在，我們才算做好了準備，去真正面對最初提出的問題 ——「那個保證作品的直接現實性的、作品之物因素的情形究竟如何？」因為，只有從作品的作品存在出發，我們才能切中與之相關的存在者的存在。從作品的作品存在出發，要求我們徹底改變主體主義的立場。而一旦完成了這種立場的改變，我們就會發現，從新的立場借助作品存在的敞開性來了解的物因素，就是在作品之中表現為對這種敞開性的抵抗的大地，這個大地又總是處在與世界的爭執之中。企圖脫離這一切去孤立地理解純然的物，無論是將其了解為性質的載體、感覺材料之雜多的統一還是與形式相對的質料，都還是囿於主體主義立場的武斷。「我們絕對無法直接認識物之物因素，即使可能認識，那也是不確定的認識，也需要作品的說明。這一事實本身間接證明了，在作品的作品存在中，真理之發生也即存在者之開啟在起作用。」[090]

（七）藝術詩意創造的本質借言說重新開始民族的歷史性存在

從作品的作品存在出發，不僅使我們得以理解創作者與保存者的本

---

[089] 奧托・帕格勒：《馬丁・海德格的思想之路》，英文版，Humanities Press International，1987 年，第 139 － 140 頁。

[090] 馬丁・海德格：《林中路》，孫周興譯，上海譯文出版社 1997 年版，第 53 － 54 頁。

質，也使我們看到被作品的敞開性所照亮的存在者非同尋常的全新面貌，更重要的是，它還使我們有可能從根本上追問作為作品之本源的藝術的本質。我們在前面看到，海德格最初曾經把藝術規定為「真理之自行設置入作品」，現在，經過了對作品的作品存在的全面揭示，海德格可以更加明確地將藝術規定為「對作品中的真理的創作性存有」，是「真理的生成和發生」。如果說海德格對於藝術的最初規定還只是要建立藝術與真理的連繫，那麼在這裡，他則是要強調藝術這種真理之發生方式帶來存在者之無蔽狀態的轉變，強調這種自發性轉變不是出自人的主體性，而是源於歷史性的存在本身的真理。所謂存在者之無蔽狀態的轉變是指，由於某種敞開性的突然降臨，使得處於敞開領域的存在者完全變樣；對以往習以為常的現成事物而言，這種敞開性是純粹的不（das bloße Nicht），它使現成事物在敞開領域中全都變成了非存在者（das Unseiende）。「這種非存在者已經喪失了那種賦予並保持作為標準的存在的能力。」與此同時，標準隨著世界與大地的爭執，以新的方式得到確立。在海德格看來，這種轉變的發生、敞開性的降臨，從根本上講，靠的是詩意創造（dichten），因而，「一切藝術本質上都是詩（Dichtung）……由於藝術的詩意創造本質，藝術就在存在者之中打開了一方敞開之地，在此敞開之地的敞開性中，一切存在遂有迥然不同之儀態」[091]。作為藝術之本質的詩意創造同時是一種澄明的籌劃，在這當中，無蔽狀態被拋到存在者之中。

　　必須指出的是，海德格在此所說的詩意創造並不是指狹義的詩歌藝術，後者作為諸多藝術形式之一，與其他藝術共同分享詩意創造的本質。此外，還應該明確強調的是，這種詩意的創造是由歷史性的存在本身所主宰的，而絕不是出自人的主體的自由。那麼，這個使存在者之無蔽得

---

[091] 馬丁·海德格：《林中路》，孫周興譯，上海譯文出版社 1997 年版，第 55 － 56 頁。

以發生，使澄明得以籌劃（投射出去）的詩意創造，究竟應該具體理解成什麼？為了回答這個問題，我們要先轉向一個與存在關係密切者 —— 語言。但這裡的語言並不是我們一般所說的、用於人與人之間相互溝通和交流現成思想的語言。「語言並非只是把或明或暗如此這般的意思轉運到詞語和句子中。」海德格這裡所說的語言，首先是指「首度命名存在者」的事件性的言說（Sagen）。它把存在者「帶向語詞而顯示出來」。它「指派存在者，使之源於其存在而達於其存在」。只有作為這種命名著言說的語言「才使存在者作為存在者進入敞開領域之中」。這樣一來，詩意創造的澄明之籌劃就首先在言說中實現。

籌劃著的道說（言說）就是詩：世界和大地的道說，世界和大地之爭執的領地的道說，因而也是諸神的所有遠遠近近的場所的道說。詩乃是存在者之無蔽的道說。始終逗留著的真正語言是那種道說之生發，在其中，某一民族的世界歷史性地展開出來，而大地作為閉鎖者得到了保存。籌劃著的道說在對可道說的東西的準備中，同時把不可道說的東西帶給世界。在這樣一種道說中，一個歷史性民族的本質的概念，亦即它對世界歷史的歸屬性的概念，先行被賦形了。[092]

可以說，詩意創造要藉語言之言說而發生，反過來，在言說中真正起作用的是詩的澄明的籌劃。這種澄明的籌劃也就是無蔽的投射，在其中產生出世界和大地的爭執。在這裡，海德格比先前更加明確強調作為標準的世界的神聖之維，強調世界歷史性對一個民族存在的意義，而世界歷史性的開始和重新開始則有賴於作為語言的本質的詩意創造在語言中發生 —— 世界的標準、可言說的與不可言說的東西都必先由言說拋投（籌劃）出來。儘管前面曾經說過，狹義的詩歌與其他藝術樣式共同分享詩意

---

[092] 馬丁・海德格：《林中路》，孫周興譯，上海譯文出版社 1997 年版，第 57 — 58 頁。

創造的本質，但還必須看到，由於詩歌恰是語言中發生的詩，因而詩歌在所有藝術中占有特殊地位。「詩歌，即狹義的詩，在根本意義上才是最原始的詩……相反地，建築和繪畫總是已經，而且始終僅只發生在言說和命名的敞開領域之中。」詩歌是詩意創造透過語言將存在者帶入敞開，透過命名標定世界的標準的方式。只有詩歌首先發生，其他藝術作品中世界和大地爭執的實現才成為可能。詩歌的特殊地位決定了詩人的特殊身分。對此，海德格在同一時期關於賀德林（Friedrich Hölderlin, 1770-1843）的闡釋中說得十分明確：詩人處於神、人之間；詩人為諸神命名；詩人具有代表性地、因而真正地為他的民族謀求真理。[093]

（八）作為藝術作品之本源的藝術與真理的歷史性發生

現在，作為藝術之本質的詩被進一步理解為創建（Stiftung），而創建又有三重含義，即作為贈予、建基和開端。其中，贈予是指「在作品中開啟自身的真理，決不能從過往之物那裡得到證明並推導出來」[094]。藝術所創建的東西總是溢出現存有效的東西。建基是指確立在作品中的真理，對於一個歷史性的民族被拋擲於其中的、自行閉鎖的大地的敞開。作為贈予則意味著，詩意創造可以理解為源於無——「它決不從流行和慣常的東西那裡獲得其餽贈」。[095] 而創建作為建基則表明，詩意的籌劃又並非從無中產生，「因為由它所投射的東西只是歷史性此在本身的隱祕的使命」[096]。那麼，作為創建的第三重含義，開端又指什麼？實際上，開端的特性已經包含在贈予和建基之中。開端既是一切非同尋常之物的開

---

[093] 比梅爾：〈海德格思想中的詩與語言〉，該文載科克爾曼編《論海德格與語言》，英文版，西北大學出版社 1972 年版，第 80 － 82 頁。

[094] 馬丁・海德格：《林中路》，孫周興譯，上海譯文出版社 1997 年版，第 59 頁。

[095] 馬丁・海德格：《林中路》，孫周興譯，上海譯文出版社 1997 年版，第 58 － 59 頁。

[096] 馬丁・海德格：《林中路》，孫周興譯，上海譯文出版社 1997 年版，第 59 頁。

啟，又並非是無中生有。突然向前一躍的奇特性質，使其孕育於長久的悄然準備之中。然而，開端中還有更深一層含義，「真正的開端作為跳躍（Sprung）始終是一種領先（Vorsprung）。在此領先中，凡是一切後來的東西都已經被越過了，哪怕是作為一種被掩蔽的東西。開端已經隱蔽地包含了終結」[097]。而詩的藝術就是此意義上的創建，它引發「真理之爭執」。從這個意義上講，藝術在本質上是歷史性的。這顯然不是在通常藝術史意義上理解的歷史性，而是說「每當藝術發生，亦即有一個開端存在之際，就有某種衝力進入歷史之中，歷史才開始或者重新開始……真正說來，藝術為歷史建基；藝術乃是根本性意義上的歷史。」[098] 在海德格看來，存在的歷史的每一個新起點，都有賴於歷史性藝術的創建：

每當存在者整體作為存在者本身，並要進入敞開性的建基時，藝術就作為創建進入其歷史性本質之中。在西方，這種作為創建的藝術最早發生在古希臘。那時，後來被叫作存在的東西被置入作品中了。進而，如此被開啟出來的存在者整體被變換成了上帝的造物意義上的存在者。這是在中世紀發生的事。這種存在者在近代之初和近代歷程中又被轉換了。存在者變成了可以通過計算來控制和識破的對象。上述種種轉換都展現出一個新的和本質性的世界。每一次轉換都必然通過真理之固定於形態中、固定於存在者本身中，而建立了存在者的敞開性。每一次轉換都發生了存在者之無蔽狀態。無蔽狀態自行置入作品中，而藝術負責完成這種設置。[099]

可以把海德格這段話看作是對黑格爾在其《美學》中對藝術所做的判詞的反駁。黑格爾的判詞是：「對我們來說，藝術不再是真理用以使自己獲得其實存的最高形式了。」針對這一判詞，海德格問道：「藝術對我們

---

[097] 馬丁・海德格：《林中路》，孫周興譯，上海譯文出版社 1997 年版，第 60 頁。
[098] 馬丁・海德格：《林中路》，孫周興譯，上海譯文出版社 1997 年版，第 61 頁。
[099] 馬丁・海德格：《林中路》，孫周興譯，上海譯文出版社 1997 年版，第 60－61 頁。

的歷史性此在來說，仍然是決定性的真理的一種基本和必然的發生方式嗎？」而海德格對此的上述回答顯然是肯定的。當然，這根本上是由於海德格對真理以及歷史性的重新理解。

　　為了追溯藝術作品的本源，我們跟隨海德格的腳步，首先轉向藝術家，進而轉向作為藝術作品與藝術家共同本源的藝術。因為藝術的本質總是顯現於藝術作品，我們又曾被迫從現實的藝術作品出發，以期從中理解作為其本源的藝術的本質。藝術作品的現實性先把我們引向作品的物因素。流行的形而上學的觀點認為，物概念是哲學思辨先於作品掌握的普遍概念，它可以不加區分地用於理解一切存在者。對這種觀點的批判構成了海德格追問藝術作品本源的重要線索。海德格透過這種批判性追問讓我們看到，真理在現實的藝術作品中發生，或者說真理是自行置入作品，這意味著，在作品這種存在者身上，存在者整體的無蔽狀態被敞開；而只有在此敞開中，作品的存在才得以顯現，作品的物的因素才能被恰當地理解。在作品中，世界和大地爭執的裂隙被置回到我們可以勉強稱為作品「材料」的大地上，從而構成了作品的形態，因此物與作品中建立的大地最為接近。

　　從藝術作品的作為作品的現實存在出發，「真理自行置入作品之中」又進一步被理解為作為創作和存有的藝術，它本質上屬於詩意創造，這種詩意創造將無蔽拋向存在者中間，透過言說命名諸神，從而開始一個民族的歷史性此在的新起點。而這之所以是可能的，正是因為藝術本質上是歷史性的。追溯至此，我們終於可以看到藝術作為藝術作品之本源的真正含義了。德語中的本源（Ursprung）一詞從構詞上看，有原初（Ur）跳躍（Sprung）的意思，又與源出（entspringen）有關。[100]「使某物憑一躍而源

---

[100] 馬丁・海德格：《林中路》，孫周興譯，上海譯文出版社 1997 年版，第 61 頁譯注。

出，在出自本質淵源的創建的跳躍中把某物帶入存在之中，這就是本源一詞的意思。」於是，藝術就可以被理解為「使存在者之真理在作品中一躍而出的泉源」[101]。在海德格看來，這正是真理的歷史性發生的顯著方式之一。[102]

第二節　沙特

尚－保羅・沙特（Jean-Paul Sartre, 1905-1980）是 20 世紀法國無神論存在主義最偉大的哲學家，也是著名的文學家、劇作家和左翼社會活動家。1928 年沙特畢業於巴黎高等師範學校，1929 年通過中學哲學教師學銜會考，獲得第一名。在此期間他遇到名列第二的西蒙・德・波娃，從此兩人結為志同道合的終身伴侶。1931 年至 1939 年，沙特在法國勒阿弗爾、巴黎等地任中學哲學教師，其間，1933 年 9 月至 1934 年 9 月，曾作為公費留學生赴德國柏林法蘭西學院攻讀胡塞爾的現象學和海德格的存在哲學。第二次世界大戰爆發，沙特應徵入伍。1940 年 6 月被德軍俘虜，關押在戰俘集中營，1941 年 3 月獲釋。回國後，他繼續在巴黎巴斯德中學任教，並勇敢地投身於反法西斯的抵抗運動，曾與梅洛－龐蒂（Maurice Merleau-Ponty, 1908-1961）等人建立過一個名為「社會主義與自由」的知識分子抵抗組織，並為法國共產黨領導的地下刊物《法蘭西文學報》撰稿。1945 年，沙特與梅洛－龐蒂、雷蒙・阿隆（Raymond Claude Ferdi-

---

[101] 馬丁・海德格：《林中路》，孫周興譯，上海譯文出版社 1997 年版，第 61 頁。

[102] 必須特別指出的是，海德格發表這些思想的時間是 1936 年，這恰恰是在他冒險嘗試了其他所謂「真理發生方式」以後。因此他如此推重藝術作為真理歷史性地進入存在的方式，就不得不引起我們的警覺。有論者指出，海德格此時重新開始民族歷史性存在的希望寄託在他研究了數年的賀林以及其他詩人身上，與他對納粹運動的失望有關。參見薩弗蘭斯基《海德格傳》，靳希平譯，商務印書館 1999 年版，第 17 章，以及維羅尼卡・弗蒂（V. Foti）《海德格與詩人》，Humanities Press，1992 年，引言部分。

nand Aron, 1905-1983）等人共同創辦存在主義的重要刊物《現代》雜誌。1964 年沙特獲得諾貝爾文學獎，但他拒絕接受，其個人理由是他「一向謝絕來自官方的榮譽」，客觀理由則是他不願意成為東西方政治鬥爭的工具。從 1950 年代後期到 1970 年代末，沙特多次抗議法國政府進行的阿爾及利亞殖民戰爭、越戰以及蘇聯出兵匈牙利、捷克斯洛伐克和阿富汗的行徑，曾與羅素（Bertrand Russell, 1872-1970）一起成立「審判侵越戰爭罪行的國際法庭」調查美國侵越罪行，並被推選為法庭的第一任執行主席。1968 年 5 月，巴黎學生運動爆發，沙特明確表態全力支持學生運動，並到大學和工廠發表演說，參加遊行。1980 年 4 月 15 日，沙特在巴黎因病逝世，終年 75 歲。

　　沙特一生著述宏富，其主要哲學著作有：《想像》、《自我的超越性》、《情緒理論綱要》、《想像物：想像的現象學心理學》、《存在與虛無》、《存在主義是一種人道主義》、《辯證理性批判》第一卷，以及他去世後出版的《辯證理性批判》第二卷等。在其早期哲學著作中，沙特曾附帶提到一些美學觀點，而他對文藝理論和美學問題的專門論述則大都散見於一些論文、序言和談話錄之中，其中包括談論文學的〈弗朗索瓦・莫里亞克先生與自由〉、〈關於《喧嘩與騷動》・福克納小說中的時間〉、〈《局外人》的詮釋〉、〈被捆綁的人〉〈《一個陌生人的肖像》序〉、和〈關於《家中的低能兒》〉，談論戲劇的〈提倡一種處境劇〉、〈鑄造神話〉、〈布萊希特與古典主義戲劇家〉、〈作者、作品與大眾〉，談論音樂的〈《藝術家和他的良心》序〉，談論美術的〈威尼斯的流浪漢〉、〈賈科梅蒂的繪畫〉、〈沒有特權的畫家：拉普加德〉、〈考爾德的活動雕塑〉、〈追求絕對〉等，這些文章大多被收入《處境種種》第一集至第十集中。不過，沙特最為重要而且是唯一成系統的文藝理論或美學專著則是被稱為「介入文學」宣言的名著

《什麼是文學？》。該書從 1947 年 2 月開始連載於《現代》雜誌第 17 期至第 22 期上，此後又出版了單行本並被收入 1948 年出版的《處境種種》第二集。

一、處境中的自由

　　沙特的哲學思想發展過程大致可分三個階段。在寫作《存在與虛無》之前，沙特的研究工作偏重現象學心理學，而在《存在與虛無》中其哲學理論的重心則轉移到現象學存在論，最後在《辯證理性批判》裡沙特將他的哲學理論擴展到社會歷史領域，並試圖把他的存在主義思想與馬克思主義結合起來，構成一種「存在主義的馬克思主義」。他的美學思想也隨著其哲學思想的發展而不斷演變，逐漸從心理學領域深入到存在論領域，進而擴展到社會歷史領域，他的「介入」觀念也從最初的理論探討逐步發展到社會政治的實踐。

　　早在 1940 年出版的《想像物：想像的現象學心理學》一書中，沙特就發展了一種關於想像的理論，並在此基礎上闡述了一種關於文學與藝術的美學觀點。他首先指出，唯有關於意識與存在的現象學才能正確地探討想像問題，從而以存在的方式把想像對象與被感知的現實對象區分開來。被感知對象是面對意識而實際在場的，想像對象則可以設定為非現存的、不在場的、存在於別處的或被中立化的（即不被設置為現存的），這四種情況的共同之處在於它們都包含了否定或虛無，這種本質上的虛無足以使想像對象與知覺對象區別開來。根據現象學的意向性理論，意識總是對於某物的意識，知覺與想像則是意識對於其對象的兩種主要的基本態度，知覺以現時存在的東西為對象，因而是被動的；相反，想像則以不在場或以非現實的東西為對象，因而具有自由的創造力。

　　然而，為了使意識能夠想像，意識必須具備什麼本性呢？沙特認為，意識只有把現實的東西構成一個整體的世界、同時又虛無化地退出這個現實世界，才能在現實世界之外創造性地想像出非現實的東西（即想像物）。因此，想像活動是構成性的、孤立化的和虛無化的。與此相關，沙特在「沒於世界中的存在」和「在世界中的存在」之間作出了一個重要的區分。前者是指意識如同一個對象那樣與世界混為一體，後者則是指意識雖然不可避免地介入世界（因為意識是對某物的意識，還因為我們具有身體），但在它與世界之間仍然有一個虛無化的分離（它能非設置地意識到自己不是那個被意識到的對象），這樣它才有擺脫世界的自由。作為「沒於世界中的存在」的意識根本不可能創造出一個想像的世界，只有作為「在世界中的存在」的意識才具有想像的自由。他由此引出想像活動的一個前提條件，即每一個特殊意識所面對的具展現實世界中的特殊處境，是意識得以構成非現實世界的動因。因此，想像必須以它所否定的處境為依據，而處境也必須以它與想像的關係來規定。所以，意識總是自由的，但又總是在某種處境之中。總之，「非現實的東西是由一種停留在世界之中的意識在世界之外創造出來的；而且，人之所以能夠進行想像，正因為他先驗地是自由的」[103]。沙特在此得出的結論是：「沒有某種想像的意識，就不可能有展開的意識，反之亦然。因此，想像絕不是意識的偶然特徵之一，它實際上是意識的某種本質的和先驗的條件。設想一個不進行想像的意識是荒謬的，這就如同設想一個不可能實現我思的意識一樣。」[104]

　　最後，沙特在這種想像理論的基礎之上，初步闡述了他對文學與藝術的美學觀點。他認為，藝術不應當再現或模仿現實，而應當本身就構成一

---

[103] Jean-Paul Sartre, *The Psychology of Imagination*, Methuen & Co. Ltd., 1978, p. 216.
[104] Jean-Paul Sartre, *The Psychology of Imagination*, Methuen & Co. Ltd., 1978, pp. 218-219.

種對象。無論在繪畫中還是在小說、詩歌與戲劇中，審美對象都是某種非現實的東西，它是由想像性意識所構成的。藝術家只是將他的美的心理意象透過創作構成一種物質性的相似物（畫布與顏色、語詞、演員的身體等），欣賞者則以想像的方式透過這些相似物的媒介去掌握審美對象。我們常常體驗到從戲劇或音樂的世界向日常生活世界過渡的困難與不快，其原因並不是從一個世界向另一個世界的過渡，而是從想像態度向現實態度的過渡。審美觀照是一種經誘導而產生的夢，而向現實的過渡實際上則是清醒過來了。沙特由此斷定，現實的東西絕不是美的，美是一種僅僅適合於意象的東西的價值，這種價值的基本結構是對世界的否定。因此，將道德與審美混淆起來是愚蠢的，因為善的價值被假定為存在於世界之中並作用於現實，而美的意象卻是非現實的。應當注意的是，沙特此時對文學藝術的論述著重強調的並不是「介入」，而是繪畫、詩歌、小說和戲劇共同具有的想像的性質。同時，他刻意將審美意識與道德判斷區分開來，因而具有明顯的脫離現實的傾向。這與他在二戰前作為一個自命清高的歷史旁觀者的立場以及他個人主義的抽象自由的思想傾向是一致的。

　　沙特存在主義哲學的奠基之作《存在與虛無》出版於第二次世界大戰期間的 1943 年 10 月，該書的副標題是「現象學存在論論文」，這表明其思想主題是以現象學方法去描述人的存在的存在論問題。這部著作所表述的哲學思想成為他二戰後提出的介入文學的重要的理論基礎。

　　在《存在與虛無》中，沙特首先以批判的態度接受了胡塞爾現象學的意向性理論的基本命題：一切意識都是對某物的意識。這就是說，意識本身沒有內容，它是虛無的，但它具有意向性、總是指向外面的超越性對象，它正是憑藉這種意向性方能超出自身達到世界，這種意識就是所謂的對象意識。他進一步指出，在意識到對象的同時，意識又必定知道自己是

這個對象意識，不過這種自我意識不是反思，而是一種反思前的我思。對象意識正是憑藉它才成為對自身有意識的、自己決定自己的自主的意識，反過來說，為了獲得反思前的自我意識，意識又應該是對某物的對象意識。反思前的我思是自為（意識）的絕對內在性，即作為自為的存在論直接結構之一的「面對自我的在場」；而被反思前的我思所意識到的對某物的對象意識，則是作為自為的另一個存在論結構的超越性，即意識對於對象的既分離又趨赴的二元性關係。這種分離是意識掙脫世界的虛無化的前提，而這種趨赴又使意識不可避免地投入到世界中。這種「面對世界的在場」就是作為一切認識和行動的基礎的自為對自在的基本的存在論關係。

透過對意識的存在論結構的初步描述，沙特進一步提出了自在存在與自為存在的概念和兩者的區別。他認為自在存在有三個特點：第一，存在是自在的；第二，存在是其所是；第三，自在的存在存在。概言之，所謂自在存在就是一種既無空間關係又無時間關係、既無內在關係又無外在關係和變化的孤立自存、充實而未分化的惰性實體。因此，自在存在決不能主動與自為存在發生關係，因為它是冷漠的死物；同時，它雖然能被動地接受自為強加給它的關係，但那樣一來，它就不再是自在存在，而是為我的存在，即現象了。從外延上講，自在存在就是一切沒有被意識所觸動或已被意識所遺棄、沒有被意識作為對象或當成工具和障礙的存在，也就是沒有被人性化（即沒有被虛無化）、沒有被人賦予意義的存在。

他認為，與自在存在相反，自為存在則是指人的意識的存在，它正好具有與自在存在截然相反的特徵，自為存在正是以對自在存在的內在否定來規定自身的。如果自在是存在，那麼自為就是虛無。因此，自為存在不是一個獨立存在的實體，它只能憑藉自在存在而被存在，它只有一個借來的存在。這不是說自在存在產生了它，而是說自為只是存在中的空洞，是

對自在存在的否定和虛無化，自為使自在存在顯現為現象，同時使自身顯現出來。無論從邏輯上還是從存在上，存在都先於虛無，即自在優先於自為。作為自為的人的實在雖然不能消除它面前的存在，但它能從這個存在逃脫而獲得自由。沙特說：「人的實在分泌出一種使自己孤立出來的虛無，對於這種可能性，笛卡兒繼斯多葛派之後，把它稱作自由。」[105] 不過，使自為存在從根本上區別於是其所是的自在存在的存在論特徵是：自為存在是其所不是，不是其所是，或說意識應是其所是 [106]。這是自為存在最基本的存在論原則，它幾乎概括了自為存在自身（面對自我在場：價值、可能、時間性）及其與自在存在的關係（面對世界在場：認識、行動）甚至為他存在的一切存在論結構的特徵。

　　沙特將自為的存在論結構分為三類，其一是自為的直接結構，其二是時間性，其三是超越性。在自為的直接結構中，首先是前面已經論述過的面對自我在場，其次是自為的事實性（facticité），即糾纏著自為並使自為得以存在的自在偶然性。它使原本無人稱的意識被拋入一個並非它選擇的世界和一個特殊處境中，並使它具有了特定的身分。自為的事實性就是指被給定的存在、過去、身體。在《存在與虛無》的最後部分，沙特又賦予自由的事實性以另一種更深刻的含義，即：不能不是自由的這一事實就是自由的事實性，意即人的自由不是自己自主地給予自己的，而是被判定給人的，人只能承受自由而不能選擇不自由。總之，事實性的這兩種含義都是講自為的被拋擲的偶然性層面。

　　自為的直接結構中更為重要的是價值與可能。價值是自為所不是但又應該是的自在存在，可能則是自為為了在實現價值的同時與自身重合而欠

---

[105] Jean-Paul Sartre, *L'être et le néant*, Gallimard, 1988, p. 59.
[106] Jean-Paul Sartre, *L'être et le neant*, Gallimard, 1988, p. 32.

缺的自為。價值是超越性的根源，人的實在之所以超出自身，就是因為它向著它所欠缺的價值而超越，並在這種超越中使自身存在。最高價值就是統一的自在－自為，即宗教稱為上帝的自因的存在。從可能的層面來說，由於可能的實現而達到的自為將重新使自己成為自為，也就是同時面臨新的可能，自為不斷地向前拋出它自己設立的意義（可能），因而永遠不能與自身重合。因此，人的實在就是被作為自在－自為整體的價值糾纏的存在，自為為了存在就必須追求這個最高價值，但又永遠無法達到它。

把自為與自己的可能（將來的自我）相分離的東西，從一種意義上講是虛無，從另一種意義上講就是與這虛無相應的世界上的存在者整體，自為必須越過它才能與可能的自我相會合。沙特把這種自為與自為的可能之間的關係稱為「自我性的圈子」，而世界是被自我性的圈子所穿越的。這裡所說的世界不是自在存在，而是被自為的可能所糾纏並被它賦予了意義和統一的世界，即由不在場的自為所揭示的現象：事物－工具的世界。人的實在向著自己的可能超越這作為中介物的世界，從而使它成為實現可能的手段或障礙；同時，人的實在的可能也在它所揭示的這個世界的那一邊的地平線上顯現出來。因此，沙特說：「沒有世界，就沒有自我性，就沒有人；沒有自我性，沒有人，就沒有世界。」[107]

人的實在與其可能分離的虛無就是時間性的起源。我思脫離瞬間性並向其可能而超越自身，是因為它只能存在於時間中。正是在時間中，自為才有以不是的方式是它自身的可能。因此，自為的時間性是自為存在的重要的存在論結構。首先，我的過去是我不得不是的無可挽回的存在，過去是我的本質，我對我的過去負責。但同時，我現在又不是我的過去，因為我曾經是它，在我的過去與我的現在之間有一個虛無把兩者分離開，因此

---

[107] Jean-Paul Sartre, *L'être et le néant*, Gallimard, 1988, p. 144.

我能超越它，並能經由一個將來改變過去的意義。過去就是我所是的、被超越的自在，或者說，過去是變成了自在的自為。因此，自為不可能是沒有過去的絕對新事物，絕不會有一種沒有過去的絕對開端。自為正是透過超越一個它所是的不可挽回的過去而在存在中湧現。如果說過去是自在，現在則是自為。現在的含義首先是空間意義上的自為面對自在存在的在場。從時間意義上說，自為曾是其過去，又將是它的未來。但是，現在既逃脫了與它共同在場的存在，又逃脫了它曾是的存在，而逃向它將是的存在。現在不是它所是（過去），是它所不是（將來）。自為超出存在之外而是的一切就是將來。將來是自為面對一個將來的自我及其設置的未來世界而在場。之所以有一個將來，是因為自為應該是其存在，而不僅僅簡單地是其存在。在將來中，自為被掌握為一個欠缺，自為是其尚未是但又應該是的自我。所謂合目的性就是顛倒了的因果性，即未來狀態的有效性。將來把其意義賦予我的現在，因為我是一個意義始終有疑問的存在。將來不是自在，也不以自為的存在方式去存在，它是自為的意義。

　　沙特進而指出，認識作為自為的超越性是自為對自在的存在論關係之一。他認為，既然作為非反思層面上的意識的自為本身是空洞的虛無，它自身內沒有任何實體性的給定物，所以它既不能獨立存在也不能建造自在存在。為了存在，它就必須投向自身之外，投向它所不是的自在存在，以便透過這種否定性的關係從自在借來一個存在，這就是意識的超越性，也可以稱之為意向性，它是自為的出神方式之一，而且，這是一種自為對自在的單向能動關係。因此，自為不僅是兩者關係中的一項，而且是這關係本身。正是在這種自為對自在的出神關係的基礎上，認識和行動才能顯現出來，認識和行動只是一種原始關係的兩個抽象層面。

　　沙特將具有目的論結構的活動看作認識的基礎，因此，任何認識都是

為實現某一目的的活動的一個抽象環節。然而，這種目的論關係不是自在存在的諸事物自身所具有的，而是人的意識從外面賦予諸自在事物的一種觀念關係。自然科學的認識企圖從認識對象中消除一切潛在性並剝除一切工具性，以便認識純粹的事物，並企圖建立純粹和絕對的外在關係，但是這種企圖並不完全成功。因為事物並非先是事物後來成為工具，相反，它們一開始對意識顯現時就原始地作為事物－工具，科學家則是在後來才把工具性從事物上剝離下來。沙特斷言，純粹認識的觀點就是沒有觀點的認識，因此是原則上處於世界之外的對世界的認識，這是毫無意義的。唯一可能的觀點是介入的認識的觀點，認識只能是已介入人們所處的一種特定觀點中的湧現，這是一種存在論的必然性。

　　除了自為的存在論結構之外，沙特思想中還有一個重要方面，即「我」與他人的關係。他認為，人的實在既是自為的存在又是為他的存在，但為他的存在不是自為的存在論結構，我們既無法從自為存在中推演出為他存在，也無法從為他存在中推演出自為存在。因此，為他存在是人的另一種完全不同的存在論結構。在《存在與虛無》中，沙特以注視為例闡明了他人的存在和「我」與他人的關係。沙特認為，作為一切有關他人的理論基礎的他人與「我」的原始關係是，他人是注視著「我」的人，而「我」就相應地是被他人注視的對象，即「我」的為他存在。正是透過揭示「我」的為他存在，「我」才能掌握他的主體存在。當「我」突然意識到有人注視「我」時，「我」的存在論結構就發生了根本變化：「我」從主體變成了對象，從自為變成了為他，「我」的超越性變成了被超越的超越性。他人的注視使「我」和「我」的世界異化了，原來「我」所面對、集結和利用的作為工具性整體的世界變成了他人的世界，「我」不再是處境的主人，也不再是「我」自己的主人，「我」變成了奴隸，他人利用「我」

作為達到他的目的的手段，於是「我」處於危險中，反之亦然。這就是「我」的為他存在的恆常結構。與此相似，一個第三者的注視也會使複數的「我們」成為對象「我們」，並使「我們」都發生異化。在沙特看來，「我」的為他存在雖然是由他人主體產生的，但卻要由「我」對之負責。因此，自由只能被自由所限制，他人的自由才能使「我」失去自由。

沙特所講的「我」與他人的關係以及第三者與「我們」的關係的思想主題，曾在他出版《存在與虛無》一年之後（1944）以戲劇形式表達出來，這就是獨幕劇《禁閉》。劇中一句著名臺詞「他人就是地獄」招來多方責難，沙特自己也曾為之做過辯解。但平心而論，如果認真通讀過《存在與虛無》和《禁閉》，結合劇中人對話的上下文仔細推敲就可以看出，沙特一方面認為「我」與他人的關係是一種類似於黑格爾的「主－奴關係」的衝突，另一方面也指出他人對於「我」的存在和自我認識的重要性。他後來進一步強調了活人可以透過新行動來改變舊行動，人有砸碎地獄的自由。

正是在自為存在和為他存在的存在論原理的基礎之上，沙特具體闡述了自由與處境的關係或曰處境中的自由。在他看來，人的行為可以概括為三大類：「有（avoir）、做（faire）和存在（être）是人的實在的三個基本範疇。它們把人的一切行為都歸入它們的名下。」[108] 簡單地說，這三者的本質關係是：自為的存在就是透過「做」直接地或者透過「有」間接地獲得自在存在，從而使自身成為自在－自為的理想存在。然而沙特明確指出，自為主要是由行動定義的存在。自為超越自在而謀劃它的可能性，「這種謀劃不是靜止地規定世界的外形，它每時每刻都在改變世界」[109]。

---

[108] Jean-Paul Sartre, *L'être et le néant*, Gallimard, 1988, p. 485.
[109] Jean-Paul Sartre, *L'être et le néant*, Gallimard, 1988, p. 482.

所謂改變世界就是為了某一目的而安排運用某些手段，透過引起一系列變化，最終產生一個預定的結果。因此，活動不是被決定的機械運動，它是人的自主行動。沙特強調指出：「一切活動的必要和基本的條件就是行動的存在的自由。」[110] 任何給定的現實狀態都無法像原因引起結果那樣引起一個活動，意識與給定物的關係既無法理解為後者決定前者，也無法理解為前者與後者完全隔絕而沒有任何關係，準確而全面的理解應該是：意識對給定物具有一種單向否定和自由肯定的雙重關係，這是一種既脫離又勾連的關係。一方面，意識透過對給定物的虛無化分離而使給定物喪失對意識的全部效力；另一方面，意識透過以自己的目的對給定物的評價又把它對意識的效力還給了它，從而使它成為一個行動的客觀動因。意識與給定物的這種既脫離又勾連的微妙關係模式也就是自由與處境的關係，從最一般的意義上講，也就是貫穿《存在與虛無》全書的自為對自在的基本的存在論關係。

　　沙特把自為的自由看作自為的存在，但這種自由不是一個給定物，也不是一種屬性，它只能在自我選擇時存在。自為的自由總是已介入的，而不是先於它的選擇而存在的。自為就是正在進行的選擇。人的實在能夠按照他所希望的去進行自我選擇，但無法不進行自我選擇，不選擇實際上就是選擇了不選擇，這就是自由的荒謬性、事實性或偶然性。沙特認為，事物的敵對不可能是反對我們的自由的論據，因為正是透過我們預先設置的目的，這種敵對才顯現出來。也正是由於自由在天然的自在事物中揭示的這種抵抗，自由才成其為真正的自由，即介入抵抗的世界之中的自由。也正是由於這一點，實在的自由才能使自身區別於純粹設想的、使世界如在夢中那樣隨我的意識的變化而變化的、封閉於主觀性內部的自由。沙特進

---

[110] Jean-Paul Sartre, *L'être et le néant*, Gallimard, 1988, p. 490.

而指出，他所提出的關於自由的專門哲學概念也不意味著「獲得人們所要求的東西」的自由，而是「由自己決定自己去要求（廣義的選擇）」的自由，即選擇的自主。

他進一步指出，自由的經驗的和實踐的概念是完全否定的，自由只有從一個給定的處境出發並透過對這種處境的虛無化的逃離，才能自由地追求自己的目的，自由的湧現只是透過對他所是的存在（自為的身體、自為曾經是的本質的過去）和他沒於其中的存在（世界）的雙重虛無化而形成的。所以，自由原始地就是對給定物的關係。自由既是對處境的否定性脫離又是介入處境的，作為給定物的處境已不是天然的自在存在，它是作為自為進行防禦或進攻的動因而被揭示出來的。因此，處境是自在的偶然性和自由的共同產物。「於是，我們開始看到了自由的悖論：只在處境中才有自由，也只透過自由才有處境。人的實在到處都碰到並非他所創造的抵抗和障礙，但是，這些抵抗和障礙只有在人的實在所是的自由選擇中，並經過這種選擇才有意義。」[111]

沙特認為，處境就是透過向著一個自由設置的目的超越自在的給定物和我自身的給定物而揭示出來的包圍著我的工具性和敵對性的世界。這些給定物包括：我的位置、我的過去、我的周圍、我的鄰人、我的死亡等。

沙特進而具體說明了在自由與所有給定物的關係中的這種二律背反。在人與其位置的關係中，一方面，人的實在原始地接受了他沒於諸事物中的位置，他卻不是這位置的主人，如一個人出生的位置就是純粹偶然性的事實；另一方面，正是人的實在使位置和空間來到事物中間。正是在「我」自由謀劃的未來目的的光照之下，「我」現在的位置才獲得了作為流放地或作為宜居之地的意義。

---

[111] Jean-Paul Sartre, *L'être et le néant*, Gallimard, 1988, p. 546.

　　人與其過去的關係也有一個悖論：沒有過去，「我」便不能設想自己，如果「我」存在，「我」便不可能沒有一個過去，這是「我」的偶然性的必然性；但另一方面，「我」是一個使過去來到「我」本身和世界的存在。過去無法像在前的現象決定在後的現象那樣決定我們的活動，但我們有某個無法隨意改變的過去，而且正是從這個過去出發（即使是否定這個過去）我們才能採取新的行動。正是「我」現在對將來的自由謀劃決定過去是被確認的、仍然活著的過去，還是被否認的、被超越的、已經死亡的過去；也正是對某一種將來的選擇決定「我」是繼承傳統還是逃避傳統，是把「我」的過去看作光榮還是看作恥辱。

　　「我」的周圍是那些包圍著「我」的、帶有某種敵對性或工具性的固有性質的諸多事物──工具。周圍是在「我」的自由謀劃中，即在「我」所是的那些目的的選擇的界限內，才顯現出來的；正是由於「我」的謀劃，風才可能顯現為逆風或順風，太陽的光和熱才表現為有利的或令人討厭的。既然作為行動對象的給定物有其自在存在的一面，那麼，自由謀劃就是預料到並接受事物的抵抗的選擇之一，就是在一個抵抗的世界中透過戰勝抵抗而有所作為的謀劃。

　　「我」還在一個受到「我」的鄰人糾纏的世界中生活，這不僅是說「我」能在道路的拐彎處碰到他人，而且是說「我」介入到一個世界中，這個世界的工具性複合體能夠擁有某種並非「我」的自由謀劃所首先給予它們的意義。人們共同使用的交通工具、各種告示牌、商品使用說明書等都表示出別人對「我」的行動的指示，它們在「我」使之產生於事物中的敵對之外又加上了一種人類特有的敵對性。他人的存在為「我」的自由帶來了某種事實上的限制，由於他人的湧現，一些「我」未曾選擇的存在方式被強加於「我」。這就是「我」的為他存在。總之，由於有他人的存

在，「我」就在「我」無法消除其異化的一維的處境中存在。沙特說，自由只能被自由所限制。在自為存在的層面上，只有我的自由才能限制我的自由；在為他存在的層面上，我的自由也在他人的自由的存在中發現了它的限制。作為面對他人來到世界上的自由，就是作為可異化的東西來到世界上，一切被異化的東西原則上都只能為他地存在。他人的自由將限制賦予我的處境，但是，只有在我自由地承擔起我的為他存在並在我已選擇的目的的光輝照耀下，並給予它意義時，我才能體驗到這些限制。總之，他人的自由和我的為他存在作為限制的處境同樣具有悖論性：它們限制了我的自由，然而除了我的自由給予它們的意義之外，再沒有別的意義。

沙特從對自由與處境的關係描述得出的本質結論是，「人，由於被判定是自由的，就將整個世界的重量擔在他的肩上：他對作為存在方式的世界和他自身是負有責任的。我們是在『（對）是某個事件或者某個對象的不容置疑的作者（的）意識』這個普遍意義上採用『責任』這個詞的。從這個意義上說，自為的責任是沉重的，因為他是那個透過他才使得有了一個世界的人；並且因為他也是那個使自己存在的人」。[112] 因此，試圖抱怨是荒謬的，因為我所體驗到的處境和我自己都是我自己自由選擇和承擔的，我對它們負有完全的責任。

從理論方面來說，沙特在《存在與虛無》中闡述的這些哲學思想奠定了他的美學思想的存在論基礎。但從實踐方面來說，正是第二次世界大戰的爆發，他的被俘和在集中營的生活、參加抵抗運動以及戰後的複雜爭鬥，才使沙特逐漸從個人自由的超脫生活中醒悟過來，投身於廣闊的社會歷史領域，開始了以筆為刀的「介入文學」的活動。也正是在二戰後，沙特明確提出了「介入文學」的理論，對他在戰前的美學觀點做了重要的修正。

---

[112] Jean-Paul Sartre, *L'être et le néant*, Gallimard, 1988, p. 612.

二、介入就是揭露，揭露就是改變

　　在闡述其「介入文學」的理論之前，沙特就已開始使用這一概念了。比如，他在 1945 年寫作的〈被捆綁的人 —— 關於儒勒・雷納爾的《日記》的札記〉一文中就曾說過：「當代作家首先關心的是向讀者展示人的狀況的完整形象。這樣做的同時，就形成了介入。今天人們多少有點蔑視一本沒有介入行為的書。至於美 —— 如果有可能的話 —— 它是附加的。」[113]

　　1945 年 10 月，沙特與梅洛－龐蒂等人主辦的《現代》雜誌創刊，在發刊詞中，沙特提出了有關介入文學的一系列論斷。他猛烈抨擊為藝術而藝術的態度，號召作家們履行其作為人的責任，透過寫作對當代各種重大社會政治問題作出回答。但他當時還沒有來得及進行充分的展開論證，因而這些論斷受到來自各方的激烈指責，從而引發了一場關於文學及其他藝術形式的性質和作用、文學與社會政治鬥爭的關係等問題的論戰。1947年，沙特的美學名著《什麼是文學？》在《現代》雜誌上發表。它既是沙特對別人指責的有力回擊，也是他所主張的介入文學的一篇充滿激情的宣言。

　　《什麼是文學？》共分四章：〈什麼是寫作？〉、〈為什麼寫作？〉、〈人們為誰寫作？〉、〈1947 年作家的處境〉。他在該書中一方面透過對傳統文學觀點的抨擊回答別人對他的指責，另一方面試圖指出文學為什麼是「為了改變而揭露」從而為介入文學奠定了理論和實踐的基礎。同時，他還試圖對 1947 年作家的處境進行具體分析。儘管這篇長文仍然存在一些錯誤和不足，但它長期以來一直被奉為文學批評的經典作品。

---

[113] 沙特：〈被捆綁的人〉，該文載沈志明、艾珉主編：《沙特文集》第 7 卷，人民文學出版社 2005 年版，第 91 頁。

　　為了回答許多人對他的介入文學的責難，沙特認為應當首先對各種藝術形式進行區分，從而界定寫作藝術的性質和作用。在第一章〈什麼是寫作？〉以及另一篇文章〈藝術家和他的良心〉中，沙特指出，我們不能強求繪畫、雕塑和音樂也介入，至少它們不是以同樣的方式介入的。因為色彩、形體、音符都不是符號，它們都是由於其自身而存在的物，它們不指向它們自身之外的意義，比如樂句就不明指任何客體，它本身就是客體或者意境；但意境畢竟不是意義，因而人們不可能畫出意義，也不可能把意義譜成音樂，音樂歸根結柢是一種無所指的藝術。相反，作家是與意義打交道的，只有語言才能帶來明確的意義。然而，散文和詩歌雖然都使用文字來寫作，但詩歌使用文字的方式與散文不同。詩人並不是利用語言作為工具去發現和闡述真理，也不是去為世界命名。詩人對待語言的態度是把詞看作物而不是看作工具或符號，詞語對詩人來說也並非將他拋向世界的指示。因此，就其性質而言，詩歌與繪畫、雕塑、音樂同屬一類，我們不能要求詩歌也是介入的。

　　沙特指出，與詩歌不同，散文是符號的王國，詞語是散文作家的工具，它們把散文作家投向世界的中心。這裡所謂的散文是指使用語言進行命名、指示、揭露、證明、命令、拒絕、質問、說服等活動，即對世界有所言說或與他人進行溝通的廣義的文字作品。對散文作家來說，詞語不是客體，而是客體的名稱。因此，重要的不是詞語本身是討人喜歡還是招人厭惡，而是它們是否正確地指示世界上的某些東西或某一概念。因此，散文在本質上是功利性的，它是特別適合從事某一事業的工具。所以，人們才有權首先問散文作家：你為什麼寫作？你投入了什麼事業？

　　按照沙特的理解，在任何一項事業中，語言都是行動的某一特殊瞬間，我們無法脫離行動去理解它。純文體學家的錯誤就在於認為語言僅僅

飄過事物的表面而不改變它們，而他們自己對事物採取的是一種與世無爭的靜觀態度。殊不知說話就是行動：任何東西一旦被人叫出名字，它就不再是原來的東西了，它失去了自己天真無邪的性質。如果你對一個人道破他的行為，你就對他揭示了他的行為，於是他看到他自己；由於你同時向其他所有的人道破了他的行為，他就知道自己在看到自己的同時也被其他人看到了。這以後，他又怎麼能繼續以原來那種反思前的方式行動呢？他只能要麼出於固執而明知故犯，要麼放棄原來的行動。「因此，當我說話時，我透過我要改變某個處境的謀劃本身去揭露這個處境；我向我自己也向其他人揭露它，以便改變它……透過我說出的每一個詞，我都使我進一步介入世界，同時我也進一步從世界裡顯現出來，因為我正向著未來超越它。因此，散文作家是選擇了某種次要行動方式的人，人們可以把這種方式稱為透過揭露而行動」[114]。於是，人們就有理由向散文作家提出第二個問題：你要揭露世界的哪一個面貌？你想透過這個揭露帶給世界什麼變化？

　　揭露並不是為了隨便的某種改變，沙特強調指出，「『介入』作家說話就是行動：他知道揭露就是改變，知道人們只有在謀劃改變時才能揭露」[115]。介入作家放棄了不偏不倚地描繪社會和人的狀況這種不可能的夢想，他也無法看到某一處境而不去改變它。這就如同勃里斯－帕蘭所說的那樣，詞是「上了子彈的手槍」。如果他說話，就等於在射擊，既然他選擇了射擊，就應該瞄準目標。因此，沙特得出結論：「作家選擇了揭露世界，特別是向其他人揭露人，以便這些人面對被如此赤裸裸呈現出來的客體負起他們的全部責任。」[116]就像法律向人們揭示出罪行，如果誰觸犯

---

[114] Jean-Paul Sartre, *Qu'est-ce que la littérature?* Gallimard, 1986, pp. 29-30.

[115] Jean-Paul Sartre, *Qu'est-ce que la littérature?* Gallimard, 1986, p. 30.

[116] Jean-Paul Sartre, *Qu'est-ce que la littérature?* Gallimard, 1986, p. 31.

了法律就要承擔罪責一樣。沙特指出，作家的職責就是要使無人不知道世界，無人能說世界與他無關。一旦作家介入語言的世界，他就再也不能假裝他不會說話了。沉默本身也是語言的一個環節，沉默不是不會說話，而是拒絕說話，所以仍然是在說話。如果一個作家選擇對世界的某一面貌沉默不語，那麼，人們就有權質問他為什麼談論這一點而不談論那一點，或說為什麼想改變這一點而不是那一點。沙特在此的意思無非是說，沉默仍然是介入，而作家的選擇則表明了他的立場，他必須為此負責。

　　總之，介入就是揭露，揭露就是改變——這就是沙特所理解的介入原則的實質內容。然而，他並不因此強調題材和內容的重要性，而否認散文的形式美和風格的魅力。在他看來，一個人並不是因為選擇說出某些事情，而是因為選擇用某種方式說出這些事情才成為作家的。散文的價值當然也在於它的風格，但風格的美感應該是隱蔽的。在這裡，美僅僅是一種柔和的、感覺不到的力量，它應當以情動人，以一種看不見的魅力吸引人，詞的和諧與句子的平衡在人們不知不覺中引導人們的情感，改變人們的意向。沙特認為，雖然題材迎合風格，但是題材並不決定風格。好的作者從來都是先選擇寫什麼，然後才考慮怎麼寫。因此，在散文裡，審美愉悅只有當它是附加上去的時候才是純粹的。只要人們把題材看作永遠開放的，看作是請求和期待，藝術就不會因為介入而失去任何東西。相反，社會和形而上學日新月異的發展要求藝術家不斷去尋找新的語言和新的技巧。沙特指出，所謂為藝術而藝術的美學純潔主義，不過是 19 世紀的資本家們冠冕堂皇的自我防衛手段，他們寧可被人指責為缺乏藝術修養，也不願被說成是剝削者。而所謂純粹藝術實際上不過是空虛的藝術，其作用不過是引誘當今的作家脫離現實世界。那些所謂純潔派批評家要麼只和歷史已經作出定論的無害的死者打交道，要麼就想方設法磨滅活著的作家的

思想鋒芒，從而避開現實世界的尖銳問題，陶醉於空洞無物的老生常談和均衡漂亮的語言形式之美。

也許很多人都會覺得，沙特在這裡對散文與繪畫、雕塑、音樂、詩歌雙方的性質和作用所做的區別有些牽強，我們或許可以套用沙特早期對知覺與想像的區分勉強加以解釋。但即便如此，硬說散文是介入的，而詩歌等藝術形式都不是介入的，仍然有令人難以理解之處。沙特在第一章的章節附注中承認，他是為了把問題說清楚才考察了純詩和純散文兩個極端的例子；但他又反對從詩歌到散文之間存在著一系列中間過渡形式，堅持認為兩者雖然也許互相包含少許對方的因素，但它們仍然是界線分明的不同結構。只是到了後來，他才在〈關於我自己〉一文中重新對這些文學藝術形式和介入的概念進行界定。他寫道：「文學是一面批判性的鏡子。顯示，證明，表現：這就是介入。」「詩與散文藝術首先變成批判藝術：馬拉梅管他自己的詩叫『批判詩』。寫作就是對全部文學提出質問，今天亦然。在繪畫、雕刻、音樂上，情況是相同的：全部藝術介入單獨一個人的歷險；它在尋找自己的界限，開拓自己的疆域。」[117] 這些話無異於肯定了所有的藝術形式都是介入的，如此他就把狹義的「介入文學」的概念擴展為廣義的「介入藝術」的概念。

三、寫作就是要求自由

在回答為什麼寫作這一問題時，沙特從「人是存在的揭示者，但不是存在的生產者」這一哲學思想出發，試圖發掘作家選擇寫作的存在論上的深層動機。他指出，雖然我們確信自己有著揭示作用，但也確信自己對於

---

[117] 沙特：〈關於我自己〉，轉引自沈志明、艾珉主編《沙特文集》第 7 卷，人民文學出版社 2005 年版，「文論卷導言」，第 20 頁。

被揭示的東西而言不是主要的。因此，藝術創作的主要動機之一就在於我們需要感到自己對於世界而言是主要的。透過藝術品的創作，我就能意識到自己產生了它們，從而感到我自己對於我的創造物而言是主要的。

沙特從他對知覺與想像的一貫區分出發，指出在知覺過程中，客體居於主要地位而主體不是主要的；而在創造中，主體尋求並且得到主要地位，客體卻變成非主要的了。為了滿足這個辯證關係的要求，就需要閱讀行為。雖然寫作行為與閱讀行為辯證地相互依存，但這兩個相關聯的行為需要兩個不同的施行者。既然作者不可能既創造作品又像讀者那樣閱讀自己的作品，那麼就需要有另一個人的閱讀行為才能使作品真正存在。他由此進一步指出，世上根本沒有為自己寫作這一回事，「正是作者和讀者的聯合努力才使這個具體的和想像的客體，即精神產品湧現出來。只有為了他人並且透過他人才會有藝術」。[118]

他認為，閱讀既確定主體的主要性，又確定客體的主要性，因為閱讀是知覺和創造的綜合，讀者在創造過程中進行揭示，在揭示過程中進行創造。讀者必須在作者的引導下，不斷越過作品的詞句而去重組美的客體或發明作品的主題，即作為有機整體的意義。一句話，閱讀是引導下的創作，文學客體除了在讀者越過詞句並達到想像中的存在之外，沒有別的實體。既然創造只能在閱讀中完成，既然藝術家必須委託另一個人來完成他開始做的事情，既然他只有透過讀者的意識才能體會到他對於自己作品而言是最主要的，因此任何文學作品都是某種召喚。寫作就是召喚讀者，以便讀者把作者借助語言著手進行的揭示轉化為客觀存在。既然讀者在作者引導下的重新創造是個絕對的開端，那麼它就是由讀者的自由來實施的，因此，作家就是向讀者的自由發出召喚，他只有得到這個自由才能使他的

---

[118] Jean-Paul Sartre, *Qu'est-ce que la littérature?* Gallimard, 1986, p. 55.

作品存在。不僅如此，他還要求讀者承認他的創作自由，也就是反過來召喚他的自由。這就是閱讀過程中的另一個辯證關係：我們越是察覺到我們自己的自由，我們就越承認別人的自由，反之亦然。「因此，閱讀是作者與讀者之間的一項豪邁的協議；每一方都信任另一方，每一方都依靠另一方，每一方都在要求自己的同等程度上要求對方。……這樣，我的自由在顯示自身的同時揭示了他人的自由。」[119] 令人驚訝的是，沙特在《存在與虛無》中談到的我與他人之間無法共存的「主－奴關係」在這裡幾乎完全消失了，取而代之的是作者的自由與讀者的自由之間相互依存的和諧共在。而且，在《存在與虛無》中，他雖然也談到他人對於我的存在和自我認識的重要性，但其重點仍然是「主－奴關係」的衝突，所以他在這裡所做的轉變不能不說是其哲學思想在美學領域中的一個突破。

　　沙特認為，作為審美對象的任何藝術作品都是對自然關係的顛倒，因此，我們的審美過程就具有由淺入深的三個層次：「穿過現象的因果性，我們的目光觸及作為客體的深層結構的目的性，而越過這一目的性，我們的目光觸及作為其泉源和原始基礎的人的自由。……正是在物質的被動狀態本身中我們遇到了人的深不可測的自由。」[120] 不過，藝術作品並不局限於已經創造出來的有限客體，實際上，創造活動的目標是透過它產生或重現的有限對象去完整地重新理解世界。因此，藝術的最終目的是依照其本來面目把整個世界提供給觀眾或讀者的自由，並且透過觀眾的認可顯示出世界的根源就是人的自由，從而挽回世界。

　　因此沙特說：「自由被它自己辨認出來便是愉悅。」[121] 這種審美愉悅具有三重結構：第一，在創作過程中，創作者因其從事創造而獲得審美愉

---

[119] Jean-Paul Sartre, *Qu'est-ce que la littérature?* Gallimard, 1986, p. 70.

[120] Jean-Paul Sartre, *Qu'est-ce que la littérature?* Gallimard, 1986, pp. 71-72.

[121] Jean-Paul Sartre, *Qu'est-ce que la littérature?* Gallimard, 1986, p. 74.

悅；在閱讀過程中，讀者透過創造性的閱讀去享受審美對象，這種享受同樣是審美愉悅的一個主要結構；而且作者的愉悅是與讀者的愉悅融為一體的。第二，審美愉悅來自意識到我透過審美方式挽回並且內化了那個非我的世界，把給定的東西變成了命令，把事實變成了價值，把世界變成了向人的自由提出的一項任務，即把通常情況下作為工具和障礙的世界（即《存在與虛無》裡的處境）變成了人的自由力求達到的一個價值。沙特將這種改變稱為人的謀劃的「審美轉變」，也就是把面對世界的現實態度變成了審美態度。第三，這裡存在著人們的自由之間的一項協定，即讀者的自由不僅是對作者的自由的承認，讀者的審美快感還要求所有自由的人產生同樣的審美快感。這樣，在審美愉悅裡，全人類以其最高的自由支撐著一個世界的存在，這個世界既是人類世界又是外部世界，既是應當存在又是存在，既完全屬於我們自己又完全是異己，而且它越是異己就越屬於我們自己。同時，這裡也包含著所有人自由的和諧整體，這個和諧整體既是一種普遍信任的對象，又是一項普遍要求的對象。這個世界也就是《存在與虛無》裡所說的以自為（自由）作為基礎的自在存在，即作為最高價值的統一的自在－自為－自因的存在。而這個人類自由的和諧整體也可以被看作是自為存在與為他存在的統一。在這裡，沙特曾認為永遠實現不了的那個最高理想在美學領域中重新出現了，至於它只是作為一個理想目標還是作為可以實現的現實，沙特似乎並沒有給出明確的指示。

　　在他看來，寫作是既揭示世界，又把世界當作一項任務提供給讀者的豪情。現實世界只能顯示在行動中，人們只有在為了改變它而超越它時才能揭示這個現實世界，它越是被人物為達到其自身目的而超越，它就越顯得真實。現實主義的謬誤在於，它相信只要用心觀察，現實就會展現出來，因而人們可以對現實作出公正的描述，但這是不可能的。沙特承認，

雖然人們帶著善良的感情寫不出好書來，但作家在創作中超越並揭露這個世界的非正義行為，並不是為了讓讀者對這些非正義行為漠然視之，而是為了號召我們一起用憤怒去揭露並消滅這些非正義行為。因此，「豪邁的憤怒就是宣誓要改變……儘管文學是一回事，道德全然是另一回事，我們還是能在審美命令的深處覺察到道德命令」[122]。壞的小說是那些旨在獻媚取寵的小說，而好的小說則是要求自由並且信任別人的自由的小說。任何時候也沒有人會設想可以寫出一部頌揚反猶太主義的好小說，因為「當我體會到我的自由是與所有其他人的自由不可分割地連繫在一起的時候，人們就不能要求我使用這個自由去贊同對他們中的某些人的奴役。因此，無論他是隨筆作者、抨擊文章作者、諷刺作家還是小說家，不管他只談論個人的情感還是攻擊社會制度，作家作為自由人訴諸另一些自由人，他只有一個題材：自由」。[123]

　　沙特以二戰時期的法西斯主義作家德里歐·拉羅舍爾為例，說明任何奴役他的讀者的企圖都威脅著作家的藝術本身：這個鼓吹法西斯奴役的傢伙最後由於沒有讀者的理解而不得不閉嘴，正是其他人的沉默堵住了他的嘴。這使我們懂得了「寫作的自由包含著公民的自由，人們不為奴隸寫作。散文藝術只與民主制度休戚相關，只有在民主制度下散文才保有意義。當一方受到威脅的時候，另一方也不能倖免。用筆來保衛它們還不夠，有朝一日筆被迫擱置，那時作家就應當拿起武器。因此，無論你是以什麼方式來到文學界的，無論你曾經宣揚過什麼觀點，文學把你投入戰鬥；寫作就是要求自由的某種方式；只要你開始寫作，不管你願意不願意，你已經介入了」。[124]

[122] Jean-Paul Sartre, *Qu'est-ce que la litterature?* Gallimard, 1986, p. 79.

[123] Jean-Paul Sartre, *Qu'est-ce que la littérature?* Gallimard, 1986, pp. 80-81.

[124] Jean-Paul Sartre, *Qu'est-ce que la littérature?* Gallimard, 1986, p. 82.

四、讀者召喚作家

　　沙特雖然肯定介入是為了捍衛自由，但他認為僅僅這樣說未免有些籠統草率。於是他問道，作家是把自由作為一個永恆的理想價值加以守衛呢，還是應當在特定的政治和社會鬥爭中明確表態，從而保護具體的、日常生活中的自由呢？他的回答顯然傾向於後者。他認為，永恆的自由不過是乾枯的樹枝即空洞的抽象，它是不會難為任何人的廢話。世上沒有現成的自由，自由無非是人們持續不斷地藉以自我掙脫、自我解放的運動。因此，重要的是有待剷除的障礙和有待克服的阻力的特殊面貌，正是這一特殊面貌在每個具體場合賦予自身的形象自由。無論作者還是讀者都無法脫離其具體的歷史性和語境，寫作和閱讀是同一歷史事實的兩個層面，作家慫恿我們去爭取的自由並不是抽象的，它是在一個歷史處境中爭取到的，而每本書都從一個特殊的異化出發建議一種具體的解放途徑。

　　他進一步指出，這個具體的歷史處境就是作者與讀者共有的整個世界，作者和讀者的自由透過這個世界彼此尋找並相互影響，因此，作者對世界某種面貌的選擇確定了他選中的讀者；反之，他在選擇讀者的同時也決定了他的題材，所以，一切精神產品本身都包含著它們選中的讀者的形象。既然如此，與其說作家本身的環境產生了作家，還不如說大眾召喚作家。在這裡，環境是從後而來的力量，相反，大眾則是某種期待、要求或願望。沙特根據其為他存在的哲學思想指出，我們身上有些品性完全來自別人的評價，因此必須根據別人為我們造成的處境來選擇自己。雖然作家最初是由於自己的自由選擇而成為作家的，但是他一旦被別人看成作家，他就應當滿足作家的社會職責對他提出的某種要求；不管他本人是否願意，他都必須根據別人即讀者對他的看法行事。雖然作家原則上是對所有人說話的，但作家自身的狀況和讀者的要求決定了每一個作家都有自己特

定的題材，因而也有自己特定的讀者群眾，而在這個實際上的讀者群眾周邊可能還存在著潛在的讀者群眾。

他認為，作家在階級社會中不事生產，統治階級以年金或稿費等形式養活著他。但對統治階級來說，作家的活動不僅無用，有時甚至是有害的。因為作家向社會展示它的形象，由此引起對既定的價值和制度的爭議，從而迫使社會承擔這個形象或者改變自身，並使社會產生某種罪惡感。因此，就其功能而言，作家與統治階級的利益是背道而馳的，他永遠與維持平衡的保守勢力處於對抗之中。這就是界定了作家的狀況的原始衝突。這不僅因為作家透過揭示而導致現存制度的改變會危及統治階級的既得利益，而且這一衝突還會表現為保守勢力即作家真正的讀者群眾，與進步勢力即作家潛在的讀者群眾之間的對抗。在歷史上，衝突有時很明顯，有時又是隱蔽的，但它始終存在。這就是作家的內疚感和種種災難的根源。

透過回顧歐洲的歷史，沙特追溯了作家與其讀者群眾之間關係的變化軌跡。在歷史上，當作家潛在的讀者群眾根本不存在或幾乎不存在的時候，文學便與統治者的意識形態相一致，爭議只涉及細枝末節，而且是根據一些無可爭議的公認原則作出的。比如歐洲在 12 世紀左右就是這樣，由於絕大多數民眾都是文盲，閱讀和寫作是專業人員才掌握的技能，因此，教士專門為教士們寫作，他們是自己唯一的讀者群眾。他們既不需要表態，不需要反映世俗社會的形象，也不需要使掠奪成性的貴族領主感到內疚，他們只以永恆價值和先驗思想作為寫作內容。結果是某個特殊的意識形態大獲全勝，卻以文學的異化和死亡為代價。

17 世紀的法國是作家依附現有意識形態的又一個例子。在那個時代，教會權力的衰落和教育的發展，以及文字作品的擴張和精神產品所包含的

對自由的召喚，促使作家及讀者的世俗化過程日趨完成。然而世俗化並不等於普遍化，那時作家的讀者群眾仍極其有限，他們是部分宮廷顯貴、教士、法官和有錢的資本家等上流階級的成員，作家唯一關心的是滿足這些有限讀者的要求，而不可能注意到另個有別於真正讀者群眾的潛在讀者群眾。古典主義就產生於這個時代，此時的社會已經相對穩定，誰也不懷疑上帝的存在和神授的君權，人們對教會和君主政體永世長存的神話深信不疑。古典主義作家們一般來說屬於資產階級，受到貴族和國王的供養，他們真正唯一關心的題材是信仰上帝、尊重君主、情慾、戰爭、死亡和禮節，因而不可能為思想發現新的天地。因為讀者只希望作家把已有的思想輝煌地重新表述出來，他們不要求作家反映社會實際上的樣子，而只反映它自以為是的樣子。即使作家略作諷刺，那也不過是借助批評性的文章和喜劇，以道德的名義為它的健康所進行的必要的淨化，目的是維護宗教和世俗的意識形態和制度。但是即便如此，作家謙遜地為讀者打造的鏡子卻仍然是一面魔鏡，它所展示的社會形象仍是一件藝術品，也就是說是以作者的自由為依據向讀者的自由發出的召喚，它被某一自由支撐著從而獲得了另一種類型的客體性。上流菁英階級在鏡子裡看到的確實是他們自己，但卻是一種令人不舒服的自身形象。而作品對作家本身來說無疑是解放性的，因為作品產生的作用是在這個階級內部把人從他自身解放出來。

不過，一旦潛在的讀者群眾突然出現，或者真正的讀者群眾分裂出敵對派系，一切就都改變了。當環境促使作家拒絕接受統治階級的意識形態時，文學隨即發生重大變化。18 世紀為法國作家提供了歷史上千載難逢的良機。此時，作家真正的讀者群眾擴大了，因為資產階級已經開始讀書。這場社會變動把作家的讀者群眾分裂成兩部分，於是他們必須滿足相互矛盾的要求。一方面，封建統治階級對自己的意識形態已失去信心，務實的

真理取代了啟示的真理，教會文學墮落成一種無效的護教論，它不再是向自由人發出的自由召喚，因此它就不再是文學。另一方面，資產階級渴望擺脫人們強加給它的異化的意識形態，並且要求建立自己特有的意識形態。於是歷史上破天荒第一次，一個被壓迫階級作為真正的讀者群眾向作家顯現出來。這樣一來，18 世紀的作家受到兩方面的籲請，他夾在兩派敵對的讀者之間，也同時從兩邊分別領取年金和稿費。但是，作家並不因此而感到痛苦，相反，他卻從這個矛盾中獲得了某種自豪感，覺得自己可以超脫於任何階級、民族和環境之上，從而在資產階級與宮廷、教會之間獲得了自身的獨立性。文學不再反映那個已崩潰的意識形態，也不再是任何一個階級的具體表現，反而與懷疑、拒絕、爭議等否定性的批判思想和創造思想融為一體。於是，文學就為某種超越一切既成事實的新的精神性力量確立了權利，真理也從各種具體的、特殊的哲學中解脫出來，顯示出自身的抽象獨立性，並成為批判運動的長期目標。作家則變成了不受時間與地點限制的意識，即普遍的人，而從事文學就是行使自由。由於作家把自己變成普遍的人，他就只能有普遍的讀者，他向他們的自由提出要求，要他們也割斷歷史連繫以便與他共同升入普遍性的境界。

於是，作家用抽象的自由對抗具體的壓迫、用理性對抗歷史，而他在這樣做的同時，恰好與歷史發展的方向不謀而合。因為資產階級在奪取政權前夕，需要與其他被壓迫階級聯合一致，而且它渴望言論自由，並把取得這一自由當作通向政治權力的步驟之一。因此，作家在為他自己要求思想自由及表達思想的自由的同時，必定也在為資產階級的利益服務；他只要捍衛自己的職業，就能同時為流動階級的願望充當嚮導。當時的作家知道這一點，他把自己看成嚮導和精神領袖，他借助筆促進的是一般意義上的人的解放。他向他的資產階級讀者發出的召喚鼓動他們起來造反；同時

他也向統治階級發出召喚，籲請他們放棄特權。自宗教改革以來，作家首次干預大眾生活，他們批判迷信、典章制度、政府的各項措施，抗議不公正的法令，要求重新審理某一案件，他們讓精神返回塵世，並在每一種特殊情況下超越塵世。在這個時代，作家的書就是向讀者們的自由發出的自由的召喚。

作家們曾全心全意地呼喚資產階級的政治勝利，可是當這個勝利實現的時候，它卻徹底動搖了作家們的特權地位，甚至連文學的本質也成了問題。作家們原來享有的特權地位來源於他們的讀者群眾，如今一分為二，因而他們有可能腳踏兩條船。現在由於資產階級吞併了貴族階級，這分裂的兩半合二為一了，作家們需要滿足的只剩下一個統一的讀者群眾的要求。此時的作家們出身於資產階級，讀他們的書、付給他們報酬的也是資產階級，於是，資產階級像監獄一樣把他們囚禁起來。資產階級要求作家們為他們服務，說明他們感覺自己成為資產者是出於神的恩寵，因此作為新的壓迫階級而問心無愧。現在，作家們曾經引以為榮的自由批判精神卻受到他的讀者群眾的反對，因為資產階級已經取得政權，它現在要求人們的協助。他的讀者群眾最害怕的是才能，因為才能會借助難以預料的詞句發現事物令人不安的底蘊，還會透過對自由的反覆召喚攪亂人心中更加令人不安的一面。資產階級讀者歡迎的只是平庸的、沒有威脅和趣味的、使人寬心的藝術。資產者否定社會階級的存在，特別否定資產階級的存在，也否定無產階級而只承認無產者。他用分析的方法證明所有的人都是相似的，都擁有完整的人性。因此，種種不平等現象都好像是意外的、短暫的事故，無損於社會本身的永恆。尚未發跡的資產者需要的是「登龍術」，已發跡的資產者則需要「治人術」。他們不相信人的自由，他們的道德是功利主義，心理動力便是利益，他們要求作家向他們闡述準確有效的心理

規律和統治人的良策，以便有效地控制人。唯心主義、心理主義、決定論、功利主義、嚴肅精神，這些便是資產階級作家應該向其讀者反映的東西，但是文學卻被謀殺了。

　　然而，最優秀的作家拒絕合作，正是他們的拒絕挽救了文學。1848 年以後，讀者群眾的徹底統一促使作家在原則上為反對所有讀者而寫作。作家與讀者之間的這種衝突是文學史上前所未有的，資產階級意識形態與文學本身要求之間的深刻矛盾再也無法掩飾了。與此同時，社會底層的潛在讀者群眾已經初露端倪。這一次，作家們似乎又選擇站在群眾這邊並反對菁英集團，且企圖重建對他們有利的雙重讀者群眾。他們把這個名為「人民」的潛在讀者群眾神聖化，並聲稱人民將使世界得救。然而，他們雖然愛這個讀者群眾，但卻並非出身其中，也不甚了解它。除了唯一真正受到民眾歡迎的作家雨果以外，其他作家都因為害怕降低自己的階級地位，而不願躋身於無產階級的行列。而且，作家們在資產階級革命前爭取的政治自由，以及他們日後要保衛的形式自由，與無產階級的深切要求毫無共同之處；後者要求的是改善自己的物質境遇，其更深切也更朦朧的要求則是結束人剝削人的現象。於是，作家們就轉而嘗試新的文學形式和方法、探討新的寫作技巧，卻沒有發現那個正在興起的具體革命與他們所從事的抽象遊戲背道而馳，使得這場文學革命恰恰符合社會保守主義的利益。由於作家們無法下定決心去體驗無產階級的利益和生活方式，他們就生活在矛盾與自欺之中，因為他既知道又不願知道為誰而寫作。隨著藝術離生活越來越遠，作家只能重新求助於由專家組成的讀者群眾。他們象徵性地脫離資產階級，而與自己生活的時代格格不入。為了反對資產階級的功利主義，他們在生活中透過浪費、破壞、旅行、冒險、愛情，甚至參加戰爭來炫耀他們無用的寄生生活方式，而無用的極致就是美。他們宣揚無所為而

為的「為藝術而藝術」，把藝術當作純消費的最高形式，認為藝術不傳授任何內容、不反映任何意識形態，尤其禁止藝術帶有道德性。形形色色的流派相繼出現，純客觀的現實主義、決定論的自然主義、描繪死亡之美的象徵主義和揚言毀滅一切的超現實主義莫不如此。1918 年以後，文學作為絕對的否定，正在變成反文學。對於作家這種不負責任的行為，資產階級聽之任之，因為它知道它是作家唯一的讀者群眾，而作家暗中是站在它這一邊的。簡言之，作家是反抗者，但不是革命者。把否定力量約束在虛妄的唯美主義和沒有結果的反抗行動裡，肯定對資產階級有利，因為一部無所為而為的作品不過是無害的消遣。否則，當這些力量一旦獲得自由，便會為被壓迫的階級服務。

　　沙特最後指出，19 世紀的文學在它從事反抗的同時，仍舊在其最深層的結構，甚至在其風格中反映出統治階級的身影。不過，我們不應該過分苛責這些作家，他們盡了最大的努力，其中有幾位還屬於我們最偉大、最純粹的作家之列。其作品仍然包含著對讀者的自由的絕望召喚，儘管他們假裝蔑視這些讀者。然而這些作家的過失也是明顯的。他們本來可以使文學從抽象的否定性過渡到具體的建設性，在保衛文學的自主性的同時，重新使文學納入社會整體；透過說明和支援無產階級的要求，他們本可以深化寫作藝術的本質，並且懂得不僅思想的形式自由與政治民主是重合的，而且選擇人作為永久思考的主題的物質義務與社會民主也是重合的；他們本應該對一個分裂成兩部分的讀者群眾說話，在指出資產者的不公正的同時，努力喚醒工人階級的意識，這樣他的作品就能反映整個世界。

　　沙特總結道，如果文學的本質是自由發現自身並且願意成為對其他人的自由發出的召喚，那麼，各種壓迫形式在向人們掩蓋他們是自由的這一事實的同時，也向作家掩蓋了這一本質的全部或某部分。因此，當一個特

定時代的文學未能明確意識到自身的自主性，當它屈服於世俗權力或某一意識形態，總之，當它把自己看作手段而不是不受制約的目的時，這個時代的文學就是被異化的。沙特繼而表達自己的展望，他指出，行動中的文學只有在無階級的社會裡才能與自身的本質完全等同。在那裡，作家才能發現他的主題和他的讀者群眾沒有任何區別，因為文學的主題始終是處在世界之中的人。他與讀者共同處於一個沒有內部鴻溝的群體之中，他將表達所有人的希望和憤怒，從而也完整地表達他自己。到那時，文學就取得了完全意義上的人文性質。文學將參與社會對自身的反思，社會成員可以隨時透過作品進行總結，看到自己和自己的處境。具體的文學將是否定性與謀劃的綜合，在這裡，否定性是掙脫既定事實的力量，謀劃則是一種未來秩序的草圖。作家僅有說出一切的自由還不夠，他必須為一個享有改變一切的自由的讀者群眾而寫作。除了取消任何獨裁，還要永遠更新掌權者，還要在秩序一有僵化傾向時就推翻秩序。總之，文學就其本質而言是一個處於不斷革命的社會中的主體。在這樣一個社會裡，文學將超越語言和行動的二律背反，說的形式自由和做的物質自由互為補充。這個社會的最高目的是呼喚人們的自由，以便他們實現並維持人的自由的統治。沙特認為，這當然是一個烏托邦，我們現在可以設想這個社會，卻沒有實現這個社會的實際手段，但是它畢竟讓我們隱約看到，文學觀念在什麼條件下才能得到最完整、最純粹的展現。

五、從處境文學到實踐文學

　　回顧歷史和展望未來是為了照亮現在，因此，沙特認為更迫切的是考察當前（1947）作家的處境，即他自己的時代、環境、讀者、題材和態度。首先，沙特把20世紀的法國作家分為三代：第一代是在1914年戰爭

前已經開始創作的作家，他們本身屬於資產階級，並且透過其作品實現了
文學與資產階級讀者群眾的和解。雖然他們之中最偉大的作家，如紀德
（André Gide, 1869-1951）、克洛岱爾（Paul-Louis-Charles-Marie Claudel,
1868-1955）、普魯斯特（Marcel Proust, 1871-1922）等人透過其作品表達
了許多有價值的人生經驗，但仍有許多作家只不過創造了為資產階級服務
的托詞文學。第二代是活躍於 1918 年以後到第二次世界大戰爆發前的作
家群體，其中最突出的是超現實主義者。第一次世界大戰的荒謬性和暴力
把他們推向否定性和極端主義，於是他們以自動書寫來取消主體性，以生
產想像的客體來取消客體性，以詞語的相互撞擊來摧毀語言，用繪畫毀滅
繪畫，用文學毀滅文學。然而，他們所謂毀滅整個世界的行動不過是一種
哲學轉變的花樣，當他們聲稱毀滅一切的時候卻沒有觸動它一根毫毛，只
不過是把它放進括弧裡存而不論罷了。他們聲稱自己是革命的，然而共產
黨的目的是奪取政權，而他們卻偏愛這種無害的形而上學的抽象反抗方
式，這使他們不可能在工人階級中間找到讀者群眾。除了超現實主義之
外，另外一些作家更為平庸：他們自稱為了養家活口而寫作，不相信有階
級鬥爭，喜歡描寫小市民和職員等小人物的平庸生活，其讀者群眾是勤勞
的有自由思想的小資產階級，他們的政黨是激進社會黨，他們創作的是激
進社會黨文學。然而，當充滿死亡和罪惡的戰爭厄運降臨時，歷史像奪走
激進黨的選民一樣奪走了他們的讀者群眾，他們自己也終因無法適應這個
瘋狂的世界而陷入了沉默。

　　沙特認為他自己屬於第二次世界大戰爆發前不久或法國戰敗以後開始
寫作的第三代作家。他說，從 1930 年起，世界危機、納粹上臺、西班牙
戰爭擦亮了我們的眼睛，於是我們突然覺得自己位於「處境」之中，預感
到未來將有一場群體的歷險在等待我們。我們被粗暴地重新納入歷史，被

迫創造一種強調歷史性的文學。戰爭和占領讓我們領教了什麼是惡，讓我們明白僅從原因上認識惡並不能消除惡。在占領德國者施行的酷刑中，惡就存在於劊子手與受害者的肉體關係裡。行刑者透過酷刑逼迫受刑者招供、屈服、墮落，消滅受刑者的人性，同時反過來也消滅了行刑者自己身上的人性。然而，大部分抵抗者經受酷刑卻沒有開口，他們打破了惡的循環，為了他們，為了我們，也為了行刑者，重新肯定了人性，恢復了人的尊嚴。即使我們沒有被逮捕，我們也沒有一天不在自問：「如果輪到我受刑，我會怎麼樣？」這種焦慮無時無刻不在糾纏著我們，我們只能在懦夫和英雄兩個極端之間選擇，這裡不存在「平均的處境」，時代讓我們觸及我們的極限，我們由此創造了一種「極限處境文學」，或者稱之為「重大關頭文學」。沙特認為，如果作家不是逃避時代，而是為了改變時代而承擔時代，即在趨向最近的未來的同時超越時代，那麼，他就會為了所有人並與所有人一起寫作，因為他企圖用個人手段解決的問題也是所有人的問題，因此抵抗文學訴諸的是整個社會。面對明顯的壓迫及其神話，抵抗文學作家只能行使拒絕的否定精神，他們批判、揭露，即使頌揚某個被處決或被流放的抵抗者，也是因為他有勇氣拒絕，他們的任務就是向包括自己在內的那個被壓迫群體表現他們的憤怒和希望。

　　二戰結束後，歐洲面對戰後廢墟、飢餓和重建的任務，文學不能僅僅停留在否定性的態度之中。沙特指出，如果說否定性是自由的一個面貌，那麼建設就是它的另一個面貌。然而，時代的悖論在於，建設性的自由從未像現在那樣接近於對自身的意識，同時，它也從未像現在那樣被異化。在這種情況下，文學的職責就是一方面對勞動的異化提出異議，另一方面把人表現為創造性的行動，它將伴隨著人為超越自身的異化趨向更好的處境而作出的努力。在《存在與虛無》中，沙特曾將有、做和存在看作可以

囊括人的全部行為的、人的實在的三個基本範疇。根據這一觀點，他指出，鼓吹「享樂就是存在」、「存在就是占有」的消費文學局限於存在與有的關係。然而在沙特看來，人的存在就是他做的事情，「做是存在的揭示者，每一個舉動都在大地上勾畫出一些新的面貌，每一項技術、每一把工具都是世界上一個開放的意義；有多少種使用物的方式，物就有多少種面貌。我們不是與想占有世界的人們站在一起，而是與想改變世界的人們站在一起，世界只對改變世界的謀劃本身透露其存在的祕密」[125]。因此，世界與人透過事業相互揭示，而所有事業都可以歸結為一個，即創造歷史的事業。沙特指出，現在不再是描寫、敘述和解釋的時代，而是訴諸行動的時代。因此，我們就來到了必須拋棄「存在（exis）文學」而開創「實踐文學」的時刻。實踐向我們揭示這個既敵對又友好、既可怕又可笑的世界，這就是我們的題材。不過，只有在未來社會主義的群體中，當文學終於明白自己的本質，完成了實踐與存在的綜合，否定性與建設性的綜合，以及做、有、存在三者的綜合之後，文學才配得上「整體文學」的名稱。

　　沙特說，正當我們發現實踐的重要性並隱約看到一種整體文學會是什麼樣時，雖然我們願意透過我們的作品向群體的全體成員發出民主的召喚，我們卻失去了讀者群眾。資產階級本來是我們唯一的讀者群眾，但他們由於在戰爭中的背叛行為而感到內疚，他們的自我意識產生動搖。雖然他們之中的優秀分子仍在努力維護法律的普遍適用性、言論自由和政治民主，但他們只能祈求文學為他們帶來活下去的理由和希望。我們能為他們做的，就是反映他們的內疚，以及壓迫者的面貌、推進他們原則的瓦解過程，也就是做他們的掘墓人。於是，我們將會轉向無產階級。這個高呼革命的讀者群眾雖然是潛在的，但卻很有影響力，他們已經意識到自身和他

[125] Jean-Paul Sartre, *Qu'est-ce que la littérature?* Gallimard, 1986, p. 286.

們在世界上的地位，我們曾經在戰爭中和他們並肩戰鬥。當我們在寫作藝術裡發現了自由作為否定性和創造性的超越的雙重面貌時，工人尋求在解放自身的同時，把所有的人從壓迫中解放出來；就工人是被壓迫者而言，文學作為否定性能夠反映他們的憤怒，就工人是革命者和建設者而言，他們是一種實踐文學的最好題材；當我們發現自己的歷史性時，工人也在要求創造歷史的權利。因此，文學的命運與勞動階級的命運是連在一起的。

沙特認為，首先應該設法把可能存在的潛在讀者群眾，如知識分子、小學教師、無黨派工人、小資產階級群眾和民眾中的某些派別，透過實在的連繫統一成一個真正的讀者群眾。由於書籍本身帶有某種惰性，它只對打開它的人起作用，但它不能強迫人打開它，所以作家應該盡量借助報紙、廣播、電影等大眾傳播媒介去征服讀者，應該學會用形象化的新語言表達自己書中的思想。但是，作家不應該為了迎合大眾的低俗趣味而降低自己的水準，相反，應該向大眾揭示他們自身的要求，逐漸提高他們，直到他們產生閱讀的需要。作家應當引導那些被喚起善良意志（即在任何場合都把人看作目的而不是手段）的讀者，讓他們明白他們實際上要求的是取消人剝削人的制度，而他們透過閱讀的審美直覺樹立起來的那個被康德稱為「目的之城邦」的理想，唯有透過漫長的歷史進化過程才有可能實現。因此，作家應該把讀者形式上的善良意志，轉變成透過確定的手段改變這個世界的具體的物質意志，以便為具體的理想社會的來臨而努力。沙特說，總之，我們應該透過自己的作品同時為人的自由和社會主義革命而奮鬥。人們常說這兩者是無法調和的，而我們要做的正是鍥而不捨地證明這兩者是相互關聯的。誠然，無產階級目前很少關心思想自由，資產階級則佯裝不理解「物質自由」的含義，而我們作為夾在兩個階級之間的中間人卻相信能夠克服這一對立。我們理應始終把作為形式自由與物質自由的

實際綜合的「整體自由」作為基本原則，讓這個自由展現在我們的小說、劇本和評論裡，從而透過我們的文學表明立場。沙特說，社會主義不是終極目的，不妨說是達到目的之前的最後手段，而最終目的則是使人享有真正的自由。

　　沙特提出，當代作家的任務還包括挽救語言。他指出，許多當代作家以毀滅詞語為務，現代文學在許多場合簡直就像是詞語的癌症。然而，我們畢竟是使用詞語來思考的，如果語言與現實無法相應，那麼，作家的首要義務就是恢復語言的功能和尊嚴。恢復詞語功能的工作一方面是透過分析性的清理，掃除詞語的蔓生意義；另一方面則是透過綜合性的擴展，使詞語適應歷史形勢的發展。其次，沙特指出，由於我們生活在群眾意識備受愚弄的時代，所以，我們只有努力為讀者們揭穿騙局才能拯救文學。作家的責任是表明立場並反對所有不正義行為，而不管它們來自何方。但同時不能不考慮作出非正義行為的國家的處境和前景，即它們的目的是為了保護革命還是為了維持人壓迫人的制度。然而，目的的正確無法阻止我們評判它們的手段。根據目的去評價手段，以及根據手段去評價目的同樣都是錯誤的。因為目的毋寧說是被運用的手段的綜合整體，錯誤的手段有可能毀壞它們企圖實現的目的。沙特說，我們並不籠統地反對暴力，以暴力對抗暴力有可能使暴力得以延續；然而暴力是結束暴力的唯一手段，因為我們生活在一個暴力的世界裡。作家的責任不是從一種抽象道德的觀點去評價手段，而是把手段置於實現社會主義民主的前景之下去評價。所以，作家不僅應該在理論上，而且應該在每一具體場合思考關於目的與手段的關係的現代問題。

　　最後，沙特指出，如果我們只能在準備戰爭的強國之間做出選擇，那一切都完了。他的回答又一次顯示出其一貫主張的第三條道路的特徵：歷

史行動顯然從來不限於在原始材料之間進行選擇，它的特點始終是從某一既定處境出發去發明新的解決辦法。推動歷史前進的幾乎都是這類人，即他們面對一個兩難推理時會突然亮出前所未見的第三張牌。沙特預言，我們可以避開蘇聯和英美集團，在歐洲大陸上聯合有同樣問題的國家一起創造一個社會主義的新歐洲。這個未來的社會主義的歐洲是一群具有民主與集體主義結構的國家的集合，其中每一個國家在它能做到更好之前，先要為了整體的利益而放棄一部分主權。只有在這個假設之下才有可能避免戰爭，也只有在這個假設之下，思想才能繼續在歐洲大陸上自由流通，文學才能重新找到對象和讀者群眾。概言之，實踐文學的唯一機遇總是與社會主義的歐洲的來臨，與和平、民主、自由連繫在一起的。

六、從自由的悲劇到處境劇

第二次世界大戰期間，沙特曾經創作過一個劇本《蒼蠅》，該劇於1943 年出版並公演。劇中敘述了古希臘青年王子俄瑞忒斯為了替被謀殺的父王阿伽門農報仇，殺死篡位者埃癸斯托斯和自己的母親克呂泰涅斯特拉的故事。該劇影射了希特勒占領時期法國社會壓抑的氛圍，並且喚醒人們的自由意識，鼓舞他們義無反顧地反抗占領者。劇中朱比特的一句臺詞點出了該劇的主題：「一旦自由在一個人的頭腦裡爆發，神對這個人也就無能為力了。」沙特在談到《蒼蠅》的主題時，明確提出了他「自由的悲劇」的戲劇理論，他說：「我想探討的是與命運的悲劇相對立的自由的悲劇。換句話說，這個劇本的主題可以這樣歸納：當一個人面對他所犯下的罪行，他是如何自處的，哪怕他承擔了一切後果與責任，哪怕這個罪行令他本人感到恐懼。……顯然，這裡提出的問題是與唯一的內在自由原則不相符合的，某些大哲學家如柏格森（Henri Bergson, 1859-1941）等人，

他們就試圖在此自由中找到擺脫一切命運的根源。可這種自由總是理論上的、精神上的……作為意識上自由的人，他可以達到超越自己的高度，可只有當他重新確立了他人的自由，只有當他的行為導致了某種現存狀況的消失，並重新恢復應該確立的狀況時，他才能在境遇中獲得自由……」[126] 雖然沙特在這時已經把其戲劇界定為表現處境中的自由的戲劇，但他是在與古希臘命運的悲劇相對立的意義上思考和創作的，因此，他將其戲劇稱為自由的悲劇，意在強調自由的一面。從哲學上說，沙特關於處境中的自由的理論同時包含兩個層面，處境和自由猶如一個硬幣的兩面，兩者相輔相成；至於他在其戲劇創作中強調哪一面，則取決於他所面臨的歷史環境和理論語境。

　　第二次世界大戰結束後，與介入文學或處境文學相對應，沙特提出了「處境劇」的概念。在 1946 年訪問美國時的一次名為「鑄造神話」的演講中，沙特批評性格劇主要關心的只是性格分析和性格交鋒，劇中設置情景的唯一目的只是為了使性格突出。而他並不相信人有一種共同的、一經形成就一成不變的本性，即人的心理特徵的總和。他認為，人是一個自由的、完全不確定的存在，它應該面對各種情境而選擇他自己的存在，而他在作出選擇之前沒有性格特徵可言。因此，沙特提出應當用一種處境劇取代性格劇。處境劇的題材就是自由的人在人類某種共同處境中為自己作出選擇，同時也為其他人作出選擇。處境劇的要求就是用權利之間的衝突取代性格衝突。因為社會政治鬥爭並不是人與人之間的性格衝突，這些衝突中儘管存在著利害關係的不同，但歸根結柢是人的價值體系、道德體系和觀念體系在不同處境中的對峙。

---

[126] 轉引自蜜雪兒‧貢塔等編〈沙特著作目錄及提要〉，該文載沙特：《詞語》，潘培慶譯，生活‧讀書‧新知三聯書店 1988 年版，第 204 頁。

　　沙特在〈什麼是文學？〉裡也談到了處境劇。他在批評性格劇的同時指出，最近許多作者已經轉而創作某種新的處境劇。在處境劇裡，性格消失了，主人公是與我們大家一樣落入處境的陷阱的自由，沒有可供選擇的現成出路，每個人必須自己發明出路，同時也就發明了自己。人需要每天發明自己，人自身也是價值，這就涉及提出自由選擇的問題和承擔道德責任的問題，處境劇和整個文學都應當具有道德性並提出問題。

　　同在 1947 年，沙特發表了〈提倡一種處境劇〉一文。他在其中重新解釋了古希臘和近代悲劇的性質。他說，偉大的悲劇，無論是埃斯庫羅斯（Aeschylus）、索福克勒斯（Sophocles）還是高乃依（Pierre Corneille, 1606-1684）的悲劇，都是以人的自由為動力的。人們自以為在古代戲劇中看到的宿命力量不過是自由的反面，情慾本身是墮入自己設置的陷阱中的自由。然而，心理戲劇，如尤里比底斯（Euripides）、伏爾泰（Voltaire, 1694-1778）、克雷比庸等人的戲劇，卻宣告了悲劇形式的沒落。因為，性格之間的衝突不管有多少起伏變化，永遠不過是幾種力量的組合，而組合的效果是可以預見的，一切結果都已經被事先決定了。因此，沙特認為，一個劇本的核心不應當是用巧妙的戲劇語言表現的性格或複雜的情節，而應該是處境。

　　沙特接著指出，如果人在某一特殊處境中真是自由的，如果他真是在這個處境中並透過這個處境選擇自己，那麼就應該在戲劇中表現一些人的處境及其選擇自身的自由。所謂性格不過是選擇的僵化和硬化，或者齊克果所謂的重複，它應當在幕落以後才出現。戲劇能夠表現的最動人的東西是正在形成的性格，是選擇和自由地作出決定的瞬間，這個決定使決定者承擔道德責任，並且影響其一生。然而沙特認為，並不是隨便哪一種無關緊要的處境都能表現出自由的深刻內涵。因此，為了使人們在處境中做出

的決定深刻地符合人性，為了使它能牽涉到人的整體，「每一次都應該把極限處境搬上舞臺，就是說處境提供選擇，而死亡是其中的一種。於是自由在最高程度上發現它自身，既然它同意為了確立自己而毀滅自己。因為只有達成全體觀眾的一致時才有戲劇，所以必須找到一些人所共有的普遍處境。你把一些人置於這類既普遍又有極端性的處境中，只幫他們留下兩條出路，讓他們在選擇出路的同時做自我選擇：你能這樣做就成功了，劇本就是好的」[127]。不過，他同時強調，每個時代都有其特殊的處境和人的自由所面臨的特殊難題，古希臘的兩難選擇在今天已經沒有多大意義，而現在的人們有自己的問題，他列舉了目的和手段、暴力的合法性、行動的後果、人和群體的關係以及個人事業與歷史因素的關係等當代的迫切問題。他最後指出，劇作家的任務是在這些極限處境中選擇那個最能表達他的關注的處境，並把它作為向某些人的自由提出的問題介紹給群眾。只有這樣，戲劇才能找回它失去的引起共鳴的力量，才能統一今天看戲的各類觀眾。這就是沙特所提倡的處境劇的含義和要求。如果說性格劇理論曾經提出塑造「典型環境中的典型性格」的美學要求，那麼，沙特的處境劇理論的美學要求也許可以概括為「典型處境中的典型自由選擇」，兩者之間的差別就在於一個關鍵詞組——自由選擇。

　　有人曾批評沙特把文學介入的概念與政治介入的概念混淆在一起，也許這正展現了他自己對介入概念的豐富性和綜合性的理解。1960 年，他在一次與記者的談話中談到了作家的功能：「在一個存在著剝削和壓迫的社會裡……如果所有的人都表現出贊同的樣子，那麼作家就必須站出來表現那些不贊成者的生活，只有這樣才能避免最壞的事情發生。」當他被問

---

[127] 沙特：〈提倡一種處境劇〉，該文載沈志明、艾瑉主編《沙特文集》第 7 卷，人民文學出版社 2005 年版，第 455 頁。

到他以什麼名義抗爭時說：「我以兩個齊頭並進的原則的名義：首先，如果不是所有的人都是自由的，那麼任何人都不可能是自由的；其次，我將為提高生活水準、改善工作條件而抗爭。自由不是形而上學的，而是實踐的，它受到蛋白質的制約。只有當所有的人都能吃飽飯，都能從事一項他力所能及的工作時，人的生活才會開始。我不僅將為生活水準的提高，而且還將為每個人的民主生活的條件，為所有被剝削、被壓迫者的解放而反抗。」[128]

1968 年 11 月，沙特與波娃在布拉格逗留期間，他曾在一次接受記者採訪時強調，知識分子現在比在任何時候都更需要介入：「對知識分子來說，介入就是表達他自己的感受，並且是從唯一可能的人的觀點來表達，這就是說，他必須為他本人，也為所有的人要求一種具體的自由，這種自由並不僅僅是資本家所理解的那種自由，但它也並不取消後者。這就是賦予自由一種具體的內容，使之成為既是實質的又是形式的自由。因而今天比任何時候都更必須介入。作家與小說家能夠做的唯一一件事就是從這個觀點來表現為人的解放而進行的抗爭，揭示人所處的環境，人所面臨的危險以及改變的可能性。」[129] 從這種介入觀點出發，沙特自 1968 年以後已不再將主要精力放在著述上，而是更加積極地投身於社會實踐活動中，他出席集會活動、發表演講、簽署宣言、出庭做證、遞請願書、會見記者、上街遊行、叫賣報紙、散發傳單。在此期間，他因為參加社會政治活動曾五次受到控告。有人根據沙特活動的重心在五月風暴以後向實踐抗爭的轉移而指出，對沙特來說，「凡是現實的，就是實踐的；而凡是實踐的，也

[128] 轉引自蜜雪兒·貢塔等編〈沙特著作目錄及提要〉，該文載沙特《詞語》，潘培慶譯，生活·讀書·新知三聯書店 1988 年版，第 297 頁。
[129] 轉引自蜜雪兒·貢塔等編〈沙特著作目錄及提要〉，該文載沙特《詞語》，潘培慶譯，生活·讀書·新知三聯書店 1988 年版，第 297 頁。

就是現實的」[130]。從沙特晚年向社會實踐活動的轉變來看，他似乎越來越感到單純的文學介入已不敷需要，只有訴諸行動的實踐介入才更能滿足時代的迫切要求。

縱觀沙特的美學思想的發展歷程可見，在第二次世界大戰前，他雖然在《想像物：想像的現象學心理學》一書中也提到了介入概念，但那時主要是從想像角度界定文學作品的性質，因而還不能將其文學觀稱為介入文學。既然他強調文學作品所指向、所構成的是一個非現實的想像世界，也許將其文學觀稱為「想像文學」更為恰當一些。然而，在〈什麼是文學？〉裡，他更多地強調文學作品是對現實世界或曰處境的介入、揭露和超越，因此，把他的文學觀稱為「處境文學」或「介入文學」的確非常貼切，這也正是沙特自己所標榜的口號。在其後期，他還將其狹義的「介入文學」的概念擴展為廣義的「介入藝術」的概念。至於該書中提出的「實踐文學」和「整體文學」的概念，前者表現出沙特越來越強調實際行動的重要性，而後者則是指未來理想社會中將會產生的一種理想的文學。應當特別指出的是，無論想像文學、處境文學、介入文學、實踐文學或整體文學之間存在多少差異，沙特的文學觀乃至整個美學觀所依據的基礎和高揚的主題只有一個，那就是人的最高本質或最高價值 —— 自由。

第三節　梅洛－龐蒂

梅洛－龐蒂（Maurice Merleau-Ponty, 1908-1961）是法國著名的實在論現象學家或現象學實存主義（存在主義）者。1930年他畢業於巴黎高等師範學院，同年獲得哲學教師資格證書，隨後相繼在法國外省和巴黎的

---

[130] 轉引自高宣揚《沙特傳》，作家出版社 1988 年版，第 270 頁。

多所中學任教。他於 1945 年 7 月以〈知覺現象學〉為主論文、〈行為的結構〉為副論文在索邦大學通過答辯，獲得博士學位；先後在里昂大學、索邦大學和法蘭西學院從事教學和研究工作，同時還曾經在巴黎高師兼職。他在現象學運動中享有極高的聲譽，其影響僅次於胡塞爾和海德格；在法國實存主義運動中，其地位則大致上與沙特並駕齊驅；他對結構主義、心智哲學和認知科學也都產生了重大的影響。透過創造性地研究行為和知覺問題，梅洛－龐蒂實現了現象學和實存主義從意識哲學向身體哲學的過渡；透過率先評介索緒爾（Ferdinand de Saussure, 1857-1913）等人的結構語言學，他在開展語言現象學的同時，為結構主義的興起開闢了道路；作為「西方馬克思主義」一詞的首創者，他是現象學與馬克思主義（黑格爾式的馬克思主義）聯姻的主要推動者；他在兒童心理學、教育心理學、文學批評、藝術理論等方面也有所建樹；他後期關於自然或存在問題的探討引出了現象學的自然主義轉向問題，並且啟發環境倫理學和認知科學從現象學中尋找各種有用的資源。梅洛－龐蒂在其較短暫的生命中，發表了許多極有分量的成果。生前發表的代表性著作有：《行為的結構》（*La Structure du Comportement*）、《知覺現象學》（*Phénoménologie de la Perception*）、《人道主義與恐怖》（*Humanisme et Terreur*）、《意義與無意義》（*Sens et Non-sens*）、《哲學贊詞》（*Éloge de la Philosophie*，亦名 *Leçon Inaugurale: Chair de Philosophie*）、《辯證法的歷險》（*Les Aventures de la Dialectique*）、《符號》（*Signes*）、《眼與心》（*L'oeil et L'Esprit*）。在他死後，經人整理出版的未完稿則有《可見者與不可見者》（*Le Visible et L'Invisible*）和《世界的散文》（*La Prose du Monde*）。儘管其代表性著述在他於 1961 年英年早逝之後的結構－後結構主義時代受到一定程度的冷落，但在 20 世紀末期重新獲得極高的重視，並成為法國現象學復興的重

要代表之一。上述著作對藝術、文學和語言等問題的思考別具匠心，表明這位「哲學家的哲學家」在美學思想史上也占有一席之地。當然，要全面而透徹地掌握其美學思想的精髓，還必須參考他在巴黎高師、索邦大學和法蘭西學院關於文學、語言、自然和非哲學等問題的相關講稿。

一、身體經驗與實存哲學

我們應該在梅洛－龐蒂的實存哲學體系中來考察其美學思想，而這種實存哲學簡單地說是一種身體哲學。進而言之，這是一種身展現象學。這種哲學接受了來自多方面的靈感，它尤其擁有德語哲學和法語哲學的雙重淵源，並實現了德國現象學傳統與法國精神論傳統的有機結合。一方面，梅洛－龐蒂接受了來自德語傳統的 3H（黑格爾、胡塞爾和海德格）和 3M（馬克思、尼采和佛洛伊德）的深刻影響，對康德、謝林（Friedrich Schelling, 1775-1854）和舍勒（Max Scheler, 1874-1928）等人的思想也進行了批判性借鑑；另一方面，他在對比朗（Maine de Biran, 1766-1824）、柏格森和馬塞爾等人代表的法國精神論傳統進行創造性借鑑的同時，對笛卡兒（René Descartes, 1596-1650）、馬勒伯朗士（Nicolas Malebranche, 1638-1715）和布倫茨威格（Léon Brunschvicg, 1869-1944）等人代表的法國觀念論傳統也做出了深入的批判反思。以上諸種因素的結合，造就了梅洛－龐蒂的身體主體理論。

現代哲學之父笛卡兒的觀念論依據清楚分明的原則視「心」和「物」為兩個獨立的實體。按照人之為人的本性，「我」是一個單純的、不可分割的心靈，但「我」同時有一個與之格格不入的作為複合物的身體。「心」的唯一功能是思維，「身」則與任何物質實體一樣具有廣延性。笛卡兒從「我疑」（普遍懷疑）推出「我思」，從「我思」推出「我在」，進而從「我

思」推出「神在」和「物在」。這一切都表明了「我思」的優先地位。在隨後的觀念論哲學的發展中，作為實體的「我」或「心」逐漸淡出，作為功能的「思」越來越具有舉足輕重的地位。精神論之父比朗則瓦解了「我思」或「思」的崇高地位。他並不否定它們，但強調「我能」對於「我思」或「情」對於「思」的優先性。非常重要的是，他在強調情感、情緒和意志的同時，初步確定了身體的地位，一種作為「心」、「身」統一體的「本己身體」呼之欲出。接受並拓展這一傾向，生命哲學家柏格森和實存哲學家馬塞爾批判觀念論，開始強調身體的地位，身體主體即將登上哲學舞臺。比朗、柏格森和馬塞爾在不同程度上承認了「心」和「身」的不可分割。受他們的影響，後來的法國現象學哲學家大都明確堅持「我就是我的身體」這種一元論主張，告別了笛卡兒「我是一個心靈」且「我有一個身體」的二元論。這一切在梅洛－龐蒂、利科（Jean Paul Gustave Ricœur, 1913-2005）和柏格森那裡最為明顯地展現出來，他們真正確立了身體主體的核心地位。「心」及其思維往往代表了冷靜和超然，「身」及其知覺則通常意味著熱情和介入。

　　然而，這種主要在法國哲學中出場的身體主體理論因為德國哲學的介入而表現出極度的複雜性。儘管關於身體的提問法在沙特哲學中還沒有明確的地位，但從總體上看，身體成了法國現象學實存主義運動的核心範疇。這種身體哲學指向源自列維納斯等人在譯介德國現象學時實現了胡塞爾哲學的海德格化，對海德格哲學則實現了實存哲學化。換言之，接受和改造精神論並且對抗新康德主義的觀念論，法國哲學家實現了從認識論現象學向存在論現象學或實在論現象學的轉換。法國哲學家承認黑格爾是一個現象學家，其地位不亞於胡塞爾和海德格。這源自法國新黑格爾主義者對《精神現象學》等黑格爾早期著作的精神論解讀。透過發掘其早期思想

中的情感和實存維度，黑格爾成為一個並不完全與齊克果相衝突的實存主義者，其相關思想被他們視為克服新康德主義觀念論的利器。法國哲學家還要實現現象學與馬克思主義的聯姻，但他們承認的主要是黑格爾式的馬克思主義。始終讓法國哲學家們感到驚奇的是，作為一個否定意識現象學並因此強調在世存在的哲學家，海德格儘管避免談及意識、精神和生命等依然帶有主體形而上學殘餘的傳統概念，但他並沒有因此直接求助身體，更不用說用身體主體取代意識主體。於是他們以法國人的方式來對待海德格的《存在與時間》，不僅對「此在」進行某種海德格本人否定的「人類學解讀」或人道主義解讀，而且從「在世」和「實存」等概念中發掘身體哲學的要素。尼采、佛洛伊德（Sigmund Freud, 1856-1939）和舍勒在法國遭遇了大致相同的命運，他們著作中有關無意識、情緒（情感）和身體的論述被充分甚至過度地加以吸收和利用。無論如何，法國現象學的重大突破之一就是直接把身體推到前臺。梅洛－龐蒂是法國精神論傳統的主要繼承者，也是對德國哲學作實存哲學和身體哲學解讀的代表，其哲學則成為身展現象學的典範。

　　梅洛－龐蒂有意模糊海德格哲學與胡塞爾哲學之間的區別。他承認在現象學中存在著在「關於本質的研究」與「把本質重新放回到實存」的努力之間、在懸置「自然態度」的「先驗哲學」與維護「與世界的自然連繫」的經驗哲學之間，以及在「按照我們的經驗之所是直接描述我們的經驗」的「嚴格科學的哲學」與作為「對『被體驗』的空間、時間和世界的說明」的哲學或「發生現象學」之間的張力。[131] 但他並沒有把這種張力簡單地歸結為胡塞爾和海德格哲學之間的對立，因為這些矛盾和張力在胡塞爾本人那裡已經展現出來。事實上，不管針對胡塞爾還是海德格，梅洛－

---

[131] Merleau-Ponty, *Phénoménologie de la Perception*, Garllimard, 1997, p. i.

龐蒂都格外關注他們透過現象學為人們帶來的驚喜，而不是那些刻板的東西。他這樣表示：「現象學只能透過某種現象學方法才能被理解。因此讓我們試圖將那些著名的現象學主題，如同它們在生活中自發地被連結起來的那樣相連結。我們也許就會理解現象學為什麼長期以來始終停留在開始、問題與願望狀態。」[132] 他對兩位導師都進行了某種創造性的誤讀，力圖從他們的文本中引出身體哲學或身展現象學的結論。身體經驗擺脫了科學的量化模式，恢復了活生生的人、有生命的自然以及人與自然的原初關係。梅洛－龐蒂這樣談論現象學還原：「還原的最好表述或許是胡塞爾助手芬克談到在世界面前的『驚奇』時所給出的。反思不會從世界退隱到作為世界基礎的意識統一中，它退卻是為了看到各種超越物的顯現，它鬆開那些把我們與世界重新連繫起來的意向性線索，以便將它們呈現出來。唯有它是對於世界的意識，因為它把世界揭示為陌生而荒謬的。」這其實表明「正是為了看到世界並將之理解為荒謬的，就應當中斷我們與它的熟悉，還有這一斷裂絕不會使我們明白世界那些毫無理由的呈現」，因此，「還原的最大教益是某種完全還原的不可能性」，這意味著「哲學家永遠是新手」，而「現象學還原遠不像人們相信的那樣是一種觀念主義的哲學的表述，它是一種實存哲學的表述」。[133]

　　在觀念主義者，尤其是先驗觀念主義者那裡，世界最終在我們的意識中透明地呈現出來，完全喪失了它的神祕，因為我們的意識或我們的理性強調清楚分明。但梅洛－龐蒂卻表示：「現象學的未完成和它的始動狀態並不是一種失敗的象徵，它們是無法避免的，因為現象學把揭示世界的神祕和理性的神祕作為其任務。」[134] 儘管其哲學思考始終處於變動和修正

---

[132] Merleau-Ponty, *Phénoménologie de la Perception*, Garllimard, 1997, p. ii.

[133] Merleau-Ponty, *Phénoménologie de la Perception*, Garllimard, 1997, pp. viii-ix.

[134] Merleau-Ponty, *Phénoménologie de la Perception*, Garllimard, 1997, p. xvi.

之中，也有直接與迂迴之別，身體經驗或原初知覺始終是他沒有遠離的起點，因為神祕與體驗而非與知識連繫在一起。由於接受了來自多方面的影響，並維護處境化的立場且因此放棄了純粹、清楚和分明的要求，同時關注身體、語言、歷史和自然等描述對象的複雜本性，梅洛－龐蒂哲學被視為一種「含混的哲學」。這種受到瓦朗斯正面評價、他本人也樂於接受的含混姿態恰恰表達了其哲學的感性維度和審美意蘊。當然，他並不因此就承認自己是一個反理性主義者或非理性主義者，因為他要求調和理性與非理性。他這樣表示：20世紀初以來，許多偉大的著作都表達了「直接生活對於理性的反叛」，它們以各自的方式告訴我們，「對於某種道德、政治，甚至藝術的理性安排，從來都沒有必要與瞬間的熱情、個體生命的分裂和關於未知的東西的預先思考相對立」，因為「非理性的經驗一定不會簡單地被忘記」；但我們沒有必要完全放棄理性。雖然「我們要達到的理性一定不是我們如今鬧哄哄地已離棄的那種理性」，因為理性本身不是僵死的，而是始終處於誕生狀態，我們「一定會形成某種關於理性的新觀念」。[135] 無論如何，身體經驗的含混性取代了意識經驗的純潔性。儘管梅洛－龐蒂否定內在和外在的簡單區分，他還是認為行為和知覺分別從外部和內部表達了本己身體的特徵。其實，兩者最終統一在知覺概念中。這種知覺觀並不關注個別感覺，它否定經驗論的原子主義立場。當然，這種整全的知覺觀也有別於將知覺純粹化的唯理論。他始終關注的是知覺和被知覺世界的關係，雖然對這種關係的表述在其早期、中期和後期思想中呈現出不同的面貌。

　　在其早期思想中，梅洛－龐蒂關注知覺與周圍世界的關係。也就是說，他從《行為的結構》中開始談論的「現象場」或從《知覺現象學》開

---

[135] Merleau-Ponty, *Sens et Non-sens*, Garllimard, 1996, p. 7.

始關注的「被知覺世界」其實就是海德格意義上的「周圍世界」。由於強調個體實存，他要求放棄從笛卡兒到康德再到胡塞爾的先驗觀念論傳統對純粹意識的迷戀，突破心身的嚴格二分，把作為第三維度的身體確立為主體，以身展現象學或實存現象學取代了意識現象學，以身體哲學或實存哲學取代了意識哲學。雖然身體與自然之間的關係仍然依賴主客關係的框架，但已經產生了革命性的變化，因為一切都處在「現象場」中。身體意向性有別於意識意向性，身體空間優於地理空間，主客體的互動則否定意識的超然旁觀。在梅洛－龐蒂那裡，本己身體並不等於機體或軀體，因為身體並不是諸個部件構成的一架機械，相反，身體具有一個整體結構或整體基模。世界也不是我置身的客觀環境，因為我在世界之中實存，與一張桌子被擺放在房間中完全是兩碼事。康德所說的現象界受制於人的知性立法，梅洛－龐蒂所說的被知覺世界則是前知性、前科學的世界。有血有肉的人活動於其中的這個世界，就好比正在舉行球賽的足球場，它並不是某種位置空間，而是行為環境。身體空間性、身體意向性、身體間性、作為表達的身體等概念表明，梅洛－龐蒂所說的身體是心身統一體。這意味著從「我有一個身體」向「我就是我的身體」的完全轉變，表明身體的精神化和心靈的肉身化是一致的；也就是說，觀念性與物質性的統一在身體中獲得了真正的實現。《行為的結構》和《知覺現象學》格外強調了上述思想，《意義與無意義》中收入的部分論文也代表這一階段的思想。

　　梅洛－龐蒂的中期思想關注知覺與作為被知覺世界昇華形式的文化世界的關係，他人主題（或歷史主題）和語言主題在其中占據了核心地位。相關論點主要透過《人道主義與恐怖》、《意義與無意義》、《辯證法的歷險》和《符號》等關注政治、社會、歷史、文化和語言現象的著作展現出來。尤其值得注意的是，他明確提出的「語言現象學」理論既是其早期肢

體語言思想的延續，又形成某種程度的斷裂。他為了回應沙特〈什麼是寫作？〉而撰寫的《世界的散文》（未完稿），他在索邦大學有關心理學、教育學和語言學的講課稿，以及他在法蘭西學院有關文學語言的講課稿都代表了這種關懷。正像他在《知覺的首要地位》中想要表達的，身體無疑具有首要地位，但停留在知覺經驗中是不夠的。梅洛－龐蒂認為，各種文化形式只不過是知覺經驗的昇華，反過來說，科學、哲學和藝術都有其知覺基礎。不管身體知覺還是作為其昇華形式的文化都是「馴化的」、「文明的」，梅洛－龐蒂後期思想則旨在回歸「野性」。知覺與被知覺世界的關係在這個時候表現為見者與可見者在自然中的交融或者說形成了一種可逆的交織關係。在《可見者與不可見者》、《眼與心》等後期著作中，以及關於自然或存在的後期講稿中，梅洛－龐蒂的哲學思想主要表現為某種存在論，身體經驗成為「世界之肉」這一更為原始的基質的典型形式，並因此具有了存在論地位。李維史陀提出了所謂的「野性的思維」，而梅洛－龐蒂則提出了「野性的精神」和「野性的存在」。如果說其中期思想主要強調作為身體的「我」與他人的「共在」，後期思想則突出了作為肉的「我」與自然的「共生」。先是透過強調身體經驗，繼而透過關注身體經驗的昇華形式，最終經由恢復身體經驗的野性維度，梅洛－龐蒂不斷遠離意識哲學或意識現象學，不斷克服其哲學中的意識哲學的殘餘，逐步實現了意識與自然關係從完全對立到部分交融再到完全融入的變遷。

二、實存哲學與現代藝術

　　梅洛－龐蒂的實存哲學很自然地包含著一種獨特的實存美學思想。他曾經表示：「任何繪畫理論都是一種形而上學。」[136] 哲學或形而上學不斷

---

[136] 梅洛－龐蒂：《眼與心》，楊大春譯，商務印書館 2007 年版，第 54 頁。

變換其形態，繪畫理論和美學思想則亦步亦趨。從總體上看，哲學在其漫長的發展歷程中始終圍繞「思」或「反思」而展開。在西方哲學發展的歷程中，存在著神學的神祕思維、形而上學的抽象思維再到科學的實證思維的變遷。哲學要問：「我是誰，從哪裡來，到哪裡去？」對於這些問題，或依神話思維，或藉思辨思維，或用科學思維，不同的哲學家給出了五花八門的答案，但很難說有哪種答案會讓人們完全滿意。儘管早在亞里斯多德那裡就區分了理論科學（theoria）、實踐科學（praxis）和創製科學（poiesis），儘管康德的三大批判仍然延續了如此區分，但整體看來，西方哲學的主流傳統一向強調理論哲學，實踐哲學和美學居於次要地位。理論哲學往往以理智主義或觀念主義為主幹，明顯具有強調視覺或者說「看」的優先性的哲理視覺主義傾向。當然，這裡的看主要是「心」看而不是「眼」看。這需要從柏拉圖的最重要概念「理念」談起。「理念」源自動詞「看」，本意是「眼看」，柏拉圖將之轉化為「心看」，意指理智直觀或心靈洞察。「看」必須預設「光」，由此引出了著名的「日喻」：「善」是理念世界或可知世界的太陽。

　　由於「靈魂轉向」，「眼看」所及的美的東西在「心」看中不同於「美本身」，一如善的東西不是「善本身」。前者是「可感的」而不是「可知的」，後者屬於「可知的」而不是「可感的」。「眼看」以太陽和「感性之光」為前提，「心看」則依賴於理性或所謂的「理智之光」。對於柏拉圖來說，「理智之光」不是抽象自「感性之光」，相反，後者是對前者的分有。理想決定現實，而不是在現實的基礎上確立理想。正是這一「日喻」奠定了整個西方理性主義的基礎，以至於在 19 世紀中期以前，我們可以說西方哲學的主導趨勢就是各式各樣的柏拉圖主義。哲學的主導形態是各種形式的觀念主義，美學的情形大致亦然。柏拉圖拒不懂幾何學的人於門外，

詩人和戲劇家則被趕出理想的城邦。然而，不無諷刺的是，這位理性主義的奠基人卻用隱喻來為純粹理論作論證，詩意地為理想目標辯護。當然，有人會說柏拉圖趕走的是那些模仿程度低劣的「文人」，而不會排斥那些與理念，尤其是與善的理念為伍的「文人」，因為詩歌或戲劇完全可以作為道德和觀念的載體出場。比如詩歌完全可以展現其教化功能，就像在孔子眼裡，「詩三百，一言以蔽之，曰：思無邪」，或者說「詩言志」。在理智之光中，任何可能的離心因素都將被轉化為向心力量。無論如何，在西方的歷史長河中，詩歌是受到排斥的，文學是地位低下的，藝術是沒有獨立性的，一切服從於哲學的抽象觀念或偉大理想。在早期現代哲學家笛卡兒那裡，「自然之光」對於「自然傾向」的優勢地位延續了前現代的柏拉圖主義理念學說；當後期現代哲學家胡塞爾強調「本質直觀」或「本質看」的時候，這位現象學創立者依然是一個「希臘人」。但胡塞爾的弟子梅洛－龐蒂試圖改變我們的世界「觀」，認為「真正的哲學要重新學會看世界」[137]。這是一種感性地、詩意地「看」世界的要求。

　　哲學大概在 17 世紀獲得其自主地位，從現代哲學之父笛卡兒到傳統哲學的集大成者黑格爾，早期現代哲學以「我思」的名義代表了反思的成熟形態。由於關注純粹意識或者純粹思維，情感或情緒在這一時期被冷落在旁，無法在哲學中占據一席之地。但 19 世紀中後期以來的後期現代哲學中，「我思」逐步讓位於「我能」，而純粹思維要麼讓位於科學之思，要麼求助於詩意之思。一般認為，在黑格爾之後，西方哲學出現了分化。從總體上看，哲學都不再關心絕對觀念、抽象理論和崇高理想，而是認可相對主義、具體關懷、實踐指向。人文哲學與文學藝術相互影響，科學哲學日益關注實證科學及其問題，馬克思主義哲學強調社會實踐，以終極關懷

---

[137]　Merleau-Ponty, *Phénoménologie de la Perception*, Garllimard, 1997, p. xvi.

為導向的宗教哲學也越來越關注世俗化問題。20 世紀的主要哲學流派無疑是英美科學哲學和歐陸人文哲學。從傳統上看，哲學可以被劃分為三大部門：形而上學、邏輯學和心理學。科學哲學堅持反對形而上學主張。在它看來，由於形而上學類同於文學藝術並因此只關心價值（人生價值）而不關心意義（科學意義），而心理學已經轉向實驗科學（實驗心理學），所以哲學只與邏輯學相關：哲學只不過是邏輯分析，哲學就是語言批判（對科學命題進行邏輯和語言分析）。有些人文哲學家主張形而上學終結了，有些人文哲學家對形而上學牽掛留戀，但總體傾向是認可哲學與文學藝術結盟。科學哲學延續了理性主義傳統，但不再堅持自由、平等、博愛等大理性主義觀念，它轉向了強調科學、實證和技術的小理性主義（科學理性、技術理性、工具理性、實用理性）。人文哲學強調情感或情緒，否定理性或理智的唯我獨尊，其目標不是為科學確立哲學基礎，而是充分發掘人性和生活世界的各個層面。人文哲學其實也沒有完全忽視科學，因為它自己就是科學時代的產物。它主要對科學理性主義，尤其是技術理性主義或工具理性主義進行批判性反思。

無論如何，與英美科學哲學的貶藝術、非人文的邏輯之思相對照，歐陸人文哲學展現的是詩意之思，它貶抑科學，提升藝術。梅洛－龐蒂哲學典型地代表了這一傳統。19 世紀中後期以來，科學以其驚人的發展不斷侵占哲學的地盤，康德為科學奠定哲學基礎，並因此建立科學的形而上學的理想不斷遭到毀滅性打擊。與此同時，文學藝術進入相對繁榮而多彩的時代，尤其是在 20 世紀轉折時期，出現了現代主義的文學藝術思潮。由於哲學在與科學的對抗和競爭中越來越居於下風，它不得不與文學藝術結盟，以便維護人文的價值和人類的尊嚴，由此導致歐洲大陸哲學大多放棄了理性主義，而不同程度地展現為反理性主義或非理性主義。哲學似乎可

以與人文哲學畫等號，文學藝術不僅是哲學的重要資源，甚至逐步變成哲學的基本形態。然而，1960 年代以來，西方文化進入了物質主義時代，後現代哲學意味著哲學的終結。文學藝術變為某種物質性的力量，並已按照科學的方式來運作，因而導致人與文學藝術的終結，使得哲學似乎喪失了存在的最後根據。無論如何，哲學已經放棄其高遠的理想，大寫的哲學已經被小寫的哲學取代；與此相應，哲學家似乎逃避一切崇高的東西。實存主義哲學是後期現代哲學的主要形態，它既有別於早期現代哲學的觀念主義（idealism）形態，也不同於後現代哲學的物質主義（materialism）形態。我們可以把它稱為精神主義（spiritualism）哲學。精神主義哲學及其美學思想圍繞作為身心統一體的身體主體展開，梅洛－龐蒂的身體哲學和身體美學則是其典型形態。他明確表示，現象學以其「回到事物本身」的姿態，與文學藝術沿著相同的方向發展。他這樣寫道：「如果說現象學在成為一種學說或一個體系之前已經是一場運動，這既非偶然，也非欺騙。由於同樣的關注與驚奇方式，由於同樣的良心要求，由於同樣的領會世界或新生態歷史的意義之意願，現象學就如同巴爾札克（Honoré de Balzac, 1799-1850）、普魯斯特、瓦萊里或者塞尚的成果一樣勤勉。從這方面來看，現象學與現代思想的努力連成一體。」[138] 確實，他本人對繪畫藝術和文學語言的評述突出了詩意和審美的地位，無意識地融入現代文學藝術的潮流中。

在機械複製時代，人們不再探索、拋棄創造，似乎不再有人願意像尼采所說的那樣把困境當作前進的動力。對於梅洛－龐蒂而言，儘管我們無法完全排斥科學，但我們必須找到科學的感性基礎，我們與世界的原初的、切身的接觸乃是科學的泉源。科學其實就是個別經驗的昇華，其

---

[138] Merleau-Ponty, *Phénoménologie de la Perception*, Garllimard, 1997, p. xvi.

他文化形式也是如此。科學導致的是模式化，要回到對於世界的原初感受，唯有借助於藝術，尤其是繪畫，因為藝術意味著真正的身體力行，往往要求得心應手。在梅洛－龐蒂那裡，「心」看已經融入「眼」看之中。他這樣表示：「對我們的哲學來說，剩下的只是著手探究現實的世界。我們是心靈與身體的複合物，因此一定對它有所思想。」[139] 無論如何，當我們透過雙眼「看」世界的時候，既不是依賴於生理之「眼」去看，也不是在「心」的主宰下用「眼」去看，這是因為我們的眼睛已經是「眼」與「心」的結合：「不存在著無思想的視覺。但是，為了看而去思考是不夠的：視覺是一種受制於條件的思想，它『藉機』從那種進達身體的東西中產生出來，它被『刺激』去借助於身體而思考……思想給予生機的身體對於它來說並不是諸客體中的客體之一，而且思想並不以暗含前提的名義從身體那裡引出全部的剩餘空間。思想不是依據自身，而是依據身體進行思考。在把思想與身體統一起來的自然約定中，空間、外部距離也獲得了規定。」[140] 更重要的是，「看」並不具有優先性，因為梅洛－龐蒂強調的是作為諸感覺之統一的知覺。我們對於世界的認識並不是由各種個別感覺拼湊起來的，我們首先對世界有雖然模糊卻完整的感受，隨後才會有清晰而具體的認識。他借助塞尚的繪畫告訴我們，科學往往是抽象、片面的，我們的知覺則有統一性，並因此對世界形成完整的理解。也就是說，知覺代表的是整體意向性。梅洛－龐蒂並不否定古典科學，因為它還保留著「對世界的不透明的情感」；但現代科學走向了「操作主義」，它把「思考」等同於「去嘗試、去操作、去改造」，於是「世界成為供我們以各種方式操作的對象」，是成功的「理智模式」的運用場所：當某種模式在某個有序

---

[139] 梅洛－龐蒂：《眼與心》，楊大春譯，商務印書館 2007 年版，第 66 頁。
[140] 梅洛－龐蒂：《眼與心》，楊大春譯，商務印書館 2007 年版，第 61 － 63 頁。

的難題中獲得成功之後，人們就拿它到處試用，而這其實是「一種絕對的人工主義」。[141] 從意識哲學到科學思維是順理成章的，而梅洛－龐蒂以其詩意的情懷批判康德、進而批判新康德主義的人為自然立法的觀念。

　　梅洛－龐蒂雖然借助了胡塞爾的現象學方法，同時也創造性地接受了他的許多思想，但不再延續其理論哲學姿態。他無疑是要讓自己的思想匯入 19 世紀中葉以來的實踐哲學與藝術結盟的主流中。他對後期現代哲學和美學的真正貢獻，或者說其思想的最有價值的地方就在於，它為我們提供了既避免觀念主義也遠離物質主義的詩意之思。哲學應該在詩歌、藝術等之中獲得助力，並因此重獲新生。正是繪畫藝術啟發我們，哲學不再像從前那樣直接宣布理想和觀念，它已經不那麼旗幟鮮明：它要麼是「結結巴巴的」，要麼是「半沉默的」，始終就像是在「說第一句話」。這恰恰強調創造的重要，而不是像科學之思那樣到處套用固定的模式。梅洛－龐蒂在其晚期課程中講到了「我們的非哲學狀態」，認為存在著某個我們所處的人類狀態，它首先「是通常的、古典的意義上的哲學的毀滅者」，其次是「在其頂點中呼喚哲學的覺醒」、「胡塞爾所說的鳳凰」，由此第一是「明確的、正式的哲學的衰落」，第二是「文學、藝術等的哲學特徵」。而他認為哲學的這種衰落是「非本質的」，是「從事哲學的某種方式的衰落」，它「將在詩歌、藝術等中，在某種與它們更為緊密的關係中獲得助力」，它「將重新誕生並因此重新解釋它自己的形而上學過去」。[142] 被祛魅的身體、語言、自然，甚至還有他人，在梅洛－龐蒂那裡開始了返魅之旅，而這一切是無法以傳統的方式來表達的。著名的哲學史家布雷耶表示，梅洛－龐蒂的觀點「更適於用小說、繪畫來表達，而不是哲學」，

---

[141] 梅洛－龐蒂：《眼與心》，楊大春譯，商務印書館 2007 年版，第 30 － 32 頁。
[142] Merleau-Ponty, *Notes de Cours 1959-1961*, Gallimard, 1996, p. 39.

其哲學「產生小說」。[143] 梅洛－龐蒂的學生、政治哲學家勒福爾（Claude Lefort, 1924-2010）則就《眼與心》表示：「繪畫思考為其作者提供了一種新的、完全接近於文學甚至詩歌話語的話語資源。」[144] 無論如何，透過對繪畫創作和文學寫作的分析，梅洛－龐蒂更加精微地展示了自己的身展現象學、語言現象學和存在現象學思想。

三、身體經驗與實存美學

正是由於強調身體經驗，梅洛－龐蒂否定人可以有意識地決定一部文學作品或藝術作品的價值與意義。他表示，「面對有價值的一部小說、一首詩、一幅畫、一部電影，我們知道它們有與某種東西、某種為了人們而獲得的東西的連繫，作品開始表達出某種連續不斷的資訊」，但是，「不管是對於藝術家，還是對於大眾而言，作品的意義除了透過作品本身外是無法獲得表達的」，因為「形成該作品的思想和接受該作品的思想都不完全是它的主人」。[145] 梅洛－龐蒂借助「塞尚的例子」告訴我們，「表達和溝通」伴隨著「危險」，這就如同在霧中邁出一步，沒有人知道究竟會通向何處。在他看來，「即使我們的數學也不再屬於理性的長鏈條」，因為「數學的存在也只能透過傾斜的步驟、即興的方法才能夠獲得，就如同未知的礦石一樣不透明」；這意味著，「與其說存在著一個可知的世界，不如說存在著由夜幕分離開來的各種輻散開來的核心」，因此「文化世界如同別的世界一樣是不連續的，它也是透過各種暗中的變動認識自己的」，而「在藝術作品或者理論中，就像在感性事物中一樣，含義與符號是不可

---

[143]　梅洛－龐蒂：《知覺的首要地位及其哲學結論》，王東亮譯，生活・讀書・新知三聯書店 2002 年版，第 43 － 44 頁。

[144]　梅洛－龐蒂：《眼與心》，楊大春譯，商務印書館 2007 年版，第 28 頁。

[145]　Merleau-Ponty, *Sens et non-sens*, Garllimard, 1995, p. 8.

分的」。換言之，「表達從來都沒有完成」。[146] 一部分文學作品或一幅畫固然會表達或傳達某些觀念或思想，但我們並不因此就否定它的自身性或自足性。它有其獨特的存在，完全如同其他感性之物。但是，作品依然與主體密切相關，其意義確實是透過人的活動才得以實現的，雖然它並不取決於任何預設觀念，任何既有的規定。這明顯有別於後結構主義中作者已死的立場。

梅洛－龐蒂的美學思想典型地代表了後期現代哲學家對古典美學思想的批判反思。他告訴我們，歐洲的古典繪畫，尤其是素描，被認為是世界的「一種移印，一個複製品、一個衍生物」[147]，因為它「將自己看作是對處在其自然活動狀態下的對象和人的表象」[148]。一切都被納入觀念的秩序中，心靈對自然的洞察掩飾了身體與自然的親密關聯。古典美學思想完全符合笛卡兒關於心身二分的哲學姿態，問題在於，作為後期現代哲學代表人物的胡塞爾仍然延續了這種美學思想。按照後者的看法，「現象學的直觀與『純粹』藝術中的美學直觀是相近的」，藝術家「對待世界的態度與現象學家對待世界的態度是相似的」，他與哲學家不同的地方只是在於，「前者的目的不是為了論證和在概念中掌握這個世界現象的『意義』，而是在於直覺地占有這個現象，以便從中為美學的創造性刻劃收集豐富的形象和材料」。[149] 很顯然，在胡塞爾那裡，畫家的直觀洞悉到的是本質，繪畫表達的是觀念。梅洛－龐蒂並不否認繪畫作品有其想要表達的觀念、甚至想要指稱的外在對象，一如文學作品。他在《小說與形而上學》中表示，每一位「偉大小說家」的作品總是由「兩三個哲學觀念」支撐起來

---

[146] Merleau-Ponty, *Sens et non-sens*, Garllimard, 1995, p. 8.
[147] 梅洛－龐蒂：《眼與心》，楊大春譯，商務印書館 2007 年版，第 40 頁。
[148] 梅洛－龐蒂：《世界的散文》，楊大春譯，商務印書館 2005 年版，第 53 頁。
[149] 胡塞爾：《胡塞爾選集》，倪梁康等譯，上海三聯書店 1997 年版，第 1203－1204 頁。

的：在司湯達（Stendhal, 1783-1842）那裡是「自我」和「自由」，在巴爾札克那裡是作為意義在事件的偶然性中顯現出的「歷史的神祕」，在普魯斯特那裡則是「過去被包納在現在中」和「逝去時光的在場」。[150] 然而，小說家並不打算強調這些觀念，他不是以概念或邏輯的方式來呈現或論證這些觀念，而是使觀念「以事物的方式」在我們面前存在。司湯達並沒有大談主體性，因為這是哲學家的任務，他只是讓它在其作品中呈現出來。文學以形象的方式來顯示觀念，也因此提供給我們的是某些含混的、而非明晰的觀念，因為不同的讀者對相同的形象會有非常不同的體驗。人們確實會對某個觀念形成共同的看法，因為它本來就是有理性的人類共同接受的觀念之一；對於某個豐滿的形象，不同的人則有不同的感受，或者說人們的感受是有差異的。很顯然，一旦擺脫觀念主義，不管哲學還是文學都不再滿足於完美透明的表達，適度的含混性已經成為現代思想的重要特徵之一。文學語言不是透明的鏡子，它是半透明的，在它給出的形象中，既有外來作用的效果，也有它自身活動的功勞。繪畫作品是一種間接的語言，它與世界或觀念的關係更是如此。

　　根據其遺稿《世界的散文》的整理者、法國政治哲學家勒福爾提供的資訊，梅洛－龐蒂很早就打算寫一部論語言、更確切地說是論文學的著作。這主要是為了回應沙特於 1947 年發表的〈什麼是文學？〉一文，而且他在相關課程講授中也始終離不開這一話題。他在 1948 年左右摘錄了沙特的論文並評論，其中包含這樣的話：「我必須寫作另種『何為文學？』，以更長的篇幅來探討符號與散文，並不是論文學的全部辯證法，而是由蒙田、司湯達、普魯斯特、布勒東、阿爾托而來的五種文學領會。」[151] 沙特

---

[150] Merleau-Ponty, *Sens et non-sens*, Garllimard, 1995, p. 34.
[151] 梅洛－龐蒂：《世界的散文》，法文版〈致讀者〉，第 11 頁。

主張，當代文學應該擺脫唯美主義和語言遊戲，以介入社會和政治為其目標：作家追求自由，同時引導讀者追求自由。對於作家來說，世界是一種價值，是向人類自由提出的任務，因此寫作既要揭示世界，又要把它作為任務向讀者寬宏無私地提出來。[152] 按照他的說法，作家與之打交道的是處於「符號王國」中的「散文」，而不是「處在繪畫、雕塑和音樂一邊」的「詩歌」；兩者之間存在著重大的區別，因為在作家那裡作為「符號」的東西，在畫家那裡則是「物」。[153] 由於詩歌就像繪畫一樣是「物」而不是「符號」，所以詩人拒絕利用語言，嚴格地說是拒絕工具語言；他選擇「詩意的態度」，將語詞看作「物」而不是「符號」；對於作家來說，語詞是「家養」狀態的「工具」，而在詩人那裡，它們是停留在「野性」狀態的「自然物」，它們「就像青草和樹木一樣在大地上自然地生成」[154]。沙特宣導所謂的介入姿態，如同胡塞爾那樣維護語詞的觀念性或工具性，雖然有所意識，但卻完全排斥語言的物質性。巴特、傅柯（Michel Foucault, 1926-1984）和德希達（Jacques Derrida, 1930-2004）等後結構主義者堅持某種白色書寫或絕對自由寫作的姿態，基本上否定了觀念寫作，無限誇大了語詞的物質性或詩意性。梅洛－龐蒂堅持一種折衷的、含混的立場，雖然批判沙特，卻沒有因此倒向其對手。他部分肯定語言的詩意性，從而注意到了語言的物質性與觀念性的統一。他以「世界的散文」為題告訴我們，不管散文、詩歌還是繪畫，它們都是知覺的昇華形式，也因此不可能擺脫經驗的含混性，純粹觀念性的透明語言是不可能的。當《詞與物》在「世界的散文」名義下處理「詞」與「物」的關係時，傅柯不僅否定了純粹的觀念性，也否定了觀念性與物質性的統一；他認為從語詞到事物或者

[152] Sartre, *Qu'est-ce que la littérature?* Garllimard, 1948, pp.75-76.
[153] Sartre, *Qu'est-ce que la littérature?* Garllimard, 1995, pp. 15-17.
[154] Sartre, *Qu'est-ce que la littérature?* Garllimard, 1995, pp. 17-18.

從事物到語言是可以自由轉換的，兩者甚至可以直接畫等號。

　　在梅洛－龐蒂看來，「一切語言都是詩，條件是這一語言尋求表達某種新的東西」[155]。語言並沒有放棄表達觀念，但靜止的思想並不存在，也沒有透明的語言；在活的言語中，一切都處於實存和變動中。最終來說，無論是言說著的語言還是沉默無聲的繪畫，都應該實現創造與傳達的統一。符號記錄的是「我能」而不是「我思」。語言會對思想產生影響，或者說沒有語言就沒有思想，語言就是身體行為。詩意之思其實就是要把表達思想與承認語言的自身維度結合起來。由於「語言既不是事物也不是精神」，由於它「既是內在的又是超越的」，所以「它的地位有待於去發現」[156]。如果只關注語言對思想的表達，我們回到的是觀念主義的工具語言觀；如果只承認語言的物質性維度，我們就會完全走向物質主義的遊戲語言觀。梅洛－龐蒂的語言現象學願意處在兩者的中途，這源自繪畫藝術提供的靈感；而反過來說，現象學「乃是那種激勵著畫家的哲學，不是在畫家就世界表達意見的時候，而是在他的視覺變成動作的那一瞬間，是在塞尚所說的當他『透過繪畫思考』的時候」[157]。最值得關注的畫家是塞尚（Paul Cézanne, 1839-1906）。梅洛－龐蒂不僅撰寫了專文〈塞尚的疑惑〉，而且在《知覺現象學》、〈間接語言與沉默的聲音〉和《眼與心》等論著或論文中也多次以這位印象派畫家為例。塞尚離群索居，主張在室外作畫，明顯表達出對於大自然的偏好，在色彩運用和造型方面進行了許多創新。評論家表示，塞尚極端注意「自然」和「顏色」，他的繪畫具有「非人性」的特點，因為他主張像畫「物品」那樣畫「臉」，並且認為

---

[155] Merleau-Ponty, *Parcours deux 1951-1961*, Verdier, 2001, p. 339.

[156] Merleau-Ponty, *Psychilogie et pédagogie de l'enfant: Cours de Sorbonne 1949-1952*, Verdier, 2001, p. 11.

[157] 梅洛－龐蒂：《眼與心》，楊大春譯，商務印書館 2007 年版，第 67 － 68 頁。

「他對可見世界的崇敬，不過是對人的世界的一種逃避，是他的人性的異化」。[158] 然而，在梅洛－龐蒂眼裡，塞尚並沒有把人性與自然對立起來。他的繪畫其實表明，藝術可以維護人性與自然之間的適度張力，而不是要麼被動地受制於自然，要麼主動地操控自然。不管是對哲學家還是畫家而言，都應該接觸自然，親歷自然，在身體力行中「展示」本己身體。

科學堅持主體、客體以及主客關係都是清楚分明的，而在梅洛－龐蒂看來，這種分析姿態是有問題的。他在〈塞尚的疑惑〉中表示：「在原初知覺中，觸覺和視覺的區分是未知的，正是關於人體的科學後來教會我們區別我們的感官。被我們實際經驗到的事物不是從感官材料出發被找到，或者被構造出來的，而是作為這些材料得以輻射出來的中心一下子被提供出來的。我們看見了物品的深度、滑膩、柔軟、堅硬 —— 塞尚甚至說，它們的味道。」[159] 為了表達自然，表達物品的不可分割的整體，塞尚在顏色的布局方面往往要花費許多心思，每畫一筆都頗費躊躇。這是因為，他畫出的每一筆都必須滿足無限的條件，都是無限的任務，它應該包含空氣、光線、物品、景致、特色、構思和風格。在《知覺現象學》中，梅洛－龐蒂轉述塞尚的話說，「一幅畫在它自身中甚至包含了風景的味道」[160]。顯然，正是放棄了超然旁觀的姿態，畫家才得以與自然真正交融，才能夠畫出自然的整體。知覺意味著統一性，畫家甚至能夠畫出風景的味道來，這一切似乎只能意會，無法言說。傳統哲學的理智直觀把一切看作是意識構造的產物，而在梅洛－龐蒂的身體哲學中，一切都與我們的身體經驗連繫在一起。本己身體的各個器官之間是協調一致的，我與他人的關係是我的身體器官間關係的延伸，而我與世界的關係同樣如此。塞尚

---

[158] Merleau-Ponty, *Sens et non-sens*, Garllimard, 1995, p. 15.
[159] Merleau-Ponty, *Sens et non-sens*, Garllimard, 1995, p. 20.
[160] Merleau-Ponty, *Phénoménologie de la Perception*, Garllimard, 1997, p. 368.

並不孤獨，無論是他面對的自然，還是他畫出的自然都富有人性的氣息。他以自己的方式融入文化世界或意義領域中：「畫家只能構造一個形象，必須期待這一形象為了其他人而活躍起來。作品會合了分離的生命。」[161] 另一方面，儘管畫家有其獨具匠心的創造，但他不可能隔絕於自然：「作品不是遠離事物，在畫家擁有且只有他擁有其鑰匙的私人畫室中畫出的：不管是注視真花還是紙花，他都始終參照他的世界，彷彿他用以揭示世界的那些原則始終都是埋藏在這一世界中的。」[162] 這其實表明，雖然任何一幅畫都有其自主性，但它依然以某種方式與真實連繫在一起：「藝術作品並不是出自任意，或者如人們所說的，出自虛構。現代繪畫，一般地說，現代思想，迫使我們承認一種並不與事物相似的真理：它沒有外在事物為模特兒，沒有預定的表達工具，然而它卻是真理。」[163] 當然，自然或真實的東西並不是我客觀審視的對象，我與自然中的事物彼此形成一種可逆的相互關係。梅洛－龐蒂根據畫家的經驗表示，在森林中，我們往往會產生是我在看樹木，還是樹木在看我的疑問。這不禁讓我們聯想到詩人的「相看兩不厭，唯有敬亭山」想要表達的意境。正是人與自然的互動關係造就了畫家以及畫家的靈感。也就是說，正是在對世界的「眼看」關係中才產生了靈感，而不是預先就有某種先驗的東西引導著畫家的創造。

　　梅洛－龐蒂對畫家的靈感進行了一番身體哲學的解釋。我們可以從字面上來理解所謂的「靈感」（inspiration），這意味著「吸氣」（inspiration）和「呼氣」（expiration），即「呼吸」（respiration），在這裡難以區分「主動」與「被動」，以至於我們不再知道「誰在看」，「誰被看」；「誰在畫」，「誰被畫」。這種情形猶如嬰兒的誕生，「當母體內的一個潛在可見者讓自

[161] Merleau-Ponty, *Sens et non-sens*, Garllimard, 1995, pp. 25-26.
[162] Merleau-Ponty, *Signes*, Garllimard, 1960, p. 68.
[163] Merleau-Ponty, *Signes*, Garllimard, 1960, p. 72.

己變成既能夠為我們、也能夠為他自己所見時，我們才能說一個人在這一刻誕生了」，「畫家的視覺乃是一種持續的誕生」。[164]一個嬰兒的誕生意味著一個身心統一體的出場，他似乎從可見者中顯現出來，成了見者和可見者的統一；畫家或畫家的視覺之誕生也是如此。當然，畫家的誕生與嬰兒的誕生又有所不同。嬰兒一次性地完成其誕生，隨後是不斷地成長；畫家則始終處於不停的誕生狀態中，「不管是早熟的還是遲來的，是自發形成的還是在博物館裡培育出來的，畫家的視覺無論如何都只能在看中習得，都只能從它自身中習得」。[165]畫家「看」世界，「看」世界變形為繪畫，這展現為不斷活動著的「我能」：他的作品沒有完成之時，它始終面向未來，始終有待於去創造。繪畫展現了身體與心靈的交融，展現了身體間性，同時也意味著身體與自然的共生。任何繪畫都有其物質根基，但靈動而不笨拙；它追求精神昇華，卻絕不失於超然。梅洛－龐蒂寫道：畫家的「目光把在世界中只是被暗中指明的，而且總是被對象的呆滯所窒息的關係、問題和答案占為己有，他解除加於它們的遮蔽，解放它們，並且為它們尋找一個更為靈巧的身軀。另一方面，由於構成世界之一部分的那些色彩和一塊畫布，他忽然剝奪了這些連繫、問題和答案的內在一致。畫布、色彩本身既然是按照某一祕密而被選擇、合成的，它們在我們的目光下就不再處於它們原先之所在；它們為世界的充盈造成了孔洞；它們就像泉水和森林一樣成為精靈顯形之處；除非作為意義為了顯示自身所必需的最少量物質外，它們不再存在」[166]。

顯然，繪畫並非簡單地模仿自然，而是意味著創造性轉換，比如大海的藍色在畫布上可以「祕密地轉化」為小溪的藍色。畫家邊「看」邊

---

[164] 梅洛－龐蒂：《眼與心》，楊大春譯，商務印書館 2007 年版，第 46 － 47 頁。
[165] 梅洛－龐蒂：《眼與心》，楊大春譯，商務印書館 2007 年版，第 41 頁。
[166] 梅洛－龐蒂：《世界的散文》，楊大春譯，商務印書館 2005 年版，第 51 頁。

「畫」，其「風格」出自「自然」，完全可以「在各種現象本身中找到」，所謂「創造自然」其實是「解讀自然」。[167] 藝術讓我們學會重新「看」世界，彷彿讓我們通達到一個「新」的世界。其實，一切都只是在畫家的知覺中「祕密轉化」。這無疑顛覆了表象論，但並沒有因此否定畫家與自然之間剪不斷的關聯。在理智主義傳統中，感性經驗完全被理智抽象化了，藝術與技術有著同等的命運。審美經驗其實被等同於理智判斷，並因此掩蓋了感性的光芒。然而，繪畫是一種沉默的語言，一種間接的語言，它實現了自然的創造性的轉換，它不是自然的移印，因為它自身就是一種自然。由此表明，「眼」與「心」交織，自然與藝術得以交錯。這一切維護的只是「我與他人共在」和「我與自然共生」：「我們作為自然人置身於自身和事物之中，置身於自身和他人之中，以至於透過某種交織，我們變成了他人，我們變成了世界。」[168] 當後期梅洛－龐蒂使用「野性的」、「蠻荒的」和「原始的」之類形容詞來修飾「自然」、「存在」和「世界」時，我們明顯感受到了現象學的藝術韻味。由於擺脫了科學和求知的要求，我們可以藝術化地紮根於大地：「藝術，尤其是繪畫，吸收這一蠻荒的意義層面」，唯有它們可以「無知地」如此吸收，「唯有畫家有權且無評估義務地注視全部事物」，以至於在他面前，「認識和行動的口號是無效的」[169]。科學以抽象的理智模式超然地對待自然，而藝術則以感性的方式「設身處地」地與世界打交道。畫家不是用「心」而是「身」畫畫，因為「心」已經融入「身」中，而以「世界之肉」為基質的「身體」和「自然」是同質的。總之，感性與理性、藝術與科學、非哲學與哲學之間的張力表明，審美或體驗對程序化的突破，以及對陌生化的關注。

---

[167] Merleau-Ponty, *Signes*, Garllimard, 1960, p. 70.

[168] Merleau-Ponty, *Le visible et l'invisible: Suivi de notes de travail*, Garllimard, 1997, p. 212.

[169] 梅洛－龐蒂：《眼與心》，楊大春譯，商務印書館 2007 年版，第 33 頁。

第四節　列維納斯

從 1930 年代後期到 1960 年代初，法國哲學的主導思潮是現象學，但明顯具有實存主義（Existentialism，或譯存在主義）傾向，身體（body）和實存（existence）是其最為核心的概念。正是列維納斯（Emmanuel Levinas, 1906-1995）等人評介胡塞爾和海德格現象學時採取的實在論立場深刻地影響了法國現象學運動的走向。列維納斯出生在立陶宛的一個猶太家庭，於 1924 年到法國求學，1930 年在斯特拉斯堡大學憑藉論文〈胡塞爾現象學中的直觀理論〉獲得哲學博士學位。他長期在巴黎「世界以色列人同盟」及其相關教育機構工作。1961 年，55 歲的列維納斯在索邦大學獲得文學博士學位，隨後在普瓦捷大學和巴黎第十大學任教，1973 年成為索邦大學哲學教授。透過哲學博士論文以及收入《與胡塞爾和海德格一起發現實存》書中（1949）的其他重要論文，他為傳播德國現象學做出了重要的貢獻。在其獨立的現象學思想發展過程中，他先是批判海德格的存在哲學，進而批判整個西方哲學的存在論和實在論傳統。《從實存到實存者》（1947）和《時間與他者》（1940）雖然側重批判，但已經奠定了他的未來哲學之基礎。他把從胡塞爾到海德格，再到沙特、梅洛－龐蒂的哲學都視為存在論。如此一來，實在論在他眼裡與存在論無別，正如認識論已經包含實在論一樣。列維納斯別具一格的現象學哲學主要透過《整體與無限》（1961）和《他人的人道主義》（1972）展現出來，但它們繼續沿用了某些重要的存在論術語來建構現象學倫理學；《別於存在或存在事件之外》（1974）和《來到觀念中的神》（1982）等後期著作雖然沒有改變此前的基本思路，但力圖避免受存在論術語的影響，同時盡量減弱絕對道德主義可能導致的負面效應。他的美學思想分散在其哲學發展的全部歷程中，著重展現在他關於藝術的超越性和物質性的思考中。

一、表象、享用與欲求

　　列維納斯最初迷戀柏格森的生命哲學，但很快對胡塞爾現象學產生了強烈的興趣，並決定以之為博士論文選題。1928 年他到德國留學，在弗萊堡大學聽過胡塞爾講授的最後一期課程和海德格接替胡塞爾教授職位後的第一期課程。他非常欣賞海德格式思維的異常活躍和出人意料，對胡塞爾思想的死板僵化和缺乏新意則多有微詞。正因為如此，在其博士論文以及前後一段時間內的學術論文中，兩位德國現象學大師在法國的這位最初的、最重要的評介者，試圖從海德格的角度來讀解胡塞爾。在博士論文〈胡塞爾現象學中的直觀理論〉中，他主要對胡塞爾《邏輯研究》、《觀念 I》以及《笛卡兒式的沉思》等著作進行了一種海德格式的實在論解讀；彙編其初期現象學評介論文的首部文集《與胡塞爾和海德格一起發現實存》更強調了實在論在兩位導師那裡的核心地位。他在後來的回顧中表示，他發現海德格的《存在與時間》創造了一個所謂的「奇蹟」，因為該書嚴格地運用「現象學方法」，卻並沒有因此回到「構造意識」。[170] 海德格顯然削弱了胡塞爾對純粹意識和理論哲學的迷戀，暗中用具有身體哲學傾向的實在論瓦解了意識哲學的觀念論。但他本人並不認可實存主義的標籤，只承認自己的哲學是存在哲學。雖說海德格不喜歡法國哲學家賦予其《存在與時間》「實存主義的含義」，然而，「人們所謂的實存主義確實已經被《存在與時間》所規定」。[171]

　　列維納斯注重從學理上探討兩位導師在思想上的關聯和分歧，尤其強調兩者的「同」而非「異」。在其關於胡塞爾「直覺理論」的研究中，他

[170] Jill Robbins (ed.), *Is It Righteous To Be? Interviews with Emmannuel Lévinas*, Stanford University Press, 2001, p. 140.
[171] Lévinas, *Ethique et Infini*, Paris: Fayard, 2007, p. 30.

嘗試著把胡塞爾哲學表述為已經洞察到「存在的存在論問題」,「存在的地位而非本質問題」,而這其實受到了《存在與時間》「相當大的影響」。[172]如此說來,胡塞爾哲學已經預示了海德格式的存在哲學,因此,後者的突破並沒有造成根本的斷裂:後者當然「非常具有原創性」,它與前者「有區別」,但在某種意義上「是其延續」,「先驗現象學關於意識對象的構造導致了海德格意義上的存在論問題」。[173]海德格用「此在」這一含混不定的概念替代傳統哲學中清楚分明的「主體」概念,以便在胡塞爾已經實現的突破之基礎上,真正瓦解早期現代哲學中的主體形而上學傾向。胡塞爾無疑延續了始於笛卡兒的主體形而上學傳統,海德格卻認為他在《邏輯研究》尤其是其第六研究中「通達了對存在的範疇直觀」,這一壯舉「恰恰就在於使存在在場,現象地呈現在範疇中」。雖然沒有真正展開存在的意義問題,但實現的突破使得提出存在問題有了可能,由此「實現了形而上學的終結」或「突破到了形而上學之外」。[174]海德格明確認定其師已經突破了主體形而上學,他本人的哲學自然是更不待言。問題在於,包括列維納斯、沙特、梅洛─龐蒂和利科等人在內的法國哲學家都堅持對海德格哲學進行某種主體哲學的解讀,雖然他們所說的主體哲學已經迥異於海德格要批判的同名對象。

尤為關鍵的是,列維納斯最初的〈胡塞爾現象學中的直觀理論〉「單純地確立了法國的胡塞爾研究,它透過集中解釋《邏輯研究》,尤其是他如今仍然喜歡回到的第六研究而確立這種研究」。[175]海德格確實想透過封殺「意識」、「精神」、「生命」、「人格」之類術語來遠離主體哲學,列維

---

[172] Lévinas, *Ethique et Infini*, Paris: Fayard, pp. 29-30.

[173] Lévinas, *Théorie de l'intuition de la phénoménologie de Husserl*, Paris: J. Vrin, 1963, p. 15.

[174] Marion, *Réduction et Donation: Recherches sur Husserl, Heidegger et la phénoménologie*, Presses Universitaires de Franch, 1989, pp. 12-13.

[175] Ricœur, *À l'École de la phénoménologie*, J. Vrin, 2004, p. 361.

納斯不僅不認可這一舉動，而且理所當然地把他置於主體哲學家之列。這種偏愛和誤讀在其〈馬丁·海德格與存在論〉（1932）一文中達到了頂點。這是法國第一篇評介海德格思想的專題論文，也是計畫中的一部評介專著的輪廓。然而，由於海德格在 1933 年開始明確效忠納粹，身為猶太人的列維納斯逐步疏遠他，並且逐步把存在論看作是法西斯主義可能的哲學根據。以此為反抗，他同時借鑑希伯來文明和希臘文明來不斷遠離海德格的存在論及其胡塞爾或傳統哲學泉源。胡塞爾式的現象學聚焦純粹意識的實存，海德格式的現象學則強調處境化的實存。真正說來，這兩種哲學關注的都是「純有」（Il y a），即「沒有實存者的實存」[176]。這意味著，實在論讓自我、他人以及一切實存者都服從於實存。實存者被「存在一般」或「純有」所吞沒，我與他人的關係無疑也服從於與存在一般的關係。

　　柏拉圖認為作為殊相（特殊）的萬物分有作為共相（普遍）的理念，黑格爾的絕對精神在自我發展和自我認識中，讓個體受制於理性的詭計，海德格則在存在論差異中實現了從存在者到存在的還原。後兩種哲學無疑延續了柏拉圖的「分有說」。這種圍繞實存者對實存的分有（存在者對存在的分有）或個體對普遍理性的分有而展開的哲學被稱為「中性哲學」。列維納斯本人則「有信心已經中斷了中性哲學：中斷了海德格式的存在者的存在」，「中斷了黑格爾的無個性的理性」。[177] 列維納斯就存在與實存的關係做過一個非常有意思的說明：出於諧音的考慮，他寧願用 l'exister 與 l'existant 這組詞而不是 l'être 與 l'étant 來表示海德格哲學中的 Sein 與

---

[176] Lévinas, *De l'existence à l'existant*, J. Vrin, 1993, p. 93; *Le temps et l'autre*, Presses Universitaires de Franch, 1983, pp. 24-25.

[177] Lévinas, *Totalité et infini*, Kluwer Academic, 2006, p. 332.

Seinde 及其想要突出的「存在論差異」。[178] 儘管他明確表示自己沒有賦予 l'exister 和 l'existant 以專門的實存主義含義，但是，不管就評介海德格哲學而言，還是就創立自己的哲學而論，當他在存在與實存之間畫等號的時候，他不應該也不可能忽視實存主義在時代精神中扮演的角色。海德格無疑刻意地淡化了其哲學的人學色彩，個體實存從屬於存在也因此順理成章；列維納斯則認為，這其實表明的是實存與存在的相通，或者說實在論並沒有遠離古老的存在論。所謂的主體哲學往往強調同一、否定異質，並因此使人受制於「沒有實存者的實存」或「存在一般」。

無論從海德格的法國弟子們回溯到胡塞爾，還是從柏拉圖回溯到其師蘇格拉底，換言之，從蘇格拉底直至法國的海德格主義者都極力渲染實存的充實。這是因為，哲學家往往強調抽象的普遍性，以理性的專制和同一的霸權來化解或還原一切異質因素。這意味著自我的孤獨，因為「人們可能在各種存在之間改變一切，但不能改變實存」。在這一意義上，「存在就是由於實存而自我隔離」，也就是說，「我作為我之所是是一個單位」，我正是「由於實存」才是「沒有門戶、沒有窗子的」；實存是「不可溝通的」，因為它「根植於我的存在中」，它是「我身上最私人性的東西」，正因如此，「我的知識、我的自我表達方式的整個擴大，始終無效地停留在我和實存的關係中，尤其是內在關係中」。[179] 自我分有存在一般或實存一般，不是存在者或實存者在先，而是存在或實存具有優先地位。問題是，自我試圖把一切都納入這種分有結構中，從而不僅讓自己而且讓他人處在實存一般之中。海德格為我們描述了在世存在之「煩」（操心）的過去、現在和將來結構，不管是接物的「煩心」（操勞）還是待人的「煩神」

---

[178] Lévinas, *Le temps et l'autre*, Presses Universitaires de Franch, 1983, p. 24.
[179] Lévinas, *Le temps et l'autre*, Presses Universitaires de Franch, 1983, p. 21.

（操持）其實都是在「煩己」，是「對自身的操心」。列維納斯尤其用「疲勞」、「懶惰」或「努力」這些日常且意味著身心統一的體驗來替代海德格泛而言之的「情緒」。此在情緒性地「綻出」，但最終要求的是回歸「主體的同一化」、「與自身的咬合」、「成為自身」和「完全封閉在自身中」以及「主體的孤獨」之類的表述說明，此在追求的是擺脫了他人的自由；但「對自由的思考和期望說明了絕望」，因為「期望只當它不再被允許時才是期望」。[180] 絕對的孤獨意味著絕對的自由，但這種自由是抽象的，其實陷入的是沒有任何出口的「純有」。

　　早期現代哲學立足於認識論，其實質是透過「表象」在認知的框架內關注完整的人性，並因此消除他者或異質的東西：一方面，反思或自我意識確認了作為理性存在者的「我」與「我們」的直接相通；另一方面，對象意識表明的是知性為自然立法。正因為如此，列維納斯斷然地「把表象定義為他者被同一所規定，而同一卻不被他者所規定」[181]。表象是理論理性的起點，借助於理智之光，一切東西都被納入觀念的秩序或概念的整體之中。表象論不言自明地代表了理性的唯我論：「理性是獨自的。在這種意義上，認識在世界中從來都沒有遇到某種真正他異的東西。」[182]「知識」（savoir）、「權力」（pouvoir，或譯「力量」、「能力」、「有所能」）、「擁有」（avoir）均以「看」（voir）為前提，而這裡的「看」是「心看」或「理智直觀」，看出的是「共相」，從而意味著求「同」棄「異」。早期現代哲學是「關於我們」且「為我們」的哲學，根本不可能存在單獨的「我」，「他」則更無從談起。因為「普遍思想是一種第一稱思想」[183]，

[180]　Lévinas, *De l'existence à l'existant*, J. Vrin, 1993, pp. 150-153.

[181]　Lévinas, *Totalité et infini*, Kluwer Academic, 2006, p. 184.

[182]　Lévinas, *Le temps et l'autre*, Presses Universitaires de Franch, 1983, p. 53.

[183]　Lévinas, *Totalité et infini*, Kluwer Academic, 2006, p. 132.

「一種理性不會對於一種理性成為他者」。[184] 這種情況造成「我們」的獨裁和理性的獨白，經驗和情感之類容易造成差異的東西被排斥在主體性之外。無論如何，觀念論或認識論在觀念或概念中實現的是同一，代表了「同一針對他者的古老的勝利」[185]。

後期現代哲學立足於實在論，其實質是借助「享用」在實存的範圍內關注自身同一性，並因此消除他者或異質的東西。世界不再處在觀念的秩序中，而是以適度的距離處在作為個體的「我」之外，成為其享用的對象。「我」享用世上的食物，或者說一切世上之物，但享用並不等同於日常的吃喝拉撒，因為「享用……」更多地指向人的生命以及與生命所依賴的條件關係。列維納斯寫道：「我們享用各種行為以及存在行為本身，就如同我們享用觀念和情感一樣。我之所為和我之所是同時就是我所享。我們在此與一種既非理論的也非實踐的關係相連繫。在理論和實踐背後，存在的是對理論和實踐的享用，生命的利己主義。最終的關係是享用，幸福。」[186] 「我」與世界的分離是相對的，享用實現了兩者的統一，因為世界歸根到底是「我」的周圍世界。「享用」強調直接的情緒體驗，表象和認識雖然並沒有完全受到排斥，但其地位明顯下降了。「我」在實存活動中實現了一種「占用」，一種「包納」，指向世上的某些東西，對它們「有所能」。[187] 「我」在世上有一個並非容器的家，並且「作為身體，在外在於自己的大地上立足和有所能」[188]。「我」的活動圍繞這個「家」而自由地展開，場所和環境為「我」提供各種手段，或者說一切最終都由「我」來處置，一切「都是此」，一切「都屬於我」，「我」在世界中「是在

[184] Lévinas, *Totalité et infini*, Kluwer Academic, 2006, p. 69.

[185] Lévinas, *Totalité et infini*, Kluwer Academic, 2006, p. 87.

[186] Lévinas, *Totalité et infini*, Kluwer Academic, 2006, pp. 115-116.

[187] Lévinas, *Totalité et infini*, Kluwer Academic, 2006, p. 216.

[188] Lévinas, *Totalité et infini*, Kluwer Academic, 2006, p. 26.

家的」，因為「家提供或拒絕擁有」。[189] 擁有就是取消他性：身體、房屋、工作、占有物、經濟並不是經驗的、偶然的質料，它們乃是自身的同一化結構的展現。與此同時，如果說普遍理性讓「我」與「我們」不可分割，獨特體驗則讓「我」與「他」相互分離。後期現代哲學要求的是回到主觀的孤獨：每個人都獨自承擔自己的命運，獨自為自身命運負責。從根本上說，享用就是「獨享」，也因此是「享用孤獨」，而不是尋求「依靠」。[190]

　　當然，「拒絕擁有」已經表明了「分享」的可能。列維納斯要求首先回到自身，進而走向他人，並因此真正走出無人稱的、無意義的「純有」狀態。在與他者的關係中，早期現代哲學以表象為特徵，後期現代哲學以享用為特徵，而對於列維納斯的具有後現代特徵的他者現象學而言，與他者的關係完全是一種欲求關係。欲求是物質主義而非觀念主義的概念，它建立在物質充溢而不是匱乏的基礎上。我們與之打交道的不再是客體世界或周圍世界，不是可以納入認知框架或享用範圍的世界，我們欲求異域。欲求就是對別處的嚮往，但這並不意味著某種簡單的改變，因為「任何旅遊、任何氣候和裝飾的變化都不會讓這種趨向於別處和他者的欲求獲得滿足」，因為「形而上學地欲求的他者不是像我所吃的麵包、我所居住的國家、我所凝視的風景那樣的『他者』」。[191] 世上的食物只是我享用的對象，而不是我欲求的對象。需求可以被世上之物滿足，欲求則會被異域和異質的東西掏空。食物當然有「別」或有「異」於我，但「它們的他性被吸納在我的思考或擁有之同一性中」，而「形而上學欲求趨向完全其他的東西，趨向絕對他者」。[192] 當然，真正的他者是他人。他人不是海德格

---

[189]　Lévinas, *Totalité et infini*, Kluwer Academic, 2006, p. 27.
[190]　Lévinas, *Totalité et infini*, Kluwer Academic, 2006, p. 51.
[191]　Lévinas, *Totalité et infini*, Kluwer Academic, 2006, p. 21.
[192]　Lévinas, *Totalité et infini*, Kluwer Academic, 2006, p. 21.

所說的「平均狀態」的、我自己也為其中一員的「常人」，他人往往是孤兒、寡婦和異鄉人。他人是窮人和弱者，與此對應，我則是富人和強者。我在各方面都占據優勢地位，在物質上尤其是富裕的，也因此應當給予。欲求者不是被他人填滿，而是被他人掏空，「被欲求者不能塞滿它，而是掏空它」。[193]

二、走出實存的孤獨

　　透過質疑和批判存在論或實在論，列維納斯引領我們走出無意義的「純有」或「實存的孤獨」。在他看來，唯有走向社會和他人才能夠克服無意義的「純有」，並因此實現從實存到實存者的回歸，因為時間並非孤獨的象徵，而是代表了自我的開放性。也就是說，時間並不等於內在意識結構或煩（操心）的整體結構。按照他在訪談中的說法，「孤獨」是一個「實存主義的」主題，「實存」在這個時代被描述為「對孤獨的絕望」或者「在焦慮中的孤單」；而他的《時間與他者》「代表了走出這種實存的孤單的一種嘗試」，正像其《從實存到實存者》「意味著一種走出『純有』的嘗試一樣」。[194] 這是一種「形而上學先於存在論」的主張：由於形而上學在倫理關係中演示自己，倫理學於是成為真正的「第一哲學」。古代哲學視存在論為第一哲學，早期現代哲學以認識論為第一哲學，作為後期現代哲學典型代表的海德格和胡塞爾分別傾向於兩種立場中的一種。列維納斯以其形而上學倫理學來超越形而上學認識論和形而上學存在論。康德致力於「純粹理性」批判和「實踐理性」批判，並且透過「判斷力」批判來溝通兩者，最終強調的還是理論哲學對於實踐哲學的優先地位，始終沒有偏離

---

[193] Lévinas, *Totalité et infini*, Kluwer Academic, 2006, p. 22.
[194] Lévinas, *Eotalité et infini*, Kluwer Academic, 2006, p. 49.

「理論理性」。列維納斯讓理論哲學服從於實踐哲學，最終否定的是「基礎存在論」的理論化傾向，實現了現象學的實踐哲學轉向，而且強調政治必須服從倫理。

　　列維納斯的《從實存到實存者》以「純有」為其探究的主題。它借助某些文學和藝術方面的重要學說來批判海德格對「沒有實存者的實存」的迷戀，其間表達了許多重要的美學思想。他在回顧中表示，他構思和寫作該書時還不知道著名詩人阿波里奈爾（Guillaume Apollinaire, 1880-1918）已經寫有一部名為《純有》的作品。詩人的「純有」（Il y a）類似於詩人哲學家海德格所說的「純有」（Es gibt），旨在表達存在的歡樂和富足。列維納斯則對「純有」體驗進行了負面的、批判性的界定，他大學時代的好友布朗肖（Maurice Blanchot, 1907-2003）在這方面給予他以靈感。作為著名作家和評論家，布朗肖以宣導「白色寫作」或「零度寫作」著稱，其相關理論對德希達、傅柯、巴特等後結構主義者產生了不言而喻的深刻影響，作為現象學家的列維納斯從其作品中也受益良多。後者在回顧中談論「純有」主題時表示：「這乃是我在布朗肖那裡重新找到的一個主題，儘管他不是談純有，而是談『中性』和『外部』。」[195]「純有」意味著無人稱的「存在一般」，是「沒有存在者的存在」或「沒有實存者的實存」，是讓人失眠、致人欲死不能的恐怖的「夢魘」。換言之，「純有」指的是「無人稱」的存在，「中性」的「它」。

　　列維納斯告訴我們，他對這一主題的思考得益於童年的回憶。大人們還在操持生計，獨自睡覺的兒童感覺到自己臥室的寂靜在「沙沙作響」。所謂的「純有」就是這種「沙沙作響的寂靜」，就是這種「空即滿」或

---

[195] Lévinas, *Ethique et infini*, Paris: Fayard, 2007, pp. 39-40.

「寂靜即雜訊」的現象。[196]「絕對空」等於「絕對滿」,「絕對靜」就是「絕對噪」,類似的體驗在成人的失眠中也有典型展現。人為了生計而始終保持警覺,實存成了永遠擺脫不了的重負。存在論強調「虛無」,而最終圍繞的卻是「充實」,因為「絕對的虛無」充斥和彌漫到了每個角落,而這恰恰就是「絕對的充實」。在《從實存到實存者》第二版「序言」中,列維納斯這樣表示:「這本三十年前的舊書中提出的『純有』的觀念,在我們看來彷彿是反抗的遺緒。自以為絕對的、否定了一切實存者(甚至是使這一否定本身得以實現的思想所屬的實存者)的否定,並不會關閉存在,介詞意義上的存在(一種無名的、沒有任何存在者要求得到的存在,沒有各種存在者或各種存在的存在,用布朗肖的一個隱喻來說是無休止的『嘈雜』,是如同『下雨了』或『天黑了』一樣無人稱的『有』)的永遠開放的『舞臺』。這個詞與海德格式的『純有』有著實質的區別。它絕非是德語表達及其豐饒、慷慨等內涵的翻譯或者沿襲。在戰俘營期間,由我們描述和表達在這本解放之後出版的著作中的這個『純有』,可以追溯到我們自童年起就存在的、當寂靜產生回蕩,而空無始終充斥著的時候,在失眠中不斷重新糾纏著的那些奇特的頑念之一。」[197] 從表面上看是「我」在失眠,其實是「它」在失眠,因為熬夜或警覺是「無名」和「無主體」的。無名醒覺不需要預設一個「我」,這是一種「無人稱」意識狀態。無人稱意識並不等於無意識,而是說意識的主人不在場,這意味著並非某個人的存在之存在。也就是說,無人稱性與人沒有關係,也因此與無意識沒有關係,而無意識始終是人的無意識。總之,失眠意味著「不只是任何客體的消失,而是主體的滅亡」[198]。

---

[196] E. Lévinas, *Ethique et infini*, Paris: Fayard, 2007, pp. 45-46.

[197] Lévinas, *De l'existence à l'existant*, J. Vrin, 1993, pp. 10-11.

[198] Lévinas, *De l'existence à l'existant*, J. Vrin, 1993, p. 113.

　　這可以說是某種黑暗體驗，但絕對的光明恰恰意味著絕對的黑暗。某些文學作品的描繪尤其可以引起我們的深層共鳴。列維納斯寫道：「我們也可以談論光天化日下的黑夜。那些被照亮的客體似乎透過它們的衰微向我們呈現出來。就像我們在一次讓人疲憊的旅行之後，感覺到的非真實的、虛構的城市；那些事物和那些人使我們感到不安，它們在它們的實存的混亂之中，彷彿不再是一個世界。這也是諸如蘭波等詩人所說的『怪誕的』、『迷幻的』實在，即使他們所命名的是最熟悉的事物、最習以為常的人。不管他們的信仰和序言怎麼說，某些現實主義和自然主義的小說家未獲得認同的藝術展示的是同樣的情形：這些沉入它們的『物質性』之深淵中的人和物，令人恐怖地被它們的厚度、重量和大小呈現出來。」[199] 這種「純有」展示出強大的「物質性」，它「使那些事物透過一個夜晚，作為在失眠中讓我們窒息的某種單調的在場向我們顯現出來」。[200] 這種無人稱的「純有」顯然突破了存在與虛無的二元對立，表明出某種獨特的辯證法：它意味著存在對存在者（包括人）的絕對否定，也就是說唯有繫詞意義上的、無人稱的存在始終主宰著；但是，這一切恰恰離不開虛無的主導作用，也就是說，存在與虛無不可分割地連繫在一起。

　　在海德格和沙特那裡，虛無或否定意味的不過是個體實存的先行籌劃而已。存在者之基礎是存在，人的存在是一種能在，一種可能的存在，也因此是一種以虛無化為其特徵的實存。正是先行向死而在的實存籌劃決定了人的本質。人就是作為虛無的意識，而這一切意味著實存先於本質，自由先於本質。人在自己的實存籌劃中把自己與他人、社會和事物對立起來，換言之，就是對一切（包括自我）持否定態度。然而，表面上

[199] Lévinas, *De l'existence à l'existant*, J. Vrin, 1993, p. 97.
[200] Lévinas, *De l'existence à l'existant*, J. Vrin, 1993, pp. 97-98.

是否定，其實是一種肯定，即否定他人和他物而肯定自己作為孤獨個體的實存。但是，這種實存又與存在一般連繫在一起，與絕對的「純有」連繫在一起，也因此是一種絕對的肯定。只是在這種意義上，「純有」才意味著充實，甚至意味著豐饒、慷慨等 —— 透過回到主觀孤獨而達到自身充實，與此同時讓世界萬物服從於這種充實。海德格賦予「純有」正面含義，或者說德語「純有」有一種正面含義，也就不難理解了。對於列維納斯來說，這種存在的無所不在並不像海德格和阿波里奈爾詩意般地想像的那樣意味著歡樂和富饒，而是一種無處不在、無孔不入地讓人疲憊卻無法安眠的迫人力量。也就是說，本來應該是實存個體支撐或支配自己的存在或實存，然而個體卻受制於實存、存在或「純有」的無人稱的力量。海德格哲學只是表面上看重「虛」和「無」，這是因為，「向死而在」意味著「要麼是死亡，要麼是『純粹自我』」，也就是說，它借助「向死而在」維護存在的充實，要克服的是作為缺陷或不足的「存在之惡」。但在列維納斯眼裡，存在或實存的過度本身就是「惡」，因為在實存中，一切都受制於「存在的無名的事實」，「純有這一事實」。[201] 存在是如此充實，以至於沒有了出口：存在成為此在無法逃避的命運，就連自殺也是無用的。他借助莎士比亞劇中人物哈姆雷特和馬克白告訴我們，對存在的恐懼是「對回到了全部否定之核心中純有的分有，對回到了『沒有出路』的純有的分有」，這甚至意味著「死亡的不可能性」。[202]

列維納斯對「純有」在日常生活中的某些具體樣式進行了現象學分析，主要涉及「懶惰」（paresse）、「疲憊」（fatigue）和「努力」（effort）等要素，認為它們「是依據『純有』而獲得理解的存在之荒蕪、纏繞和恐

---

[201] Lévinas, *De l'existence à l'existant*, J. Vrin, 1993, p. 26.
[202] Lévinas, *De l'existence à l'existant*, J. Vrin, 1993, p. 100.

怖特徵所標記出來的某些輪廓」，代表了「對這一『純有』本身的描述以及對它的非人性的中性的堅持」。[203] 透過對這些通常被視為或消極或積極的實存樣式的現象學分析，他著力刻劃存在或實存的可怕的中性化、無人稱特徵，即人是如何被迫承受某種迫人的重負的。他這樣寫道：「實存拖著某種不過就是它自身的重負，這一重負使它的實存之旅複雜化了。負載著它自身 —— 負載著它之所擁有 —— 它不可能擁有古代智者具有的那種寧靜、安詳。它並不單純地實存。它的或許純粹而直接的實存運動反射到、陷到它自身中，在動詞存在中揭示出其反身動詞特徵：我們並不存在，我們被存在。」[204] 說「我們被存在」，這意味著我們不是主動選擇，而是陷入了存在的無邊秩序中；也就是說，不去生活也是一種生活。疲憊其實無力拒絕實存中令人厭惡的東西，但它依然拒絕且不想與實存發生關係，可這依然是一種實存關係。實存指向未來，懶惰和疲憊也是如此，人因為未來而疲憊。實在論圍繞此在的實存來分析存在，而人的實存主要展現為人的行為，這意味著「『必須做』深處的『必須存在』」[205]。

通常把疲憊理解為身體的「繃緊」、「麻木」或「蜷縮」，意味著「筋疲力盡」或「肌肉痠痛」之類。列維納斯則是從另外的意義來理解，他要求「哲學家必須自己置身於疲憊的瞬間，並從中揭示這一事件」，因為疲憊的麻木是「非常有特色的」，它是「繼續下去的不可能」，是「存在相對於它一直被綁在一起的東西的恆常距離及其擴大」，就如同「一隻手逐步地放鬆了它所握著的東西，它在它仍然握著的瞬間放鬆了」；而疲憊「與其說是這一放鬆的一個原因，毋寧說是這一放鬆本身」。[206] 這意味著

[203] Lévinas, *De l'existence à l'existant*, J. Vrin, 1993, p. 11.
[204] Lévinas, *De l'existence à l'existant*, J. Vrin, 1993, p. 38.
[205] Lévinas, *De l'existence à l'existant*, J. Vrin, 1993, p. 41.
[206] Lévinas, *De l'existence à l'existant*, J. Vrin, 1993, pp. 41-42.

「只是在努力和勞動中才有疲憊」，這表明我們不得不承受某種命運，即我們「被某一任務套牢」，我們「委身於這一任務」，表面上存在著「自由」，而「努力表明了一種命定」，努力「從疲憊中衝出，然後又落入疲憊中」。[207]努力意味著向著自身和現在前進，疲憊象徵著針對自身和現在的一種滯後，「努力是在針對現在的一種滯後中的現在的努力」。[208]列維納斯表示，「中性」將在「實位」（hypostase）中被克服，從而讓存在服從於各種存在者，或者說讓實存服從於實存者。透過讓中性轉向人性，讓虛無回歸實位，讓存在服從於存在者或者說讓存在多樣化，無意義的、讓人失眠的「純有」就會停止無盡的喧嘩。這樣一來，列維納斯對海德格式的「純有」的思考開啟了走出「純有」的通道，並因此為《時間與他者》中提出的走出孤獨、通向社會性開啟了大門。「實位」是一個非常重要的環節，它意味著實存者必須承擔起自身及其實存，而不是分有存在一般。當然，如果只是孤獨地承擔自己的實存，「純有」的陰影是始終無法擺脫的。因此，必須在時間的開放性中走向他者，並通向他人。

三、藝術與異域

認識論透過表象完全否定了外物的異質和他性，實在論借助享用部分承認了外物的異質和他性。在列維納斯看來，只是在欲求中，我們才有可能通向真正的異域和他性。他以欲求代替表象和享用，最直接針對的則是兩者中的後者，因為前一姿態有部分被包含在後者之中。他這樣批判海德格關於用具性的看法：「並非一切在世界中給出的東西都是工具。食物是軍需處所需的，房子和隱蔽所是做營房用的。對於士兵來說，麵包、外

---

[207] Lévinas, *De l'existence à l'existant*, J. Vrin, 1993, pp. 42-43.
[208] Lévinas, *De l'existence à l'existant*, J. Vrin, 1993, p. 45.

套和床並不出自物質，它們不屬於『為了……』，而是目的。」[209] 在他看來，「房子是一種居住工具」這樣的表述是錯誤的，因為它無法說明，在定居文明中，「居家」在人的生活中具有的特殊地位。我們當然也可以說穿衣是為了禦寒蔽體，但卻無法說明為什麼穿衣能把人從裸體的羞恥感中解救出來，更無法說明食物如何重新進入「物質」範疇。食物在日常生活中具有基礎性的地位，它也代表著在世界之中存在所直面的欲求和滿足之間的關係。因此，列維納斯特別談到食物。他告訴我們，「這一關係以欲求和滿足之間的完全符合為特徵。欲求完全知道它之所欲求。而食物能夠讓其意向完滿實現。在特定的時刻，一切都被消耗掉了」[210]。很顯然，這裡所說的欲求其實是需要，要用外物來填補匱乏；這顯然有別於形而上學的欲求，那種嚮往別處和無「烏有之鄉」的欲求。對外部的需求與此在的在世存在完全吻合，「正是這一結構（客體在此完全與欲求相一致）代表我們的全部在世存在的特徵。行為的客體在所有的地方（至少在現象中）都不求助於去實存之操心。正是它本身構成了我們的實存。我們為呼吸而呼吸，為吃喝而吃喝，為掩護而掩護自己，為滿足我們的好奇而學習，為了散步而散步。這一切並非都是為了生活，但這一切都是在生活。生活是一種真誠。這個對立於不是出自世界的東西的世界乃是我們寓居其中，我們在其間散步，我們在其間吃早餐午餐，我們在其間訪友，我們在其間上學、討論、做實驗和研究，寫書和讀書的世界。這是卡岡都亞、龐大古埃和世上首位藝術大師加斯特先生的世界，但也是亞伯拉罕放牧羊群，以撒挖掘水井，雅各建造房子，伊比鳩魯培育花園，『每個人都受其無花果樹和葡萄樹之蔭護』的世界」[211]。

[209] Lévinas, *De l'existence à l'existant*, J. Vrin, 1993, p. 65.
[210] Lévinas, *De l'existence à l'existant*, J. Vrin, 1993, p. 65.
[211] Lévinas, *De l'existence à l'existant*, J. Vrin, 1993, pp. 67-68.

儘管海德格在《存在與時間》中不談意識或精神之類，但他依然以情緒或情感的名義否定物質的需求，「此在」在他那裡似乎是不吃不喝的。在列維納斯看來，他遠不像唯物主義者那麼真誠。實在論延續了觀念主義傳統，對心理的痛苦格外注重，要求回歸精神及其自由，完全否定需求的滿足作為一種拯救方式的意義，它試圖「超越於經濟解放」，「在工人階級中喚醒一種形而上學解放的思鄉病」。[212] 列維納斯認為，這顯然沒有注意到，需求和勞動的痛苦比心理的痛苦要更為根本。他這樣寫道：「有兩點要強調，我們將在需求和勞動的痛苦中而不是在對虛無的焦慮中對孤獨進行分析；我們將要強調的是被輕鬆地稱呼的身體痛苦，因為在身體痛苦中，與實存的契約才是沒有任何歧義的。」[213] 他表示，「需求的痛苦不是在厭食中而是在滿足中獲得減輕。需求被喜愛，人很高興有需求。一個沒有需求的人不會比一個整天勞作而不得溫飽（但處於幸福與不幸之外）的人更愉快」[214]。當然，這並不意味著人只是追求物質，他否定那種人為物役的境地，「當為了不至於死掉而必須吃、喝、取暖，就像在某些艱辛的勞動中食物變成單純的碳水化合物時，世界也似乎走到了盡頭，顛倒了，成為荒謬的。面對革新，時間變得不可遏止」[215]。物質追求雖然有導致異化的可能，但遠遠配不上墮落之名，它其實有助於擺脫「無名的」存在、「無人稱」的純有。在日常生活中，人主要借助於外部物質性來克服自身物質性，雖然並沒有因此真正走向超越：「透過在現在本身中和在其湧現的自由中認識到物質的全部重負，我們願意同時承認物質生活及其對實存的無名和最終的悲劇（它透過其自由本身而與之連繫在一起）的勝

---

[212] Lévinas, *De l'existence à l'existant*, J. Vrin, 1993, p. 43.
[213] Lévinas, *De l'existence à l'existant*, J. Vrin, 1993, p. 55.
[214] Lévinas, *Totalité et infini*, Kluwer Academic, 2006, pp. 155-156.
[215] Lévinas, *De l'existence à l'existant*, J. Vrin, 1993, p. 68.

利」;「透過把孤獨與主體的物質性重新連繫起來（物質性是它與它自身的連結），我們可以明白，世界以及我們在世界中的實存，在何種意義上構成了主體用來克服它繫於自身的重負，克服其物質性，即解開自身與自我之間連繫的根本姿態」。[216] 這種海德格式享用的綻出最終還是要回歸自身，「在世界中的自我，也在朝向諸事物的同時，從它們回歸自身。它乃是內在性。在世界中的自我有一個內在和一個外在」[217]。

　　與透過食物或世內之物暫時偏離自身不同，列維納斯認為從事藝術是追求異域的非常重要的方式之一，儘管在社會中對他人負責才是最根本的方式。自我與世界的關係，要麼是對自我與自身關係的中斷，要麼是對這種關係的充實。如果我們與外部世界產生某種藝術的或審美的關係，就會在一定的程度上走出孤獨，因為藝術導致的是對他性的追求，而不是回歸自身。藝術保持了事物的外在性和異質性，審美就在於這種距離和異質性。列維納斯舉例說，在羅丹（Auguste Rodin, 1840-1917）的雕塑中，「實在呈現為從一個破碎的世界中湧現的無世界的實在之異域的赤裸」[218]。藝術由此為我們走出自身物質性的重負提供了另一種物質性。藝術代表了某種所謂的「異域偏好」，因為它有助於我們擺脫無意義的「純有」，因為我們借助於它「可以在我們與世界的關係中讓自己擺脫世界」。[219] 他進而這樣寫道：「作為被給予的世界之部分，作為認識的客體或日常用品，諸事物參照於某個被納入實踐的鏈條（它們的他性在這裡幾乎顯示不出來）中的內在。藝術使它們走出世界，由此使它們擺脫與某個主體的隸屬關係。我們在它的各種原初顯示中發現的藝術，其基礎功能就在於提供一

---

[216] Lévinas, *Le temps et l'autre*, Presses Universitaires de Franch, 1983, p. 44.
[217] Lévinas, *Le temps et l'autre*, Presses Universitaires de Franch, 1983, p. 44.
[218] Lévinas, *De l'existence à l'existant*, J. Vrin, 1993, p . 88.
[219] Lévinas, *De l'existence à l'existant*, J. Vrin, 1993, p. 83.

種取代客體本身的客體形象。」[220] 在我們和事物之間插入事物的形象，於是就使事物擺脫了世界的視角。世界是為我們的世界，擺脫世界其實就是擺脫主體。藝術是擺脫世界的，也因此是擺脫主體的。這就達到了一種異域偏好的效果，「人們所謂的藝術的『超然無私』並不僅僅與行動的可能性之中性化連繫在一起。異域偏好帶來了對於凝思本身的修正。那些『客體』是外在的，而這一外在並不參照一個『內在』，那些客體並非已經被自然地『占有了』。繪畫、雕塑、書籍乃是我們的世界的客體，但透過它們，被表象的那些事物靠自己擺脫了我們的世界」[221]。在他看來，藝術，即使是最現實主義的藝術，也「把這種他性特徵傳達給形成我們的世界之部分的那些被表象的客體」[222]，因為，「藝術作品既模仿自然也盡可能遠離自然」[223]。某些古老或陌生的東西能夠產生美感，就是因為這個道理。藝術保持了事物的外在性和異質性，審美就在於這種距離和異質性。

列維納斯認為，藝術意味著從知覺回到感覺。他寫道：「在知覺中，某個世界被給予我們。那些聲音、顏色和詞語指涉它們在某種方式上被掩蓋的那些客體。聲音是客體的雜訊，顏色覆在固體的表面，語詞包含一個意義、命名一個客體。借助於其客觀含義，知覺也有了主觀含義：外在性參照於內在性，它並不是一個事物自在的外在性。藝術活動就在於離開知覺以便恢復感覺，就在於使性質不再求助於客體。不是一直通達客體，讓意向迷失在感覺本身中，而這一在感覺、感性中的迷失就能產生審美效果。感覺不是通向客體的道路，而是疏遠客體的某種障礙，它也不是出自主觀的秩序。感覺不是知覺的質料，在藝術中，它作為新元素出現。進而

---

[220] Lévinas, *De l'existence à l'existant*, J. Vrin, 1993, p. 83.

[221] Lévinas, *De l'existence à l'existant*, J. Vrin, 1993, p. 84.

[222] Lévinas, *De l'existence à l'existant*, J. Vrin, 1993, p. 84.

[223] Lévinas, *De l'existence à l'existant*, J. Vrin, 1993, p. 85.

言之，感覺回到了元素的非人稱性。」[224] 通常的主觀和客觀都否定了事物的外在性，我們其實無法真正地通達事物，也因此才有審美距離。列維納斯強調從知覺回到感覺，認為只有感覺才不以通向客體為目標，也因此擺脫了以主客體關係為基礎的，或是表象的甚至是享用的姿態。感覺的「組織化」或「無序化」並不涉及它的「客體性」或「主體性」，因為感覺本身就是客體。尤其是在藝術中，那些構成客體的「可感性質」既不導向任何「客體」，同時又是「自在的」，這種方式就是所謂的作為感覺的「感覺事件」，或者說「美學事件」，這種擺脫了「客體性」並因此擺脫了「主體性」的方式呈現為「絕對自然的」。[225]

很明顯的，在藝術和審美領域，感覺的自身物質性被強調出來，與此同時，感覺對象不再是被表象的對象，而是保持著其自身物質性。列維納斯寫道：「感覺和審美並不是把那些自在的事物展示為高層次的客體，而是透過擺脫任何客體，讓它們在某種新的要素中突然出現。外在於『外在』和『內在』的一切區分，甚至拒絕一切名詞的範疇。」[226] 藝術不再是世界的移印，也不是主觀的投射，藝術作品是有其自身維度的一個世界：「藝術的異域實在 —— 它不再是客觀的 —— 並不參照我們的內在性，它自身表現為某一內在性的外殼。在藝術作品中，它首先是那些獲得了某種人稱性的事物的內在性本身。」[227] 事實上，藝術家們的努力成果就在於「創造」出有其自身物質性的藝術世界，所謂「存在著一個德拉克洛瓦的世界，就像存在著一個雨果的世界」[228]。藝術家們對超越性的追求使他們偏離周圍世界，他們的「共同意向是表呈在世界終結中的自在的實

[224] Lévinas, *De l'existence à l'existant*, J. Vrin, 1993, p. 86.
[225] Lévinas, *De l'existence à l'existant*, J. Vrin, 1993, p. 86.
[226] Lévinas, *De l'existence à l'existant*, J. Vrin, 1993, p. 87.
[227] Lévinas, *De l'existence à l'existant*, J. Vrin, 1993, pp. 88-89.
[228] Lévinas, *De l'existence à l'existant*, J. Vrin, 1993, p. 89.

在」[229]。列維納斯所說的藝術世界，不僅有別於現實主義，而且也有別於觀念主義的世界。他寫道：「現代繪畫的那些抗議現實主義的追求，產生自對世界的這一終結，以及對現實主義使之可能的表象之解體的感受。當其被表呈為產生自藝術家的創造性想像或主觀主義時，畫家針對自然而呈現的自由無法在其恰當的含義中被度量。除非它剛好不再自稱是看，否則這一主觀主義不會是真誠的。不管這看起來是多麼的悖謬，繪畫乃是與看彼此抗爭。它尋求讓整合在某個整體中的那些存在擺脫光明。」[230]「現代藝術」要求擺脫世界，其實就是要擺脫不管是現實主義還是觀念主義都認可的主客體關係。由於否定了理智直觀，藝術不再以普遍性為目標，而是認可特殊性，所謂「某些裂口讓宇宙的連續性自所有的面產生出裂縫」，於是，「特殊在其存在的赤裸中顯露出來」。[231]

這種特殊性表明，藝術的世界不是被觀念化、被表象、被理智直觀的世界，而是有其自身物質性的自足世界。但應該注意到，藝術物的物質性與其他東西的物質性是有區別的。列維納斯表示：「在一個沒有視野的空間裡，一些事物作為由它們自己相互定位的碎片，作為碎塊，立方體、平面、三角形不受制於我們，沒有相互過渡地將自己投射給我們。它們是一些赤裸的、單純的、絕對的要素，存在的隆起或腫塊。在事物向我們的墜落中，那些客體肯定了物質客體的力量，並且似乎通達了物質性的極點本身。儘管有就它們自身考慮的這些形式的合理性和光明，繪畫仍實現了它們實存的自在本身，事實本身的絕對 —— 存在著某種並非屬於某個客體，某個名稱的東西。它是不可以被命名的，只能借助於詩意才得以呈

---

[229] Lévinas, *De l'existence à l'existant*, J. Vrin, 1993, p. 90.
[230] Lévinas, *De l'existence à l'existant*, J. Vrin, 1993, p. 90.
[231] Lévinas, *De l'existence à l'existant*, J. Vrin, 1993, p. 90.

現。」[232] 在他看來，藝術的物質性是「一種不再與對立於思想、對立於精神的物質有任何共同性的物質性觀念」，這種物質性「就是厚實、粗糙、龐大、卑憐」，它「有其持存、重量、荒誕、野蠻而無情的在場」，但它也有「其卑微、赤裸和醜陋」。[233] 經典唯物主義使物質與精神對立，並透過機械論法則去界定物質；藝術中的物質與此完全不同。因為藝術的或詩意的物質性，保留了物質相對於我們而言的「他性」，不像科學或經典唯物主義那樣，以光明的形式抹殺了這種物質自身的物質性或他性。列維納斯似乎把科學意義上的物質和唯物主義所說的物質看作是一樣的，儘管一個是從知的角度，另一個是從享用的角度來「看」。藝術的物質是完全不一樣的，因為它不隸屬世界的一部分。世界中的物質與「純有」連繫在一起，而藝術的物質擺脫了「純有」，並引領我們通向沒有回歸可能的「烏有之鄉」。

---

[232] Lévinas, *De l'existence à l'existant*, J. Vrin, 1993, p. 91.
[233] Lévinas, *De l'existence à l'existant*, J. Vrin, 1993, pp. 91-92.

第二章

分析美學

概論

「分析美學」，或者更準確地說「語言分析美學」，是 20 世紀後半葉在英美等國唯一占據主流位置的重要美學流派，其核心地位迄今仍難以撼動，是 20 世紀歷時較長的美學思潮之一。它秉承了 20 世紀哲學的「分析」視角，與擁有一定歷史深度的「歐陸」視角是相對的，在面對美學問題時採取語言研究方法，力圖將美學理論問題當作語言問題來解決。

就範圍而言，可以對分析美學思潮作出狹義和廣義兩種限定。從狹義來看，分析美學思潮指發端於 1940 年代末期、在 1950 年代後期達到高潮，在 1960 年代繼續發展的歐美美學的成就，在這個意義上，諸如比爾茲利（Monroe Beardsley, 1915-1985）等美學家都做出過自己的貢獻。

但是，如果將視野擴大到整個 20 世紀，那麼分析美學就會得到更廣闊的理解。從 1950 年代向前看，可以將維根斯坦等諸家的美學納入其中，因為維根斯坦在哲學家中對分析美學的影響可謂最大（恰好相反的是哲學家摩爾雖專論過美學，但卻對分析美學影響寥寥）；從 1950 年代向後看，原本並不屬於狹義分析美學之列的沃爾海姆（Richard Wollheim, 1923-2003）、古德曼和丹托就會被納入其中，他們將「後分析美學」推向了高潮，1970 年代才真正是分析美學攀到高峰的時期。從時間上看，分析美學亦具有一定的滯後性，它是在分析哲學過了鼎盛時期之後（哲學上的語言分析革命自 1930 年代就已發生）才開始嶄露頭角的，而這也是歐陸美學傳統在當時影響所致的結果。但分析美學對分析哲學的貢獻也很大，它在某些方面可以對分析哲學的傾向（如非歷史主義的傾向）進行「糾正」，並由此而成了分析哲學的一個差異甚遠的支流。

如果從狹義來看，所謂「分析美學」就是「20 世紀對哲學的分析方

法……引入美學的結果，這種方法是由摩爾和羅素最早引入的，後來被維根斯坦和其他人繼承了下來，經過了邏輯原子主義、邏輯實證主義和日常語言分析的各個階段」[234]。正如羅素所認定的，哲學的目標是「分析」而非建構體系一樣，分析美學的目標也是「分析」，但卻也可能會建構新的美學體系，諸如古德曼的建構主義之思路就是如此。

應該說，從整個歷史趨勢來看，分析美學從早期的驅除語言迷霧、釐清基本概念的「解構」逐漸走向了晚期富有創造力的、各式各樣的「建構」。前者可以稱之為「解構的分析美學」，後者則可以被稱作「建構的分析美學」，它們都是在比爾茲利所謂的「重建主義」（*reconstructionism*）和「日常語言」形式的基礎上生長出來的。[235] 當然，其分析方法還是萬變不離其宗，既包括「還原性定義」（reductive definition）分析，也包括旨在澄清模糊和有爭議的觀念的分析。[236] 其實，「講求精確的定義還原」與「綜合澄清」這兩種分析方法，就像日常語言分析與卡納普派的合理建構之間的張力一樣，在美學理論建設那裡也始終保持著某種張力。

1954 年，艾爾頓（William Elton, 1931-2008）主編的文集《美學和語言》（*Aesthetics and Language*）具有里程碑意義。它致力於診斷並根治美學上的混亂，認定傳統美學已經陷入「概括陷阱」，往往導致「混亂類比」，並且將這種混亂直接歸因於語言，要求哲學為美學提供某種範本，以作為美學分析的基本參照。大致在同一時期，歐陸傳統的所謂「唯心主義」美學遭到衝擊而有所衰落，這是由於更多的人開始籠統地採用了由維根斯坦的研究而來的普遍的語言分析方法，這種新美學由此盛極一時。然

[234] Richard Shusterman (ed.), *Analytic Aesthetics*, New York: Basil Blackwell, 1989, p. 4.
[235] Monroe Beardsley (ed.), "Twentieth Century Aesthetics", in: Contemporary Aesthetics, Matthew Lipman (ed.), Boston: Allyn and Bacon, 1973, p. 49.
[236] Richard Shusterman (ed.), *Analytic Aesthetics*, New York: Basil Blackwell, 1989, pp. 4-5.

而，這一時期的美學還基本屬於「解構的分析美學」，直到人們發現「藝術批判的本質」問題最容易提供系統分析的時候，「建構的分析美學」才開始真正出場。

按照分析美學的基本原則，其最普遍的特徵和最顯著特點，是所謂「關於藝術的反本質主義」（anti-essentialism about art）和（特別透過對語言的密切關注）「追求明晰性」（quest for clarity）。這意味著，分析美學呼應了 20 世紀美學的兩種新取向：一種是將美學視角徹底轉向「藝術」，乃至 20 世紀主流的分析美學基本可以與「藝術哲學」畫上等號；另一種則根植於新實證主義的科學理論和符號邏輯理論，將美學學科視為一種富有精確性的哲學門類。在強調研究對象與確立方法論的前提之下，迄今為止的整個分析美學大致被分為五個歷史階段：

第一階段：1940 至 1950 年代，利用語言分析來解析和釐清美學概念，主要屬於「解構的分析美學」時期，維根斯坦的哲學分析為此奠定了基石，最早一批分析美學家開始草創這個學派的研究，而此後的三個階段均屬於「建構的分析美學」時期。

第二階段：1950 至 1960 年代，是分析藝術作品語言，形成了「藝術批評」（art criticism）的「元理論」，比爾茲利可以被視為這個時期的重要代表人物。比爾茲利的第一本重要著作是《美學：批評的哲學問題》（*Aesthetics Problems in the Philosophy of Criticism*），此書足以使之在 20 世紀分析美學史中成為代表性人物。其另外兩本美學專著一是《批評的可能性》（*The Possibility of Criticism*），關注的是文學批評問題，特別是文學文本的「自足性」（self-sufficiency）、文學解釋的本質、如何判定文學文本等。眾所周知，比爾茲利與維姆薩特（William Wimsatt, 1907-1975）共同提出「意圖謬誤」（intentional fallacy）理論，使得他在「新批評」文學

理論思潮方面獨樹一幟。其最後一本書是文集《審美觀點》（*The Aesthetic Point of View*），共集結 14 篇文章，主要涉及審美與藝術批評的本質，再版時又增加了 6 篇。這些新文章都是他晚年所關注的主題，主要包括審美經驗、藝術定義、價值判斷、藝術批評中的理性、藝術家的意圖和解釋、藝術與文化等。此外，諸如史托尼茲（Jerome Stolnitz, 1925- ）這樣的美學家，不僅將哲學視為對自己信仰的批評，而且更提升了藝術批評的地位，[237] 可見藝術批評在這一歷史階段的重要地位。

按照比爾茲利的觀點，美學理應成為一種「元批評」（meta-criticism），或者說美學是作為一種「元批評」而存在的。這不僅要求美學要完全聚焦於藝術，因為「如果不談論藝術作品，就不會有美學問題」，而且要求美學回到藝術批評的語言學原則領域，「我們只有進行一些批評陳述（critical statements）的時候才能去研究美學」。[238] 這樣一來，美學的對象和範圍就被限定下來，藝術－批評－美學基本上是三位一體的。一句話，美學就是關於「批評的本質與基礎（the nature and basis of criticism）」，「就像批評本真是關於藝術品那樣」。[239] 這種觀念是當時的哲學觀念在美學上的反映，恰恰是由於哲學被視為某種語言學的元層次（meta-level）行為，因此，與哲學面對各種學科一樣，美學面對各種藝術批評當然應位居「元批評」的位置。在確立了美學的本質之後，比爾茲利更關注的是美學形態問題，這種形態就是對「批評性陳述」的深入分析。比爾茲利把所謂「批評性陳述」分為三種，即「描述的」（descriptive）、

[237] Jerome Stolnitz, *Aesthetics and Philosophy of Art Criticism*, Cambridge: The Riverside Press, 1960, pp. 1-19.

[238] Monroe Beardsley, *Aesthetics: Problems in the Philosophy of Criticism*, 2nd (ed.), Indianapolis: Hackett Publishing Company, Inc., 1981, p. 4.

[239] Monroe Beardsley, *Aesthetics: Problems in the Philosophy of Criticism*, 2nd (ed.), Indianapolis: Hackett Publishing Company, Inc., 1981, p. 6.

「解釋的」（interpretative）和「評價的」（evaluative）。這種區分對於分析美學而言非常重要，因為它確立了藝術批評的幾種基礎範本，這種劃分在歷史上的確功不可沒。

第三階段：1960 至 1970 年代，是用分析語言的方式直接分析「藝術作品」，取得成就最高的是古德曼，他透過分析方法直接建構了一整套「藝術語言」（languages of art）理論，為分析美學樹立起一座高峰。

第四階段：1970 至 1980 年代，則直面「藝術概念」，試圖為藝術提供一個相對周延的「界定」，這也是分析美學的焦點問題，從丹托的「藝術界」（art world）理論到迪基的「藝術慣例論」（the institutional theory of art）都得到了廣泛關注。

第五階段：1990 年代至今是分析美學的反思期。自 1980 年代開始，分析美學就開始了對自身的反思和解構，各種「走出分析美學」的思路被提出，在美國形成了分析美學與「新實用主義」合流的新趨勢。

當然，這種區分只是將每個歷史階段列舉出來，其實每個階段都彼此交疊，且尚有更多美學家在不同方向上做出貢獻卻難以歸類。其中，重要的有英國美學家沃爾海姆，試圖透過考察藝術功能的社會條件來補充藝術分析的語言方法，儘管他並沒有超出維根斯坦「生活形式」理論的樊籬，但卻在藝術史領域中獲得豐碩的成果。此外，諸如馬戈利斯（Joseph Margolis, 1924-2021）這樣的美學家也在關於「解釋」的具體問題上做出了重要貢獻，[240] 他主編的《從哲學看藝術》（*Philosophy Looks at the Arts*）至今仍被視為進入分析美學必讀的「讀本」。

目前得到公認的是，當代分析美學已經形成了穩定的研究領域和議

---

[240] Joseph Margolis, *Philosophy Looks at the Arts: Contemporary Reading in Aesthetics*, Joseph Margolis (ed.), New York: Charles Scribner's Sons, 1962, pp. 108-118.

題：(1) 美學的核心問題，諸如：藝術定義、藝術本體論、再現還是表現、藝術的解釋和評價、藝術作品分類、藝術創造、對象的審美特質（及其描述性特質）、（諸如想像的）審美經驗的屬性等；(2) 美學與其他領域的關係，諸如藝術與道德價值、藝術與認知科學、審美與自然的關係等；(3) 用哲學方法研究各門類藝術的問題，諸如對繪畫、文學、音樂、電影、戲劇、舞蹈等藝術的哲學探討，還有諸如悲劇、隱喻等問題。如果說分析美學家們的獨特貢獻更多是「書齋美學」的話，那麼，「講壇美學」對上述這些美學問題的關注，則更突顯出分析美學的巨大影響力和感染力。

第一節　維根斯坦

　　分析美學的最重要的開拓者，毫無疑問是英國哲學大師、數理邏輯學家、分析哲學的創始者維根斯坦（Ludwig Wittgenstein, 1889-1951）。他 1889 年 4 月 26 日出生於奧地利維也納一個猶太家庭，1908 年在柏林一所高等技術學校畢業後，便轉到曼徹斯特大學就讀空氣動力學專業，但此時對數學的研習使他開始反思數學的基礎問題。1911 年的暑假期間，他到耶拿拜訪另一位分析哲學的奠基性人物、數學家弗雷格（Gottlob Frege, 1848-1925）。後者建議他到劍橋隨羅素學習，於是，該年秋天他來到劍橋拜羅素為師學習邏輯。正如羅素所預言的那樣，哲學的重大進展的確實在這位具有天才的青年哲學家那裡。從 1913 年秋到 1914 年春，他寫下了一些重要的哲學筆記。

　　有趣的是，第一次世界大戰爆發後，這位哲學家自願參加奧地利的軍隊擔任炮兵中尉，並在戰爭的後期被俘。在戰俘營裡，他居然完成了 20 世紀哲學史上的經典之作《邏輯哲學論》。這本名著於 1919 年出版，1920

年出版了英譯本，旋即在哲學界引起了巨大轟動。此後，維根斯坦自認為一切哲學問題均已被他解決，便去奧地利農村當了小學教師。後來，他又重返劍橋獲得博士學位，1930 年成為三一學院研究員，1939 年接替摩爾（G. E. Moore, 1873-1958）在劍橋的教授職位，直至 1947 年辭去職務，之後來到愛爾蘭鄉村閉門從事研究。整個 20 世紀有兩位哲學家實現了自己的思想轉折：一個就是秉承德意志傳統的海德格，另一個就是造就英美分析傳統的維根斯坦，他從《邏輯哲學論》的邏輯分析哲學轉向了晚期《哲學研究》的日常語言分析。換言之，他從對理想語言的關注轉向了對日常語言的描述，從執著於邏輯規則轉向了對日常語義規則的服膺，從以「圖式說」為中心轉到了以「語言遊戲說」為中心。1951 年 4 月 29 日，這位哲學大師與世長辭。

在美學方面，維根斯坦給了後代很多啟示，除了《邏輯哲學論》《哲學研究》之外，他的主要美學思想被輯錄在《美學、心理學和宗教信仰演講與對話集》之中。[241] 此外，諸如《1914 — 1916 年筆記》、《文化與價值》、《色彩論》等也包含有一些美學觀點，但它們都是為其哲學服務的，比如他專論色彩問題時就認定「色彩促使人進行哲學思考」（這樣就可以解釋歌德為什麼那麼熱衷於色彩理論了）。[242] 可見，維根斯坦的美學主要是「作為哲學」而存在的。

今日看來，維根斯坦這種啟示有兩個層面：一是嚴格的「語言分析」哲學方法論，對於美學要澄清語言迷霧來說，無疑具有「正統」的影響作用，早期分析美學基本上是在這一軌跡上運作的；另一是維根斯坦的「語

[241] Ludwig Wittgenstein, *Lectures and Conversations on Aesthetics*, Psychology and Religious Belief, C. Barrett (ed.), Oxford: Blackwell, 1996.
[242] Ludwig Wittgenstein, *Remarks on Colour*, G. E. M. Anscombe (ed.), L. McAlister and M. Schaettle (trans.), Oxford: Blackwell, 1977.

言遊戲」等一系列「開放性」概念，卻在後來的分析美學那裡得到「誤讀性」的後續闡發，從而豐富了分析美學的系統，並偏離分析哲學的傳統思路。可見，他的思想也同樣具有某種開放性，對他思想的理解、闡釋和發展是多元共生的。

一、「美學」與其概念使用

面對作為學科的美學，維根斯坦曾直言：「這個題目（美學）太大了，據我所知它完全被誤解了。諸如『美的』這個詞，如果你看看它所出現的那些句子的語言形式，那麼，它的用法較之其他的詞更容易引起誤解。『美的』（和『好的』── R）是個形容詞，所以你要說：『這有某一種特性，也就是美的。』」[243]這樣，維根斯坦就輕易地把美學問題轉化為語言問題，尤其是語言使用問題。他於 1938 年到 1946 年的《美學演講錄》裡表述的這種基本思想取向，與其晚期「意義即用法」的語用轉向是一致的。

從表面上看，維根斯坦對於美學學科採取了某種「取消主義」態度。他自己明確地認定，當人們談論「美學科學」時，他就立即想到美學究竟是意指什麼？如果美學是告訴我們「什麼是美」的科學，那麼就語詞而言，它非常荒謬可笑。[244]然而，不能就此認定維根斯坦拒絕美學，他反對的是傳統美學理解美學的方式，比如認定美學從屬於心理學分支的傳統觀念就是錯誤的。這是由於美學問題（特別是藝術的一切祕密）不能完全透過心理學實驗來解決，「審美問題與心理學實驗毫不相干，它們以完全不同的方式被解答」[245]。

顯然，維根斯坦的美學問題，是首先要直面諸如「美的」這些語彙在

---

[243] Ludwig Wittgenstein, *Lectures and Conversations on Aesthetics*, Psychology and Religious Belief, p. 1.

[244] Ludwig Wittgenstein, *Lectures and Conversations on Aesthetics*, Psychology and Religious Belief, p. 11.

[245] Ludwig Wittgenstein, *Lectures and Conversations on Aesthetics*, Psychology and Religious Belief, p. 17.

日常生活中究竟是如何被使用的。「顯而易見，在現實生活中，當人們做出審美判斷時，諸如『美的』、『好的』等這些審美形容詞（aesthetic adjectives）幾乎起不了什麼作用。這些形容詞能在音樂評論中使用嗎？你會說：『看這個過渡。』或［里斯］『這一小節不協調』。抑或你在詩歌評論中會說：［泰勒］『他對想像的運用很準確。』這裡你所用的語詞更接近於『對的』和『正確』（正如這些詞在日常說話中所用的那樣），而不是『美的』和『可愛的』。」[246] 由此得出的重要啟示是，美學研究不能再如德國唯心主義哲學那般玄妙，也不能再如心理學派那樣訴諸實驗，而是要切實深究各種美學概念在日常用語中究竟是如何運用的。因此，維根斯坦的美學竟具有某種實用操作化的取向，重要的是審美語詞是如何被運用的、在具體語境裡是如何具體化的。這才是美學真正要做的工作，亦即美學也要實現至關重要的「語言學轉向」。

在此，維根斯坦對早期分析美學的巨大影響便顯現出來了：美學研究首要的是澄清美學概念。按照這一基本思路進行研究的美學家包括韋茲（Morris Weitz, 1916-1981）、西布利（Frank N. Sibley, 1923-1996）和肯尼克（William E. Kennick, 1923-2009）等。韋茲曾在 1956 年的美國《美學與藝術批評雜誌》發表了著名的〈理論在美學中的角色〉（*The Role of Theory in Aesthetics*）一文，[247] 論述分析理論對於美學建構的重要價值：由於藝術沒有必要和充分的屬性，也沒有任何藝術理論能舉出這樣的屬性，所以「藝術是什麼」在邏輯上是不可能的。西布利在著名的〈審美概念〉（*Aesthetic Concepts*）長文中，[248] 認定審美概念是一種消極的而非積

---

[246] Ludwig Wittgenstein, *Lectures and Conversations on Aesthetics*, Psychology and Religious Belief, p. 3.
[247] Morris Weitz, "*The Role of Theory in Aesthetics*", in: The Journal of Aesthetics and Art Criticism, Vol. 15, No. 1, 1956, pp. 27-35.
[248] Frank N. Sibley, "*Aesthetic Concepts*", in: The Philosophical Review, 68, 4 (Oct, 1959), pp. 421-450.

極的條件支配概念，在評論中需要將審美與非審美的特質連結起來。肯尼
克在 1958 年發表的著名論文〈傳統美學是否基於一個錯誤？〉中，透過
層層解析指出，傳統美學所探究的是「傳統邏輯語言所說的藝術和美的定
義」，[249] 而這種既定「假設」完全是一個錯誤，美學理應做的是澄清語言
運用的混亂，要追問界定藝術的語言這一根本問題。分析美學之前的一切
藝術哲學都擁有一個「共同假設」，那就是無論各種藝術的內容和形式是
多麼不同，其中都存在某種「共性」。繪畫和雕塑、詩歌和戲劇、音樂和
建築都存在著這種「保持不變」的東西。所以，藝術定義只要適合一件藝
術品，也就適合其他一切藝術品，同時不適用於「藝術之外的任何其他
物」。然而，當時分析美學所做的主要研究是先認定，「藝術」這個詞或
「名稱」所「指稱」那麼多、那麼不同的事物，但卻僅僅只用一個詞，這
恰恰是傳統美學的基本錯誤。尋求藝術品的必要和充分條件的方式，共同
的藝術本質必然存在的假定，都是犯了同樣的錯誤。由此匯出的結論，那
就是藝術不可定義。

　　實際上，早在《邏輯哲學論》那裡，維根斯坦就對美學作出了如下著
名論斷：「倫理顯然是不可言傳的。倫理是超越的。（倫理與美學是同一回
事）」[250] 依此推論，既然美學與倫理是同一的，倫理又是超越的，那麼，
美學也自然就是超越的了。

　　按照維根斯坦早期的哲學觀念，世界是由「事實」或「原子事實」構
成的，而非「事物」的總和。每個基本的命題都是「原子事實」的一幅對
應圖像，哲學的功能就在於對命題進行邏輯分析，超出這個「語言的界

[249]　William E. Kennick, *Does Traditional Aesthetics Rest on a Mistake?*", in: Contemporary Aesthetics, Frank Sibley (ed.), *Is Art an Open Concept?: An Unsettled Question*", in: Contemporary Aesthetics, pp. 219-234.

[250]　Ludwig Wittgenstein, *Lectures and Conversations on Aesthetics*, Psychology and Religious Belief, C. Barrett (ed.), Oxford: Blackwell, 1996, p. 421.

限」都是無意義的，這是由於命題只有事實世界相互對應。如此一來，維根斯坦將世界劃分為二：「可說的」世界，哲學家們就對之加以分析，這是「事實世界」，它與語言、邏輯和世界相關；「不可說的」世界，人們只能對之保持沉默，這是「神祕世界」，美學顯然歸屬於此列。這樣，維根斯坦就認為他的哲學使命完成了。屬於這種「不可言說」的世界的有：世界本質、生命意義、宗教價值等。倫理與美學，也都屬於這一領域，但兩者並不因此而成為同一的。這種基本共同點還有：倫理和美學都出於對語言的某種「誤讀」，都是超離「事實世界」而不可言說的，都和邏輯學那樣是「先驗的」。

　　再來看維根斯坦將倫理與美學視為同一的另一面。這種觀點受到他的老師摩爾的很大啟發，摩爾不僅認為善無法定義，而且認為美的享受和倫理的善同樣是生命的最有價值的事。維根斯坦正是將美的問題置於生活意義上來理解的，倫理問題也是一樣。維根斯坦也曾疑惑過：以幸福的眼光觀察世界，這是否就是以藝術的方式觀察事物的實質？但他還是明確地宣布：「藝術的目的是美，這個概念肯定是有道理的。而美是使人幸福的東西。」[251] 因而，在「幸福」的意義上，倫理與美學才是一回事。如果對康德來說，「美是道德善的象徵」[252]，善與美關聯的根基在於「超感性」的話，那麼，在維根斯坦看來，這種關聯的母體則轉換為「幸福」。簡言之，維根斯坦的早期觀點可以歸納為——「美是幸福」，對生活而言是「幸福地生活」或「幸福的生活」。正是基於這種觀念，美與倫理的目的是一致的，它們都是使人幸福的東西，屬於神祕世界因而不能言說。

[251] Ludwig Wittgenstein, *Notebooks 1914-1916*, G. H. von Wright and G. E. M. Anscombe (ed.), Oxford: Basil Blackwell, 1961, p. 86.

[252] I. Kant, *Critique of Judgment*, Hackett Publishing Company,1987, p. 228.

二、「生活形式」及其文化語境

「生活形式」（leben form）是後期維根斯坦在《哲學研究》中使用的著名術語，這是他從前期《邏輯哲學論》的人工語言分析回到日常語言分析之後提出的概念。「生活形式」是根據語言分析和意義的功能理論的邏輯提出來的，維根斯坦論述「生活形式」的那幾節話曾被反覆引用和解釋：

（1）「很容易去想像一種只是由戰爭中的命令和報告所組成的語言……想像一種語言就意味著想像一種生活形式（imagine a form of life）。」[253]

（2）「在此，『語言遊戲』這個術語的意思，在於使得如下的事實得以突顯，亦即語言的述說是一種活動的一個部分，或者是生活形式的一個部分。」[254]

（3）「『因而你是在說，人們一致同意何為真，何為假？』── 真與假乃是人們所說的東西；而他們在所使用的語言上是相互一致的。這不是觀點上的一致而是生活形式的一致。」[255]

在這個意義上，「生活形式」通常被認定為是語言的「一般語境」，也就是說，語言在這種語境範圍內才能存在，它常常被看作是「風格與習慣、經驗與技能的綜合體」；但另一方面，日常語言與現實生活契合得非常緊密，以至於會得出「想像一種語言就意味著想像一種生活形式」這類結論。但是，人們賦予這些論述太多文化內容的闡釋，而在很多方面維根斯坦則是語焉不詳的，他僅僅指出：「命題是什麼，在某種意義上是被語

[253] Ludwig Wittgenstein, *Philosophical Investigations*, G. E. M. Anscombe (trans.), The Macmillan Company, 1964, 8e.
[254] Ludwig Wittgenstein, *Philosophical Investigations*, G. E. M. Anscombe (trans.), The Macmillan Company, 1964, 11e.
[255] Ludwig Wittgenstein, *Philosophical Investigations,* G. E. M. Anscombe (trans.), The Macmillan Company, 1964, 88e.

句的形成規則決定的……在另一種意義上則由語言遊戲中記號的使用所決定。」[256] 根據這種「語用學」的視角，人們所說的是由他們所使用的語言約定的，而更進一步來說，這種規定是在「生活形式」上的協定。所謂「生活形式的一致」就是維根斯坦所能退到的最後底線。這是由於，「私人用語」被無可置疑地證明是不可能的，只有使用的語言具有一致性，我們才能進入「語言遊戲」之中，才能透過遵守共同的規則相互交流和彼此溝通。既然語言活動只是「生活形式」的一部分，那麼，「語言的一致性」最終還是取決於「生活形式的一致性」，語言的運用終將決定於與之相匹配的生活形式，它才是人類存在的牢不可破的根基。

在《哲學研究》中，維根斯坦明確強調了一些他稱之為「普通（ordinary）的東西」或「最具體的東西（most concrete）」，並且認定此外別無他物。維根斯坦反對「在命題記號（propositional signs）與事實之間有某種純粹中介物，甚至試圖將命題記號本身純化、崇高化」，「由於我們表達的形式以各種方式阻礙我們，使我們無法看到這裡除了普通東西之外並無他物，從而使我們去追求虛構的東西」。[257] 他還說，思想就像最純淨的晶體，「但是，該晶體並不表現為某種抽象；而是真正地呈現為具體的東西，而且是作為最具體的東西，甚至是作為最堅硬的東西而存在的」[258]。可以說，只有「生活形式」才是堅不可破的，語言正是由於與「生活形式」契合才沒有喪失其基本的功能。無疑，人們是在以某種「共同」方式生活的，在語言交往中必然「共同」遵守遊戲規則。這種「生活形式」是人們

---

[256] Ludwig Wittgenstein, *Philosophical Investigations*, G. E. M. Anscombe (trans.), The Macmillan Company, 1964, 53e.

[257] Ludwig Wittgenstein, *Philosophical Investigations*, G. E. M. Anscombe (trans.), The Macmillan Company, 1964, 44e.

[258] Ludwig Wittgenstein, *Philosophical Investigations*, G. E. M. Anscombe (trans.), The Macmillan Company, 1964, 44e.

所無從選擇的，是最原始、最確定的，因而也是不證自明的。「所以，維根斯坦反覆強調，生活形式就是我們必須接受的東西，就是所給予的一切；而生活形式上的一致性，就是我們存在方式上的一致性。這種生活形式和存在方式，最終決定著我們的生活世界和文化氛圍。」[259]

同樣，審美判斷也是為文化語境所規定的。「我們所謂的審美判斷的表達語詞扮演了非常複雜，同時也非常明確的角色，我們稱之為某個時期的文化。描述它們的用法，就需要描述你所謂的文化趣味（cultured taste），你必須描述文化。」[260] 如此一來，在維根斯坦那裡，「為了說清審美語詞（aesthetic words），就必須得描述生活方式」[261]。可見，維根斯坦主要關注的是審美與文化之間的關係，後者對於前者無疑具有重要的約束作用，但其獨特之處卻在於，他所聚焦的是審美語詞及其在具體文化語境中的運用問題。

因此，正如語言是世界的一部分、語言歸屬於「生活形式」，藝術問題在分析美學看來也同樣如此。簡言之，按照維根斯坦的觀點來推論，藝術也是一種「生活形式」，比如「欣賞音樂是人類生活的一種表現形式」[262]。換言之，「藝術與語言類似，也是生活形式。把藝術界定為生活形式就要求以下述觀點為前提：藝術意向應當在藝術慣例的範圍內去考察，選擇表現手法的隨意性程度可以在藝術創作的社會環境的範圍內來確定」[263]。這樣一來，分析美學要求把藝術概念理解為開放的而非封閉的概念，同時，其所要求的正是藝術向「生活形式」開放。

---

[259] 江怡：《維根斯坦：一種後哲學文化》，社會科學文獻出版社 1996 年版，第 116 頁。

[260] Ludwig Wittgenstein, *Philosophical Investigations*, G. E. M. Anscombe (trans.), The Macmillan Company, 1964, p. 8.

[261] Ludwig Wittgenstein, *Philosophical Investigations*, G. E. M. Anscombe (trans.), The Macmillan Company, 1964, p. 11.

[262] 維特根斯坦：《文化與價值》，清華大學出版社 1987 年版，第 102 頁。

[263] 古辛娜：《分析美學評析》，東方出版社 1995 年版，第 143 頁。

　　這種獨特思路儘管在維根斯坦那裡並未充分展開，但在歐美占主流的分析美學中卻大行其道。按照這種思路構思的美學家有沃爾海姆、丹托和迪基等。沃爾海姆繼續推進維根斯坦的想法，他認定維根斯坦的含義是認為「藝術就是一種生活形式」[264]，並由此確立了藝術與語言類似的含義。迪基提出將藝術定位為「慣例」的理論，其所謂「慣例」與特定的「生活形式」如出一轍。這些分析美學家正是從維根斯坦那裡得到方法論的鑰匙，在最廣泛的社會語境中把藝術看作「生活形式」的特殊形式。如此，分析美學所提出的解決藝術定義的諸種方案，也就排除了用審美經驗、審美態度以及相關的概念來界定藝術的傳統理念，而是提出了諸如丹托的「藝術界」這樣的概念作為藝術的基本範疇。與之相似，也就是以維根斯坦「生活形式」為範本，歐美分析美學將藝術歸結於生活的概念有「藝術界」、「社會慣例」、「藝術實踐」、「文化語境」等。但這種藝術理論的確「無窮後退」得太遠了，它根本上否定了藝術的審美特質，而僅僅將藝術本質歸之為一種社會性的「約定俗成」。

三、「語言遊戲」、「家族相似性」及開放的概念

　　「語言遊戲」不僅歸屬於「生活形式」，而且具有自身的特質。當維根斯坦透過探討詞語的意義開始美學思辨的時候，「遊戲」便作為一個格外重要的概念而被提出，對於後來的分析美學影響深遠。那麼，究竟何謂「遊戲」？

　　按照維根斯坦的意見，必須考慮一下在日常生活中我們慣常稱之為「遊戲」的東西，他指的是諸如棋類遊戲、牌類遊戲、球類遊戲等。進而，必須追問，對於這一切被稱之為遊戲的東西，什麼是共同的呢？維

---

[264] 沃爾海姆：《藝術及其對象》，傅志強等譯，光明日報出版社 1990 年版，第 87 頁。

根斯坦首先否定了「對普遍性的追求」，亦即認定它們之所以被稱為「遊戲」是由於具有共同的東西。所以，在仔細考察究竟有無共同的東西之後，結論只能是：「如果你觀察它們，無法看到對於一切而言的共同的東西，但是卻可以看到一些類似（similarities）、親緣關係（relationships）以及一系列諸如此類的關係。」[265] 比如看看牌類遊戲的「多樣性關係」（multifarious relationships）就會發現，在任何兩個牌類遊戲之間必定有某些對應之處，但是，許多共同的遊戲特徵卻在它們那裡消失了，然而也有一些其他特徵被保留下來。這樣，俯瞰和瀏覽一個又一個遊戲，我們看到的真實現象就是 —— 許多「相似之處」是如何出現而又消失的。

　　維根斯坦把這種「遊戲」現象比喻成「網路」（network），更準確地說，是「相似關係的網路」。這種「錯綜複雜的相互重疊、彼此交叉的相似關係網路：有時是總體上相似，有時則是細節上相似」。[266] 維根斯坦的本意是說，「語言運用的技術」[267] 就好比這諸種遊戲一樣，不同語詞的作用不同，即使相近，如果被置於不同語境中也會發生變異，語言的使用就是這樣複雜多樣而難以捉摸，這便是「語言遊戲」的真實內涵。然而，這種表面上的遊移、變動、重合、膠合特徵，又不致抹殺「遊戲」之為「遊戲」的「明確規則」的存在。維根斯坦還是強調了在「遊戲實踐」（practice of the game）中所見的規則，就猶如「自然律」一般統治著遊戲，使得遊戲實際存在。[268] 與此同時，這種規則又是不穩定的，因為經常會出現

---

[265] Ludwig Wittgenstein, *Philosophical Investigations*, G. E. M. Anscombe (trans.), The Macmillan Company, 1964, 31e.

[266] Ludwig Wittgenstein, *Philosophical Investigations*, G. E. M. Anscombe (trans.), The Macmillan Company, 1964, 32e.

[267] Ludwig Wittgenstein, *Philosophical Investigations*, G. E. M. Anscombe (trans.), The Macmillan Company, 1964, 23e.

[268] Ludwig Wittgenstein, *Philosophical Investigations*, G. E. M. Anscombe (trans.), The Macmillan Company, 1964, 27e.

一邊玩一邊「改變規則」的情況。[269] 所以,「遊戲規則」也因其流動性而被加以探討。

在將「語言遊戲」比作網路之後,維根斯坦又提出了一個更為精妙的比喻——「家族相似性」(Familienähnlichkeiten,亦即 family resemblances)。在此,如果不只用「家族相似性」來描述「語言遊戲」的特徵,而是將之移植到藝術問題的考察,那麼,分析美學便獲得了廣闊的運思空間,難怪「家族相似性」被分析美學家們反覆引述。

維根斯坦自己也很滿意提出了這個範疇:「我不能想出較之『家族相似性』這種相似性特徵的更好的表達;對於同一家族成員之間的各式各樣的相似性:體態、容貌、眼睛的顏色、步態、氣質等,以同樣的方式相互重疊和相互交叉(overlap and criss-cross)—— 我得說:『遊戲』形成了一個家族。」[270] 實際上,「家族相似性」著重論述的是遊戲之間的關係。兩個不同遊戲之間具有某種相似性,就好似同一家族的兩個成員之間的鼻子相似那樣,然而,並不能由此推導出這兩個遊戲與第三個遊戲之間一定相似,就像第三位家族成員與前兩位並不是鼻子像,而可能眼睛只與其中一位相似,而與另一位毫無相似之處。然而,當人們放寬視野、看到作為整體的遊戲的時候,就像看到一整個「大家族」一樣,不同家族成員之間的相似就將整個家族維繫起來。

這些獨特觀念直接激發出分析美學對藝術的分析,人們將維根斯坦的「家族相似性」概念應用到藝術定義中,認為藝術是「開放」的概念。最早的分析美學在質疑傳統美學概念含混不清的同時,亦杜絕了為任何藝

---

[269] Ludwig Wittgenstein, *Philosophical Investigations*, G. E. M. Anscombe (trans.), The Macmillan Company, 1964, 39e.

[270] Ludwig Wittgenstein, *Philosophical Investigations*, G. E. M. Anscombe (trans.), The Macmillan Company, 1964, 32e.

術下定義的可能性（如肯尼克認定藝術不可定義）。但後來，隨著分析美學對分析哲學方法的逐漸偏離，為藝術下定義的職責又被繼承下來，如齊夫（Paul Ziff, 1920-2003）這樣的美學家在 1953 年便提出了這個問題。[271] 這樣一來，分析美學家們就提出了「開放的概念」來界定「難以界定」的藝術，認定藝術定義就是一個家族的相似概念，先行者當然就是韋茲。他較早引用了維根斯坦的「語言遊戲」和「家族相似性」理論，用以說明「『藝術』自身是一個開放的概念」，「美學的首要任務並不是尋求一種理論，而是闡明藝術概念」。[272]

因此，如果考慮到維根斯坦經常引用的「遊戲」例子，並且考慮到整個遊戲的範圍，從足球到單人跳棋，從跳房子到捉迷藏，我們無法發現任何對每一個遊戲都適用的特徵，這樣一來，「遊戲」這個概念可能就沒有普遍的特質。但這些活動卻無疑都屬於遊戲範圍，這真是個悖論。這又好似一個「工具箱」，其中可謂應有盡有：錘子、斧子、扳手、鉗子、螺絲起子、釘子、膠等。然而，這些恰恰都「統稱」為工具。藝術概念就好似工具箱概念，又好似廣泛的「遊戲」概念一樣，是一個「開放的體系」，從而可以直面未來的無限可能性。

可見，藝術還是具有某些類別的。「韋茲在藝術的類概念（general concept）與藝術的亞概念（sub concepts）之間作了重要區分。韋茲的觀點是：（1）為了展現藝術的亞概念 —— 小說是開放概念的觀點；（2）就此認為，所有其他藝術亞概念和藝術類概念也都是開放的。……按照韋

[271] Paul Ziff, "*The Task of Defining a Work of Art*", in: Philosophy of Art and Aesthetics: From Plato to Wittgenstein, Frank A. Tillman and Steven M. Cahn (ed.), New York: Harper & Row Publishers, 1969, pp. 524-540.
[272] Morris Weitz, "*The Role of Theory in Aesthetics*", in: Philosophy of Art and Aesthetics: From Plato to Wittgenstein, Frank A. Tillman and Steven M. Cahn (ed.), New York: Harper & Row Publishers, 1969, pp. 55-56.

茲的觀點，所有那些藝術亞概念——如悲劇——或許都不具有共同特徵。」[273] 比較常見的是，一件新的藝術品被創造出來，從而被歸屬於某個藝術類別門下，儘管這種藝術並不具有該類藝術的特質，這些都是難以避免的。為這種「開放概念」所提供的論據，被西布利歸納為三點：第一，「新的作品一直被不斷製造出來，這裡沒有封閉的格式。既然藝術的其他例證還沒有出現，我們就無法為藝術下定義」；第二，「藝術的持續創新，激發出諸如動態雕塑和拼貼一類新的藝術形式的出現」；第三，「諸如小說這樣的藝術概念是開放的。……可以由此得出結論，藝術的類概念與此類似也一定是開放的」[274]。西布利對於這三個看似並無疑義的問題逐一做出反駁。

儘管分析美學提升了概念的「開放性」，但畢竟還是意指「概念」的開放性，其中仍然有忽視歷史的傾向。擴而言之，整個分析美學的問題，其實都採取了「普遍的非歷史探討」。具體而言，儘管深諳藝術史的沃爾海姆和丹托都強調欣賞的歷史性，但他們仍然都將藝術史看作是遠離或獨立於歷史的社會經濟要素和衝突的，這可以被稱為是「孤立主義」（isolationism）傾向；相形之下，分析美學卻「力圖使這種『孤立主義』的歷史視野合理化，並使其自身的非歷史化傾向也合理化」[275]。回到「開放的概念」的界定，它所強調的歷時性並非是現實的歷史性，而只是某種概念意義上的抽象的歷時性。

無論如何，將藝術作為「開放的序列」，都具有悖論性。一方面，只有面向無限開放的藝術自身，才能將越來越多的新藝術形式包容進來，否

---

[273] George Dickie, *Aesthetics: An Introduction*, Indianapolis: The Bobbs-Merrill Company, Inc., 1971, pp. 96-97.

[274] Frank Sibley, "*Is Art an Open Concept?: An Unsettled Question*", in: Contemporary Aesthetics, p. 115.

[275] Richard Shusterman (ed.), *Analytic Aesthetics*, New York: Basil Blackwell Ltd, 1989, p. 11.

則，這種開放就是一種虛假的開放，無法解釋當代藝術為何仍在如此花樣翻新地變化。但另一方面，作為藝術定義，又不得不羅列出起碼是必要的一些條件，以使得藝術概念本身獲得相對的穩定性。否則，一個無限開放的概念只能成為「空洞的所指」了。同樣，藝術作為「開放的概念」，當它的開放性指向「無限」的時候，這一概念本身也由於它的特質而把自身消解掉了。所以，「開放的概念」其實就是某種「自我解構」的概念。

四、「看見」與「看似」的視覺之分

維根斯坦視覺美學的邏輯起點，就在於區分了「看見」與「看似」的問題。由於關注語言分析，維根斯坦首先集中注意「看」這個詞在「語言」中的兩種不同用法。

他認為「看」起碼有兩種最基本的用法：一種用法出現在「你在那裡看見了什麼？」回答常常是：「我看見了這個」，然後可能做出具體的解釋，後面跟隨的，或者是一個對某物的描述，或者是一張圖畫，或者是一個複本之類。[276] 這種用法一般是指向某一特定的對象，就是所謂的「看見」。

另一種用法則出現在「我看到了這兩張臉之間的相似性」，然後讓聽到這句話的人也能像我那樣注意到這種相似性。[277] 該用法用以指明「我發現的相似性究竟在哪裡」，一般是指向特定對象之間的相似性關係，就是所謂的「看似」。

維根斯坦在我們習以為常的語言中居然犀利地將這兩種基本用法「抽

---

[276] Ludwig Wittgenstein, *Philosophical Investigations*, G. E. M. Anscombe (trans.), The Macmillan Company, 1964, 193e.

[277] Ludwig Wittgenstein, *Philosophical Investigations*, G. E. M. Anscombe (trans.), The Macmillan Company, 1964, 193e.

象」出來，可謂是一種洞見。「看見」與「看似」的差異，就在於這兩種「看」的對象之間的範疇差異。[278] 可見，這種差異在分析哲學看來並不在於現實區分本身，而在於語言應用的範疇使用不同。所以，早在《哲學研究》之前，維根斯坦就曾指出，「一個名稱的意義有時是透過指向其承擔的載體而得以解釋的」[279]。

如此說來，如果按照「看見」的邏輯，一個人可以將任何兩張面孔畫下來；但如果按照「看似」的邏輯，另外的一個人卻可能發現前者並沒有看到的東西：這兩張面孔之間具有某種相似性，甚至會有「家族相似性」。維根斯坦由此得出了初步結論：「我所看到的並沒有變化；但是我卻在有差異性地看。」[280] 既然「所見」的相同，那麼，根本差異就在於「如何看」了。或者說，是看的不同方式決定了所見的不同。這種現象，被稱之為注意到了一個「面相」。

可見，「如何去看」決定了「看到了什麼」。因而，當我們變換「視角」時看到的就是不同的「面相」。就是面對同一個不變的長方體，我們可能一會兒將它看作「這個」，一會兒又看作「那個」。這種「如何」當然蘊含的就是某種「闡釋」。維根斯坦認定：實際上，「我們在闡釋它，而且，如我們所闡釋的那樣在看它」。[281]

維根斯坦所謂「看似」，亦即「視為……」就是「看作」。照此而論，

[278] Ludwig Wittgenstein, *Philosophical Investigations*, G. E. M. Anscombe (trans.), The Macmillan Company, 1964, 193e.
[279] Ludwig Wittgenstein, *Philosophical Investigations*, G. E. M. Anscombe (trans.), The Macmillan Company, 1964, 21e.
[280] Ludwig Wittgenstein, *Philosophical Investigations*, G. E. M. Anscombe (trans.), The Macmillan Company, 1964, 193e.
[281] Ludwig Wittgenstein, *Philosophical Investigations*, G. E. M. Anscombe (trans.), The Macmillan Company, 1964, 193e.

「看似」並沒有被作為「知覺」的一部分[282]，就像初看時像而再看時又不像一樣。他繼續追問的是，視覺經驗的標準究竟是什麼？他給出了一個這樣的回答，是對「所見」的表現。但這還遠遠不夠，因為他更關注的是關於「所見」的概念，並最終認定，對「所見」的表現與關於「所見」的概念是緊密結合在一起的、難以分離的。他是想就此獲得一種所謂「真正的視覺經驗」[283] 的真實含義。

在《哲學研究》的直接啟示下，諸如奧爾德里奇（V. C. Aldrich, 1903-1998）這樣的美學家從「審美模式」出發來理解維根斯坦的視覺理論。他認為：「雖然你所看到的東西要以你心中具有的東西為條件，但外觀不只是一種思想甚至不只是一種主觀意象；它是某種知覺的客體。」[284] 如果將被審視的圖案本身看作「物理客體」，那麼就會把這些由此而生的外觀視為思想和主觀意象，因此，按照「意象投射」（projection of images）的觀點對此進行理解才是相對穩妥的。在維根斯坦的啟發下，沃爾海姆直接提出了「看進」（seeing-in）的問題，「現在我認為再現性看似不應被理解為是包括了看似，因此也就能透過它而得到最好的理解，而應當認為再現性看似包括了另一種與它相近似的現象，亦即看進。過去我曾說過再現性看似就是把 X（再現的媒介）當作 Y（對象，或被再現的東西），現在我要指出，再現性看似就是在 X 之中的 Y，由於可變物的相同價值」[285]。這樣，沃爾海姆就明確區分了兩個現象：一個是「看似」，另一個則是「看進」。無論這種區分多麼複雜，我們都可以看到，「看進」的

---

[282] Ludwig Wittgenstein, *Philosophical Investigations*, G. E. M. Anscombe (trans.), The Macmillan Company, 1964, 197e.

[283] Ludwig Wittgenstein, *Philosophical Investigations*, G. E. M. Anscombe (trans.), The Macmillan Company, 1964, 204e.

[284] 奧爾德里奇：《藝術哲學》，程孟輝譯，中國社會科學出版社 1986 年版，第 28 － 29 頁。

[285] 沃爾海姆：《藝術及其對象》，傅志強等譯，光明日報出版社 1990 年版，第 170 頁。

基本的現象特性就在於它使「再現性的觀看」不同於當下感覺經驗，亦即不同於「直接的感知」。「看似」與「看進」的二分，視覺的「雙重性」特質，都被用以解釋與「再現性經驗」相關的特殊現象。總之，在視覺美學方面，維根斯坦的影響力是巨大的。

五、「日常生活美學」的內在取向

　　如果更深入地理解維根斯坦，就會發現其美學並不囿於純學術研究的「小美學」，而是一種與生活存在直接相關的「大美學」（沉溺於生活的審美創造）。這種內在取向就直接被定位為一種「自然而然的日常美學」（everyday aesthetics of itself）。[286]

　　其實，這種取向在他早期思想那裡就已經萌芽了：「文學作品 X 增加了我對世界存在的如實認識，它同樣也增加了我對世界的接受；所以，它同樣增加了我生活中的幸福之總和。到了這種程度，我就可以說 X 是美的，並相應地進行評價，因為『美是使人幸福的東西』。」[287] 那麼，何為幸福呢？他曾寫道：「杜斯妥也夫斯基說幸福的人正在實現人生的目的，就此而言，他是對的。為了生活的幸福，我必須與世界相一致。這就是『幸福』的含義。宗教－科學－藝術都只是從對我的生活的獨一無二的意識中闡釋出來的，這種意識就是生活本身。」從生活美學視角來看，維根斯坦的主要貢獻就在於回到生活本身來言說幸福問題，雖然他早期將美和倫理都理解成超越的，但還是將美與善的關聯置於生活理想的根基上來考察。在他看來，對美的思考涉及幸福，這種終極關注要求我們「不能使世

---

[286] *The Literary Wittgenstein*, John Gibson and Wolfgang Huemer (ed.), London & New York: Routledge, 2004, pp. 21-33.

[287] Ludwig Wittgenstein, *Notebooks 1914-1916*, G. H. von Wright and G. E. M. Anscombe (ed.), Oxford: Basil Blackwell, 1961, p. 78.

界順從我」，而是我必須「與世界相互一致」。

從新實用主義角度來看，他的整個思想具有某種「深度審美化」的取向，他在以自己的生活和著作追求一種「審美的生活」。這與將古希臘倫理直接打造成「生存美學」的傅柯，追尋「審美化的私人完善倫理」的羅蒂（Richard Rorty, 1931-2007），都有相似之處。維根斯坦特別要求將自己的生活「過成」審美的。於是，他可以被稱為一位「生活美學大師」[288]，他不僅在學理上進行著回到生活世界的突破，更重要的是在現實生活中也努力實現這種原則。根據最新的研究，隨著「日常生活美學」成為當下美學的一個新生長點，[289] 維根斯坦《哲學研究》裡的「一種日常美學的觀念」（idea of an ordinary aesthetics）被重新挖掘出來。當維根斯坦說「人的身體」是「人的靈魂」的「最好圖畫」時，恰恰是在宣揚這種日常生活美學的最新理念。

第二節　古德曼

古德曼（Nelson Goodman, 1906-1998）是 20 世紀的重要分析哲學家、美學家，在邏輯、美學、認識論、科學哲學和語言哲學等方面建樹頗豐，堪稱一位「通才」，甚至被普特南（Hilary Putnam, 1926-2016）認為是「二戰之後最偉大的兩三個分析哲學家之一」。古德曼 1906 年出生於美國麻塞諸塞州的薩默維爾，他的一生基本上就是「為了學術的一生」。1928 年，他在哈佛大學獲得理學學位，1929 年至 1940 年在波士頓的一家藝術畫廊工作，培養了他對藝術的興趣，1941 年獲得博士學位，隨後在

---

[288] Richard Schusterman, *Pragmatist Aesthetics: Living Beauty, Rethinking Art,* New York: Rowman & Littlefield Publishers, 2000.

[289] *The Oxford Handbook of Aesthetics,* Jerrold Levinson (ed.), Oxford: Oxford Press, 2003, pp. 761-770.

美軍服役（1942 － 1945）。後來的 18 年在賓夕法尼亞大學教書（1946 －
1964），在哈佛認知研究中心短期任職（1961 － 1963）。後來又輾轉於三
所大學之間，直到 1968 年被聘為哈佛大學哲學教授。他 1967 年曾擔任
美國哲學協會東部分會主席，1950 年至 1952 年擔任符號邏輯協會主席，
同時也是美國藝術與科學學院會員。古德曼於 1998 年 12 月病逝，終年
92 歲。

　　與大多數深居書齋、不關心藝術的哲學家不同，古德曼是一位古代藝
術與現代藝術兼營的文化商人和收藏家。哈佛的福格博物館、麻塞諸塞的
伍斯特博物館、威斯康辛州密爾瓦基的哈格蒂博物館，都曾得到他的慷慨
捐助。這些直接參與的藝術活動使他成了藝術內行，也支持著他的美學。
當然，他是從哲學角度探討藝術的。而且，與大多數不大關心實踐的理論
家不同，古德曼非常關注實踐。早在布蘭戴斯（Brandeis）大學時，他就
推動了一個名為《和藝術一起做些什麼》的項目；1967 年他成為哈佛大學
教育研究所的「零點計畫」（Project Zero）創辦人，在美學、教育學和心
理學的重疊區域進行探索。他領導這個計畫一直到 1971 年，不僅致力於
教育和藝術的總體研究，還分設了電影、舞蹈、音樂、戲劇、詩歌等分議
題。這個後來聲名大噪的「零點計畫」對人類成長過程裡的智慧發展進行
了初步探索，從而突破了只囿於人類的語言和邏輯符號的傳統研究方式。
正如他自己所言，既然我們對此還一無所知，不如就叫「零點計畫」算
了。這項計畫也與美學直接相關。

　　古德曼的一系列專著和論文奠定了他在 20 世紀（特別是近 50 年來）
西方哲學界的地位，他的許多著述都引起了巨大迴響。其中重要的專著
有：《質的研究》（*A Study of Qualities*）、《表象的結構》（*The Structure of
Appearance*）、《事實、虛構和預測》（*Fact, Fiction and Forecast*）、《問題

與計畫》（*Problems and Projects*）、《世界構成的方式》（*Ways of World-making*）、《關於心靈與其他問題》（*Of Mind and Other Matters*）。《事實、虛構和預測》是受關注最廣泛的哲學著作。從《表象的結構》開始，他維護一種極端的唯名論（nominalism），並提出了所謂「新的歸納之謎」（new riddle of induction），重新激起了人們對傳統的唯名論和歸納法問題的探討熱情，甚至改變了哲學家們思考歸納的基本方式。他在哲學上提出用自己的幾個符號系統結構替代「世界結構」、「心智結構」和「概念結構」。因而，科學、哲學、藝術、知覺和日常生活的話語成了他的「世界構成的方式」。

一、《藝術語言》的巨大建樹

　　古德曼有一部屢被哲學家和美學家提及的美學專著，即《藝術語言：對符號理論的探討》（*Languages of Art: An Approach to A Theory of Symbols*），這部專著甚至被某些當代美學家與杜威的《藝術即經驗》一同列為用英語寫得最出色的兩部美學著作：一部是「實用主義美學」奠基之作，另一部則是至今仍占據主導地位的「分析美學」經典之作。或者說，後者的獨特貢獻在於從分析哲學的視角重新解釋了「藝術符號論」，難怪他本人承認《藝術語言》裡面的「語言」可用「符號體系」（symbol systems）來替代。

　　就《關於心靈與其他問題》中所謂「透過觀看而認識」（knowing through seeing）的專論而言，古德曼首先承認標語與圖像的差異，即「語言符號與圖像符號」有重要區別。他認為《語言的語言》的重要部分是考證語言、圖像與其他符號體系之間的關係。「我們必須『閱讀』圖像，亦

即解釋圖像而非記錄圖像。」[290] 儘管他完全同意並不存在「圖像的詞彙表」（vocabulary of picturing），但始終從符號角度來解釋圖像。他最終得出的結論是：「一個符號是以各種不同的方式來獲取資訊的，正如它擁有解釋的語境和系統（contexts and systems of interpretation）一樣。」[291] 這個結論恰恰可以作為分析古德曼美學的起點。那麼，古德曼究竟如何界定「藝術的語言」呢？

按照他的理解，一切藝術都無非是某種符號而已，各式各樣的藝術形式也都有自己的符號標誌。「藝術符號」系統的共同特徵在於如下的對立項：

符號系統特徵	正值：審美徵兆	負值：非審美徵兆
第一對特徵	句法的密度	句法的明晰性
第二對特徵	語義的密度	語義的明晰性
第三對特徵	句法的飽滿度	句法的稀薄度
第四對特徵	例示	指稱
第五對特徵	多元複雜關聯性	多元複雜關聯性的對立面

在這裡，古德曼的規定是從「區分性」的角度作出的。具體來說，他認為，無論審美活動還是科學活動都是由「符號處理」構成的，是由創新、應用、解釋、轉換、操縱、符號和符號系統組成的。其中關鍵在於「區分」，首要的是將一般語言與非語言符號系統區分開來，然後再將「審美徵兆」與「非審美徵兆」區分開來。我們可以將這兩種徵兆看作是

---

[290] Nelson Goodman, *Of Mind and Other Matters*, Cambridge, Massachusetts & London: Harvard University Press, 1984, p. 10.

[291] Nelson Goodman, *Of Mind and Other Matters*, Cambridge, Massachusetts & London: Harvard University Press, 1984, p. 12.

符號系統的「正值」與「負值」。

　　在包括藝術系統的符號系統中，「句法的密度」並不取決於符號的「內部結構」，而是取決於「符號的數量」及其在整個體系中排列的性質。這裡的第一種特徵就是「非語言系統」（nonlinguistic systems）的特徵，[292] 這樣也就將語言與符號的「描寫系統」和「表達系統」區分開來了。更形象地說，這就將畫圖與書寫數字、文字區分開來了。

　　「語義的密度」取決於「參照種類的數目」及其在一個給定符號系統中次序排列的性質。按照第二種特徵，可以將「一般語言」和「符號系統」（例如音樂符號）區分開來。這種特徵相當重要，因為「語義的密度」特徵就是藝術中「再現、描繪和表現」的特徵。[293] 無論「句法的密度」還是「語義的密度」，言說的基本上都是對象結構與該對象所發揮的符號作用的關聯問題。

　　「句法的飽滿度」取決於一系列構成系統性質特徵的綜合性。按照第三種特徵，圖像和圖式、圖表就可以區分開來。在語義性的密度系統中，這種相對的「句法的飽滿度」愈高，它與圖表區分得就越多，與圖式區分得就越少。在藝術中，如果符號在許多方面都承載意義，它就趨向於句法的飽和。相較而言，股市行情圖表的唯一價值就在於那條漲落的曲線，這就是句法的稀薄。

　　按照第四種特徵，「例示系統」（exemplificational systems）與「指稱系統」（denotational systems）就可以區分開來。[294]「例示」並不是從標籤

---

[292] Nelson Goodman, *Languages of Art: An Approach to A Theory of Symbols*, New York: The Bobbs-Merrill Company, Inc., 1976, p. 252.

[293] Nelson Goodman, *Languages of Art: An Approach to A Theory of Symbols*, New York: The Bobbs-Merrill Company, Inc., 1976, p. 252.

[294] Nelson Goodman, *Languages of Art: An Approach to A Theory of Symbols*, New York: The Bobbs-Merrill Company, Inc., 1976, p. 253.

到標籤式的指明事物的過程，而是從樣品到指明樣品標籤的過程，因而可以把「表現」與描繪和描寫的特徵區分開來。

此外，符號一定具有「多元複雜關聯性」，指的是一個符號行使多種指代功能。

儘管這些「審美徵兆—非審美徵兆」的對立項很重要，但古德曼並沒有說越符合審美徵兆就越能成為「作為符號」的藝術，因為對「藝術價值」的解析是更為複雜的。徵兆只是徵兆，它並不等同於實現。「徵兆既不是必要條件，也不是充分條件，只有透過這些徵兆趨於聯合而得以呈現的，才是審美經驗。」[295] 換言之，如果這五種審美徵兆出現得不全，那麼，即使表現出其中一種或其中幾種，也無法確定審美特質；但只要這五種都出現了，就必定是審美的，也就是說它們只有聯合起來才能成為充分條件。至少有一種審美徵兆出現在藝術符號上面，藝術就會成為藝術。

顯然，古德曼的解析是相當抽象的，特別是當他把語言哲學概念直接運用於藝術符號學時，更令人覺得艱深而晦澀。但他的目的是非常明確的，一方面是探究廣義的「符號化的認知效果」問題，另一方面則是要確定狹義的「審美價值」的優勢所在。

當然，儘管他在分析美學和符號美學方面一往無前地發展，但是，他也在許多方面沿襲了傳統美學觀念，比如他仍將藝術與審美連繫起來。「審美的價值優勢（aesthetic merit）存在於任何符號運作過程之中，它透過個別屬性的群落成為審美的品質。……我們透過藝術所知的，在我們的骨頭、神經和肌理內產生感覺，並被我們的心靈所掌握；有機體的所

---

[295] Nelson Goodman, *Languages of Art: An Approach to A Theory of Symbols*, New York: The Bobbs-Merrill Company, Inc., 1976, p. 252.

有感覺和反應都參與符號的發明和解釋。」[296] 可見，關鍵在於「符號」維度的嵌入，它使分析美學獲得了巨大的解釋空間。其實，古德曼是關注現代藝術走向的，他認為某人對繪畫的基本看法首先是「好看」，它將在更高一個層級被「美」所取代，但是也應看到，最優秀的繪畫往往並不「好看」，甚至許多是醜陋的。他試圖證明，「美並不是審美價值優勢的標準」，甚至美這個詞也會導致誤解。

古德曼同時也是認識論者。在近代以來的歐洲，美學基本上一直被視為認識論（低級認識論），但這種觀念曾一度遭到質疑。在符號意義上，古德曼認為科學與藝術是「異曲同工」的。「科學與藝術的差異，並不在於情感與事實、直覺與推論、愉悅和沉思、綜合與分析之分，感覺與思考、具體與抽象、激情與行動、間接與直接或者真理與美之別，而是符號的具體特徵在不同領域的差異。」[297]

按照這種基本觀點，一切符號都是為了「認識功能」而存在的，甚至「審美經驗是一種認知經驗」。「總之，對審美經驗的構想是一種理解的形式，這既是審美價值問題分解的結果，也是其被去掉價值的結果。」[298] 如果繼續推論，那麼，包括訴諸視覺的藝術在內的一切藝術其主要目的都是認識，且是能訴諸「真理」的認識。在這個意義上，藝術家世界和科學家世界從根本上說是「等值」的，他們是直面「世界的各種版本」，都可能揭示出「真理」。這是《藝術語言》的最終結論。

這裡論述的只是古德曼美學的核心觀念。透過這種符號學的探索，他

---

[296] Nelson Goodman, *Languages of Art: An Approach to A Theory of Symbols*, New York: The Bobbs-Merrill Company, Inc., 1976, p. 259.

[297] Nelson Goodman, *Languages of Art: An Approach to A Theory of Symbols*, New York: The Bobbs-Merrill Company, Inc., 1976, p. 264.

[298] Nelson Goodman, *Languages of Art: An Approach to A Theory of Symbols*, New York: The Bobbs-Merrill Company, Inc., 1976, p. 262.

對「再現」、「現實主義」、「風格」、「虛構性」、「形象化」（figuration）、「贋品」等多種問題都給出了自己的解答。

二、相關重要影響

　　古德曼對美學的貢獻無疑是巨大的。當今英語學界的美學研究者大多將古德曼的《藝術語言》與杜威的《藝術即經驗》並列為 20 世紀用英文寫成的「最重要」的兩本美學專著。

　　正如 1971 年紀念古德曼 65 歲生日的文集標題《邏輯與藝術》（*Logic & Art*）所示，他的學術貢獻一方面在於分析哲學的邏輯方面，另一方面則在於從分析哲學角度對藝術做出「史無前例」的解析。其中列出的學者們感興趣的方面也是古德曼著重研究的領域，分別是「科學與智力」、「藝術與再現」、「邏輯與語言」和「含義和模態」四個方面，分析哲學家奎因（W. V. Quine, 1908-2000）和藝術史學家貢布里希（Ernst Hans Gombrich, 1909-2001）的文章都在其中。[299]

　　《藝術語言》促使後來的人們從各個角度、各個層面進行探討。無論是將藝術當作語言的總體思路，還是個別細節問題，都引起美學界和哲學界的爭議。該書剛剛出版，《英國美學雜誌》便在 1970 年第 2 期發表書評，並很快成為薩維爾（Anthony Savile, 1939-）、波爾（David Pole, 1923-1977）及霍華德（V. A. Howard, 1935-）的一系列論文的主題。1978 年，斯托克（Douglas F. Stalker）與古德曼爭論真實性（authenticity）問題；1979 年，羅賓森（Jenefer Robinson, 1950-）的文章又激起人們對「圖像再現」問題的更大興趣。在 1990 年代，古德曼的「本體論」主題仍在普雷德

---

[299] *Logic & Art: Essays in Honor of Nelson Goodman*, Richard Rudner and Israel Scheffler (ed.), New York: The Bobbs-Merrill Company, 1972.

利（Stefano Predelli, 1961- ）、賈納韋（Christopher Janaway）和馬戈利斯那裡備受討論。[300]

　　與古德曼爭論的比較重要的、同時也是古德曼直接給予回應的文章中，有兩位美學家的論文必須提及。他們分別是比爾茲利的〈《藝術語言》與藝術批評〉（*Languages of Art and Art Criticism*）、沃爾海姆的〈在不同藝術中僅適用於一件藝術品的認證標準還屬於美學嗎？〉（*Are the Criteria of Identity That Hold for a Work of Art in the Different Arts Aesthetically Relevant?*）。[301] 這些爭論都表明古德曼的美學至今仍具有強大的生命力。其實，不僅關於「再現」、「表現」、「理解」這樣的基本問題，而且關乎「敘事」、「音樂表現」等的門類美學問題，都激發起評論家的巨大興趣。

　　儘管爭論不休，但是《藝術語言》的經典地位是無可置疑的，而且隨著時間的流逝，《藝術語言》已經成為 20 世紀美學的經典之作。總而言之，古德曼的美學理論是將分析美學與符號學美學相融合的產物；與其他分析美學家相比，他更注重對藝術品的符號功能的分析；而與符號學美學家比較，他這種分析則主要是語言學分析。

第三節　迪基

　　在分析美學潮流當中，當代美國美學家喬治‧迪基（George Dickie）占據著格外重要的位置。其著名的「藝術慣例論」，一方面由於對當代藝術疆域具有巨大的解釋力而被廣為接受，另一方面卻由於自身的內在矛盾

---

[300] 拉馬克：《〈英國美學雜誌〉四十年》，章建剛譯，《哲學譯叢》（北京），2001 年第 2、3 期。
[301] *Nelson Goodman's Philosophy of Art*, Catherine Z. Elgin (ed.), New York: Garland Publishing, Inc., 1997, pp. 43-71; pp.73-95.

而不斷進行自我調整。但無論褒與貶，這種理論都已成為分析美學歷史的重要環節。

1949 年，迪基畢業於佛羅里達大學，1959 年於加利福尼亞大學獲得博士學位，此後，他一直從事美學的教學和研究工作，最後在伊利諾大學榮休。其主要研究領域是美學、藝術哲學和 18 世紀的趣味理論。1990 年到 1991 年，他曾擔任伊利諾哲學協會主席，1993 年到 1994 年擔任美國美學協會主席。其重要著作包括《藝術與價值》（*Art and Value*）、《美學導論：一種分析方法》（*Introduction to Aesthetics: An Analytical Approach*）、《趣味的世紀》（*The Century of Taste*）、《評價藝術》（*Evaluating Art*）、《藝術圈》（*The Art Circle*）、《藝術與審美》（*Art and the Aesthetic*）和《美學導論》（*Aesthetics: An Introduction*）。

一、論「審美態度的神話」

20 世紀後半葉分析美學的主要成果之一，是對「審美」這原本根深蒂固的根基進行顛覆。「審美經驗」與「審美態度」這兩個最重要的美學概念都受到質疑。從語言上來說，「aesthetic」與「experience」的結合在 18 世紀以後才出現，「aesthetic」與「attitude」的結合似乎更晚一些，因為「attitude」這個詞是 1837 年才開始出現的現代語彙。

到了 1960 年代，迪基表面上在反對同時代的美學傾向，實際卻將矛頭指向了休謨（David Hume, 1711-1776）的美學理論。正是在休謨的影響之下，美學在歐洲開始確立某些標準，致力於確定「審美經驗」，這通常是透過某種「審美態度」的形式來實現的。在迪基看來，這是走了很大一段彎路，其轉捩點就是休謨。這種做法不僅造成混淆，在根本上也是「大錯特錯」的。

迪基對「審美態度」進行批判所用的理論武器，其實仍是「概念分析」或「概念結構的哲學分析」。只不過這種分析是以現代語言哲學成果為基礎的。透過分析語言運用的混淆狀態，他在 1964 年發表的〈審美態度的神話〉（*The Myth of the Aesthetic Attitude*）一文的潛在目的，就是揭示出「審美」這個術語的本來的「空洞」（vacuousness）。

這裡的「空洞」是指「審美」這個術語的錯位現象。「審美」一詞所指的本來就是空洞的，但卻將無利害、非功利、超脫、距離等審美特徵都「一網打盡」。迪基想說的無非是兩點：哲學中並不存在直接應對藝術和（與藝術相關的）自然現象的原則；從美學上看，這種歸屬於「審美經驗」的獨特性，自 18 世紀它產生的那一天起就步入了歧途。

1964 年，迪基已經注意到美學界開始表現出對「審美態度」概念的不滿，並認為該是以嶄新的眼光來看待這個概念的時候了。所以，他開宗明義地認定「審美經驗」是一種神話。這個神話雖然仍在理論上產生作用並且常談常新，但相關學說到今日不僅不再有影響力，而且在根本上是對美學理論的「誤導」。「審美態度」這個概念本身並不能單列出來作為獨立美學概念而存在，因此，他的潛臺詞就是：它根本就是臆造的。

那麼，迪基究竟以什麼方法對之進行解構呢？他採用的是「化整為零」、「各個擊破」的方法。具體來說，迪基透過批判幾個使「審美態度」成為可能的具體美學概念，來拆解「審美態度」的基礎。人們以往未對其合法性加以反思的概念是：「距離」、「非功利」和「不及物」（intransitiveness）。

迪基首先向「心理距離」（psychical distance）論開炮。我們知道，布洛（Edward Bullough, 1880-1934）在論述距離理論時舉出了一個有趣的例子，就是觀看冰山的例子。在遠渡的郵輪上看到美麗的冰山閃爍著微藍的

光，的確令人不禁產生審美感受。但越駛越近，在被告知有可能撞上冰山而發生危險時，這種審美感受便蕩然無存。所以，布洛就此認為審美其實就是保持某種「心理距離」。後來，這一學說被道森（Sheila Dawson）發展為：美的現象就是一種對我們態度的捕捉，這種態度使我們超出了實踐生活模式，將我們提升到審美意識的水準。所以，審美一定要「有意地保持距離」。

迪基反問說：問題在於存在這種「保持距離」的獨立意識狀態嗎？無論當我們觀賞繪畫還是欣賞落日時，究竟是被事物的美所打動，還是贏得了一種保持距離的行為？答案是這種特殊的活動並不存在，或者說美學家津津樂道的這種特殊狀態並不存在。因為，「進入距離」（to distance）和「保持距離」（being distance）都只意味著一個人的注意力集中與否，這種新術語並不能代表真的存在這種特殊類型的活動或者意識狀態。可見，迪基所做的工作是「除根」，他並沒有如一般語言分析那樣解析術語運用的含混不清，而是直接消解掉概念所面對的對象。因而自然得出：既然連概念的「所指」都沒有，「距離」概念的存在又有什麼價值？這是「想像」出「審美態度」的第一條道路，其思想結晶是「距離」說。

進而，迪基將注意力轉向第二條「想像之路」，就是「審美態度」獨立於日常活動的特定方式，即「非功利」方式。這種觀念不僅在德國古典哲學時代就已經定型，而且在迪基所處的時代仍占主流地位。其中兩個重要代表人物，一位是在美學界頗有名氣的史托尼茲，另一位是維瓦斯（Eliseo Vivas, 1901-1993），前者努力維護的核心概念是「非功利的」（disinterested），後者的核心概念則是「不及物的」（intransitive）。

按照史托尼茲的定義，所謂「審美態度」是「非功利的和同情的（sympathetic）注意和只為了自身目的的靜觀（contemplation）」，其中，

「非功利」意味著不關注任何隱蔽的目的,「同情」則意味著以自己的方式接納對象,「關注」意味著直接指向對象的直覺。[302] 但是,迪基認為有必要認清面對不同種類藝術的非功利主義的本質。他透過對戲劇、文學等藝術的審美分析,對不同的審美狀態進行橫向比較,試圖以審美差異性消解作為概念的「審美態度」的整體性。這是一種「化整為零」而又「由零攻整」的策略。事實證明,這種分析頗有道理,儘管具有某種相對主義的傾向。

其實,維瓦斯所謂的「純不及物經驗」(pure intransitive experience),亦即「不及物的注意」,與史托尼茲的「非功利的注意」幾乎是在同一意義上使用的。它們都指一種「不關注任何隱蔽的目的」。換言之,「不及物」主要指一種「審美關聯性」問題,指審美是否與對象發生直接關聯。因此,「審美態度」是「不及物的」,而非審美態度則是「及物的」。然而,迪基的疑問在於,一個人如何去「及物地」關注一首詩或任何一種文學作品?可以確證的是,一個人能夠出於不同的目的、由於各種不同的援引去關注一首詩,但他能「及物地」關注一首詩嗎?迪基給出的答案是否定的,既然「及物」都被否定其現實存在的可能,更不要說「不及物」了。

總之,迪基要說的是,「非功利」或「不及物」不適用於表示這種特殊的注意,即「審美態度」。「非功利」只是一個明確行動的特定動機的術語,但是,動機卻無法描述行動本身。只有當「有功利關係的注意」發生了,才能說「非功利的注意」具有意義,這就好像有「慢步走」才會有「快走」的價值那樣。因此,當人們說「有功利關係的注意」時,通常指

---

[302] George Dickie, "*The Myth of the Aesthetic Attitude*", in: Aesthetics: Classic Reading from Western Tradition, Dabney Townsend (ed.), Jones and Bartlett Publishers, 2001, p. 312.

的只是一種非常短暫的「不注意」或「精神渙散」而已。[303] 進而可以推演出，試圖定位「審美態度」的這些概念，只告訴了我們審美經驗「不是什麼」，但卻恰恰沒有告訴我們審美經驗「是什麼」。

「審美態度」儘管在美學史上被反覆使用，但卻相當含混，因為它根本就沒有從經驗中區分各種層次。諸如迪基這樣的反駁者認為並不存在（事先假定的）「審美態度」，但這並不意味著沒有明晰的心理狀態存在，迪基至少還承認如意圖、動機這類的狀態是存在的。他的目的是證明，審美在這類狀態裡面並不是明確的層次，因為它既沒有被確定為某些單純的狀態，也沒有被某些難以描述的心理條件所確定。所以，在迪基看來，面對藝術與自然現象時，甚至根本就不需要「審美」這個術語。

其實，迪基所要論證的不過是，所有審美態度理論都陷入了一定程度的概念不清和混淆。實際上，就積極方面而言，這些理論的確推動了對審美經驗的諸多要素的描述，由此發展出一種適當的美學和藝術理論；然而，其消極方面來說，同樣是這些理論將審美與人類的整體經驗割裂開來，將本然未分的經驗加以割裂與區分，從而以一種「神話」的姿態背離了現實的生活。

因此，迪基認為：「我已經論證了，這第二條想像之路同樣也是神話，至少它的主要內容，即非功利的注意是神話……我會繼續論證態度理論者（attitude-theorist）的錯誤之處是關於：（1）他希望為審美關聯設定邊界的方式；（2）批評某個藝術品的關聯；（3）道德與審美價值的關聯。」[304]

這就涉及他所說的態度理論誤導美學理論的「第三條道路」。依據這

---

[303] 在 1971 年的《美學導論》中，迪基仍在繼續批判「心理距離」和「非功利的注意」，增加了對「看似」（seeing as）的批判，從而批判了奧爾德里奇（Virgil Aldrich）的「感知的審美模式」（aesthetic mode of perception）。George Dickie, *Aesthetics: An Introduction*, pp. 56-59.

[304] George Dickie, *"The Myth of the Aesthetic Attitude"*, in Aesthetics: Classic Reading from Western Tradition, Dabney Townsend (ed.), Jones and Bartlett Publishers, 2001, p. 316.

條路線，審美價值是始終獨立於道德之外的，也就是上面所說的（3）。這是「審美態度」理論所導致的邏輯後果。

需要補充說明的是，上面的（1）已經論證過，（2）所著重論述的是批評家與作品的觀念不同於其他人與作品的關聯。這就涉及態度理論的誤解，它其實是將批評家的意見強加給普通的藝術欣賞者。其實，普通審美者欣賞對象與批評家觀照對象的確不同，因為後者起碼具有一個潛在目的，就是分析和評價所欣賞的對象。所以，作為批評家的個人與作為欣賞者的個人不應按同樣的模式來運作。

關於審美與道德的關係：的確，現代人早已將對藝術的道德批評和審美批評區分開來，這是一個歷史性的進步，同時也是退步。因為這樣做使我們失去了賦予藝術意義的整個世界的關聯。原來所說的「審美態度」的功能方面，其實就與道德層面有關聯。儘管這種關聯很難明確說明，但是，藝術品的道德方面是絕對不能根據非功利定義的審美注意來界定的，因為道德是以某種方式加以實踐的（即功利的）。這樣一來，藝術品的審美視角也能顯現審美的意義，作品的道德視角就是作品的組成部分。因為關於作品的道德視角的（無論描述性的還是評價性的）陳述，都是「作品」的陳述；既然任何關於作品的陳述都是批評的陳述，亦都應歸屬於審美的領域。

總之，迪基最終認定「審美態度」的相關公式，都是令人失望至極的，沒有展現出其重要意義所在。這種「審美態度」的理論帶來的含混概念，從而在根本上誤導了整個美學理論的發展，甚至對美學而言毫無價值可言。

應該說，在 1960 年代，迪基的美學代表了 20 世紀歐美美學的一個新的動向，他拒絕「審美態度」的理論，有助於我們理解 20 世紀前期美學是如何失去「前康德」（prior to Kant）時代的更具整合性的美學視角的。

在這個意義上，迪基是要超越康德的。從回溯角度看，他要回到康德之前那種美學的完整性方面；從前瞻視角看，他是要為未來美學研究提供更大的解釋空間。

二、「藝術慣例論」的出場

分析美學的中心對象是藝術。這既是它的優勢，也是它的缺陷。分析美學對於當代藝術本質問題的解答功不可沒，迪基一直進行這樣的解答工作。受到丹托「藝術界」理論啟示[305]，迪基透過《藝術與審美》對「藝術慣例論」進行了初步總結。

迪基強調他從來沒有對「藝術界」進行明確的定義，只是指出相關的表達被用以指代什麼。換言之，迪基從未在丹托之後為「藝術界」下過定義，只是對表達所指的東西加以描述。[306] 正如「慣例」原本也應是一個描述性概念一樣，迪基將對「藝術」的直接界定建立在「藝術界」這樣「約定俗成」的描述性觀念之上。簡單地說，「慣例論」包含著某種與「藝術界」的內在關係。

迪基更明確地確定了兩個攻擊目標：一是在早期分析美學那裡占主流的「藝術不可界定」論，在反叛這種虛無主義的立場之上；二是在傳統美學那裡曾前後出現的「模仿說」與「表現說」。以往都是透過界定「必要條件」和「充分條件」對「藝術」加以定義的。「模仿說」的影響力甚至延續到了 19 世紀，隨後又有「表現說」突破前者，此後透過這種必要和充分條件來界定藝術的努力紛至沓來。直到 1950 年代中葉，受維根斯坦

---

[305] Arthur C. Danto, "*The Artworld*", in: The Journal of Philosophy, Vol. 61, No. 19, (Oct. 15, 1964), pp. 571-584.

[306] George Dickie, *Art and the Aesthetic: An Institutional Analysis*, Ithaca & London: Cornell University Press, 1974, pp. 29-30, footnote 10.

著名美學演講的影響，逃避藝術界定的思潮開始占據上風，有人甚至認為藝術不存在必要和充分的條件。從迪基雄心勃勃的視角來看，整個歷史可分三段：第一段是自「模仿說」開始的界定藝術的各種嘗試；第二段是早期分析美學宣導的「藝術不可界定」階段；第三段是他自己所謂的「慣例論」。這就好似黑格爾的「正一反一合」的邏輯演進，最後在迪基那裡形成「合題」。

　　迪基直接反擊的是韋茲，因為後者在 1956 年發表了著名的〈理論在美學中的角色〉。其實，肯尼克和韋茲都受到了維根斯坦的影響，因為維根斯坦曾自信地證明：「『遊戲』是不可定義的。」迪基對韋茲的不滿在於兩點：一是韋茲在將藝術概念解析為「一般概念」和「亞概念」（如悲劇、小說、繪畫）之後，進而斷言「藝術」的普遍概念沒有定論。這種徹底的相對主義立場為迪基所拒絕，但韋茲將「開放性概念」應用於藝術分析，卻是功不可沒的。他要求把「遊戲概念」理解為開放而非封閉的概念，也正是要藝術向「生活形式」開放。然而，問題在於他開放得過多，迪基進而修正道：藝術「亞概念」的全部或者部分都可能是開放的，而藝術的「一般概念」仍然是確定的、有邊界的，不可能漫無邊際地開放。第二則是韋茲甚至認為「人工製造」都不是藝術的必要性質，這種極端的態度更令迪基不滿，後面將要看到，「人造性」恰恰構成了迪基藝術定義的「基礎的基礎」或「前提的前提」。

　　當然，迪基提到「模仿說」和「表現說」的困境時雖然輕描淡寫，但卻直刺要害。模仿說只囿於「藝術與題材」的關係，表現說則只關注「作品與創造者」的關係，雖然兩種定義不能令人滿意，但卻提供了正確的思路：精選出藝術的相關特徵作為本質。更重要的推展來自一位哲學教授曼德爾鮑姆（Maurice Mandelbaum, 1908-1987）。他為迪基提供了一個重要思路，

亦即在藝術「顯明的」特徵之外還存在一種探求「非顯明」的特徵之途。在曼德爾鮑姆看來，無論維根斯坦的「遊戲不可界定」還是韋茲「開放性」的藝術概念，都是在藝術的「顯明的」特徵基礎上建構起來的，這種「顯明」指的就是容易察覺的外觀特徵（比如畫中有三角形構圖、悲劇情節中包含命運逆轉等）。但真正使迪基關注的是不該再一如既往地從「顯明的」特徵來走老路，只有改變思路從藝術的「非顯明的」特徵出發，才可能達到對「藝術」定義基礎的準確理解，揭示一切藝術品的共同性質。

這種「非顯明的」路途的提出，顯然指向了迪基的「慣例論」的那個「慣例」。這種開拓性的學說認定，一件藝術品必須具有兩個基本條件，它必須是：「（1）一件人工製品（an artifact）；（2）一系列層面，這些層面由代表（藝術界中的）特定社會慣例而行動的某人或某些人，授予其供欣賞的候選者的地位。」[307]

首先，就條件（1）而言，「人造性」成為藝術基本意義的一個「必要條件」。迪基要確認的是，藝術品的首要條件是要成為人工製品，進而才能成為藝術品；關鍵是條件（2），它揭示的正是一種「非顯明的」特徵。要理解它就必須回到丹托的「藝術界」理論，但為迪基所忽視的是，這種思想源頭其實在維根斯坦那裡。

實際上，維根斯坦的「生活形式」理論才是「慣例論」更為潛在的真正淵源。因為維根斯坦早就說過「想像一種語言便意味著想像一種生活形式」[308]，「語言的述說是行動的一個部分，或者是生活形式的一個

---

[307] George Dickie, *Art and the Aesthetic: An Institutional Analysis*, Ithaca & London: Cornell University Press, 1974, p. 34.

[308] Ludwig Wittgenstein, *Philosophical Investigations*, G. E. M. Anscombe (trans.), The Macmillan Company, 1964,11e.

部分」[309]。在這個意義上,「生活形式」通常被認定為是語言的「一般語境」,也就是說,語言在這種語境的範圍內才能存在,它常常被看作是「風格與習慣、經驗與技能的綜合體」。雖然維根斯坦對「生活形式」所包含的文化內容語焉不詳,但丹托的「藝術界」和迪基的「慣例」,不都是被注入文化內容的「生活形式」在藝術領域的變體嗎?

迪基認為,丹托的《藝術界》儘管沒有系統地為藝術下定義,但卻開闢了為藝術下定義的正確方向。在丹托那段直接提出「藝術界」的名言裡,「肉眼所不能察覺的東西」表明了他對曼德爾鮑姆「非顯明」概念的認同;更重要的是,丹托更進一步提出的是嵌入其中的、關於藝術品的含義豐富的內在結構,亦即藝術的「慣例本質」(the institutional nature of art)。[310] 迪基之所以在此援引丹托的「藝術界」,目的是指代「一種廣泛的社會慣例,藝術品在這種社會慣例中有其地位」[311]。

當迪基描述「藝術界作為一種慣例」時,他實際上說的是「一種業已存在的慣例」。正如慣例(institution)的多義性所示,迪基指的是一種內在的約定俗成,而非那種外在的團體或者組織機構。他想說的是,這種慣例體系無論如何都存在。一切「藝術系統」所共有的核心特質是,每一個系統都是特定的藝術品藉以呈現自身的「架構」。這個架構不是純形式的,而是有豐富內涵的。所以,藝術界諸多系統的豐富多樣性導致藝術品沒有共同外現的或顯明的特性。

回過頭來,迪基又開始解析「杜象難題」。在杜象(Marcel Duchamp,

[309] Ludwig Wittgenstein, *Philosophical Investigations*, G. E. M. Anscombe (trans.), The Macmillan Company, 1964, 8e.

[310] George Dickie, *Art and the Aesthetic: An Institutional Analysis*, Ithaca & London: Cornell University Press, 1974, p. 29.

[311] George Dickie, *Art and the Aesthetic: An Institutional Analysis*, Ithaca & London: Cornell University Press, 1974, p. 29.

1887-1968）將「藝術地位」、「賦予」諸如小便斗、晒杯架、雪鏟這樣的現成物時，迪基注意到的恰恰是其中曾被長期忽視、不被欣賞的人類活動，那就是「授予藝術地位的活動」[312]。當然，歷史上的畫家和雕塑家一直都在將藝術地位授予他們的創作物，從而因襲了整個傳統的慣例，並透過這種傳承不斷創造出新的典範。在很大程度上，藝術家就是「藝術界的代理人」，他負責藝術授予的活動。

所以，「作為藝術品，或許杜象的『現成物』價值並不太大，但是如作為藝術的一個例證，它們對藝術理論卻是有價值的。我並不能由此斷言，杜象和他的朋友們發明了授予藝術地位的手段；他們只不過是用一種非尋常的方式使用現成的慣例。杜象並沒有發明藝術界，因為藝術界始終就已存在於那裡。……藝術界由系統集束（a bundle of system）所構成，包括戲劇、繪畫、雕塑、文學、音樂等，它們的每一個系統，都為在本系統內授予對象藝術地位而提供慣例的氛圍。這些系統被納入藝術一般觀念（generic conception of art）中，這是不可阻遏的，每個較大的系統內都包含了更深層的子系統。藝術界的這般特質，提供出一種能容納最大創造性的伸縮特性」[313]。

關於藝術條件（2），迪基繼續將之解剖為彼此不同並相互關聯的四個觀念：「①代表某一種慣例；②地位的授予；③成為一個待選者；④欣賞。」[314] 顯然，這種分析哲學態度將「藝術授予活動」置於典型的西方割裂式思維的手術臺上，大致形成了前後相繼的邏輯關係。

---

[312] George Dickie, *Art and the Aesthetic: An Institutional Analysis*, Ithaca & London: Cornell University Press, 1974, p. 32.

[313] George Dickie, *Art and the Aesthetic: An Institutional Analysis*, Ithaca & London: Cornell University Press, 1974, pp. 32-33.

[314] George Dickie, *Art and the Aesthetic: An Institutional Analysis*, Ithaca & London: Cornell University Press, 1974, p. 34.

透過逐層解析，可以看到其包含的實際內涵是：

（1）「代表慣例」或者「形成慣例」的核心載體是創作藝術品的藝術家，他們作為藝術品的「呈現者」離不開那些作為藝術品接受者的「座上客」。呈現者與「座上客」就成為藝術整體系統中的少數核心成員，在他們推動這個系統運作之後，評輪家、史學家和藝術哲學家作為藝術界的成員也被捲入其中。

（2）「地位的授予」，通常由創作人工製品的藝術家來實現，這種活動一般都是個人行為（當然也有一批人負責授予），這種個人要代表藝術界來行動，從而授予人工製品待選資格以供人欣賞。

（3）由上面的含義可以看出，所謂「候選資格」就是藝術界某位成員授予供欣賞的待選者的地位。

（4）這裡「欣賞」並非傳統的審美欣賞，而是指一種認可人工製品有價值的態度，是慣例的結構（而非欣賞的類分）造成了藝術欣賞與非藝術欣賞之間的區別。

顯然，迪基面臨的第一個指責就是「循環論證」。的確，從「藝術」到「藝術界」，再從「藝術界」回到「藝術」：從邏輯上說，迪基實際上說的還是「A 是 A」或者「藝術是藝術」。迪基自己也不避諱這一點，但他努力為自己辯護：這種定義的循環是「非惡意的循環」，它所強調的是與「藝術界」的某種關係。他強調的是約定俗成內容的注入和嵌入，所以藝術方能在歷史上成立，也難怪這種理論又被稱為「文化學理論」（culturological theory）。但另一方面，迪基又強調「慣例論」是無涉內容的，這就是〈何為藝術？ —— 一種慣例論分析〉（*What is Art? An Institutional Analysis*）一文之終篇，迪基又繞回到對模仿說和表現說的批判。從已經建構起來的「慣例論」來看，無論模仿說還是表現說都被誤認為是藝術理

論了，其實它們論述的只是「藝術能做些什麼」，而「慣例論」也並未揭示出「藝術所能做的一切」。在某種意義上，「慣例論」成了迪基心目中「最具理論色彩」的藝術理論。

三、對「慣例論」的不斷修正

由於「藝術慣例論」提出一套適用於當代藝術的「藝術定義」，從而引起了相當大的迴響。贊同者大有人在，反駁者更是頻頻反擊，逼得迪基不斷地修正自己的理論。

「慣例論」引起了兩種截然相反的反應。一方面，它為美學在當代藝術前端贏得領地，用「慣例論」去解釋新興的極少主義、偶發藝術、觀念藝術似乎再合適不過，因而在藝術領域獲得了普遍的贊同。但是，另一方面，這種本來充滿矛盾色彩的理論由於邏輯上的難以自洽，而遭到了美學界的質疑。

反擊的關鍵在於迪基所用的「授予」概念。的確，「授予」活動是「慣例論」最精華的部分。究竟是誰在「授予」？如果確定下來，又是「誰」賦予了這個「授予者」授予權？是否會導致授予權的濫用？如果這樣，那麼就會出現無所不是藝術、一切皆非藝術的可能。

迪基虛心接受了對「授予」的尖銳批評。他對「慣例論」進行了修正，區分出「早期看法」和「晚期看法」。他反思說：的確，早期藝術「慣例論」的視角好像說一個人造物是藝術品，只需有人說「我命名這個東西為藝術品」就萬事大吉了。依據這種視角來分析，並沒有指明究竟是人工製品如何「成為藝術」[315]，而單單是命名而已，這是很明顯的問題。

---

[315] George Dickie, *Introduction to Aesthetics: An Analytic Approach*, Oxford: Oxford University Press, 1997, p. 87.

對早期「慣例論」的批評，迪基明確接受了兩點：第一是關於藝術條件（1），以前他認定諸如杜象的〈噴泉〉這樣的人造物都是被「授予」藝術地位的，這顯然不正確；而今他相信人造製品並不是被授予的。人造物只是透過兩個物的結合、消解掉一些物、塑造物等對「前存在物」的轉化。當這些物被如此轉化之後，便能明確地適用於「藝術」的定義——「一個人造物，特別要帶有一種隨後被使用的視角」[316]。比如一塊浮木，被置於藝術界語境當中，就會按照繪畫和雕塑的方式而被選擇和陳列出來。它被作為藝術媒介來使用，因而成了更複雜的對象的一部分。如此一來，這個複雜物就成了藝術界系統內的人造物。

　　第二，迪基接受了比爾茲利涉及藝術條件（2）的批評。在早期視角中，迪基將藝術界視為一種「已建構的實踐」和非正式的活動。比爾茲利挑出迪基的兩個術語「被授予的地位」和「代表而做」（acting on behalf of），認定它們都在正式的慣例中被使用，但迪基錯誤地用正式的慣例語言來描述非正式的慣例。[317] 迪基接受這一批評，放棄了這兩個術語，認為成為藝術品就是獲得地位，也就是在藝術界的人類活動裡占據一個位置，這是正確的。換言之，按照晚期的視角，藝術品成為地位或者位置的結果，這個地位或者位置是在一個「已建構的實踐」亦即「藝術界」裡面被占據的。

　　顯然，迪基最終放棄的是「授予」這個公說公有理、婆說婆有理的說法，從而避免了人們對他的指責。這樣，晚期的「慣例論」就被修訂為，藝術品：（1）它必須是人工製品；（2）它是為提交給藝術界的大眾而創造

---

[316] George Dickie, *Introduction to Aesthetics: An Analytic Approach*, Oxford: Oxford University Press, 1997, p. 86.

[317] George Dickie, *The Art Circle: A Theory of Art*, New York: Haven Publications, 1984, pp. 80, 44; George Dickie, *Introduction to Aesthetics: An Analytic Approach*, Oxford: Oxford University Press, 1997, p. 88.

出來的。[318] 進而，迪基的四個附加說明條件（或者說自我辯護）是：「藝術家」是參與理解藝術品的製作過程的人；「大眾」是一組人，這些成員在某種程度上準備去理解要提交給他們的物；「藝術界」是「整個藝術界系統的整體」（totality of all artworld systems）；「藝術界系統」就是一個藝術家將藝術品提交給藝術界公眾的構架。[319]2004 年，迪基在〈定義藝術〉一文中似乎更強調藝術慣例是一種文化實踐，藝術活動本身就是一種文化實踐活動，[320] 這基本上還是在強調其晚期說的文化維度。

遺憾的是，當迪基將「授予」抽掉時，也就抽掉了這一理論的文化與歷史的內涵，表面上似乎八面玲瓏了，但卻因此失去了理論的原創性。無論如何，這個著名的「慣例論」都可謂是從美學角度對當代藝術所作出的解答之一。

四、「慣例論」的困境

當分析美學將藝術作為「開放的概念」、其開放性指向「無限」時，這一概念本身也由於它的特質將自身消解掉。迪基的「慣例論」及此後的類似理論，也面臨這種難以解決的悖論。不同的是，「開放的概念」所開放的只是藝術自身，而迪基的理論則向無限延展的「慣例」世界開放。

儘管分析美學提升了概念的「開放性」，但畢竟還是意指「概念」的開放性，仍有忽視歷史主義的傾向。在這個意義上，當代美學家萊文森（Jerrold Levinson, 1948-）的意見值得關注，他主要持一種「向後看」的

---

[318] George Dickie, *The Art Circle: A Theory of Art*, New York: Haven Publications, 1984, pp. 80, 44; George Dickie, *Introduction to Aesthetics: An Analytic Approach*, Oxford: Oxford University Press, 1997, p. 92.

[319] George Dickie, *The Art Circle: A Theory of Art*, New York: Haven Publications, 1984, pp. 80-82.

[320] George Dickie, *"Defining Art: Intension and Extension"*, in: The Blackwell Guide to Aesthetics, Peter Kivy (ed.), Blackwell, 2004, pp. 45-62.

歷史視野——「透過有意將某物設想為與一種認為是較早的藝術正好一致，某人就能使它成為藝術」[321]。換言之，「今天意義上的藝術作品，是一件已經被認真評價為藝術作品的東西，也就是說，用任何一種正確評價以前存在過的，或以前的藝術作品的方式來評價當今的藝術作品」。[322]就此而論，萊文森稱他的理論為「內指的」或「內在索引的」（internally indexical）。這意味著，藝術要透過與前代藝術的「比照」方能確定自身，而不是像迪基那樣完全訴諸藝術之外的某種「社會慣例」，反倒是要在藝術的「歷史序列」的內部來定位藝術。這是有道理的。

慣例理論所做的只是「理論的轉讓」，也就是說，藝術的界定不再從藝術自身出發來界定自身，而是到藝術之外的文化和社會中尋找最終的答案，所以「慣例論」往往被視為文化學理論。其實，這種解答方式不是分析美學原來設想的，而恰恰是分析美學的「非歷史」取向最應拒絕的。反過來說，恰恰是適度引入文化內容，分析美學才獲得這樣的詮釋空間。但這種將藝術規定「讓度」給社會慣例的方式，畢竟是分析美學面對當代藝術不斷妥協的結果。

換言之，慣例理論更像是一種「折衷方案」。一方面，不斷需要獲得解釋的新藝術需要進入「藝術」概念之中而被授予合法的「藝術地位」。這是某種歷史的需要。另一方面，「藝術」概念還要按照分析美學的思路演繹下去，逃避傳統中從必要和充分條件入手的定義方式，從而使得自身獲得新的理論生命力。這是一種理論的訴求。正是在這兩者的張力之間，「慣例論」獻出了它的「權宜之計」。儘管如此，分析美學家還在繼續

---

[321] Jerrold Levinson, "*Refining Art Historically*", in: The Journal of Aesthetics and Art Criticism, Vol. 47, No. 1.

[322] Jerrold Levinson, "*Refining Art Historically*", in: The Journal of Aesthetics and Art Criticism, Vol. 47, No. 1. Jerrold Levinson, "*Extending Art Historically*", in: The Journal of Aesthetics and Art Criticism, Vol. 51, No. 3, (Summer, 1993).

開拓，例如沃爾特斯托夫（Nicholas Wolterstorff, 1932-）將藝術視為一種「行動」理論[323]，還有卡羅爾（Noël Carrol, 1947-）把藝術作為文化實踐理論的最新主張[324]，都是如此。

但是，無論美學還是藝術理論，都既是「概念性」地與現實相關，又都「歷史性」地與現實相連。就理論方面而言，走向「慣例」的美學和藝術理論，其實是分析美學無奈「後退」的結果，也是遠離分析原則而接近文化的結果。這種路數，必然具有「非理論」化的取向，因為概念會消解在慣例的洶湧波濤裡。「非理論」生成之處就是理論的終結點。就歷史方面而言，只要容納更多的新藝術現象在「藝術」概念中就會導致這樣的後果：對藝術越無限「開放」，對慣例的規定也就越無限「鬆動」。當慣例的內涵縮小、外延趨於無所不包時，藝術界定的這個「救世主」也就失去了生命。這樣一來，「慣例」既無法「近取諸身」而解釋自己，更不能「遠取諸物」而拯救藝術了。

第四節　丹托

丹托（Arthur C. Danto, 1924-2013）是一位具有世界影響的當代分析哲學家、美學家和藝術批評家。自 1980 年代開始，他的「藝術的終結」思想對國際美學界的影響非常大，而今仍迴響不斷。丹托 1924 年出生於美國密西根州，在底特律長大，入伍兩年之後，在韋恩大學（現在的韋恩州立大學）學習藝術和歷史，後來又到哥倫比亞大學求學，於 1949 年和

---

[323] Nicholas Wolterstorff, *Art in Action: Toward a Christian Aesthetic*, Michigan: William B. Eerdmans Publishing Company, 1980, pp. 1-18.
[324] Noël Carroll, *Beyond Aesthetics: Philosophical Essays*, Cambridge: Cambridge University Press, 2001.

1952 年分別獲得碩士和博士學位。從 1949 年到 1950 年，他曾到巴黎進行研究，1951 年回到哥倫比亞大學教書並於 1966 年成為哲學教授。他曾經出任美國哲學學會的副主席和主席、美國美學學會的主席、美國《哲學雜誌》編輯，並多次獲得學術嘉獎。

丹托的研究領域非常廣闊，涉及思想、情感、藝術哲學、再現理論、哲學心理學、哲學史等方面。他撰寫了大量專著，可謂著作等身。哲學著作主要包括《分析的歷史哲學》（*Analytical Philosophy of History*）、《作為哲學家的尼采》、（*Nietzsche as Philosopher*）、《分析的知識哲學》（*Analytical Philosophy of Knowledge*）、《何謂哲學》（*What Philosophy Is*）、《神祕主義與道德》（*Mysticism and Morality*）、《沙特》（*Jean-Paul Sartre*）、《敘事與知識》（*Narration and Knowledge*）、《與世界相聯：哲學的基本概念》（*Connections to the World: The Basic Concepts of Philosophy*）等。其中，他較早的哲學專著《分析的歷史哲學》具有明顯的開拓性，證明了作為歷史思維特性的決定性因素 —— 「敘事性特徵」，這使他的哲學觀念雖然來自分析哲學，但卻又做出了超越分析哲學的成果。[325]

公正地說，1981 年出版的專著《平凡物的變形：一種藝術哲學》（*The Transfiguration of the Commonplace: A Philosophy of Art*）是丹托從哲學轉向美學的轉折之作。他的美學觀念也是逐步展開的，此後的專著《哲學對藝術特權的剝奪》（*The Philosophical Disenfranchisement of Art*）、《藝術終結之後：當代藝術與歷史樊籬》（*After the End of Art: Contemporary Art and the Pale of History*）、《超越布瑞洛盒子：後歷史視野中的視覺藝術》（*Beyond the Brillo Box: The Visual Arts in Post Historical Perspective*）、《遭遇與反思：處於歷史性當前的藝術》（*Encounter & Reflections: Art in the*

---

[325] Arthur C. Danto, *Analytical Philosophy of History*, Cambridge: Cambridge University Press, 1965.

Historical Present），更是使這位哥倫比亞大學教授聲名日盛，逐漸成為國際型的學者。自 1984 年開始，丹托為美國許多著名藝術雜誌撰寫藝術評論，後來移居紐約，晚年成了美國最著名的藝術批評家。

無論在哲學界還是美學界，丹托都具有相當高的地位。他在歐美學界可謂「如日中天」，有論者將他與奎因、戴維森（Donald Davidson, 1917-2003）、普特南這樣嚴格的分析哲學家，以及羅蒂這樣的實用主義的哲學家一起列為「當代最傑出的哲學家」。[326] 按照馬戈利斯在《分析美學的衰落與恢復》（*The Eclipse and Recovery of Analytic Aesthetics*）中提出的看法，分析美學中有建樹的「四大美學家」分別是比爾茲利、古德曼、丹托和馬戈利斯本人。[327]

一、「藝術界」理論

丹托獨創的「藝術界」理論對當代分析美學做出了重要貢獻。同時，這一理論的提出也為傳統的「藝術以審美為支撐」的觀念畫上了句號。因此，關於如何授予某物以藝術地位的問題，就從原來的由審美規定，轉化為「藝術界」本身的約定俗成。

1964 年 10 月 15 日，在美國哲學學會東部分會的第 61 屆年會上，丹托宣讀了〈藝術界〉（*The Artworld*）的論文。這篇發言稿後來被發表在 1964 年的《哲學雜誌》第 61 號上 [328]，此後，它就成了分析美學的「經典文本」。

丹托從批判歐洲最古老的藝術觀念即「模仿說」談起。這種「模仿

---

[326] Giovanna Barradorl, *American Philosophers: Conversations with Quine, Davidson, Putnam, Nozick, Danto, Rorty, Cavell, Macintyre, and Kuhn*, Chicago: The University of Chicago Press, 1994.

[327] Richard Shusterman (ed.), *Analytic Aesthetics*, New York: Basil Blackwell, 1989, pp. 161-189.

[328] Arthur C. Danto, "*The Artworld*", in: The Journal of Philosophy, Vol. 61, No. 19, (Oct. 15, 1964), p. 571.

理論」（Imitation Theory）被簡稱為「IT」，歷史上關於藝術界定的多種理論其實都多多少少依賴 IT。然而，他明確地指出 IT 無法自我解決的矛盾：「鏡像 O 如果確實是 O 的模仿，那麼，藝術即模仿，鏡像即藝術。實際上，用鏡子反映物不是藝術……指向反映物僅僅是一種狡黠的反證……如果這種理論要求將這些都歸類為藝術，便呈現出一種不充分性：『是模仿』不能成為『是藝術』的充分條件。」[329] 在藝術發展史上，有幾個事件對模仿論產生了致命影響，其一是攝影術的發明，其二是抽象派繪畫曾經占據主流。的確，對模仿作為「充分條件」的質疑始於攝影術的發明，顯然，攝影術使以原本與模本符合程度為準繩的藝術取向被阻斷。因為模仿作為「充分條件」都已被扔掉，所以，作為「必要條件」的模仿也被拋棄了。

接著，丹托開始轉向分析美學的主題「語言分析」。從非藝術品中區分出作為藝術品的對象，首要的是能正確使用「藝術」這個詞，使用「藝術品」這個詞語。然而，理論對現實的建構作用在以往的語境下被忽視了。這不僅是因為藝術品與其他物品難以區分，而且按照傳統觀念，「藝術理論」在確定「何為藝術」方面並沒有多大作為。這或許是因為，人們並沒有反思他們置身其中的藝術領域，沒有意識到「什麼是藝術」與「什麼不是藝術」所需要的理論反思，仍以為在既定領域內所確定的「這是藝術」是約定俗成而無須再證明的。

於是，「藝術理論」的作用便呈現了出來。這不僅表現為這種理論可以幫助人們區分藝術與非藝術，而且還可以用其自身的力量「使藝術成為可能」。

---

[329] Arthur C. Danto, *"The Artworld"*, in: The Journal of Philosophy, Vol. 61, No. 19, (Oct. 15, 1964), pp. 571-584.

在提出了「IT」之後，丹托又提出了一種理解藝術的「RT」。所謂「RT」也就是「Reality Theory」，可以翻譯為「真實性理論」；「reality」的含義基本取自形式主義美學家、藝術理論家弗萊（Roger Fry, 1866-1934）的理解。究其實質，這種理論面對 IT 所經的巨大歷史，要實現的是一種歷史性轉換。如果說 IT 要求的是是否成功「模仿了真實形式」，那麼，RT 所要求的則是是否成功地「創造了新的形式」，這種「真實」與舊藝術試圖完美地模仿形式一樣「真實」。所以，丹托從弗萊認為藝術的目的「不在幻覺而在於真實性」的觀點出發直接引出 RT。顯然，力求造就「幻覺」的是 IT，力圖呈現「真實性」的是 RT。

因此，RT 的出現為觀照新繪畫和舊繪畫都提供了新視角。換言之，原來蘇格拉底意義上的 IT 曾經占據主導的解釋方式，曾經要將 RT 的觀照方式排除在外，而在 RT 出現之後，許多按照 IT 來觀看的藝術則被置於全新的視角之中。藝術史上的相關證明俯拾即是，其中最重要的藝術思潮便是後印象派。不僅由於「創造性」歷來就被視為藝術的本性，後印象派的藝術創造者曾被譽為最具創造性的，而且更重要的是，後印象派獲得了丹托意義上的「本體論」的勝利。為什麼？丹托解釋說，這種本體的擴展在於，即使不像 IT 所說的藝術比被模仿對象的真實更多，藝術的真實至少也不會更少；藝術可能在真實性方面走得更遠。

這裡出現了更深刻的哲學問題。因為一方面，普通人誤認為這些藝術是「真實物」；但另一方面，根據 RT，這樣做同時也意味著「真實」。顯然，丹托運用的是英文雙關語。但更加重要的是丹托引向了本體論的追問：作為接受者的普通人為什麼會產生這樣的誤解？作為創作者的藝術家為什麼沒有這種誤解？一個人能把（前一種）「真實」誤認為是（後一種）「真實」嗎？一言以蔽之，究竟是「什麼」使之「成為藝術」？

　　這裡，丹托用普普藝術家勞勃·勞森伯格（Robert Rauschenberg, 1925-2008）所做的「床」的藝術品來說明。其中的關鍵在於發現這個床不只是一張床！丹托利用勞森伯格在床上所灑的油漆為突破口作出了精彩解答：「因此物品不僅僅是一張床，巧的是上面灑了些油漆，而成為一件利用床和油漆製成的複雜實體（entity）：一張『油漆－床』……人，正如藝術品一樣，一定不該被看作是還原為他們自身的各個部分，而且，就是在這個意義上人才是具有原初性的。或更準確地說，油漆的斑斑點點並不是真實物床的一部分，而床恰恰是藝術品的一部分，這些油漆斑點像床一樣，也同樣是藝術品的一部分。這一點可以歸為藝術總體上的特徵化，而這個藝術品恰巧包含了真實物，並將之作為自己的一部分：當真實物 R 是藝術品 A 的一部分，同時能夠從 A 分離開來，並且僅僅被看作 R 時，不是 A 的每一部分都是 R 的一部分。因此，迄今為止的錯誤就在於把 A 誤認為是它自身的一部分，亦即 R，儘管說 A 是 R、藝術品就是一張床並不正確。」[330]

　　具體來說，假如作為真實物的床是勞森伯格〈床〉這個藝術品的一部分，並且前者可以從後者中分離開來，那麼，當這個床僅僅被看作是真實物時，不是藝術品所構成的每一部分（成其為藝術的）都成為現成物的一部分。普通人觀看藝術的誤解在於，他們都誤認為藝術品是現成物的一部分，也就是將作為藝術品的〈床〉視為現實中的床的一部分（或者說被置放在現實的語境之內了）。這樣一來，認定藝術品就是現成物本身的最終推論顯然是荒謬的，因為藝術品與床畫上了等號。這也是普通人對「現成物成為藝術」這種從達達主義開始的藝術手法的普遍誤解，即認為現成物沒有經過任何的變形、沒有被置於任何的特定情境之內，就能成為藝術了。事實並非如此。

---

[330]　Arthur C. Danto, "*The Artworld*", in: The Journal of Philosophy, Vol. 61, No. 19, (Oct. 15, 1964), p. 576.

這裡需要兩個相當重要的因素嵌入其中：其一是〈藝術界〉著重論證的作為氛圍的「藝術界」，其二則是作為授予地位者的「藝術理論」。這是兩個使現實中的平凡物成為藝術品的必要條件。只有具備了這兩個條件，「這是藝術」的「是」才變成具有哲學意義的「是」，而非單純的身分判斷或存在確認那種「是」。這也就是丹托強調的，掌握「藝術確認之是」（the is of artistic identification）的問題。[331]

著名的「藝術界」的理論就這樣產生了。那麼，丹托是如何匯出這一概念的呢？在此之前，他還提出過一個引導性的概念，即「藝術確認」或「藝術認定」（identification）。這個概念指明了一種活動，它可以使人們把藝術的名義授予某物。透過詳細論證，他說明了由一個給定的確認所決定何為藝術品，藝術品可以包含多少個元素，而且，一個藝術確認往往能引出另一個藝術確認。然而，一般來說，這些藝術確認之間彼此非常不一致，每一種都能構成彼此不同的藝術品。

在丹托看來，要確認作品就要將這個作品歸屬於某種氛圍，歸屬於歷史的一部分。當然僅僅有這種歸屬還不夠，還要將這種「歷史的氛圍」與「藝術理論」結合起來加以理解，前者是歷史的，後者是理論的。也就是說，最終使現實物與藝術品有所區別的是藝術理論，是這種理論將現實物帶到藝術界裡面，並確定它為藝術品。

簡而言之，「為了把某物看成藝術，需要某種肉眼所不能察覺的東西 —— 一種藝術理論的氛圍（atmosphere of artistic theory），一種藝術史的知識：一個藝術界（an artworld）」。[332] 進而言之，如果沒有藝術界的

[331] Arthur C. Danto, *"The Artworld"*, in: The Journal of Philosophy, Vol. 61, No. 19, (Oct. 15, 1964), p. 579.
[332] Arthur C. Danto, *"The Artworld"*, in: The Journal of Philosophy, Vol. 61, No. 19, (Oct. 15, 1964), p. 580.

「理論」和「歷史」，現實物就不會成為藝術品。

　　需要補充的是，由此出發，丹托對整個藝術風格形態做出了哲學解釋。他為我們列出了一個邏輯性極強的「風格矩陣」（style matrix），其中，「F」意指「是再現主義的」，「G」意指「是表現的」，「＋」代表一個給定的謂項 P，「－」則代表對立項非－P。為了便於理解，可以圖示如下，左半部分是丹托原來的圖示，[333] 右半部分則是我們的進一步解釋：

丹托的「風格矩陣」		對應風格類型	相關藝術例證
F	G		
＋	＋	再現的表現主義的 representational expressionistic	野獸派 Fauvism
－	－	再現的非表現主義的 representational non-expressionistic	安格爾 Ingres
－	＋	非再現的表現主義的 non-representational expressionistic	抽象表現主義 Abstract Expressionism
－	－	非再現的非表現主義的 non-representational non-expressionistic	硬邊抽象 hard-edge abstraction

　　如此看來，這個矩陣在哲學意義上包含了各種藝術風格類型，矩陣中的每一行都具有合法性。也就是說，「再現的表現主義」與「非再現的表現主義」具有同樣的合法性，不能因為在 1960 年代後高舉「抽象表現主義」的旗幟，就抹殺了「野獸派」的價值。同時，這個矩陣並不是封閉的，丹托認定當代藝術的突破在於為這個既定的矩陣增加了列的可能性，

---

[333] Arthur C. Danto, "*The Artworld*", in: The Journal of Philosophy, Vol. 61, No. 19, (Oct. 15, 1964), p. 583.

這正是當代藝術的特徵。無論從理論上還是實踐上，隨著藝術相關謂項多樣性的增加，藝術界能容納的個體成員就越來越複雜，全面理解整個藝術界的人們越多，這些人與其他成員的經驗就越豐富。

最後，丹托總結道，無論藝術的相關謂項是什麼，它們都使非藝術獲得了成為藝術的資格，藝術界的其他各個部分都有可能獲得對立謂項，並使這種拓展開來的可能性適用其成員，這樣藝術界才能獲得更大的豐富性。

迪基透過《藝術與審美》加以總結的「藝術慣例論」，就是援引丹托的「藝術界」理論、對當代藝術的拓展進行的新解釋。由於這種理論提出了一套適用於當代藝術的「藝術定義」，從而獲得了相當大的迴響。迪基曾多次提到他對丹托的直接繼承和他與丹托的差異。他們的基本差異當然在於核心觀念不同：丹托並沒有透過其〈藝術界〉和〈藝術品與真實物〉（*Art Works and Real Things*）[334] 等一系列的論文，發展出「對藝術的慣例性的闡述」，他所關心的還是他自稱的模仿論和藝術真實論的問題。然而，透過這些文章，迪基卻洞見到丹托的許多觀點其實是與慣例性的解釋相符的，可以被歸併到慣例論裡面去。尤其是丹托關於藝術起因的論述，更是與迪基的慣例性解釋一致，迪基自己甚至認為慣例論是「起因論（the ascriptivity theory）的一種合理的變形」[335]。

實際上，「藝術界」是由藝術家、評論家、畫廊、博物館和藝術欣賞者共同構成的混合體，它向當代藝術展現了開放的姿態。正如「慣例」原本也是一個描述性概念一樣，迪基將對「藝術」的直接界定建立在「藝術界」這樣「約定俗成」的描述性觀念之上。簡單地說，「慣例論」包含著與「藝術界」的內在關係。究其實質，丹托所說的「藝術確認」也就是迪

---

[334] Arthur C. Danto, "*Art Works and Real Things*", in: Theoria, 1973, pp. 1-17.
[335] George Dickie, "*Art and Aesthetic*", in: Theoria, 1973, p. 29, footnote 9.

基所謂「藝術授予」或「授予藝術地位」問題，前者對後者的內在影響無疑是巨大的，因為這意指了「使之成其為藝術」的活動本身的重要過程。無論在歷史中，還是從理論上，分析美學都難以無視丹托的「藝術界」的重要影響。

二、「平凡物的變形」說

應當視丹托 1974 年提出「平凡物的變形」說為「藝術終結論」的前導性學說[336]，後來這個論點被擴充為一本專著的標題。[337] 此後，丹托思想的美學取向越來越明顯，美學方面的建樹有目共睹。

丹托是以沃荷（Andy Warhol, 1928-1987）1964 年展覽的《布瑞洛盒子》系列作品為契機提出新說的。可以說，沃荷的藝術品一直是丹托所認為的「哲學化」的藝術品。這個著名的系列作品其實很簡單，是沃荷從美國超市購買到印有「Brillo」商標牌子的肥皂包裝盒，再用木板之類複製而成，或者單個擺放，或者疊在一起，然後直接拿到美術館展示，便成了最重要的普普藝術品之一。它也總被視為對傳統藝術的顛覆、諷刺甚至挪揄，也曾使得按照傳統「慣例」定位藝術的人們感到十分不悅。

但丹托卻在這種「破天荒」的藝術實踐裡，看到了豐富的哲學意義和美學價值。顯然，沃荷《布瑞洛盒子》的出現使丹托的藝術定義成為可能。因此，在《布瑞洛盒子》與藝術終結之間存在著特殊的關聯，或者說，丹托在其中洞見到了哲學與藝術的衝突。他的觀點是認定「傳統藝術定義那種不可避免的空洞，就來自每個定義都建立在某些特徵的事實之

---

[336] Arthur C. Danto, "*The Transfiguration of the Commonplace*", in: The Journal of Aesthetics and Art Criticism, 1974, Vol. 33, No. 2. (Winter, 1985).

[337] Arthur C. Danto, *The Transfiguration of the Commonplace: A Philosophy of Art*, Cambridge: Harvard University Press, 1981.

上，而沃荷的盒子卻使這些特徵與這樣的定義毫不相干。……隨著《布瑞洛盒子》的出現，（力求界定藝術）的可能性已經被有效地封閉了，而藝術史也以某種方式走到了盡頭。它不是已停止，而是已終結……在 1960 至 1970 年代的前衛藝術那裡，藝術與哲學已彼此做好準備。為了把藝術和哲學分開，事實上它們突然變得需要對方了」[338]。可見，沃荷的展覽是以「純哲學形式」提出了問題，對這個問題的回答只能來自哲學。[339]

在丹托看來，「慣例」正如後來迪基所示並不能成為藝術家創新的「枷鎖」，相反，阻止《布瑞洛盒子》「衰變」為一個「平凡物」的正是「藝術理論」。丹托總是將自己與迪基的「慣例論」劃清界線。於是，他這樣的理論家就大有可為了，因為恰恰是「藝術理論」使《布瑞洛盒子》可能成為藝術，或者說是理論在指定《布瑞洛盒子》——「這是藝術」。所以，當某物被當作藝術品時，「邊緣性」（aboutness）成了《布瑞洛盒子》與「布瑞洛」牌肥皂盒之間的隔離空場。實際上，它所獲得的無非是「藝術理論」的指定和肯定。這種「藝術理論」無疑總是由丹托的「藝術界」造就的，是「藝術理論」授予某物藝術的地位，而不是如傳統觀念所認為的「藝術理論」只是藝術在觀念上的衍生物。

在《藝術的終結》撰寫 14 年之後亦即 1998 年，丹托又寫了一本名為《超越布瑞洛盒子》的書，進而對今日藝術最富挑戰性的問題，當代多元主義與對藝術家的審察制度和國家支持的困境問題，繼續進行深入探討。他堅定地認為，沃荷的《布瑞洛盒子》使傳統藝術定義遭到了激進的質疑和攻擊，以至於整個西方藝術史也步入終結。然而，《超越布瑞洛盒子》

[338] Arthur C. Danto, *The Transfiguration of the Commonplace: A Philosophy of Art*, Cambridge: Harvad University Press,1981, p. viii.

[339] Arthur C. Danto, *Encounter & Reflections: Art in the Historical Present*, Berkeley: University of California Press, 1990, p. 343.

的新主張卻使丹托注意到沃荷這個藝術品在三個層面上導致的後果：[340] 其一是關於所謂「西方藝術的主導敘事」（master narrative of Western art）的問題，丹托解釋了西方「前普普」藝術運動，即使是最具革命性的，也受到某種「普遍的藝術概念」的啟發，這個概念根植於整個西方傳統之中。丹托的創新之處在於將目光轉向西方之外的東方和非洲，試圖發掘與西方相對的傳統中那些「平行的敘事」。其二是繼續抓住「後歷史時代」的潮流不放，除了仍認為這種潮流始於沃荷並造成了「高級」與「低等」藝術的衝突外，還考察了「多元主義」如何改變藝術被製造、被感受和被展出的方式。其三，他研究了從柏拉圖到維根斯坦的大師敘事的哲學觀念，試圖透過另一種方式進行超越，這種方式就是探尋藝術的歷史存在方式，探尋藝術在不同文化中所具有的不同存在方式，探尋敘事是真實的而非只是理智性建構（intellectual constructs）程度的方式。

實際上，丹托探索了兩種不可見的（非顯現性）的布瑞洛盒子，一種是超市裡的布瑞洛盒子，另一種則是沃荷創作的《布瑞洛盒子》。他把其中一種視為「僅僅是真實的物」，把另一種視為處於藝術品的位置上。他更關注的是一種深入的轉換，即從前者向後者的轉換，從平凡物向藝術的「變形」。這些思考都成了當代「藝術終結論」的前奏曲。

三、「藝術終結論」

藝術終結論的最早提出者是黑格爾，出自他的學生霍托（Heinrich Gustav Hotho, 1802-1873）編輯整理的《美學演講錄》（*Vorlesungen über die Ästhetik*）。其實，在黑格爾那裡，將藝術逼向「終結之途」的是兩種東

---

[340] Arthur C. Danto, *Beyond the Brillo Box: The Visual Arts in Post Historical Perspective*, Berkeley: University of California Press, 1998.

西：一個是思想體系方面的「內在悖謬」，這是其所「思」的；另一個則是他身處時代的整體藝術和文化狀況，這是其所「感」的。這便構成了雙重張力，一面是「時代與藝術」的張力（「市民社會」對藝術不利），一面是「藝術與觀念」的張力（藝術向「觀念」轉化），黑格爾則試圖將這兩者融會在一起。

在黑格爾宣判「藝術解體」之後，丹托重提了這個命題，遂被稱之為「二次終結論」。他在 1984 年發表了兩篇文章，先是〈哲學對藝術的剝奪〉，它並沒有吸引多少關注，但另一篇〈藝術的終結〉卻引起軒然大波。這兩篇文章的內容並不相同 —— 前者說的是「遭受哲學壓制的藝術」，後者則是說「藝術逐漸演變為藝術哲學」。儘管它們表面上是矛盾的，但實際上後者恰恰是對前者的認可，算得上是對藝術權力的「最全面的剝奪」，而且使用的策略亙古未有。[341] 就連黑格爾也沒有這樣徹底，所以，丹托的終結理論之所以引發非常大的爭議和迴響，細想起來也在情理之中。

〈藝術的終結〉原是作者為一次藝術界研討會提交的短文。後來，他應沃克藝術中心之邀，又在關於未來的講座中發表了「藝術終結」的演講。這個演講對於 1980 年代中期藝術界的沉悶狀態就好像引爆了一顆炸彈，隨後哲學家朗（Berel Lang, 1933-）編輯了著名的美學論集《藝術之死》[342]，找了許多人回應丹托此文的主題，從而將這個話題越炒越熱，卻也混淆了「藝術的終結」與「藝術的死亡」之間的區別；而這並不是丹托的原意。

在丹托看來，他也是在「歷史性地預測藝術的未來」，這與黑格爾不

---

[341] Jane Forsey, *"Philosophical Disenfranchisement in Danto's 'The End of Art'"*, in: The Journal of Aesthetics and Art Criticism, Vol. 59, No. 4. (Fall, 2001).

[342] Berel Lang (ed.), *The Death of Art*, New York: Haven Publishers, 1984.

謀而合。這樣就不必只囿於藝術去思考「何為未來藝術品」的問題，甚至完全可以去假定「藝術本身並無未來」。因此，無論黑格爾還是丹托，都不認為「藝術從此沒有了」，而是指「藝術動力」與「歷史動力」之間不再重合。這正是黑格爾給予丹托的「歷史性」啟示：藝術與歷史的發展不再是同方向的，或者說藝術根本失去了歷史方向，歷史維度裡將不再有藝術。在這個意義上，丹托倒像是在重複同樣的命題：「而現在，歷史與藝術堅定地朝不同方向走去，雖然藝術或許會以我稱之為後歷史的模式繼續存在，但它的存在已不再具有任何歷史意義。現在，幾乎無法在某種哲學史框架外思考這一命題了，如果藝術未來的緊迫性並不以某種方式出自藝術界本身的話，那就很難認真看待它。在今日，可以認為藝術界本身已喪失了歷史方向，我們不得不問這是暫時的嗎？藝術是否重新踏上歷史之路，或者這種破壞狀態就是它的未來：一種文化之熵。由於藝術概念從內部耗盡了，即將出現的任何現象都不再有意義。」[343]

可見，丹托所宣告的是：既然藝術自身的能量耗盡了，那麼，它不走向死亡還能走向何方？可以肯定的是，藝術已經走出歷史藩籬。[344] 這是丹托「藝術終結後的藝術」的核心理念，也是其「藝術終結」立論的基本前提。

的確，丹托指出了這樣的事實，現代主義藝術的內在動力業已日益被「耗盡」而枯竭，日新月異的現代主義藝術史成了過去式。於是，他在這裡劃定一個界線：「在歷史之內」與「在歷史之外」。「在歷史之內」的是終結前的藝術；「在歷史之外」的則是終結後的藝術，或者說是「後歷史」的藝術。

---

[343] 丹托：《藝術的終結》，歐陽英譯，江蘇人民出版社 2001 年版，第 77 – 78 頁。
[344] Arthur C. Danto, *After the End of Art: Contemporary Art and the Pale of History,* Princeton: Princeton University Press, 1997.

　　那麼，所謂「後歷史的藝術時期」（post-historical period of art）究竟是什麼樣的時期？在丹托看來，這一時期的藝術就是沒有「歷史意義」的時期。「後歷史」並不是沒有歷史，而是指沒有「歷史意義」。如此可見，丹托恐怕難逃「循環論證」的指責。總之，他所要說的是，根據藝術的發展走向，藝術超出了歷史發展的視野而走向所謂的「後歷史」階段。

　　那麼，「藝術終結後的藝術」究竟應保持何種存在狀態？後來丹托才給出了明確的答案。他在 1997 年出版的專著《藝術終結之後》中指出，「後歷史藝術時期」的意義就在於這個時代的一切東西都是可能的，或者說，任何東西都是可能的。

　　丹托希望，後歷史藝術是按照「客觀多元主義」的條件而創造的，所謂「客觀多元主義」是指「藝術不再有必須走的歷史方向」，至少對藝術史而言正是如此；「沒有比其他任何東西更真實的歷史可能性」，這便是所謂「藝術熵」或「歷史無序時期」。於是，丹托從某種歷史哲學的視角重新透視藝術史，以「你可以做一切事」的原則來建構了一種關於藝術史哲學的思考。

　　正是在這種意義上，丹托的「藝術終結」論、對「總體化」（totalization）的反對、「宏大敘事」的終結，還有福山（Francis Fukuyama, 1952-）的「歷史的終結」，皆被納入「後現代性」的話語體系當中。[345] 當然，丹托雖自認為並不是後現代主義者，他表面的反叛精神也並非允許「怎麼樣都行」，但是「你可以做一切事」的「後歷史藝術」的內在特質，卻足以將其列在這個體系當中。因此，丹托無愧於在藝術界「造反」的後現代主義者的稱號。在後現代主義者看來，他的「終結」無非就是「死亡」的代名詞。

　　按照丹托的觀點，既然藝術「終結」了，那麼「作為藝術」的藝術究

---

[345] 劉悅笛：《生活美學：現代性批評與重構審美精神》，安徽教育出版社 2005 年版，第 127 頁。

竟「終結」在何處？答案是終結在「哲學」之中。

丹托相信，他關於「藝術終結」的觀點其實是「一種剝奪藝術權利的形式」。但無論如何，藝術終結在哲學之中了，或者說，藝術被「哲學化」了。如此，藝術就終結於自身身分的「哲學化」的自我意識中。從現代的情況來看，藝術無疑已經被哲學滲透了，使我們無法將藝術和哲學區分開來，從而把藝術從美學使之陷入其中的衝突中解脫出來。丹托實際上是在完成柏拉圖的計畫 —— 「永遠以哲學取代藝術」。

丹托將西方藝術史劃分為三段，亦即三個主要時期，第一個時期大約從 1300 年左右開始，第二個時期大約從 1600 年開始，第三個時期大約從 1900 年開始。[346] 這是他研究整個西方藝術史的結論。

無論如何劃分，丹托實際上都深得黑格爾三段論的精髓，並在一系列藝術史研究中對這種精髓運用自如。且看丹托如下兩段論述的另一種形式的劃分：「西方藝術史分為兩個主要時期，我們稱之為瓦薩里時期和格林伯格時期。兩者都是進步主義的。瓦薩里關注具象並以此來詮釋藝術，隨著時間的推移，可以看到它越來越好地『征服了視覺的表象』。當移動影像證明比繪畫更能描摹現實時，關於繪畫的敘事就終結了。」[347]「藝術史的大師敘事（時代）……是一種模仿的時代，隨後就是意識形態時代，再隨後就是我們的後歷史時代……每一個時代都以一種不同的藝術批評結構為特徵。……後歷史時期的藝術批評必須像後歷史藝術自身那樣是多元的。」[348]

[346] Arthur C. Danto, *Encounter & Reflections: Art in the Historical Presen*, Berkeley: University of California Press,1990, p. 340.

[347] Arthur C. Danto, *After the End of Art: Contemporary Art and the Pale of History*, Princeton: Princeton University Press, 1997, p. 125.

[348] Arthur C. Danto, *After the End of Art: Contemporary Art and the Pale of History*, Princeton: Princeton University Press, 1997, p. 47.

　　在此，我們能夠看到丹托的藝術史「大敘事」的整體結構。在第一段論述中，他先將藝術史區分為「瓦薩里時期」和「格林伯格時期」；在第二段論述中則繼續區分出「模仿時代」－「意識形態時代」－「後歷史時代」。其實，出現在同一本書的這兩種區分是一致的。因為所謂「瓦薩里時期」也就是「模仿時代」，所謂「格林伯格時期」就是「意識形態時代」，它們都是持「進步主義」觀念的藝術敘事階段，而今出現的則是第三種敘事模式：後歷史的藝術敘事模式。

　　如果從藝術發展史角度來看，可以說，「模仿時代」大致相當於前現代藝術時期，「意識形態時代」大致相當於現代主義藝術時期，「後歷史的時代」則大致相當於當下還在延續的後現代藝術時期。在模仿時代，無論藝術家還是欣賞者都是按照「具象原則」看待藝術的，但隨著人們逐漸掌握了相關規律，特別是隨著影像技術的到來，藝術的歷史得以轉變。因為，在諸如電影這種有賴於技術的藝術的大發展之下，電影製造幻象的能力已經完全超越了畫家的手創，使人們不得不重新思考繪畫的本質。於是，瓦薩里式的歷史發展到影像，完全敘事被作為表象的技術後果而組構起來，而後繪畫卻逐漸走向更哲學化的道路。與此同時，在現代主義藝術運動之初，也就是在所謂「格林伯格時期」或「意識形態時代」，19 世紀原始藝術對西方藝術界的入侵所帶來的挑戰，與西方文明信仰之衰落直接相關，這確定了原來的藝術史敘事的終結。[349] 在這裡，丹托所舉出的藝術家是高更（Paul Gauguin, 1848-1903），因為丹托相信現代主義的幾乎所有策略，都能在高更的藝術革新中找到蹤跡。如此，藝術史敘事的前兩個階段都被勘定了，它們的內在動力便是前面所批判的線性歷史進步觀念，這從現代主義藝術要求「創新、創新、再創新」的力量裡可見一斑。

---

[349] Arthur C. Danto, *Encounter & Reflections: Art in the Historical Presen*, pp. 340-341.

前兩種藝術史敘事模式被丹托視為兩條錯誤道路：「第一條錯誤道路透過圖像化來確定藝術。第二條錯誤道路是格林伯格的唯物主義美學，其中，透過圖示內容所確信的東西被藝術所拋棄，因而也拋棄了錯覺。」[350]可見，按照目前理解藝術史的方式，先前的藝術史敘事，即瓦薩里時期和格林伯格時期，並沒有「以適當的哲學形式」提出關於「藝術本質」的問題。而丹托的潛臺詞則是：潛在於整體藝術史之中的目標，似乎就是以適當的哲學形式闡明「什麼是藝術的本質」。

關鍵在於第三個階段的藝術史敘事模式，亦即丹托所謂「後歷史」的藝術敘事模式的出現。這種敘事模式對前兩種敘事模式無疑進行了巨大的顛覆，其中最根本的顛覆在於對「進步主義」的反駁和遺棄。當然，當歷史不再被視為由低向高、逐步上升的發展過程時，當歷史的不可逆進化被懸隔，且後現代的時間觀念走向零散和碎裂時，不得不說丹托也具有某種後現代主義所特有的「反本質主義」心態。所以，他認為現代主義是一系列「本質主義」的呈現，哲學家們所謂對藝術本質是什麼的「具有說服力的定義」，而今再度受到質疑。這種質疑顯然來自對「現代」的懷疑。現代主義時期在此被視為具有「異質性」的時期，它在作為藝術的事物階級當中出現。然而，丹托在 1960 年代發現了沃荷的藝術。沃荷說明任何事物如果成為藝術品，都能與看似好像不是藝術品的東西相匹配，由此而來，「我們就置身於一種哲學的非歷史氛圍當中。一旦藝術製造者超出了發現藝術本質的任務，就可以發現藝術超離了歷史」[351]。

在後歷史時代，藝術的敘事重點就是回到藝術本質的問題。丹托認為，「藝術真的是什麼與何為藝術的本質的問題」非常重要，「正如我所

---

[350] Arthur C. Danto, *After the End of Art: Contemporary Art and the Pale of History,* Princeton: Princeton University Press, 1997, p. 107.

[351] Arthur C. Danto, *Encounter & Reflections: Art in the Historical Presen,* p. 344.

見，這個問題的形式是：在藝術作品與非藝術作品的東西之間，當兩者的區別並不在於趣味知覺之時，如何區分兩者？」[352]

實際上，丹托的解釋確定了測量藝術史從某一敘事到下一敘事的「進步標準」，而這的確是可能的。如此，特定藝術史時期的測量進步的準繩，也就是測量從某一時代到下一時代進步的準繩。每個時代的藝術史敘事開始後，敘事不僅提供了特定藝術史時期的敘事，而且也提供了適用於所有來自先前時期之先前藝術品的藝術史敘事。根據丹托的這種解釋，我們從一種敘事移動到另一種敘事，將一直看到先前的敘事是錯誤的。因為，每一個新的敘事都聲稱發現了適當的理解道路，不只是理解其自身時期的藝術品，而且也理解來自整個藝術史的作品。於是，我們就能看到丹托的藝術史敘事的基本構架：

歷史階段	前現代時期	現代主義時期	當代時期
時間順序	從 1300 年到 1880 年	從 1880 年到 1965 年	從 1965 年至今
藝術史時段	模仿的時代（Era of imitation）	意識形態的時代（Era of ideology）	後歷史時代（尚不明確的當前時代）
藝術史大師敘事	瓦薩里時期	格林伯格時期（後瓦薩里時期）	當代時期（沒有大師敘事的時期）

---

[352] Arthur C. Danto, *After the End of Art: Contemporary Art and the Pale of History*, Princeton: Princeton University Press, 1997, p. 35.

藝術的歷史趨勢	藝術使得自身意識到作為「美的藝術」（fine art）而存在。「模仿—藝術」（mimetic-art）為了更忠實於活生生的可見經驗而努力，乃至要準確地再現視覺經驗。	「後—模仿藝術」（post-mimetic art）從「視覺向內心」轉換，透過一系列的風格，來尋求「表現」和「自我探求」而非製造錯覺。現代主義是被宣言所標舉的時代意義，具有進步和歷史必然性的意義。	這是多元文化的藝術（multicultural art）時代，藝術的本質被看作是一個對可能性開放的領域。這是一個不再有「大師敘事」的藝術時代，缺少製作藝術的風格而只有對風格的借用。

這樣一來，丹托的藝術史觀念也很清楚了。首先，藝術史能被分成不同的時期，每一個時期都有其自身的敘事來統治該時期的藝術。某個被給定的時期的敘事，都描述了該時期過程中的藝術進步的目標，都詳細說明了該時期的藝術的內在發展。每一敘事都要搞清楚：某一特定藝術史時期是如何進步的、走向什麼樣的終結。其次，正因為每一個時期都被不同的敘事所統治，這種敘事便描繪出這一時期中藝術的進步，每一個時期同樣也有其自身的藝術批評。某種敘事提供了理解被給定時期的藝術發展的途徑。

關於「藝術終結論」，與丹托爭論的學者非常多，以至於對藝術終結的問題的探討至今綿延不絕。[353] 爭論主要是在理論界與藝術界之間展開的。因為「藝術終結」這個命題之所以產生巨大影響，是因為其在藝術界

---

[353] Mark Rollins (ed.), *Danto and His Critics*, Oxford: Blackwell Publishing, 1993; *History and Theory*, Vol. 37, No. 4, Theme Issue 37: *Danto and His Critics: Art History, Historiography and After the End of Art* (Dec. 1998).

所導致的巨大震撼。在這裡，藝術界對終結觀念產生了普遍的誤解 ——
「藝術終結」就等於「藝術死亡」！

　　最後，這種爭論又可以分為兩個分支。其中之一主要圍繞藝術界這個
中心展開，將焦點聚集在「藝術死亡了嗎？藝術史結束了嗎？藝術家死了
嗎？藝術理論完結了嗎？」其前提是「終結就是死亡」。另一分支則遵循
了丹托的本意，也就是「終結不等於死亡」。在這個前提之下，從學理的
角度來論證「藝術終結了嗎？藝術史終結了嗎？藝術家終結了嗎？審美經
驗終結了嗎？美學理論終結了嗎？」這主要來自理論界的聲音，質疑的是
以丹托為主的理論的內在缺陷。無論如何，「藝術終結論」的確在 20 世紀
末美學界造成轟動，而今仍在世界各地得到回應。[354]

---

[354]　Noël Carroll (ed.), *Theories of Art*, London: The University of Wisconsin Press, 2000.

第三章

社會批判美學

概論

「社會批判美學」是以「西方馬克思主義」思想為基本思想取向和哲學原則的西方美學思潮，是幾乎貫穿了整個 20 世紀美學主潮之一。從起源來看，在西方馬克思主義的奠基之作《歷史與階級意識》（*Geschichte und Klassenbewuβstsein*）出版之前，匈牙利哲學家和美學家盧卡奇「就已經確立了自己作為一個美學家的聲望，其代表作有《心靈與形式》（*The Soul and Forms*）、《小說理論》（*The Theory of the Novel*），後一部著作有黑格爾主義色彩，寫於 1916 年」[355]。實際上，可以用馬庫色在《新感性》（*Neue Sensibilität*）中所謂的「審美之維作為一種自由社會的標準」[356]來概括「社會批判美學」的主要原則；這種美學思潮的取向，是在衡量社會自由度時以審美為批評標準，在評判審美價值時又以社會性的自由為準則。

有論者認為「西方馬克思主義」這個概念最早出現在 1920 年代末，是由哲學家馬薩貝克率先提出的；也有人認為，蘇聯共產主義者在指責西歐馬克思主義的黑格爾化傾向時最早用了這個術語。[357] 公認的說法是，這個範疇在德國哲學家科爾施（Karl Korsch, 1886-1961）1930 年發表的〈《馬克思主義和哲學》問題的現狀 —— 反批判〉一文中被公開使用。1955 年，法國現象學哲學家梅洛－龐蒂在《辯證法的歷險》（*Les aventures de la dialectique*）設專章論述「西方馬克思主義」，此後這個概念開始被人們廣泛接受。實際上，1923 年最具代表性，因為盧卡奇的《歷史

---

[355] 萊恩：《馬克思主義的藝術理論》，艾曉明等譯，湖南人民出版社 1987 年版，第 62 頁。

[356] Herbert Marcuse, *"Neue Sensibilität"*(*New Sensibility*), in: Versuch über die Befreiung (Essay on Liberation) Frankfurt am Main, Suhrkamp Verlag, 1980.

[357] Douglas Kellner, *"Western Marxism"*, in: Modern Social Theory: An Introduction, Austin Harrington (ed.), Oxford: Oxford University Press, 2005, p. 155.

與階級意識》和科爾施的《馬克思主義和哲學》（*Marxismus und Philoso-phie*）同年得以出版，奠定了「西方馬克思主義」的思想基石。

按照當代英國評論家安德森（Perry Anderson, 1938- ）的看法，就「形式的轉移」而言，「整個西方馬克思主義傳統的指標不斷擺向當代資產階級文化」：馬克思主義傳統理論家或者上溯到馬克思以前的「哲學淵源」，構成以「自發機制」為內核的學術連繫的「縱軸」，或者將馬克思主義的思想跟「非馬克思主義文化論壇」的思想連繫起來，形成學術連繫上的「橫軸」；如果就「主題的創新」而論，「西方馬克思主義逐漸由經濟和政治問題轉向哲學、美學和藝術問題的研究」，而且這種轉向對於西方馬克思主義主題創新而言居於「首要地位」。[358]

因此，西方馬克思主義的兩個基本特徵皆呈現在其美學形態中。「社會批判美學」的兩個層面，一面是對資產階級社會的積極批判，其具體採取的哲學立場是：或者使用把馬克思主義上溯到以前的黑格爾等諸方向的方法，或者應用將馬克思主義向精神分析派、存在主義和結構主義等各種方向發展的方法，從而確立不同的立足點；另一面則是對「審美之維」的持續關注，某種「審美烏托邦」的觀念始終被置入西方馬克思主義的靈魂深處。

根據「社會批判美學」，藝術既是社會的產物，又是社會中的獨立力量。這種美學形態也始終在「自律－他律」的兩極狀態之間搖擺，「自律」的一面是審美方面，而「他律」的一面則是社會方面；不論它們在其中分別占的比重是多少，兩者在「社會批判美學」中順利融合。因而，在藝術問題上，「社會條件」與「藝術自律」始終構成了馬克思主義美學的藝

---

[358] 安德森：〈西方馬克思主義探討〉，參見《西方馬克思主義美學文選》，陸梅林選編，灕江出版社 1988 年版，第 150、164 頁。

術之兩維。[359] 應該說，從盧卡奇開始，馬克思主義美學理論的主流都努力確立藝術的「解放能力」的基礎，從而賦予了藝術「啟蒙的」現代性功能。[360] 當然，在這種思想發展過程中，「具有重要意義的是重新發展早期馬克思 ── 『詩人』馬克思、皈依猶太教的馬克思、凡人馬克思、救世主馬克思、人道主義者和心理學家馬克思……敵對的思想體系和新的知識學科對僵化的馬克思主義結構不斷施加難以容受的壓力；佛洛伊德派、語言哲學、結構主義和存在主義所提出的問題迫使馬克思主義重新評估它的智慧與生存能力，迫使它再度成為創造性的和『馬克思主義的』」[361]。

從歷史角度看，整個 20 世紀的西方馬克思主義可以分為三個階段：第一代西方馬克思主義階段；法蘭克福學派階段；[362]1960 年代之後的西方馬克思主義階段。[363] 西方馬克思主義美學史的分期，也相應地可以大致分為「早期形態」、「中期形態」和「晚期形態」三個階段，但是，這種區分並不嚴格，比如法蘭克福學派的美學思想就已跨越了早、中、晚三個時期。

西方馬克思主義美學的「早期形態」主要出現在 20 世紀上半葉，是以西方馬克思主義的奠基者盧卡奇的美學思想為源頭的。盧卡奇最重要的美學貢獻，一方面是對所謂「偉大的現實主義」的「反映模式」的辯護；另一方面是巨著《審美特性》（*Die Eigenart des Ästhetischen*）在「審美反

---

[359] Adolfo Sánchet Vázquet, *Art and Society: Essays in Marxist Aesthetics*, New York: Monthly Review Press, 1973, p. 98.

[360] Pauline Johnson, *Marxist aesthetics*, London: Routledge & Kegan Paul, 1984, p. 1.

[361] 所羅門：《馬克思主義與藝術》，杜章智等譯，文化藝術出版社 1989 年版，第 270 頁。

[362] 這種美學在德國美學界也被稱之為「新馬克思主義」，參見 Heinz Paetzold, *Neomarxistische Ästhetik*, 2 Vols., Düsseldorf: Schwann, 1974，該書第一卷以布洛赫和班雅明、第二卷以阿多諾和馬庫色為研究對象。

[363] 安德森：〈西方馬克思主義探討〉，參見《西方馬克思主義美學文選》，陸梅林選編，灕江出版社 1988 年版，第 155 頁。

映論」、「藝術本體論」、「審美起源論」等方面的傑出建樹。《審美特性》在德國美學史上被認為是繼黑格爾的《美學演講錄》（*Vorlesungen über die Ästhetik*）和費希爾（F. T. Vischer, 1807-1887）的《美學或美的科學》（*Ästhetik, oder Wissenschaft des Schönen*）之後最系統化的美學巨著。與盧卡奇堅持「現實主義」不同，德國美學家和藝術理論家布萊希特（Bertolt Brecht, 1898-1956）則透過與盧卡奇關於「表現主義」的論爭，提升了藝術形式的美學地位，這就是著名的「盧卡奇與布萊希特之爭」。當然，布萊希特的美學主要涉及對現代戲劇形式的積極探索，提出了諸如「間離效果」（Verfremdungseffekt）這樣的美學命題。另一位德國哲學家布洛赫（Ernst Bloch, 1885-1977）認為，藝術透過「幻想」才能對現實生活超越，從而使烏托邦之「尚未」（Noch-Nicht）得到超前顯現；從早期的《烏托邦精神》（*Geist der Utopie*）到成熟期的《希望原理》（*Das Prinzip Hoffnung*），布洛赫提出了以烏托邦為思想內核的「希望美學」。

早期法蘭克福學派的德國美學家和藝術批評家班雅明的美學是以《德國悲劇的起源》（*Ursprung des deutschen Trauerspiels*）為起點的，他生前除了出版《單向街》（*Einbahnstraße*）之外鮮有人知。直到 1955 年兩卷本《班雅明選集》出版之後，他才開始引人注目，尤其是 1936 年完成兩稿的《機械複製時代的藝術作品》（*Das Kunstwerk im Zeitalter seiner technischen Reproduzierbarkeit*）提出了諸如「機械複製」、「光暈」（Aura）、「膜拜／展示價值」（Kultwert / Ausstellungswert）等一系列嶄新觀念，使其名聲大振。與班雅明類似，曾撰寫了名著《獄中札記》的義大利哲學家葛蘭西（Antonio Gramsci, 1891-1937）提出的「實踐哲學」和「民族─人民」文學觀念都非常有名，但他的「霸權」理論模式卻在當代文化領域影響日益廣泛。同樣，法國思想家阿圖塞（Louis Pierre Althusser, 1918-1990）並沒有

落入將馬克思主義「人道主義化」的俗套，而是對「意識形態」理論進行深入研究，將結構主義與馬克思主義連繫起來，當代許多美學思想都被看作是「後阿圖塞主義美學」。

西方馬克思主義美學的「中期形態」，主要出現在 20 世紀中葉以後，以第一代法蘭克福學派的美學思想為主導。其中，馬庫色以「本能解放」為基本取向的「解放美學」和阿多諾以「否定辯證法」為內核的「否定美學」，都達到了其所能達到的最高地位，同時也代表了 20 世紀「社會批判美學」的最高成就。

有趣的是，第一代法蘭克福學派的領銜者都「異曲同工」地以美學作為其思想歸宿，阿多諾生前留下的最後一本專著是《美學理論》（*Ästhetische Theorie*），[364] 馬庫色也以論文集《審美之維》（*The Aesthetic Dimension*）[365] 來終其一生。他們都認定藝術是對現實生活產生「異在的效應」的「疏隔的世界」。按照這種基本觀點，藝術的基本功能，一方面對客體而言在於使藝術自身與現實他者相互「疏離」，從而使藝術成為與現實截然不同的「異在」；另一方面就主體來說，是使人透過審美與藝術的「幻象」徹底地超越和顛覆現實，從而為人們提供一條虛幻的超越之途。

直言之，在早期法蘭克福學派美學家看來，藝術就是對現實生活的「顛覆」、「拒絕」和「否定」。無論認為藝術是生活的「夢想」（布洛赫）和「贖救」（班雅明），還是後來認為藝術是對生活的「否定」（阿多諾）和「徹底拒絕」（馬庫色），儘管思路各異，但在藝術功能論上都如出一

---

[364] Theodor Wiesengrund Adorno, *Ästhetische Theorie*, Frankfurt am Main, 1970.

[365] Herbert Marcuse, *The Aesthetic Dimension: Toward a Critique of Marxist Aesthetics*, Boston: Beacon Press, 1978. 在 1977 年，這本書以《藝術的恆久性：反對特定的馬克思主義美學》（*Die Permanenz der Kunst: Wider eine bestimmte Marxistische Äesthetik*, 1977）的德文書名出版。

轍。這種觀念首先繼承了從馬克思（Karl Marx, 1818-1883）《巴黎手稿》
（*Pariser Manuskripte*）的「異化」到盧卡奇《歷史與階級意識》的「物
化」思想，他們激進地批判這類現實境況，並訴諸藝術的能量來「救贖」
非人道的現實。可以說，正因為日常生活是異化的，便更突顯出藝術的否
定力量；藝術作為反異化的力量，必然與現實生活有所隔斷。其次，「藝
術自律」，是藝術之所以能獲得否定力量的根基，是藝術作為生活「否定
之否定」的形式泉源。早期法蘭克福學派的美學特徵在於強調「藝術形
式」和「審美幻象」，儘管他們心目中的最典型的藝術形態各有不同，有
的是古典主義（馬庫色），有的則是現代主義（阿多諾）。最終，早期法
蘭克福學派的藝術救贖其實仍是一種「精神的解放」，其思想深處存在
一種「審美烏托邦」的衝動。這種觀念早在霍克海默（Max Horkheimer,
1895-1973）那裡就表述為：「自從藝術成為自律的，它就存續了從宗教中
脫胎而來的烏托邦。」[366] 此後，早期法蘭克福學派的烏托邦觀念可以明
顯地區分為兩類思想取向。一路是以布洛赫和班雅明為代表，主張神學化
的歷史觀，班雅明曾將神祕的交往體驗與猶太教救贖論連繫起來，布洛赫
則持一種「神祕主義和目的論的宇宙論」。另一路則以阿多諾和馬庫色為
代表，主張一種非神學的歷史觀，但他們表現出的強度卻有明顯差異。後
者要求以「本能革命」來替代宗教的位置，因而表現出同宗教一樣有較高
強度的烏托邦；前者則僅在藝術與既定世界之間保持了持續的對立，從而
表現為一種所謂的「弱化烏托邦主義」[367]。

　　如果說馬庫色是將精神分析模式納入馬克思主義的話，那麼，「中期
形態」的西方馬克思主義美學則呈現出「多元融合」的局面。沙特將馬

---

[366] 霍克海默：《批判理論》，李小兵等譯，重慶出版社 1989 年版，第 260 頁。譯文有改動。
[367] 沃林：《文化批評的觀念》，張國清譯，商務印書館 2000 年版，第 129 頁。

克思主義與存在主義連繫起來，將藝術視為「自由的召喚」，提出了藝術應當介入政治生活的「介入美學」觀念。「語言中心模式」的馬克思主義美學，則以巴赫金（Mikhail Bakhtin, 1895-1975）為前導，他的「多音」（polyphonic）理論和「對話哲學」在「元語言學」層面豐富和發展了馬克思主義美學，形成了「巴赫金學派」。當然，結構主義的馬克思主義美學還在發展，馬雷（Pierre Macherey, 1938-）在《文學生產理論》（*Pour une théorie de la production littéraire*）中，從生產角度提出了一種本文－意識形態的「離心結構」美學。戈德曼（Merle Goldman, 1931-）繼續將「發生學模式」融入藝術社會學當中，以「發生結構主義」的美學獨樹一幟。當然，如果說盧卡奇的美學是一種「反映模式」、阿多諾的美學是「否定認識模式」的話，那麼，馬雷和班雅明的美學就是「生產模式」，而戈德曼的美學則是「發生學模式」。[368]

西方馬克思主義美學的「晚期形態」主要從 1970 年代開始到 20 世紀末，這個時期的美學形態出現了變異性發展，同時，西方馬克思主義思想被逐漸在各個學科當中「泛化」。特別是進入 1980 至 1990 年代，這種美學思潮被逐漸捲入所謂「跨學科」的「文化轉向」浪潮之中。

在這個時期，哈伯瑪斯以其「交往行動理論」和「現代性」思想贏得了世界的矚目。在美學上，哈伯瑪斯的文學「公共領域」（Öeffentlichkeit）論，將文學作為「生活世界」的話語之思想，認為審美在文化現代性內的「中介論」，都頗有啟發意義，從而突顯了審美和藝術所本應發揮的「交往理性」的作用。當然，更多的學者將馬克思主義的視野轉向文化問題。威廉斯（Raymond Williams, 1921-1988）以「感覺結構」（*structure*

---

[368] 戴維・福加克斯：《馬克思主義文學理論諸流派》，見安納・傑夫森等：《西方現代文學理論概述與比較》，包華富等編譯，湖南文藝出版社 1986 年版，第 161－212 頁。

of feeling）為樞紐建構出一套「文化唯物主義」的美學原則。伊格頓（Terence Eagleton, 1943-）在一般意識形態中區分出「審美意識形態」（*the ideology of the aesthetic*），強調了文化生產與審美意識形態之間的有機關聯。詹明信（Fredric Jameson, 1934-）以「政治無意識」（*the political unconscious*）為紐帶綜合各派的批評方法，其所謂「辯證批評」的文化解釋學產生了巨大影響。

越臨近 20 世紀末，「文化研究」思潮獲得的支配性地位就越明顯，無論「英國文化研究學派」還是以美國為首的各種「文化研究」的探索，在對「意識形態」、「種族」、「社會階層」和「性」的深描當中，在對日常生活的實踐與意義的闡釋當中，都或多或少地接受了馬克思主義思想的影響。在這裡，馬克思主義更多的是作為一種方法論來使用，葛蘭西、阿圖塞、班雅明的思想被重新加以理解和闡發。正如德希達所指出的，直至今日，「馬克思的幽靈」幾乎仍在世界各地的思想界內普遍存在。[369]

總之，如果一定要在 20 世紀紛繁複雜的西方馬克思主義美學諸流派之間找到共同特質，那麼可以說，「社會批判美學」的主導方面就是「社會批判」，因為法蘭克福學派的早期領銜人物霍克海默在 1937 年正式提出要建立「社會批判理論」，並將之完全與「馬克思主義」一詞等同起來。然而，這種「社會批評」的性質並不僅僅囿於法蘭克福學派內部，它始終貫穿著整個 20 世紀西方馬克思主義美學思潮。更宏觀地看，在 20 世紀整個西方美學之中，產生了最重要、影響最持久的美學流派無非就是三個：「現象學傳統」的歐陸美學流派、「語言學轉向」之後的「英美分析美學」流派，還有就是繼承了馬克思主義傳統的「社會批判美學」流派。由此足見西方馬克思主義美學的顯赫地位。

---

[369] Jacques Derrida, *Specters of Marx*, New York & London: Routledge, 1994.

第一節 盧卡奇

在 20 世紀西方思想史中，盧卡奇（György Lukács, 1885-1971）作為西方馬克思主義的奠基人之一，長期吸引著人們的關注。早在 1923 年，他的《歷史與階級意識》一書在德國柏林的出版，便引發了國際範圍內兩種截然不同的迴響。一方面是第三共產國際 1924 年在莫斯科召開的第五次代表大會，會上對其進行了尖銳的批判，斥之為「理論修正主義」。另一方面法國哲學家梅洛－龐蒂在《辯證法的歷險》一書中把它看作「西方共產主義的聖經」。[370]

縱觀盧卡奇一生的革命實踐和學術研究，他無疑是繼列寧（Vladimir Lenin, 1870-1924）之後極富創造性的馬克思主義哲學家和思想家。他與當代許多西方馬克思主義哲學家相比，不同之處在於，他早年直接投身匈牙利革命，是一個堅定的無產階級革命家，在理論探索上保持著與整個國際勞工運動的連繫，始終與本國的革命事業息息相通。在學術研究上，他一直在探索對馬克思主義理論的開拓和重建。而許多當代西方馬克思主義哲學家，他們生活在資本主義社會的文化環境中，作為哲學教授或學者，缺乏與勞工運動實踐的連繫，以及對社會主義事業的整體關注。

美學研究是貫穿盧卡奇一生的主題。早在 1912 年他在海德堡大學學習期間，在德國古典哲學的啟發下便開始撰寫一部系統性的《藝術哲學》（或稱「海德堡美學」），[371]以顛倒康德的提問方式提出了「藝術品之存在何以可能？」的問題。這項研究由於第一次世界大戰的爆發而終止。半個世紀之後，他的《審美特性》一書在德國出版，這是他在完成世界觀的轉

---

[370] 參見張翼星《為盧卡奇申辯》「導言」，雲南人民出版社 2001 年版，第 3 頁。
[371] 這一書稿所完成的部分現收入《盧卡奇全集》第 16 卷。

變之後建構馬克思主義美學體系的嘗試，也是他集五十年美學研究的大成之作。正如德國美學家馬克斯‧本斯（Max Bense, 1910-1990）所說：「繼黑格爾美學之後，當今盧卡奇美學可以稱為闡釋性美學的集大成之範例，它表現出與黑格爾概念體系相符的現代化關聯。」[372] 書中他嘗試用馬克思主義的世界觀和方法論對審美和藝術在人類生活中的地位和作用做出新的闡釋。

《審美特性》是一部哲學美學著作，他試圖把各種審美和藝術現象上升到哲學層面加以分析。由此，在三種不同哲學觀的視角中，構成了反映論的、實踐論的和生存論的研究視野。

反映是馬克思主義認識論的核心範疇，反映論涉及物質和社會存在的第一性與精神和社會意識的第二性，這是哲學唯物主義與唯心主義的基本分水嶺。正如馬克思和恩格斯（Friedrich Engels, 1820-1895）所指出的：「意識在任何時候都只能是被意識到了的存在，而人們的存在就是他們的現實生活過程。」[373] 審美作為精神現象，正是人們對現實反映的獨特方式之一，由此確立了「審美反映」的概念。盧卡奇把審美反映與科學反映作為人類精神活動的兩極。審美反映是「由人的世界出發，且目標就是人的世界」[374]。這就決定了審美構成的擬人化特性，它是傾向激發情感的，因此趨向主觀性。與此相反，科學反映則是非擬人化的，它要擺脫個體感官和情緒因素的影響而趨向客觀性。審美反映與科學反映的這種單一性特點與日常生活的反映形式形成了明顯的區別，但它們卻是由日常生活的需要所引發，並且是自日常生活中逐漸分化出來的對象性形式。

堅持反映論，就必然涉及模仿原理。所謂模仿，是把對現實的一種現

[372] Max Bense, *Aesthetica: Einführung in die neue Aesthetik*, Agis, 1982, S, 204.
[373] 參見《馬克思恩格斯選集》第 1 卷，人民出版社 1972 年版，第 30 頁。
[374] 盧卡奇：《審美特性》（德文版）第 1 卷，柏林／魏瑪建設出版社 1981 年版，第 20 頁。

象的反映移植到自身的實踐中。盧卡奇指出:「將人類為生存所不可或缺的
經驗維持和傳遞下去只能靠模仿來進行。它對於固定條件反射是必不可少
的,因為要適應環境、支配自己的身體和自己的活動。作為支配環境的重
要手段之一,模仿是最有成效的方法。」[375] 盧卡奇把模仿原理看作是審美
和藝術形式的重要根源。他認為,情感激發和模仿在人的日常交流中的密
切結合,是人的感官形成的基礎。與亞里斯多德的模仿說不同,他強調了
藝術模仿要經過複雜的、遠離的中介系統,它具有選擇性和主觀創造性。

堅持反映論的觀點,並非把審美等同於認識。盧卡奇明確指出,既不
能像萊布尼茲(Gottfried Wilhelm Leibniz, 1646-1716)或黑格爾那樣,把
審美降低為認識的前期形式,也不能像謝林那樣,把認識看作審美的前期
形式。審美和認識作為兩種迥然不同的行為取向,導致了藝術和科學這兩
種不同的精神成果。有人以音樂缺乏映像性作為反對反映論的根據。盧卡
奇指出,不應把藝術的反映特性與表現性完全對立起來。音樂反映的是人
的內心生活,即情感生活。但是,音樂不是情感表現本身,而是情感表現
的藝術再現。

實踐作為人的本質的存在方式,說明人不僅是社會實踐的主體,也是
社會實踐的產物。人的主體性,包括人的認識能力和審美能力,都是在從
事對象性的實踐活動的歷程中逐步形成和發展的。盧卡奇正是以人的日常
生活和勞動為基點,從歷史與邏輯相統一的方法中揭示出審美發生學的機
制。這說明人的審美感受性,以及審美對象本身都是社會發展的產物。

人的審美活動的形成,既是人的一種新的對象性形式的確立,也是人
類自身心理的一種文化建構。這裡關係到兩方面的問題:一方面是作為人
的美感基礎的形式感是怎樣形成的;另一方面是為什麼對於形象的觀照和

---

[375] 盧卡奇:《審美特性》(德文版)第 1 卷,柏林╱魏瑪建設出版社 1981 年版,第 295 頁。

體驗能夠成為審美活動的中心。

　　傳統的美學把人的感覺的屬人性質視作一種既成事實，或者視作人類知性認識的成果，由此使形式感形成的機制被排除在美學研究的視野之外，造成美學理論的一大死角。盧卡奇則在書中著重考察了節奏、比例和對稱等形式美要素以及裝飾紋樣的審美發生學過程。他考察的切入點便是作為日常生活中心的勞動。

　　藝術和審美的形成期處於舊石器時代晚期到新石器時代的整個過程中，這一時期巫術觀念及其實施成為史前人類的世界觀和社會生產及生活的組織形式。藝術和審美便是在社會實踐的基礎上由日常生活的需要而引發的，但是它的出現卻不是人事先所能意識到的。盧卡奇在本書扉頁上引述馬克思在《資本論》中的一句話：「他們沒有意識到這一點，但是他們這樣做了。」說明人的活動在先，而意識是後來才產生的，這是一個由巫術模仿向藝術和審美的轉化過程。

　　盧卡奇指出，在巫術模仿中，其形象的內容和形式是由巫術目標所確定的。在內容上，由於將某個生活事件從日常生活的整體中選擇出來，按照人為的目的進行安排和表現；在形式上這種模仿形象使人感受到的東西不再是生活本身，而只是現實的一種映像。它由此中斷了反映對象與現實生活的直接連繫，接受者知道這個形象的整體並非現實，但在具體細節上卻會與自身經驗相比較，從而使其產生情感激發作用。當巫術觀念逐漸淡化以後，審美活動便從巫術的外衣中分化出來。由此可見，盧卡奇的審美發生學理論與傳統的巫術說和勞動說都有實質的區別。

　　此外，盧卡奇的美學還展現了生存論的維度。他指出：「審美表現為一種人的確立方式。」[376]也就是說，它是人的生存方式的有機組成部分，

---

[376] 盧卡奇：《審美特性》（德文版）第 1 卷，柏林／魏瑪建設出版社 1981 年版，第 503 頁。

由此他把人的日常生活世界作為美學研究的邏輯起點和終點。因為日常生活不僅是個體再生存的集合體，而且也使社會的再生產成為可能。這裡展現了個體生存與社會整體生存的統一性，他的美學研究不僅是從現實生活出發的，而且是為現實生活服務的。他把審美本質歸結為對於世界的一種人性審視，成為對人類的一種自我意識。

這是一本闡釋性的美學著作，其內容是以哲學本體論和唯物辯證法來建構的，具有歷史體系的、辯證的、分析綜合的特點。首先，盧卡奇認為審美並不涉及任何精神實體，不應用實體性思維的方法來研究；其次，審美能力作為人的主體性特徵，是一種關係性和過程性的存在。人的文化心理的建構和審美的精神內涵的形成，與其說是人類學的，不如說是一個社會歷史進程。在論證的方法上，他不停留在概念的抽象性上作籠統的定義，而是在不同層次和視角的展開中加以規定。這無疑也增加了閱讀的難度。

一、審美與日常生活的關係

從人的日常生活切入來闡釋美學問題，是《審美特性》的一大特色。在該書的前言中，盧卡奇明確指出：「如果把日常生活看作是一條長河，那麼由這條長河中分流出了科學和藝術這兩種對現實更高的感受形式和再現形式。它們互相區別，並相應地構成了它們特定的目標，取得了具有純粹形式的 —— 源於社會生活需要的 —— 特性，透過它們對人們生活的作用和影響而重新注入日常生活的長河。這條長河不斷地以人類精神的最高成果持續發展，並使這些成果適應於人的實際需要，再由這種需要出發作為問題和要求形成了更高的對象性形式的新分支。」[377] 這就是說，審美

---

[377] 盧卡奇：《審美特性》（德文版）第 1 卷，柏林／魏瑪建設出版社 1981 年版，第 7 — 8 頁。

和藝術是來自於生活並回歸於生活的。因此「只有在人類生活的發生、發展、內在規律性及其根源的動態關係中，才能推導出人對現實進行科學和藝術反映的特殊範疇和結構」[378]。可以說，日常生活構成了盧卡奇美學的本體論基礎。

人們從事生產勞動，由此實現了社會與自然界的物質交換，它是人們生活的物質基礎，也構成了日常生活的核心內容。勞動的各個環節確定了那些作為日常生活、日常思維和日常反映的基本因素。它們具有以下特徵：其一，日常生活的動機往往具有表面性和變動性。在決定行動時，往往是習慣和傳統起決定作用。其二，日常思維中的思維往往與實踐具有直接連繫，很少出現中介環節。其三，日常實踐具有自發的唯物主義傾向，否則人們無法應對現實的事件。其四，日常思維經常利用類比進行推論，而較少運用因果關係來推論。就此，黑格爾指出，「以類比形式來理解世界，會通向審美反映的方向」[379]。

在日常語言的動態結構中，表現出社會發展和人類實踐的普遍本質特徵。人們是從直接設定的目標出發行動的，在這一過程中會形成一種物質─精神的工具結構。這種工具結構所包含的東西要多於人直接有意識地置於其中，它是由直接活動所形成的，結果使潛在的東西逐漸成為顯在的，使行動超出直接的意圖。這是事物的客觀辯證法所固有的、尚未被主體所掌握的環節。

日常生活的另一個重要特徵是，投入生活的是一個完整的人，這與美學史上康德等對人的「心意能力」的肢解不同。黑格爾雖然反對過這種對人意識能力的肢解，但是他在自己的體系中仍然存在直觀─藝術、表象─

---

[378] 盧卡奇：《審美特性》（德文版）第 1 卷，柏林／魏瑪建設出版社 1981 年版，第 8 頁。

[379] 盧卡奇：《審美特性》（德文版）第 1 卷，柏林／魏瑪建設出版社 1981 年版，第 48 頁。

宗教、概念—哲學這種形而上學的等級劃分，只有辯證唯物主義透過存在先於意識確立了統一，而辯證地理解完整的人是在活動和對外部世界的反映中實踐主體，才能徹底克服形而上學唯物主義所堅持的、反映現實的那種機械論。顯而易見，在每一種人的活動中，所有人的能力是有機合作的。但這種合作不是以毫無問題、相互促進和必定和諧的形式進行，而是處於實際的矛盾性之中。形而上學地分解出各種「心意能力」的學說，並不是科學上錯誤的道路或個別思想家的過失，而只是現實某一側面的反映或這種反映發展出的某一階段。

盧卡奇認為，海德格對日常生活的批判是置於在者與存在的脫離上，這種指責不是浪漫主義—歷史的，而是神學的。它是基於齊克果的非理性主義神學觀的基礎上。海德格稱「此在」在它固有存在中的這種「活動性」為墜落。「此在」由自身墜落到自身，處於非固有日常性的無根基性和空虛性之中。這種悲觀主義把日常生活變成了毫無希望的沒落領域，也歪曲了日常性的本質和結構，並使之貧乏化了。這樣一來，日常生活就變成由使人畸變的異化力量所支配。

總之，日常生活是一種不同質的行為方式的綜合體，它是以實踐即有目的的功利活動為基礎的，同時存在著與藝術（審美）和科學的互動關係。認知和體驗活動從日常生活中分化出科學和審美活動，科學和藝術的成果又不斷流入並豐富了日常生活和日常思維。從而使這些成果融合在日常生活中，並成為日常實踐中經常起作用的因素。由此可以看出，審美（和科學）具有單一化的特質，而日常生活則是不同質的活動構成的綜合體。兩者的互動關係絕非一種同質化過程。因此，不論是「日常生活的審美化」，還是「審美的日常生活化」都是一種偽命題，它混淆了審美與日常生活在質上的非同一性。

二、審美的實質是對人類的自我意識

　　人類是以其實踐性和意識性而有別於動物界的。人類自我意識的形成，經歷了漫長的過程。早期的人類是與大自然融為一體的，處於物我不分的狀態。原始人的生命觀是綜合的，而不是分析的，自然和生命在他們眼中都不是界線分明的不同事物，而是一個連續的整體。因此在他們的認知中，並沒有把自身與外物明確區分開來。氏族社會（約五萬年前）的出現，使原始人類開始以群體方式面對大自然，由此逐漸形成了群體的自我意識，但個體與部落仍然是融為一體的。個體自我意識的萌生是隨著私有制的出現開始的，奴隸制社會的形成使個人完全分化開來。第一人稱代詞（我）的出現，表明自我概念已經確立。[380]

　　自我的概念表明人的個體存在具有同一性。「自我作為既有肉體持存性又有意識私人性的我的存在，在另一個角度上看，就是人的這個存在。」[381] 個體自我意識的發生，展現在兒童感知自己身體動作的活動中，由此形成機體水準的自我意識，在這裡身體圖式對人的空間定向和隨意運動發揮協調作用。人的身體形象使人把身體看作「我」的界限，從而能分辨出主觀內在世界和外部客觀世界；由此也把身體看成一定社會意義和社會價值的載體。自我概念則是經過與他人的對照和他人無數次的評價才形成的。由此在自己頭腦中能把自己描繪成區別任何其他事物的客體。

　　盧卡奇指出：「如果我們要正確評價審美的特性，那麼審美的這種本性應該被確認為表達人類自我意識的最恰當形式。」「構成審美的自我意識與在黑格爾的精神現象學中單純而抽象地出現的自我意識相比雖然有許多不同，但是由黑格爾所強調的差別與無差別的辯證法仍然是作為人類自

---

[380] 參見維之《人類的自我意識》，現代出版社 2009 年，第 4 頁。
[381] 曾志：《西方哲學導論》，中國人民大學出版社 2008 年，第 184 頁。

我意識的審美主觀性出現的極其重要的契機。」[382]

　　審美作為人類的自我意識，是說明人透過對外在世界的審視來反觀自身，從而形成與世界相關的自我感覺和體驗。也就是說，審美需要是人「對世界進行體驗的需要，它是實在而客觀的，同時與人（人類）的存在的最深刻的要求相應。」[383] 藝術作為審美意識的集中展現，它所關注的是人的世界。「藝術的使命在於創造一個適應於人和人類的世界。」[384] 在這裡，對象意識與自我意識既相互區別，又相互關聯。它是以外部的對象意識為條件，對物我差別的揚棄，是反思客體的結果，從而達到主客同一性的運動。

　　審美具有擬人化特徵，它是從人的眼光來看待事物的，並且透過人的體驗產生激發情感的效應。這與科學反映是迥然不同的，科學認知是要盡量排除個人感覺和情緒色彩的影響，保持其客觀性，因此是非擬人化的。從擬人化的角度看來，審美具有趨向主觀性的傾向；但審美又是對世界的審視和體驗，它又必須具有實在性和客觀性，要與人和人類存在的最深刻的要求相呼應。這就要求其主觀性和客觀性同時提高到超越日常生活的水準，這一點正是透過這兩者的相互結合來達成的。因此，審美反映一方面始終是在與人的主觀性不可分割的連繫中，去掌握客體以及其整體性；另一方面，對於客觀世界不僅要按其本質，而且以其直接的表現形態固定下來並加以顯現。所謂直接的表現形態就是按照日常生活中的感性直接性呈現出來。

　　因此，藝術作為審美的集中表現，它的模仿特性首先展現在以下兩個方面：一方面要忠實於客觀的存在及其本質，忠實於它的各種連繫和整體

---

[382] 盧卡奇：《審美特性》（德文版）第 1 卷，柏林／魏瑪建設出版社 1981 年版，第 580 頁，第 571 頁。

[383] 盧卡奇：《審美特性》（德文版）第 1 卷，柏林／魏瑪建設出版社 1981 年版，第 523 頁。

[384] 盧卡奇：《審美特性》（德文版）第 1 卷，柏林／魏瑪建設出版社 1981 年版，第 517 頁。

性；另一方面，每一對象應以其直接的感性表現方式塑造出來，即藝術塑造要回到生活的直接性中，或者說藝術塑造出一種第二直接性。

在審美中，包含了贊同與否的鮮明態度，這使每一種審美的對象性區別於日常生活所面對的對象。在人們日常生活的情況下，事實與價值判斷是獨立的，而對於審美的形象或藝術則帶有主觀的傾向性。也就是說，在審美的和藝術的形象中不存在日常生活中客觀事實與主觀價值判斷的二重性。

審美作為對人類的自我意識，涉及個體意識與類意識的關係，或者說審美主觀性與類意識的關係。就生活而言，馬克思不同意把個體與類分割開並使之相互對立。他說：「人的個人生活和類的生活並非各不相同，儘管個人生活的存在方式必然是類的生活中較為特殊或普遍的表現，而類的生活必然是較為特殊或者較為普遍的個人生活。」[385] 盧卡奇認為，在理解個人意識與類意識之間的關係時，存在兩種困難：其一，如何才能達到對個體性的自我揚棄，這當中並沒有具體的標準。藝術創作的成功與否「正是取決於，他是否能擺脫自身中僅僅是個體的東西，並不僅去發現和闡明在自己本身中屬於類的東西，而是要使人體驗到作為他的個性的本質，作為他與世界、與歷史、與人類發展的特定時刻以及活動前景的關係的組織中心 —— 也就是對世界本身反映的最深刻表達」[386]。這就是說，他要保持一定的客觀性，使他的個性成為他與世界、與歷史、與人類發展的特定時刻以及活動前景的關係的組織中心。其二，「人類意識完全無法主觀－直接地給出，或者至多只能事先憑藉空想來給出。人們對社會連繫的體驗是直接透過如家庭、家族、氏族、社會階層、階級和民族、國家等，而不是或者很少是直接把個人作為類的單位」[387]。人是社會中的人，作為類

---

[385] 馬克思：《1844 年經濟學哲學手稿》，人民出版社 1979 年版，第 78 頁。
[386] 盧卡奇：《審美特性》（德文版）第 1 卷，柏林／魏瑪建設出版社 1981 年版，第 550 頁。
[387] 盧卡奇：《審美特性》（德文版）第 1 卷，柏林／魏瑪建設出版社 1981 年版，第 552－553 頁。

存在物的人是透過自己具體的個性為媒介，表現出與家庭、階級直至國家的關係和影響。因此審美主觀性的豐富和深化，只有透過對實際客觀世界的深入領會才能達到。

　　由此，盧卡奇得出結論：「唯有確認人類的自我意識，才能從哲學上說明審美反映的特性。」[388] 在這裡，不論對於人性或人類的屬性，都不該採取超歷史的方式將其概念固定化。馬克思首先把類看作是社會－歷史不斷變化的結果，既不是發展過程中抽取出來的僵死的普遍性，又不是與個別性和特殊性完全對立的一種抽象。它處於不停頓的過程中，是人類共同體中相互關係的不同結果。總之，把審美活動界定為對人類的自我意識，這說明審美不是一種單純對私人生活的體驗，因為任何人都是生活在社會之中，人的生活際遇總是在特定社會背景下由一定社會環境中展現出來的，它包含個人與他人的關係以及與整個人類共同體的關係。所以，審美的體驗既包含個體性內容，又包含超越個體性的內容。這正如席勒（Friedrich Schiller, 1759-1805）所說：「只有美，當我們同時作為個體又作為類，也就是作為類的代表時才能享受到它。」（《美育書簡》第 27 封信）這也為美感與快感的區分，劃出了一個原則的界線，即美感必然具有超越個體性的內涵。

三、特殊性是審美的結構本質

　　個別性、普遍性和特殊性是用於表徵客觀現實諸對象之相互關係和聯結的本質特徵的範疇。所謂個別性，是指單一性的存在，具有直接性和不可言說的性質，但它又是與普遍性相關而存在。普遍性即指事物的共性或一般性，它不脫離個體而存在。普遍性涉及事物的內在本質，只有理解環

---

[388]　盧卡奇：《審美特性》（德文版）第 1 卷，柏林／魏瑪建設出版社 1981 年版，第 582 頁。

境的普遍原理，人才能支配環境，從而掌握自身的命運。語言便是透過概念性語詞實現普遍化過程，完成了對類或屬的抽象。例如「人」是一種具有最大普遍性的類概念，它既包括老年、青年，也包括兒童。特殊性是介於個別性與普遍性之間的中間環節，它既是個別性通向普遍性的橋梁，又是兩者之間的中介。個別性是不會脫離現象的，如果思維指向本質，那麼它必定追求普遍，而特殊性便成為一種中介。它一方面防止普遍化過程過分抽象地脫離現象的個別性，又使其能夠在所達到的本質中真實而具體地包含個別性。

　　盧卡奇指出，「藝術作品作為審美領域的中心產物，實現了人的內在性與外在世界的有機統一，人的人格與他在世界上的命運的有機統一，從而使這兩個極端被揚棄達到一個人的世界和人性的世界」。……「它們一方面將阻止普遍化過程過分抽象地脫離現象的個別性，另一方面在普遍化所達到的本質中能真實而具體地包含個別性」。[389] 由此可以說明，特殊性是構成審美的中心範疇，它使個別性和普遍性都揚棄在特殊性之中。例如，夏丹（Jean-Baptiste-Siméon Chardin, 1699-1779）的靜物寫生，不僅表現了對象的整體，而且表現了 18 世紀中葉法國國民與他自身環境所處的狀態。在每一部藝術作品中，這種「此時此地」的不可排除的性質說明，不可能由普遍性範疇所主導。這種作品的「此時此地」，成為特定歷史階段的表現，已經不是作為個別性被保留下來，而是經歷了一種普遍化，具有了特殊性的內涵，由此固定下來的東西才表現出此時此地的社會、歷史含義。

　　藝術作品是將審美反映客觀化地表達出來，它本身要構成一個自身封閉的，同時又是自身完整的整體，這個整體就是藝術的「自身世界」。藝

---

[389] 盧卡奇：《審美特性》（德文版）第 2 卷，柏林／魏瑪建設出版社 1981 年版，第 212－214 頁。

術無法反映任一客觀現實的外延整體，它要將它轉化為藝術形象的內涵整體。即「在一個具體的各種對象和關係的總體中，把自身局限於各種規定的內涵整體上」。在這裡，「特殊性是奠定了這樣的每一種內涵整體性基礎的原理」[390]。如果審美反映致力於達到藝術形象的內涵整體和內涵無限性，那就需要透過特殊性的內在辯證法加以組織，在新的審美直接性中建構出各種界定感性直接的系統。

從認識論的意義上說，反映事物本質的普遍性範疇往往是經過抽象概括的某種認識的結果或結論，它具有非擬人化的特點，不可能具有審美效應。藝術所塑造的人物形象和命運，必須是世俗生活的、感性具體的，並且是立足於藝術作品產生時代的「此時此地」。另一方面，它也不能停留在個別性的不可言傳的狀態，不能停留在其個體的自身依存性和以自身為依據的狀態，要使每一個別事物超越個別性自身，使隱含在個別事物中的各種規定廣泛地普遍化，展現出與人類的相關性，這種普遍化就構成了特殊性。這就是藝術中的典型。

在藝術作品中，不僅存在人物的典型，也存在典型的環境、典型的過程和典型的關係。如果典型化涉及的是認識過程，那麼必然形成盡可能的普遍化，即把典型提高到一般，其中個別性和特殊性被盡可能地抽象，結果得到最小限度的典型。相反地，在藝術中則是要把人的自我認識提高到對人類的自我認識，加以普遍化並把個別性納入綜合的連繫中，成為社會所限定的目標，由此典型化一方面獲得了多樣化特性（如巴爾札克所描寫的錢商、托爾斯泰或契訶夫筆下的官僚政客）；另一方面，典型不是揚棄，而是相反地深化了在生活裡所出現的與個人的統一。在擬人化反映中，人物、環境和過程之間形成了相互補充、相互對比的典型，其中個別與普遍

---

[390] 盧卡奇：《審美特性》（德文版）第 2 卷，柏林／魏瑪建設出版社 1981 年版，第 217 頁。

化、個別與典型以及個別與特殊的不可分割的統一構成了它的基礎。

　　藝術所塑造的各種典型之間產生一種系統性的連繫、一種不同的層次，但這種系統性和層次性並不脫離其具體的土壤，其個體的獨特性仍會在藝術作品中顯現出來。這種系統性和層次性成為塑造一個「人的世界」的直接激發情感的手段。

　　藝術作品正是以這種方式組成了以特殊性為代表的「世界」，其中必然揚棄了普遍性和個別性，這兩者只是作為特殊性的構成要素存在並產生作用。以普遍性在特殊性中的消融為例：當人們孤立無援地面對其環境時，他們不可能在其個別性中掌握內在於它的普遍原理，從而在主觀上和客觀上支配這一環境。提高對這一普遍性原理的認識和理解，才能產生支配環境的力量，而這便直接涉及人和人的命運。透過對這種普遍性事物的掌握，將其作為思想力量並作用於人的具體命運，這便完成了普遍性在特殊性中的揚棄。

　　那麼個別性如何揚棄在特殊性之中呢？福樓拜（Gustave Flaubert, 1821-1880）在談到寫作時曾經指出：「若想要揭示出人們還沒有看到或表達過的層面，關鍵就在於要長久地、充分地注意並觀察你所要表現的東西……為了在一個平面上描繪出一團火焰、一棵樹，我們就要這樣長時間地觀察，直到對於我們來說，再沒有別的火焰和樹是與它們相同時為止……總之，我們必須指出，拉著馬車的這匹馬與它前後的其他馬匹在哪裡是不同的。」[391] 盧卡奇指出，這實際上要求藝術對每一個別事物的孤立的直接性加以審美地固定，而忽視了使這些特性自身展開的那些關係。這樣的藝術必然是自然主義的三流作品。而托爾斯泰在《戰爭與和平》中描寫安德烈‧保爾康斯基在不同年代和相異的自身生活境遇中所看到的那

---

[391] 盧卡奇：《審美特性》（德文版）第 2 卷，柏林／魏瑪建設出版社 1981 年版，第 233 頁。

棵節狀隆起的老橡樹，是在人物命運的自身變化中，從這種相互關係中產生出對象自身的不同藝術面貌。這就把個別性提升到特殊性範疇了。

各種藝術由於使用的媒介不同，其所形成的對象組合或對象性，在審美上表現為確定或不確定的形式。個別性、特殊性和普遍性之間的辯證區分和相互轉化，基本上是適用於並貫穿在每一種確定的對象性之中。每一種藝術作品的外在與內在的統一都具有其獨特的表現方式，以造型藝術為例，其外在的表現，即由視覺同質媒介直接表現出來的東西，具有一種確定的對象性，而其內在的（內涵）則具有不確定的性質。因此，外在事物的造型只能實現某種個別性在特殊性中的揚棄。在各種純粹視覺表現的對象中，不可能使普遍性具體揚棄在特殊性之中。在造型藝術中，不確定的對象性正好具有這種審美功能，透過對於作為人的存在力量的普遍性，並透過將其同時揚棄在特殊性中使範疇完善化，將有助於在審美反映中表現出內在事物與外在事物構成不可分割的辯證統一這一真理。在造型藝術中，不確定的對象性與普遍性的連繫可以創造出隱喻，這是藝術作品獲得普遍性的最適當領域。歌德曾經指出，「隱喻將現象轉化成一種概念，將概念轉化成一種圖像……」由此可以使其獲得整體的無限內涵。

在建築的世界中不會出現嚴格意義的個別性事物，建築是按普遍性法則（力學規律）所確定，這是一個由普遍性支配的領域。當由認知所建立的結構，轉化為具體的、激發視覺的獨特空間造型，實踐的這些連繫顯示出激發視覺的效果時，便將直接可見的普遍自然力塑造為人的生活力量。它就具有了審美性質。這種由普遍性向具體可見性和直接地激發視覺效果的轉化，便意味著普遍性向特殊性的轉化。

對於音樂來說，它的純粹內有性獲得了一種完全確定的形式，而其具體內容、它的由內在和外在世界具體確定的基調只能表現為不確定的對象

性。音樂從一開始就揚棄了單純的個別事物，又揚棄了空泛的普遍事物，它是真實地包含著、真正反映世界的，並用以示範地反映人的內在性的真正中項。

當然，藝術創作對特殊範疇的關注並非始於盧卡奇。早在《格言與感想》一書中，歌德就指出，詩人究竟是為一般而找特殊，還是在特殊中見出一般，這中間有一個很大的區別。由第一種程序產生出寓意詩，其中特殊只作為一般的例證或典範；但是第二種程序就是詩的本質；它表現一種特殊，並不想到或明指一般。誰若是生動地掌握住這個特殊，誰就會同時獲得一般，但他當時卻意識不到，或事後才意識到。正是盧卡奇，將這一思想上升到哲學，並將特殊性確定為審美的結構本質。

四、美學的心理學和符號學視域

對於審美現象的研究，只側重其產生和發展的社會－歷史狀況是不夠的，盧卡奇認為，還需要從心理學角度揭示出審美過程在每個人那裡是怎樣產生作用。鑑於狄爾泰（Wilhelm Dilthey, 1833-1911）的描述心理學、完形心理學和佛洛伊德精神分析學缺乏足夠的科學根據，盧卡奇選擇了巴夫洛夫（Ivan Petrovich Pavlov, 1849-1936）的心理學作為依據，因為它有充分的生理心理學的科學基礎。由此，他在條件反射（第 1 訊號系統）與語言（第 2 訊號系統）之間確立了一種新的符號系統，即第 1 訊號系統，作為考察的對象，由此他在心理學考察的同時，也探索了表象符號系統的構成。

巴夫洛夫曾經提出過人的類型學說，把思想家類型與藝術家類型作為兩極，認為藝術家的活動不是基於第 2 訊號（語言）系統，而是基於第 1 訊號系統，這就等於把藝術思維降低到訊號活動即條件反射的水準（動物水準）。盧卡奇敏銳地發現了這一學說的問題，指出語言（符號）的出

現在人的感覺與人的行為反應之間建立了一個以理解為基礎的中介系統，從而才發展了人的思維，並為人打開了一個意義的世界。如果說語言是符號，即訊號的訊號（第 2 訊號系統），那麼直觀的表象也可以成為符號。他把這種符號稱為第 1 訊號系統，即由直觀表象構成的符號系統。

　　第 1 訊號系統即表象符號系統，是在人們的勞動生活中形成的，由此發展了人們的想像力。作為第 1 訊號系統的條件反射，具有感性直接性的特點，而作為符號系統的反射卻具有本質的特性，它包含了對意義的理解。在這裡，條件反射、聯想作用成為想像的單純素材。想像力可以自由地接通各種條件反射和聯想，使它們在人身上產生作用並在一定情況下被動員。條件反射、想像、思維在人身上是不斷相互轉化的，即使是最自覺的思想家或藝術家也往往不知道，在現實中哪些是依靠了想像，哪些是依靠了思考的作用。

　　語言和表象符號系統都脫離了無條件反射和條件反射為人們提供的那種直接性，所以，這兩種符號系統對外在世界和人的內心世界的具體對象性的接近，可以比無條件反射和條件反射做得更具綜合性、更深入、更豐富以及更多。然而這兩種符號系統的對象性的意向作用是完全不同的，語言從一開始就完成了抽象（語詞），從而接近於概念性；而表象符號系統則始終受感官印象的直接制約，甚至是強化。這種印象從而使其在實際直接性中所隱含的對象性，以獨特的方式被意識化並被體驗到。

　　例如笑可以作為無條件反射而存在。當人被搔癢時，人就會笑。生活中可以把笑簡單地看作是條件反射的作用，當人們看到某種認為滑稽或可笑的事時，就會發笑。但是笑也能傳達人的感情、態度或行為方式，而成為一種符號。在這裡，第一，每一種笑都有極其不同的取向，人們可能出於贊同或反對而發出善意或敵意的、讚賞或輕蔑的笑；第二，笑的特徵不

僅表現在它的誘發動因上，也表現在與笑的對象的關係上，並與主體本身不可分割；第三，笑還表現出其社會－歷史特性，隨不同的時代和地域而有所變化。

　　藝術的產生，必須具備一定的生活前提為條件。如果人們不能在生活中透過彼此交往並激發情感，形成完全理解這種作用的感受能力，那麼便不可能產生任何藝術。在人們的行為中，對於運動、表情、聲音和音調等的理解，像語言一樣，同樣是不可或缺的。這些正是構成表象符號系統的內容。巫術模仿所設定的目標是要實現雙重的作用，一方面是對超驗的魔法的感應，另一方面是激發觀眾的情感。脫胎於巫術的原始藝術與生活之間所產生的最終分界線正是在於，在生活中人們始終是面對現實的，而在藝術中人們只是面對現實的模仿映像。也就是說，審美是一種觀照活動，在審美的構成物中直接排除了實踐。這提高了表象符號系統的作用，使它成為藝術模仿的主導性、引導性和規定性的力量。藝術同質媒介的形成，使條件反射和語言符號系統都從屬於表象符號系統之下。

　　由表象符號系統所表徵的精神事件，與透過語言或訊號活動（即直接的感官接收的資訊）所表徵的精神事件有三種不同的特徵。第一，它所產生的激發體驗返回到現實，它們面對的是現實的本質，排除了偶然因素的干擾，以更集中的形式表現出來；此外，這種體驗具有終極的側重點。第二，表象符號系統所完成的客觀化並不排除被反映世界的主體相關性。如語言所表徵的對象（如狗、桌子等）是獨立於思維主體而存在的。而表象符號所呈現的現實映像卻是從屬於接受主體的世界。第三，這一主體是社會的主體，因此它不僅是自在的，而且是自為的存在。與主體相關的可理解性不可能脫離對象的社會性以及它的體驗的社會性。正是從藝術心理學的社會性出發，才能理解藝術的自律存在以及它的發展。

　　表象符號系統在藝術中的作用與在生活中的作用的不同之處，正是在於它的固定化。作為藝術媒介，創作者把他對世界的激發反映與它自身的身體－精神存在分離，賦予它終極的形式，而感受者面對的不再是一種轉瞬即逝的、不可重複的事件。在這裡，藝術媒介發揮了以下三種作用：第一，對現實的反映在感覺上被限定化和專門化，使其具有可看性或可聽性。第二，將世界的這一特殊方面提高到與人具有深刻關聯的普遍性水準。第三，這種普遍化不是作為概念完成的，而是以典型的方式直觀化。這種典型是以它的新異性、不可重複性和特殊性作為特徵的。在這裡，不可重複性構成了藝術創作的本質特徵，它成為人類永久的占有物。

　　藝術創作中意識性與無意識性的關係是一個需要特別關注的問題，過去的人們對此並未深入研究：一方面忽視了心理現象與構成其物質基礎的生理現象的連繫，把心理現象對生理現象的獨立性作為方法論的中心；另一方面忽視了個人心理與他的社會存在的不可分割性。精神分析學派的深層心理學研究，又把無意識無限度地偶像化和神祕化了。這些都會影響對意識性與無意識性關係的正確認識。

　　在思想史上，曾經有把意識與無意識作為獨立的、被分隔開的整體並產生作用的觀點。康德是以否定的方式把無意識作為完全缺乏意識性來看待的，而謝林則把無意識看作謎一樣的、似乎決定一切的力量。康德的美學理論中有許多觀點是直覺上正確地發現了真理，而在說明中被歪曲了。他將意識性完全與概念的、甚至科學的可表達性等同。

　　條件反射便是人們意識性與無意識性相互作用的結果，人們往往可以把許多具有充分意識性的活動轉化為無意識的功能。這在身體訓練和藝術技能的掌握中是屢見不鮮的。因此在這裡，無意識的東西完全是文化的產物，是人有意識指向的活動，絕不是作為自然本質的人的特性。直覺的現

象往往是有意識思維過程的無意識持續，它的「突發性」只是在心理學意義上作為特定時刻由無意識中非預期地出現；然而在事實－內容上，在有意識的思維努力與直覺之間存在一種明顯的連續性。

藝術作為對現實的反映只能是有意識、有目的地創作的結果，其目的是透過同質媒介在新的直接性中使現象與本質相吻合，創作衝動可能是直覺的結果，即這種萌芽的顯現，但其後只能由所具有的目標意識來捕捉，並靠自覺的創作來完成。當然，這種意識性最初不一定能獲得思維或語言的表達。

五、藝術的反拜物化使命

馬克思在《資本論》中明確提出了資本主義商品經濟所存在的拜物化傾向對社會意識形態所造成的深刻影響，即由於把生產者跟總勞動的社會關係反映成存在於生產者之外的物與物之間的社會關係，由此使人們自己的社會關係也表現為物與物的關係。盧卡奇認為馬克思的發現對於藝術理論具有巨大的意義，對拜物化的態度成為進步的與反動的藝術實踐的分水嶺。他同時認為，真正的藝術按本質說，應內在地含有反拜物化的傾向。

他指出，在現代資本主義社會中，人們生活在一種完全物化的世界裡，它的動力機制摧毀了在人與社會之間的一切具體的中介環節，由此他與他同時代的人、與其各種不同方式的總體性的具體關係被簡化為單純個體性與經濟－社會所成就的抽象之間的直接關係。這種人的關係是抽象的，同時具有個體的特性，由各種極其不同的觀點看來 —— 從對技術發展的盲目樂觀直到最具疑問的文化批判 —— 這一事實是正確的。

萊辛（Gotthold Ephraim Lessing, 1729-1781）時代雖然還不了解拜物化的概念，但是在他的文藝評論中已經涉及反對文學反映對現實的拜物

化，並且把人與人的關係放到文藝創作的中心。在分析《荷馬史詩》時，萊辛指出，其中根本找不到任何對海倫外貌的具體描寫，荷馬只是表現了海倫的美對特洛伊長老們產生了怎樣的影響。這絕不是因為荷馬缺乏這種感性的塑造能力，也不是使文藝保持某種感性抽象性；此處的細節描寫會成為一種冗餘規定，它會干擾對作品整體性的體驗和理解，這些都涉及不確定的對象性這一問題。

這種拜物化不僅反映出物的關係掩蓋了人的社會關係，由此而扭曲了人對社會的認知，並且反映在人的時空觀念中，它直接影響在藝術創作中對時空關係的理解。康德曾經將時空關係作出形而上學的分割，這本身也構成對時間和空間的拜物化。盧卡奇指出，繪畫媒介的空間－視覺同質性或音樂媒介的時間－聽覺同質性，其自身並不存在空間性與時間性的僵化對立，所以在構成反映客觀現實整體性的感性形象時，必然包含某種準時間或準空間因素。正如萊辛在《拉奧孔》中提到的，對運動的表現要抓住「豐富的瞬間」。這就是要在繪畫中把時間性要素加入審美感受性之中。在這一整體性的表現中，要把準時間要素（即此刻之前和此刻之後的連續性內涵）轉化到純粹可見性的同質媒介中。

要使藝術對於人的直接－感性的內在世界和人的環境擺脫拜物化，首先涉及內在性與實體性的範疇：內在根據和外在表現是說明事物特性的一對概念。內在性是這樣的範疇：它可以表現出特定的個體與其所屬的更高層次的秩序關係。在這種關係中，個體性的個別偶然的東西以及與個體性相關的偶然性要素並不會消失。對於藝術反映來說，它所描繪的人、人際關係和對象與偶然事件的共同規定性中那些不可分割的個別性，正是每一種審美普遍化的具體基礎。內在性成為對現實審美反映的出發點，它反映了在不破壞各種對象的統一性和個性的情況下，其本質規定與偶然性之間

的活動範圍。

在審美領域，內在性還與實體性範疇密切相關，在這裡，保持對偶然性加以揚棄的決定性要素是實體的存在。實體是與屬性對應的概念，實體是獨立的存在，它是一切屬性的承擔者，也是生成和變化的基礎。因為在藝術中一切客觀的生活力量只有在個人身上、在其個人的特性中、在具體個人與他人的關係中才能展現出來，成為一個統一的有機組成部分。在這裡，個人不是參與客觀實體性或內在於實體性，這種實體性正是內在於並參與於他以自身為基礎的人的存在。由此賦予每一個存在者本質性特徵，或者說強調存在的本質的實體性，從而使社會的一切都融合在本質性的人的關係中。

那麼，是否一部文藝作品構成要素之間無懈可擊的因果關係，就能使它獲得激勵人心的力量呢？早在謝林那裡就已提出了對經驗因果性的批判，他指出經驗必然性與偶然性具有同一關係。文藝的內容應該致力於在它的複雜性和規律性的連繫中來反映現實生活，然而其真實性只存在於作品整體性與生活整體性的關係中。文藝的反拜物化傾向還表現在，它要排除機械的因果關係，並把各種偶然事件納入其自身的王國，這種必然性沒有宿命論的非人性，在展示出前景和多種關聯的同時，充滿生活的溫馨；同時也拒絕非理性主義的隨意性。

寓意與象徵的對立是關係到藝術生死存亡的問題，也是藝術擺脫宗教影響的重要層面。某些先鋒派藝術的主要藝術傾向是用一種超驗的，並由此具有抽象的、寓意的手法取代對現實反映的象徵手法，排除了各種中介，直接將個體性與抽象的普遍性結合成一種新的統一體。在寓意的關聯中，所表達的正是一種拜物化。寓意中的具體對象性成了每一種個體性的徹底虛無化，在對寓意的直觀中，形象成為碎片和神祕符號。

　　藝術的發展展現了他律與自律的互動。盧卡奇認為，一方面藝術具有社會的規定性，要承擔其社會職能；另一方面創作又必須尊重藝術規律，排除外界干擾。盧卡奇指出，在藝術的解放中，涉及的不是一種「絕對」自由的空洞理念，這種絕對自由在社會上是不存在的，甚至使藝術由社會賦予它的職能中掙脫出來，對藝術 —— 真正的藝術 —— 都是有危害的，因為這種「絕對的獨立性」所導致的後果，將不可避免地造成內涵的空虛化和形式的貧乏。藝術的解放 —— 從世界史的觀點來看 —— 是圍繞這一點的豪賭，使社會賦予藝術的社會職能，在內涵的一般規定性與形式賦予的自由靈活之間，取得成功的中介點；透過它，藝術才能完成其作為人類自我意識的使命。社會主義文化會顯示出「勝利地將藝術解放進行到底的力量」。

第二節　阿多諾

　　在西方新馬克思主義的思潮中，法蘭克福學派獨樹一幟，影響深遠。作為該學派的代表人物，阿多諾（Theodor Adorno, 1903-1969）是當代聲名日益遠播的思想家之一。

　　西方的研究者們（比如馬丁・傑）傾向就阿多諾的思想或立場為其歸類出五種基本派別。即：非正統的西方馬克思主義、美學的現代主義、上流文化保守主義、猶太情感和解構主義。[392] 在我看來，阿多諾的思想除了上列五大要素之外，還應包括否定的辯證法與懷疑主義精神。

　　阿多諾一生勤於筆耕，著書頗豐，其全集達 23 卷。從早期發表的美學專論《齊克果：美學的建構》開始，阿多諾對現代美學的定位、轉型與

---

[392] 馬丁・傑：《法蘭克福學派的宗師 —— 阿道爾諾》，胡湘譯，湖南人民出版社 1988 年版，第 1 — 17 頁。

發展似乎情有獨鍾，即便在其哲學、文化學、社會學和音樂學等論著中，也從不放過對現代美學與藝術進行多方位的審視與探討。一般說來，《否定的辯證法》（*Negative Dialectics*）是阿多諾的哲學代表作，而他竭盡數年功力撰寫的《美學理論》（*Aesthetic Theory*）[393] 則是其美學代表作。誠如馬丁·傑（Martin Evan Jay, 1944-）所言，阿多諾的美學論述在這部內容豐富、構思宏遠的遺作中「達到了頂峰」。[394] 甚至阿多諾自己在寫給友人的信中也曾宣稱，該書旨在再現他「思想中的精髓」。[395]

在這部長達 50 萬字的《美學理論》中，阿多諾主要依據他一貫宣導的文化批判主義方法，深入檢視古典美學理論的長短利弊，分析現代藝術的特殊功能，揭示藝術雙重性的辯證關係，同時提出未來美學的新生條件與發展途徑。其中對文化產業、技術效應、反藝術或具有「反世界」傾向的現代藝術等重要文化現象的批判，充滿許多具有前瞻性和後現代性的論述。這對當今讀者而言，委實振聾發聵，令人驚羨。就我個人所見，此書對於當代美學或審美文化研究的學術參考價值，猶如黑格爾的《美學》巨著之於傳統美學或藝術哲學研究。

《美學理論》一書以阿多諾特有的無規則與非層遞的風格寫成。分析辯駁、旁徵博引、筆意縱橫是該書的主要特點。此外，在其立論過程中，德國各種唯心主義乃至浪漫主義的學說對阿多諾來講既是刺激物，又是陪襯物。的確，阿多諾習慣從哲學的角度來思索美學與藝術等問題。他本人

---

[393] T. W. Adorno, *Aesthetic Theory*, C. Lenhardt (trans.), London: Routledge & Kegan Paul, 1984. 此書的新英譯本由 Robert Hullot-Kentor 完成，明尼蘇達大學出版社 1994 年出版，即：T. W. Adorno, *Aesthetic Theory*, Robert Hullot-Kentor (trans.), Minneapolis: University of Minnesota Press, 2002.

[394] 馬丁·傑：《法蘭克福學派的宗師——阿道爾諾》，胡湘譯，湖南人民出版社 1988 年版，第 1－17 頁。

[395] T. W. Adorno, *Aesthetic Theory*, C. Lenhardt (trans.), London: Routledge & Kegan Paul, 1984, p. 493.

由於深受德國古典哲學傳統的浸潤，特別是受康德、黑格爾和班雅明的影響，所以其思辨的學養甚深，行文頗為晦澀。另外，在他以懷疑的態度與批判的方法，來重估古典美學的價值和論證美學現代主義的必然性時，汲取部分馬克思主義的營養，從而走上了一條揚棄─移植─變通乃至相容並包的研究道路。同時，也造成了解讀（包括翻譯）上的困難。1992 年，筆者在瑞士洛桑大學哲學系研修期間，曾與業師英格堡‧舒斯勒教授（Ingeborg Schüßler, 1938- ）談及書中某些費解之處時，她提醒我要特別注意阿多諾博雜的理論風格，以及他對部分概念的處理方式。要知道，阿多諾在命題講章的過程中，慣於使用他那把由批判方法與懷疑精神合成的雙面刃。於是在使用概念時，表現出一定的混合性與重複性；在建立概念時，也帶有某種為立異而立異的傾向。這一切都會為讀者造成不小的困擾。究其本質，這恐怕與他的反體系衝動有著直接的因果關係。但要指出的是，這種反體系衝動實際上導致了阿多諾式的特殊體系。人類的各種思想體系猶如一部活動的畫冊，翻（反）過一頁便是另一頁。古往今來的思想家們大多是在「反」字上做文章，阿多諾本人也概莫能外。當然，「反」字旗下所招致的結果，儘管意在標新或重構，但多少都帶有「闡舊邦以輔新命」的意味。阿多諾的大部分言論，一般是基於社會批判的立場，有感於文化產業的流弊、藝術的特殊功能、自律性與社會性的張力以及未來美學的發展前景而闡發的。

一、文化產業的流弊

　　阿多諾一直對文化產業（culture industry）表現出莫大的敵視和憂慮。「文化產業」實際上是「大眾文化」（mass or low-brow culture）的取代性術語。在他看來，大眾文化整體上是一種大雜燴，是由上而下地強加給大

眾的。因此，他寧願選用「文化產業」這一概念。阿多諾將文化產業的起源追溯到 17 世紀，認為那是以娛樂為手段，旨在達到逃避現實生活和調節世俗心理之目的的產物。他無不惋惜地感嘆道：純粹的大眾娛樂騙走了人們從事更有價值和更充實的活動的能量與潛力，由此而引發的文化產業亦然。正是這種文化產業，在現代大眾媒介和日益精巧的技術效應的合作下，借用源於自由競爭資本主義的意識形態中的「偽個體主義」，張揚戴有虛假光環的總體化整合觀念，一方面極力掩蓋處於嚴重物化和異化社會中的主體—客體關係之間與特殊—一般關係之間的矛盾性質，另一方面則大量生產和複製千篇一律的東西，不斷擴展和促進「普普文化」（pop culture）中形式和情感體驗的標準化。其結果是有效地助長出某種精於包裝的意識形態，使人們更加適應於習慣的統治，最終把個性無條件地沉澱在共性之中，從而導致了生活方式的平面化、消費行為的時尚化和審美趣味的膚淺化。如他所言：

> 文化產業重複不斷地從其消費者那裡騙取它一再許諾過的東西。文化產業玩花招，做手腳，無休無止地延期支取快樂的票據。其承諾是虛偽的……它實際上使之有效的東西，不過是真正意義上永遠也達不到的東西。[396]

再如，對於大眾倍感親切的現代流行音樂，阿多諾認為那是文化產業的一種特產。這種所謂的「普普藝術」（pop art），通常具有技術性「包裝」的外表，顯現出一種「偽自發性」和惺惺作態的形式，無論是製作者還是表演者，都極力裝出一副悲天憫人的樣子，投聽眾所好，與其拉近關係。於是，他們——

---

[396] T. W. Adorno, *Negative Dialectics*, London: Routledge, 1990, p. 139. 此書德文字版出版於 1966 年。

　　必須寫作某種能給人足夠深刻的印象以便使其記住、而同時又能足夠為人熟知以便顯得平易的東西。在此,可求助的東西是在生產過程中被有意無意地忽略的那些舊式的個體主義因素。這同樣符合這一需要,即向聽眾灌輸一種潛藏的占統治地位的形式與情感的標準化,總將聽眾款待得好像大眾產品只是為了他一個人似的。[397]

　　但在構成上,現代流行音樂總不偏離固定的程序所確立的限度,如流行的節拍、和聲、樂器與動作;在主題上,只是重複人們熟知的那些有限的範圍,如「讚美母愛或家庭歡樂的歌曲,胡鬧或追求新奇的歌曲,誇張的兒童歌曲或描述失去女友的悲傷歌曲」等。[398] 這類結構與主題,外表上五花八門,而實際上千篇一律,缺乏真正的新意或創意,其唯一追求的效果就是挖空心思地玩弄「技術」等花樣,以簡單的或程序性的圖解方法強化附帶的視覺形象刺激,同時再添加一點隨興所至的情緒。這在很大程度上歸咎於文化產業中的拜物教作用。由此引發的音樂拜物教,必然會導致鑑賞力的退化。這種鑑賞力反映在聽眾身上,與日常生活所要求他們的服從態度毫無二致。阿多諾對現代流行音樂的批判,自然會使人聯想起那些在舞臺上「滿懷深情」的「明星」和臺下如癡如醉的「追星族」之類「文化景觀」(culture scape)。

　　總而言之,文化產業具有商品社會一切產業的基本特點,具有明顯的拜物特性或拜物教作用。其產品從一開始就是為了交換或者為了在市場上銷售而生產出來的,所以不是藝術品,不是為了滿足任何真正的精神需要。文化產業及其產品以商業價值和「瞬間效應」(momentary effect)為導向,阿多諾常以「焰火」(firecracker)喻之,認為該產業的運

---

[397] T. W. Adorno, *Introduction to the Sociology Music*, London: Continuum, 1988, p. 31.
[398] T. W. Adorno, *Introduction to the Sociology Music*, London: Continuum, 1988, p. 25.

作者與支持者往往「沉溺於一種玩世不恭的令人難堪的態度，僅為了達到愚弄消費者的目的而縱容、生產文化垃圾，視藝術為一種唾手可得、不負責任的娛樂活動」，並把「願者上鉤」奉為「藝術消費者的絕對原則」。[399] 從我們所觀察到的情況來看，這一切使文化產業注定要借助各種實用的技術手段，以各種花樣或標新立異來包裝自己的產品，以不斷複製和大量生產來傾銷自己的產品，以燈紅酒綠的靡靡之音或五彩繽紛的喧鬧場景來娛人耳目……其結果導致了大眾鑑賞力的退化、審美活動的庸俗化、主體反思與批判意識的匱乏，以及享樂主義的盛行等負面效應。相應地，情感非但沒有得到宣洩，精神非但沒有得到昇華，反而受到雙重的壓抑。這使人不由想起兩千多年前先哲老子的警世箴言：「五色令人目盲，五音令人耳聾，五味令人口爽。馳騁畋獵，令人心發狂；難得之貨，令人行妨。」[400]

值得注意的是，在阿多諾對文化產業深表憂慮和敵視的同時，也曾承認文化產業主流中所內在的批判潛力。譬如在《啟蒙的辯證法》一書中，他發現「文化產業的確包含著，在那些使它接近於競技的諸特徵中比較好的特徵的痕跡。」其後，在《電影的透明性》中，他進一步指出：「文化產業的意識形態本身在操縱大眾的嘗試中，已經變得與它想要控制的社會一樣內含對抗性。文化產業的意識形態含有自己的謊言的解藥。」如此看來，阿多諾無論是從負面還是正面揭示文化產業之實質的過程中，始終懷抱著探尋「文化救贖」（cultural redemption）之可能性的使命感或至高目的。

---

[399] T. W. Adorno, *Aesthetic Theory*, C. Lenhardt (trans.), London: Routledge & Kegan Paul, 1984, pp. 334-335.
[400] 老子：《道德經》第十二章。

二、現代藝術的特殊職能

在阿多諾看來，現代資本主義社會已經病入膏肓。在現實生活中，醜惡的膨脹、美善的萎縮、焦慮的加劇、頹廢的升級、喧鬧的干擾等問題，使原本陷入困境的人生顯得更加蒼白無力、麻木不仁，甚至逆來順受。阿多諾似乎認為人類要想自救，或者說人類要想擺脫這場危機，除了別的途徑之外還得從文化入手。這就需要培養和發展一種真理意志。然而，令人遺憾的是，真理或真理性在虛偽的意識形態中或已被意識形態化的社會現實中是找不到的。真理性也不會寄寓在美化現實的藝術之中，因為後者總是以理想的方式，把這個不自由的、令人厭惡的世界重新變成使人感到留戀的地方，把實存的苦難加工成肯定的安撫，如此提供給人們的只是一種假象、一種幻想。它表面上充斥著善意的願望，而實質上則無多少真理性內容可言。

那麼，這種真理性內容可在何處尋找呢？按照阿多諾的設定，應在精神性和自律性的藝術中去尋找。他認為真正的藝術從本質上說是精神活動，不可能是純粹直觀的東西。事實上，單純直觀的藝術品是無因之果。藝術的物似性也只能說明物乃是藝術品的載體而已。而精神則是「藝術作品的乙太（ether）；它透過作品來講話；或者更嚴格地說，它興許將作品轉化為一種手寫物」。這種與真理性內容密切相關的精神，在真正的藝術作品中與形式相互依存，是照亮現象或表象的光源。如果沒有精神之光的拂照，任何現象也就失之為現象（這種比喻使人自然聯想起柏拉圖將「善之理式」喻為「陽光」的說法）。阿多諾如此標舉主觀意義上的「精神」，其另一目的就是透過「精神化」（spiritualization）使藝術拋開外在的制約因素，以便少受異化的影響，以便盡量保持本身的社會性批判維度——

即透過表現媒介和歷史所確定的方式，攻擊和揭露當今社會狀況的種種弊端。

因此，精神性的藝術斷然屏棄幸福快樂與五彩繽紛的東西，因為這些東西在現實生活中是人所得不到的。藝術毫不留情地屏棄了孩提式的幸福快樂，從而確乎成了沒有幻覺的實際幸福的象徵。與真理性內容密切相關的是藝術的自律性。具有自律性的藝術一般表現為它極力想擺脫這個行政管理世界對它的支配與干擾，它想獨往獨來，抵制整體社會化活動。面對這個它所厭惡的現實世界，它不壓制也不拒絕表現愚蠢和醜惡的東西，它竭力暴露和控訴當今社會的流弊。特別是在極權主義國家，其文化政策由於看不到啟蒙作用也就是欺騙群眾這一情況，自律性藝術更應發揮它的社會批判作用，這樣會使它成為與這個社會乃至這個世界不相容的東西。而在阿多諾看來，「只有與這個世界不相容的東西才是真實的」，或者說，才具有真理性的內容。看來，阿多諾力圖賦予現代真正藝術一種形式上的顛覆能力，這種能力旨在削弱虛假的、總體化的觀點給予異化的社會存在的合理性外觀。但是，誠如波琳・詹森在《馬克思主義美學》中所言，阿多諾雖然認為：

真正的藝術作品可以被賦予實際的顛覆能力，可對於日常思維與現代主義作品之間關係的分析，又否定了藝術具有任何實效的啟蒙能力。真正的作品消除了用以執行意識形態保守功能的理智條件，但這只是建立在其不適合產生於當代資本主義日常生活性質中的需求這一基礎上。所以，現代主義藝術作品只具有形式上的顛覆性質。真正的作品卻遠離大眾的需求，使其失去任何實際的影響。[401]

---

[401] 王魯湘等編譯：《西方學者眼中的西方現代美學》，北京大學出版社 1987 年版，第 262 頁。

　　在阿多諾看來，現代藝術之所以被人視為一種「反藝術」（anti-art），主要是因為它表現出一種「反世界」（anti-welt）的傾向。它有意地不再美化人生與社會，而是直接地呈現人的生存狀態和揭露社會的種種弊端。藝術的本質、社會功能及其社會重要性，或許正在於它與這個世界的對立。我們知道，由於商品經濟與文化產業的日益發達，當代社會正日益剝奪人的精神獨立性，使人不斷地異化，不斷地為物所役，不斷地喪失辨別能力、思考能力和自己的本來真知。藝術則透過把現實「對象化」（objectification），也就是透過無情而深刻地揭露與展示，使人重新認清自己，認清世界。應當看到，在這個現實世界上，美與醜的關係，誠如老子和歌德所言，均具有相對性，兩者一方面「從來就不肯協調」，而另一方面彼此又「挽著手在芳草地上逍遙」。相應地，善與惡的關係亦如美與醜的關係。我們稱為罪惡性的東西，只是善良的另一面，雙方處於對立統一的互動關係之中，對各自的存在都是必要的，都是整體的一部分。這一點只是到了當代人們才有更深切的認識和感受。當今，意在激發人們真理意志的現代藝術，更是抓住美醜之間的衝突不放，抓住善惡之間的對立不放，迫使人們在不可迴避的情景中對醜與惡進行認真的觀照和審視，以便從中折映出自己，從中認清自我和現實的本來面目，進而試圖從中解脫。或者說，在類似荒誕、迷茫、頹廢、怪癖、躁動、陰謀、詭計和喧鬧等醜陋罪惡的現實存在中認清這個世界的真實現狀，認清現代文明的缺憾，認清人性的弊端，認清人類所面臨的危機，藉此喚醒處於麻木的良知，激起完善自我和改變現狀的意識。在這一覺醒與追求的層面上，也可以說是一種審美意義上的批評性超越吧。

　　但在藝術如何構成自己真正的社會影響的問題上，阿多諾顯得出奇的理智。他認為藝術的社會影響是間接的，不是「透過聲嘶力竭的宣講，

而是以微妙曲折的方式透過改變意識來實現的。任何直接的宣傳效果很快就會煙消雲散，藝術不可能憑藉適應現存需求的方式來取得巨大的預期影響，因為這會剝奪藝術應當給予人類的東西」[402]。至於那種黃鐘毀棄、瓦釜雷鳴式的直接宣傳，反倒會「強化這個受到行政管理的世界對藝術的支配權力，而藝術則希望不受干擾，獨往獨來，抵制總體社會化活動。……藝術務必擺脫這種目的論，因為它代表一種自在（an in-itself），一種不得不促成的自在」[403]。

在經過一連串頗富批判主義精神和帶有浪漫主義遺風的析理論說之後，面對現實的阿多諾陷入了愈加冷靜的思考；其思考的結果又不得不為自己的「藝術宣言」打上問號，並意識到藝術所處的兩難困境。如他所說：「完全非意識形態的藝術很可能是完全行不通的。藝術的確不能僅憑與經驗性現實的對立而成為非意識形態的。」[404] 阿多諾還接著指出：

> 今天，在與社會的關聯中，藝術發覺自身處於兩難困境。如果藝術拋棄自律性，它就會屈從於既定的秩序；但若藝術想要固守在自律性的範圍之中，它照樣會被同化，在其被指定的位置上無所事事、無所作為。[405]

阿多諾是一貫推崇「否定辯證法」的。這一令他格外傷神的結論，可以說是「否定之否定」法則的明證，是他從理想走向現實的明證，同時也是歷史或時代社會文化環境的必然結果。

有趣的是，阿多諾一再強調藝術不可能依然如故，因為它是活動中的

---

[402] T. W. Adorno, *Aesthetic Theory*, C. Lenhardt (trans.), London: Routledge & Kegan Paul, 1984, pp. 244-245.

[403] T. W. Adorno, *Aesthetic Theory*, C. Lenhardt (trans.), London: Routledge & Kegan Paul, 1984, pp. 355-366.

[404] T. W. Adorno, *Aesthetic Theory*, C. Lenhardt (trans.), London: Routledge & Kegan Paul, 1984, p. 336.

[405] T. W. Adorno, *Aesthetic Theory*, C. Lenhardt (trans.), London: Routledge & Kegan Paul, 1984, p. 337.

綜合物，具有高度的自體調節功能。照此推理，藝術也不會是阿多諾所說的那副樣子。藝術是一個「變數」，處於不斷的生成過程之中。就連阿多諾本人也這樣期望：一種尚無人知的審美形式會因建構過程與技術統治之間存在許多關聯而引發。該審美形式可望取消所有行政管理控制下的所有觀念及其在藝術的反映。[406]

三、自律性與社會性的張力

　　如上所述，阿多諾經常談論藝術與社會的關係以及藝術存在的可能性。前者看似是藝術社會學問題，後者看似是藝術本體論問題，但阿多諾是否定辯證法的高手，因此這兩個問題是緊密交織在一起的，已然到了「你中有我，我中有你」的程度，從而構成了現代藝術的雙重性本質。

　　簡單說來，藝術的雙重性就是其自律性（autonomy）與社會性（sociality or fait social）。這兩者之間的內在矛盾主要表現為一種兩難抉擇困境（dilemma）。即：如果藝術拋棄自律性，讓自己走進社會，那就會屈從於社會的現實與既定的秩序，受制於商品社會的魔力；在自身拜物性的不斷膨脹中，自失於其中，由此就會走向消亡。反之，如果藝術想要固守在自律性的範圍之內，讓社會走進藝術，依靠自身歷史不長而且相對微弱的自律性來批判和揭露社會現實與既定秩序的弊病，那至少會面臨兩種可能的結果：一是在這個行政管理的世界中，藝術只能在被指定或劃定的範圍內行使相對自律的權力，其結果也是行之不遠、難有作為；二是商品社會無所不在的魔力會把一切變成商品（就連謀殺、情殺乃至恐怖攻擊都不在話下），藝術因此會被同化，淪為商品或特殊的商品。如此一來，藝術的存在也會成為問題。

---

[406] T. W. Adorno, *Aesthetic Theory*, C. Lenhardt (trans.), London: Routledge & Kegan Paul, 1984, p. 319.

　　如此看來，藝術的雙重性顯然「處於彼此依賴與相互衝突的境地」。[407] 從歷史根源上看，藝術的自律性是基於唯美主義的主導原則「為藝術而藝術」，這是浪漫主義理想破滅的產物，由此所鼓吹的美，通常是空洞而累贅的。從政治背景上看，藝術的自律性與市民社會（或資產階級社會）的自由觀念是連繫在一起的，是對藝術負載過多功能（宗教、道德、教育、審美、政治、社會改革職能等）的一種背反或抵制。如今，從藝術生產上看，「直接的社會經濟干預」（direct socioeconomic intervention）會以不同形式的「契約」（contract）發揮某種支配作用，譬如畫家與畫商之間的那種「契約」，社會控制所衍生的那種成文或不成文的「契約」……凡此種種，都會或多或少地剝奪與銷蝕藝術的自律性以及內在必然性（immanent necessity），再加上藝術為了繼續生產而不得不屈從於外來的強勢壓力等因素，結果會使藝術成為「客觀上無足輕重的東西」（objective insignificance）。可見，藝術的自律性總是相對的，而其社會性則是絕對的。在理想情況下，即便藝術不屈從社會現實與既定秩序，依然能夠與社會對立或者說堅持其「反世界」的社會批判性質，說到底也還是一種社會性的表現。

　　但是，藝術與社會的雙重關係不是一個簡單的界定問題，所涉及的諸多方面，需要從多種角度予以審視。首先，從本體論的角度看，阿多諾對藝術雙重性的分析，其本意是在探討藝術何以可能繼續存在或藝術的自為存在何以可能的問題，這裡面涉及的一個關鍵因素就是藝術的「反世界」本體特性。這裡所謂的「反世界」，乍看之下是個頗有刺激性和歧義性的說法，但實際上只不過是賦予藝術的主要任務之一而已。該任務要求藝術

---

[407]　T. W. Adorno, *Aesthetic Theory*, Robert Hullot-Kentor (trans.), Minneapolis: University of Minnesota Press, 2002, p. 229.

嚴肅而深入地抨擊和暴露社會現狀的弊端，但其目的不是指望藝術去解決或消除這些弊端（這實際上也不可能），而是要求藝術把人類的苦難轉化為一種形象並予以藝術性的表現，藉此來昭示和突顯這些弊端何以生成的深層社會原因，進而啟發和誘導人們去顛覆或瓦解這些弊端賴以存在的社會條件。要知道，「藝術總是一種社會現實，因為藝術品是社會的精神勞動產品。藝術之所以是社會的，不僅僅是因為其生產方式展現了藝術生產過程中各種力量和關係的辯證性，也不僅僅因為藝術的素材內容取自社會。確切地說，藝術的社會性主要因為它站在社會的對立面。但是，具有這種對立性的藝術，只有在它成為自律性的東西時才會出現」[408]。也就是說，藝術唯有這樣，其存在才是可能的。用阿多諾的話說，「藝術只有具備抵抗社會的力量時才會得以生存。如果藝術拒絕將自己對象化，那它就成了一種商品。藝術奉獻給社會的不是某種可以直接溝通的內容，而是某種非常間接的東西，即抵抗或抵制。從審美上講，抵制導致社會的發展，而不直接模仿社會的發展」[409]。因此可以說，藝術的社會性及其批判精神是其本性使然，但其本身不具有直接的社會影響力，也不應當期待它直接充當某種宗教或政治意識形態的服務工具。藝術的作用是非常間接的，是以特定的象徵符號表現出來的，之所以不能直接溝通或知解，那是因為藝術具有謎語特徵及其有機多義語境特徵；之所以影響社會的發展，那是因為藝術的批判精神具有喚醒人們直面社會問題的啟蒙作用。

　　不過，需要指出的是，當藝術依據自律性來對抗或抵制社會現狀及其種種弊端之時，不是以矯情而空泛的聳動手法，而是以富有真情實意的真理性內容（truth content）；不是借助直言不諱或直接圖示的方式，而是透

[408] 阿多諾：《美學理論》，王柯平譯，四川人民出版社 1998 年版，第 386 頁。
[409] 阿多諾：《美學理論》，王柯平譯，四川人民出版社 1998 年版，第 387 頁。

過具有藝術性的微妙曲折的表現。這樣一來，藝術便可透過表現人類與社會苦難的藝術形象來改變人們的意識，來孕育人們改變現狀的主動精神，來警示逆來順受的被動人格，最後透過人這一媒介來改變他們生活在其中的那個不完善的社會。無論我們喜歡與否，激進的現代派藝術依然保留著藝術的固有稟性，那就是它讓社會進入自己的境域，但只是借用一種隱蔽的形式，就好像是一場夢。倘若藝術拒絕這樣做，那它就會自掘墳墓，走向死亡。[410] 我們知道如夢似幻的感覺與體驗。對藝術來講，夢如幻想，而幻想是必要的，因為它是藝術賴以存在的條件。但是，藝術又不能宣導幻想，那樣就會失去關注現實和反世界的批判精神，所以要克服幻想的盲目性，設法為藝術幻想注入追求理想的動力，而這種理想是與透過人的覺醒來自覺建構一個宜居的社會所連繫在一起的。需要提醒的是，藝術的這種理想追求或藝術的社會性並不在於其政治態度，而在於藝術與社會對立時所蘊含的固有的原動力。如果藝術真有什麼社會功能的話，那就是不具有功能的功能（function without function）。因此，必須從兩個方面來考慮藝術的社會性：一方面是藝術的自為存在（being for itself），另一方面是藝術與社會的連繫。藝術的這一雙重性展現在所有藝術現象中，而這些現象卻是不斷變化和自相矛盾的。[411]

　　其次，從認識論的角度看，藝術的真理性內容是藝術存在的關鍵因素之一，也是藝術的認識價值之所在。藝術的真理性內容與其社會性內容是互為中介的。要認識和評價這種真理性內容，就需要進行哲學或美學的反思。就藝術的內容而言，真理性與真實性可以說是一個硬幣的兩面，是與藝術形態的虛假性截然對立的，同時與社會和政治的真實性互為表裡。在

---

[410] 阿多諾：《美學理論》，王柯平譯，四川人民出版社 1998 年版，第 387 頁。
[411] 阿多諾：《美學理論》，王柯平譯，四川人民出版社 1998 年版，第 388 頁。

阿多諾眼裡，「藝術作品如果從其自身角度看是不真實的，那麼，從社會和政治角度看也不可能是真實的。……真理性內容總是越過藝術作品的內在審美結構，關涉到某種政治意義。這種內在性與社會性的雙重特徵在每件藝術品上都留有標記」[412]。反過來講，社會與政治層面及其意識形態上的虛假，必然會導致藝術作品及其表現的虛假，這對藝術的存在與發展無疑具有直接而負面的影響。因此，藝術應當以相對自律的方式來表現富有真理性的內容，絕不能淪為社會價值與政治理念的簡單圖解形式。

　　從本源意義上講，真理性一般具有雙重特徵，那就是「不可遺忘」（unforgetfulness）與「不可遮蔽」（unconcealability）。在古希臘，「真理」用 ἀλήθεια 一詞指稱。該詞詞根是 λήθή，原意表示遺忘或可遺忘性，在希臘神話裡指冥界裡的忘川或忘卻之河（the river of oblivion in the lower world），舉凡飲用其水之人，便可忘卻過去的一切。在該詞前加上否定性的首碼 ἀ（相當於英文的 no 或 non，相當於中文的非或不）便構成複合詞，其字面義為「不遺忘」或「不忘卻」，其引申義為「不隱瞞」或「不遮蔽」，後來的拉丁文和英文翻譯將其分別轉義為真理或真相（veritas/truth）。有學者認為 λήθεια 是從動詞引申而來，主觀方面的意思是「遺忘」，客觀方面的意思是「躲避我們的認識」。ἀλήθεια 就是不躲避我們的認識。如若我們所要認識的事物自身沒有躲避我們的認識，我們便可以認識它。所以，對象必須有真理和存在這兩個方面，我們才能認識它。[413] 由此可見，真理的本源性相至少隱含如下幾個方面：第一，就其內容而論，是值得記憶和難以忘卻的；第二，就其特徵來看，它不迴避理智的審視和認識；第三，就其存在的因緣而言，它經得起不同角度的分析和反思、批

---

[412] 阿多諾：《美學理論》，王柯平譯，四川人民出版社 1998 年版，第 423 頁。
[413] 陳康：《論希臘哲學》，汪子嵩、王太慶編，商務印書館 1990 年版，第 209 頁。

判和反駁；第四，就其功能而論，它作為進一步論辯與研討相關議題的起點或參照系統，具有思想啟蒙或承前啟後的綿延功效。英國哲學家柯林伍德（Robin Collingwood, 1889-1943）就曾這樣詮釋真理：真理具有其自身的美德，如同英雄人物一樣，能夠經得起考驗。真理是經得起詰難的，也經得起精密的辯證式追問。總之，屬於真理的東西不僅經得起這種痛苦的磨難，也經得起沉重打擊的考驗。[414] 然而，在阿多諾的話語形式中，藝術的真理性內容中的真理性，雖然在一定程度上會涉及上述意蘊，但他更強調其中經得起凝神觀照與審美反思的意味和引發人們實際行為能力以期改變社會現狀的內在企圖。嚴格說來，藝術在阿多諾心目中不僅要真實地反映和昭示這個世界的問題，而且要反抗和改變這個世界的現狀。此兩者與馬克思對哲學家的期待（解釋世界和改變世界）具有一定的應和之處。正因為如此，阿多諾把藝術視為一種行為模式，十分強調藝術的實踐態度（attitude to praxis），認為藝術作品一方面不如實踐，另一方面又勝於實踐。尤其是當外在的實踐活動趨向於暴力或成為壓制作用的符碼時，藝術作品便對這種實踐活動及其實踐者組成的系統展開尖銳的批評與不斷的控訴。反過來，相關的實踐者也會採取行動，倘若不能改弦易轍，那就會掩飾人類的野蠻和暴力欲望。只要他們受這種欲望的支配，就不會有真正的人類，而只有支配。[415] 我個人認為，阿多諾的雄心，在對待藝術的態度及其用意是極其真誠的，雖然多少帶有「無可奈何而為之」的悲壯色彩，但絕非為了張揚「其言洸洋自恣以適己」的瀟灑話語。

　　另外，從審美文化的角度看，阿多諾對單純娛樂性藝術現象深表厭惡，這種厭惡甚至伴隨著某種無可奈何的焦慮情結。他認為，流行藝術裡

---

[414]　R. G. Collingwood, *The Idea of Nature*, Oxford: Oxford University Press, 1945, p. 69; also see Barry Allen, *Truth in Philosophy*, Cambridge, M.: Harvard University Press, 1993, pp. 21-22.

[415]　阿多諾：《美學理論》，王柯平譯，四川人民出版社 1998 年版，第 412 － 413 頁。

的審美庸俗性，與文化產業和虛假的審美狂歡有關，與追捧享樂主義者的權利有關，與蔑視藝術的真理性內容與自為存在的批判精神有關。在一般情況下，享樂主義者會「沉溺於一種玩世不恭的、令人難堪的態度，僅為了達到愚弄消費者的目的而縱容生產文化垃圾，把藝術視為一種唾手可得的、不負責任的娛樂活動」[416]。不難看出，這種虛假的意識與虛假的狂歡，所看重的是感官上的審美娛樂及其背後的商業利益，因此會造成藝術發展的虛假契機，結果會在「願者上鉤」的審美消費原則引導下，將使藝術面臨自我腐化的危機，由此導致審美的庸俗性和精神的空洞化。這種審美庸俗性的普遍形式如同一幅精緻的廣告，表現的是一名正在吃巧克力的小孩，他擠眉弄眼，猶如親臨其境。這樣做的真正目的是引誘消費和創造商業價值，而非為了維繫藝術的尊嚴及其精神化的審美價值本身。

再者，從審美心理學的角度看，藝術的存在與發展需要具備某種藝術震撼力（shudder）。這種震撼力會導致一種以生命體驗為主要特徵的精神性審美體驗或思想啟蒙。簡單地說，藝術震撼力或震撼作用是對藝術合乎情理的一種反應，是一種深度的關切。這種感覺是偉大的藝術品激發出來的。在這一片刻，觀眾凝神貫注於作品之中，忘卻自己的存在，發現審美意象所展現的真理性具有真正可以知解的可能性。這種直接性，即個人與作品那融合無間的關係，是一種調解的功能，一種內在的、廣泛的體驗功能。該體驗於瞬刻之間凝聚在一起，為達此目的，需要調動整個意識，而不是單方面的激情和反應。體驗藝術的真假，不僅僅是主體的「生命體驗」所能涵蓋的：這種體驗還象徵著客觀性滲入到主觀意識之中。客觀性即便在主觀反應最為強烈之際，也對審美體驗產生調解作用。[417]另外，在直接性的接觸中，震撼性的

---

[416] 阿多諾：《美學理論》，王柯平譯，四川人民出版社 1998 年版，第 403 頁。
[417] 阿多諾：《美學理論》，王柯平譯，四川人民出版社 1998 年版，第 417 頁。

體驗會進而打破審美幻象，使人從中覺察到和設想出一種潛在的真實存在，因為「藝術在這一時刻可以被視為一位為受壓抑本性進行辯護的歷史代言人（historical spokesman）」[418]。看來，客觀性的社會批判作用與主觀性的審美調解作用，是互動的、共生的，彼此需要的、彼此激盪的，這無疑會豐富藝術雙重性的多維向度及其崇高意義，會促進與整個文明進步和人性覺悟關聯在一起的審美昇華作用（aesthetic sublimation）。

最後，從藝術社會學的角度看，「藝術的作用每況愈下，扮演著一名野蠻行徑的順從者的角色」[419]。按照我的理解，這裡所謂「順從者的角色」，顯然類似於奴婢的角色。這種角色在大多數情況下是逆來順受的，但有時則為了眼前的利益而助紂為虐。至於「野蠻行徑」的所指，那是多方面的，譬如納粹時代聲嘶力竭的政治宣傳藝術，政治化意識形態的粗暴干預，商品社會或社會商品化的魔力，享樂主義的感官娛樂等。所以，藝術要想真正繼續存在與發展下去，要想真正發揮自己理應發揮的社會作用以及審美意識形態的作用，那就應當擔負起社會責任，應當扮演自己理應扮演的角色，應當突出地表現自身的真理性內容，應當不斷擴充自身的審美震撼力。而所有這些東西，都需要藝術在辯證地發揮其雙重作用的同時，盡可能以微妙而曲折的方式或藝術化的方式予以展開。

要知道，在這個日益平民化或自由化的社會意識中，「任何神聖的東西不再那麼管用了」（賀德林語）。相應地，藝術不可能憑藉適應現存需求的方式來取得巨大的預期影響，因為這會剝奪藝術應當給予人類的東西。否則，萬不得已時，人們也可以不要藝術。這樣對於藝術的存在來講，就等於釜底抽薪。因此，藝術的社會影響作用只能是間接性的，其表

---

[418] 阿多諾：《美學理論》，王柯平譯，四川人民出版社 1998 年版，第 419 頁。
[419] 阿多諾：《美學理論》，王柯平譯，四川人民出版社 1998 年版，第 401 頁。

現方式也不能是簡單化的理念圖解，其中所包含的社會性批判精神、相對的自律性與隱含的意識形態導向和社會理想追求等因素，僅僅限於促發人類意識的改變，即在陶冶性情中引發人的社會價值觀乃至世界觀的變化。一般說來，知先而行後，藝術最終是透過人及其行動為實踐性媒介來促進社會變化或改良的。

　　由此可見，藝術與社會的雙重關係是互動而辯證的博弈關係。我們從以上所述中不難看出如下幾點：（1）阿多諾在以辯證的方法來論述藝術的雙重性時，對藝術所面臨的問題與存在的可能性十分關注，甚至懷著一種浪漫主義的理想情懷，希望藝術在保持自為存在或自律性的同時，能夠以微妙曲折的方式和社會批判的方式發揮間接的社會作用，藉以改變人們的意識，繼而激發人們改變社會現狀的主動性。（2）如此一來，阿多諾也同樣讓藝術承載了過多的東西。也因此，藝術在他的哲學美學與個人的思想觀念中始終是一個十分沉重而極其嚴肅的話題，他的哲學美學或藝術哲學思想更多地趨向精神化的崇高形態，其顯著的表現之一就是他對文化產業的媚俗作用和商品拜物特性頗為厭惡，故此想借助富有真理性內容和審美震撼力的藝術來達到文化救贖的目的。但事實告訴我們，他本人似乎也感覺到，這種理想情懷以及他希望藝術所擔當的責任或社會義務，一般不是那麼容易落實的。在西方，有的學者將阿多諾的這種浪漫主義理想情懷歸結於一種貴族式的菁英情結，斷言阿多諾的呼籲是曲高和寡，在大眾文化盛行的時代只不過是一種沒有回應的號叫而已。筆者認為，目前在市場價值推動下盛極一時的大眾文化，也需要某種多元化的發展導向，這其中最為缺失的正是阿多諾所宣導的真理性內容與審美震撼力。至於阿多諾式的「號叫」，也讓我自然聯想起孟克（Edvard Munch, 1863-1944）的名畫〈吶喊〉。這種號叫看似號叫者自己發出的，但實際上是周圍的人們逼

出來的。當號叫者透過號叫得以自我宣洩時，聽眾則從中受到某種驚嚇，他們會捫心自問何以如此，甚至還會從號叫者那副患有精神疾病般的扭曲面孔中反觀到自己的面容。（3）阿多諾十分看重藝術的真理性內容以及與意識形態的關係，而他對意識形態的認識與界定主要取決於歷史的特定影響。譬如他說：任何意識形態都是虛假的，其根本目的在於維護當政者的權力。這種說法會使人產生許多聯想。但需要說明的是，阿多諾親身經歷過納粹時代的精神恐嚇，耳聞目睹了戈培爾式的意識形態宣傳機器對民眾的精神奴役，此後多少年來他都心有餘悸，走不出這一讓他感到刻骨銘心的可怕陰影。所以，阿多諾對意識形態的上述界說，就得放在特定的社會歷史語境之中予以審視。（4）阿多諾對於納粹時代與資本主義社會所存在的問題有著深刻的認識，因此在他一味強調藝術與社會的對立以及藝術是表現苦難的語言之時，難免以偏概全，忽略了藝術表現人類的喜怒哀樂等不同生存狀態的多樣性。如果說，藝術表現人類的哀怨與苦難及其「反世界」的批判精神具有警世、醒世乃至喻世作用的話，那麼藝術表現人類的喜樂也必然具有緩解人類精神壓力與促進人際關係和諧的作用。更何況藝術家們是特立獨行的動態群體，各有各的選擇，不可能都走同一條路。（5）如今，我們積極宣導建立和諧的，尤其是公平正義的社會。在此過程中，總是要面臨許多不公平與非正義的社會現象的挑戰。為此，基於藝術雙重性的辯證關係及其互動功效，我們無論是從社會性的批判角度來看，還是從藝術的社會協調作用來看，只要不是自欺式的偽調解或假和諧，藝術都理應發揮一定的輔助性啟蒙作用。這當然不是以大喊大叫的簡單吆喝，而是要以微妙曲折的方式，也就是以藝術化的方式來改變人們的意識，繼而暗示、啟發、鼓勵乃至引導人們去從事有助於促進社會和諧或有助於建構和諧社會的可能活動。

四、未來美學的發展前景

美學作為藝術哲學，其理論形態重視伴隨著藝術的發展而流變。然而，傳統美學的頹廢，美學理論研究與現代藝術實踐的脫節，確令阿多諾大失所望。因而，他呼籲建構一種新的美學模型，期待一種「尚無人知的審美形式」。這不僅預示著現代藝術的發展前景，而且預示著現代或未來美學的發展前景。

究其本質，這種「審美形式」是一種理想化的藝術形式，指望透過徹底的表現方式的革命，憑藉深刻的反思意識和批判主義的方法，使藝術盡可能：（1）擺脫行政管理控制下的所有觀念，避免受到意識形態的同化；（2）擺脫文化產業的庇護，避免消費市場的侵蝕，拒絕迎合次藝術或庸俗的趣味，拒絕生產「像藥品的外殼一樣包裝精美、味道可口」的東西；（3）與傳統美學的陳腐信條和傳統藝術的僵化規範真正決裂，在追求創新中別具一格，著力表現「真理性內容」；（4）警惕那種「以技術為重的做法」或「崇拜手段的不良社會傾向」，因為這種做法與傾向將會偷梁換柱，本末倒置，把目的（藝術作品）倒賣成它的生產手段……

首先，值得指出的是，阿多諾關於藝術與行政管理和意識形態的脫鉤假設，實質上意在標舉藝術的自律性。這一方面與他本人的新理想主義的浪漫情結有關，另一方面與他本人對行政管理、特別是意識形態的懷疑態度有關。如他所說，「即使藝術會在未來全新的社會中繼續存在下去，那它的實體與功能都將會完全有別於過去。現代藝術意識恰恰不相信那種在主題思想與風格上充滿意識形態的所有外部象徵的美學」[420]。需要說明的是，「意識形態」（ideology）這一術語在阿多諾的思想中是富含貶義

---

[420] T. W. Adorno, *Aesthetic Theory*, C. Lenhardt (trans.), London: Routledge & Kegan Paul, 1984, p. 464.

的。產生這種「意識形態」的禍根，主要在於不可告人的政治用心，在於對話語權力的壟斷性，在於對大眾利益承諾上的迷惑性。這三者，不僅會導致「語言交流方式的扭曲，構成意識形態網路」（哈伯瑪斯語），而且會導致人格的扭曲，引發人性的異化。另一方面，此禍根也在於文字本身的遮蔽性。這種遮蔽，在直接意義上是由於人為的修飾、有意的誤用或人文網路的陷阱所致；在形而上意義上，是由於文字本身的缺陷所致 —— 即文字的「言不盡意」原理，和文字作為既定符號對人的思想和理性的框定與束縛作用。譬如，代表人文智慧的文字詮釋，往往構成從文字到文字的「解釋」，甚至達到了「話在說你」而非「你在說話」的「反客為主」程度。所有這些因素，對於喪失「原創智慧」同時又缺乏「神聖智慧」的現代人來講，都會使其誤入歧途，落入「文網語阱」，並且自失其中而不自知，成為活脫脫的「聰明反被聰明誤」的例證。

其次，阿多諾之所以一再抨擊文化產業對藝術發展的負面作用，一再強調藝術在價值取向上的獨立本性，主要是擔心藝術會放棄自身的終極目的或淡化追求真理內容的精神，從而完全落入消費文化或享樂主義的泥沼，滿足於在消費市場中扮演推銷員般的角色，極盡展示和招攬客戶之能；或者像酒促人員一樣將自己打扮得花枝招展，醉心於為人提供「消遣、娛樂」活動。另外，阿多諾也擔心藝術會因此落入保守主義的境地，為迎合社會現狀而提供廉價的安慰，粉飾、宣傳現實。

再者，阿多諾對傳統美學的批評，主要基於傳統美學的頹廢和人們（特別是現代藝術家）對傳統美學的失望。根據他自己的分析，導致這種後果的原因是多方面的。譬如，傳統的哲學美學在唯名論之前，「曾經面臨乏味的抉擇，它或者追隨微不足道的一般概念或共相，或者基於約定

俗成的抽象結果對藝術做出獨斷的陳述」[421]。也就是說，傳統美學一方面抓住一般普遍性不放，把不適合具體藝術作品的抽象原則固定在本身不朽的價值之上；另一方面自以為是，假定藝術的意義取自那些綜合性的、無疑為創造性藝術家所接受的規範，並且認為這些規範遠比按其造就的個體作品更為重要，更為博大。於是，便導致了阿多諾所說的這種悖論的結果：「黑格爾與康德可謂最後兩位對藝術一無所知但卻能夠系統地論述美學的哲學家。」[422]同理，美學界隨後出現了形形色色的老於世故之徒。「他們在黑格爾注重特定藝術對象與康德注重概念這兩種作法之間，極盡調和之能事，從而整合出某種方法來對待藝術，實際上根本不懂得欣賞藝術的建構。」[423]慶幸的是，否定「共相」或「一般普遍性」先於個別事物之實存性的唯名論，摧毀了傳統意義上的美學理論的基礎，促發了美學走向現代化的契機。但由此產生的心理學美學與經驗主義美學同樣存在自身的弊病，同樣沒有多大的指望。因為，前者存在某種危險的傾向，「也就是背離美學題材的傾向，以及緊密追求觀眾或者鑑賞家的快感體驗的傾向」，從而把包含主觀偏見的「趣味」或「鑑賞力」確認為一個至關重要的準則。而後者作為經驗主義描述和普通美學規範分類的產物，其內容十分貧乏，毫無意義，「大大遜色於各類實質性的和透徹的思辨體系。如果應用於當今的藝術實踐，這些經驗主義美學的抽象概念並不比已往任何時代的藝術理想更有價值」[424]。總之，現代藝術之所以要與傳統美學決裂，主

---

[421] 阿多諾：〈《美學理論》初稿導言〉，參見《美學與文藝學研究》（北京師範大學出版社，總第3輯），第234頁。

[422] 阿多諾：〈《美學理論》初稿導言〉，參見《美學與文藝學研究》（北京師範大學出版社，總第3輯），第235頁。

[423] 阿多諾：〈《美學理論》初稿導言〉，參見《美學與文藝學研究》（北京師範大學出版社，總第3輯），第235頁。

[424] 阿多諾：〈《美學理論》初稿導言〉，參見《美學與文藝學研究》（北京師範大學出版社，總第3輯），第236頁。

要是因為兩者之間的「不相容性」所致，或者說，主要是因為美學或審美哲學落後於藝術自身的發展所致。

那麼，在這個現代藝術與傳統美學發生衝突的時代，美學就真的「沒有指望」了嗎？就真的成為「多餘的東西」了嗎？阿多諾認為事實恰恰相反。美學非但沒有衰頹過時，反而迫切需要，必不可少。一是藝術本身需要美學，更需要透過美學引發反思，因為藝術無法處理、也難以統轄這類反思，唯獨美學能對藝術作品的無止境性作出深層次的反思或反應。具體地說，「由於藝術作品不是沒有時間性的，也不是完全一樣的，而是經常變動和發展的，所以，它們呼喚著諸如評論和批判這類腦力勞動。這類勞動是藝術生成的媒介。然而，這些精神形態依然是虛弱和病態的，除非他們能夠發現藝術作品的真理性內容。要想取得這一成就，這類腦力勞動務必要從評論進而轉化為美學。唯有哲學才能發現那種真理性內容，藝術和美學為了共同的利益在此聚在一起。在實現這一目標的過程中，哲學並非從事那種以外在方式來應用或實施哲學信條的活動，而是以內在的方式對藝術作品進行反思」[425]。二是進步的藝術家更加覺得需要美學，儘管美學在哲學中已經失去以往的魅力。這主要是因為藝術家雖然也能進行自我反思，或者說也能對藝術的變化發展及其表現的真理性內容進行不斷的反思，但他們「常常隨興所至，不夠深刻，甚至有些外行的味道；他們習慣求助於特定的假設，並且將其偷懶的做法合理化，或者發表一些有關他們想要取得但從未取得之成就的，一些含糊其詞的意識形態上的聲明。諸如此類的沉思冥想是無法取代美學思想的」[426]。三是對現代藝術作品的評

---

[425] 阿多諾：〈《美學理論》初稿導言〉，參見《美學與文藝學研究》（北京師範大學出版社，總第 3 輯），第 245 頁。

[426] 阿多諾：〈《美學理論》初稿導言〉，參見《美學與文藝學研究》（北京師範大學出版社，總第 3 輯）第 246 頁。

價需要一種美學。這種美學「十分精通最先進的藝術發展情況，但在反思能力上則勝其一籌。這種美學必須放棄趣味這個概念，否則，藝術的真理性要求將會蒙受恥辱，死留罵名。以往美學的嚴重弊病之一就是以主觀的趣味判斷為開端，因此出賣了藝術對真理性要求權」[427]。

從以上三個方面來看，阿多諾堅信美學存在的意義和必要性。但這種美學不是落後頹廢的傳統美學，而是一種擺脫陳舊規範而能「引發那類反思的美學」，一種必須實施現代化轉換的現代美學。而現代美學，在阿多諾看來，必須首先採取某種形式，「那就是要對傳統美學範疇實行合理的和具體的消解。如此一來，它會從這些範疇中釋放出一種新的真理性內容」。不用說，要實現這種轉換，現代美學還必須利用辯證哲學的信條，把事實與概念視為互為媒介、而非截然對立的東西，這樣可望克服在形上與形下之間徘徊的兩難抉擇困境。其次，現代美學務必設法與現代藝術的發展並駕齊驅，同時務必跟上哲學發展的步伐。最後，現代美學家務必與真正的藝術家攜手共進，或者說，真正的美學家務必真正懂得藝術，而真正的藝術家也務必真正懂得美學。所有這些便是美學發展的前景與前提所在。

順便提及，現代美學在研究藝術時，要注意傳統的本體論做法，因為阿多諾本人對此深表懷疑。他甚至不無專斷地認為，這類研究是「不會有什麼結果」的，因為他確信：（1）藝術是發展變化的，不斷生成的。「藝術並非它自古以來的那副樣子，而是它現已生成的樣子」；（2）藝術的發展是一個不斷解放自身的過程，因為「藝術解放自身並非某種偶然的事件，而是藝術的原理」。然而，頗為有趣的是，阿多諾沒有完全否定本體論研究，而是強調不可忽視的歷史作用。他認為單純的本體論研究，如果

---

[427] 阿多諾：〈《美學理論》初稿導言〉，參見《美學與文藝學研究》（北京師範大學出版社，總第3輯）第248頁。

不顧歷史的背景與傳承等因素，必然導向「無源之水，無本之木」式的妄語虛談。所以，他宣稱：「美學不應當像追捕野雁一樣徒勞無益地探尋藝術的本質；這些所謂的本質要從其歷史背景的角度來看。沒有一個單獨孤立的範疇能抓住藝術的理念。藝術乃是活動中的綜合物。藝術由於高度的自體調解能力，故而需要最終成為具體概念的理智調解作用。」[428]

　　總而言之，阿多諾是現代美學的積極宣導者。但值得注意的是，阿多諾與以往的傳統理論家不同。他雖然無處不談現代美學，但卻未對其做出面面俱到或自圓其說的界定。因此，他的美學在很大程度上並非一個完整的理論，而是思索的過程。在此過程中，經常閃耀出一束束令人驚嘆不已的光輝，流溢出一串串教人耳目一新的箴言，其中許多洞見達到了令人稱奇的程度，就連其思想邏輯中的諸多矛盾與偏頗之處也帶給人無窮的回味和深刻的啟迪。另外，他所推崇的現代美學，屬於主觀的理論假設，同時也是未來美學發展的參照框架；至今依然處於繼往開來的創化歷程之中。

第三節　班雅明

　　華特・班雅明（Walter Benjamin, 1892-1940），德國現代著名批評家，出身於柏林一個富有的猶太商人家庭，先後就讀於弗萊堡、柏林、慕尼黑、伯恩等大學，獲哲學博士學位。他與批判理論家阿多諾、霍克海默，表現主義戲劇家布萊希特以及蘇聯演員拉西絲（Asja Lācis, 1891-1979）過從甚密，思想激進。第二次世界大戰期間，為逃避法西斯對猶太人的迫害，班雅明經法國逃往西班牙，因遭拒絕，班雅明在法西邊境服毒自殺。

---

[428] T. W. Adorno, *Aesthetic Theory*, C. Lenhardt (trans.), London: Routledge & Kegan Paul, 1984, p. 482.

　　班雅明著述極豐，其德文版全集達 14 冊之多。他在美學方面的代表著作有：《德國浪漫派的藝術批評概念》、《歌德的〈親合力〉》、《德國悲苦劇的起源》、《夏爾·波特萊爾：發達資本主義時代的抒情詩人》、《經驗與貧乏》、《講故事者》、《小說的危機》、《攝影簡史》、《作為生產者的作家》、《機械複製時代的藝術作品》、《文學史與文學學》。

　　班雅明思想成分極為複雜，人們很難定位他的思想身分：他是一位文學家，又在哲學方面有極高的造詣；他信仰馬克思主義，對社會與歷史的進步抱有樂觀的看法，同時崇奉猶太教神祕主義哲學，對人類命運深感憂慮和悲觀。這種矛盾性充分表現在他的作品之中，致使其思想充滿了曖昧，造成人們的解讀相當困難。無疑，這也是他生前文名寂寞的重要原因之一。不過，問題畢竟還有它外外的一面，班雅明的藝術理論正是因其曖昧才形成巨大的張力，敞開了廣闊的詮釋空間，卻也讓接受者的理解乃至誤讀提供了多種可能性。班雅明在 20 世紀後期聲譽鵲起，不得不說與此相關。詹明信稱他為「20 世紀最偉大、最淵博的文學批評家之一」[429]，原因恐怕即在於此。的確，班雅明的學術研究範圍相當廣泛，涉及宗教、哲學、歷史、語言、文藝史、文藝批評諸多領域，且其思想大都獨樹一幟，不落俗見。他在對文藝現象研究時，表現出敏銳的判斷力和問題意識，他對西方傳統思想的批判以及對現代傳播媒體及大眾藝術的研究，開啟了 20 世紀後期後現代理論和文化研究的先聲。

　　班雅明在美學方面的主要建樹就是他對審美現代性所作的精彩分析，這些分析集中在以下領域：審美本體論、藝術生產論、藝術類型論、藝術社會論。

---

[429] 詹明信：《晚期資本主義的文化邏輯》，陳清僑等譯，生活·讀書·新知三聯書店 1997 年版，第 314 頁。

一、從經驗到體驗：審美本體的類型轉換

　　無論從哪方面說，班雅明都是一位現代思想家，但是，他所心儀的審美觀仍然是古希臘以來的「和諧」美學觀，這種美學觀因其思想資源中所特有的猶太教神祕主義思想，演變成一種藝術救贖思想。當然，這種救贖思想不同於純粹的宗教觀念，而是人透過藝術創造與絕對世界之間達成和解的隱喻，用柏拉圖的語言說就是：給予不確定者確定。對此班雅明說：「單純美的生命起源位於和諧 —— 混亂的波濤洶湧的世界中」[430]，「藝術作品並非產生於虛無，而是產生於混亂」，「藝術作品中波瀾壯闊的生命非得凝固不可，而且必須顯得突然被凝固了。這一在藝術作品中構成本質的是單純的美、單純的和諧」[431]。因此「一切美都和公開一樣，自身中蘊含著歷史哲學的秩序」[432]。

　　班雅明找到了一個能夠展現和諧的術語：經驗。經驗在西方哲學中有兩種理解：一是占主流地位的認識論概念，它是主客體分立、人從世界中抽身後對他物性質進行邏輯概括後的認知；另一個是心靈哲學的觀念，它是蘊含著人之經歷、內省、感悟等多種物質和心理成分的實在－信念的複合體。班雅明對認識論哲學相當反感，他反對把理解、認識和活生生的生命割裂開來，變成抽象的概念知識或資訊，而他所說的經驗恰恰是心靈哲學範疇，無法從認識論層面對之進行分析解釋，對此班雅明強調：「沒有比嘗試分析經驗更荒唐的錯誤了 —— 這種分析通常建立在精確的自然科學模式之上。」[433] 班雅明的全部美學思想，正是以這個觀念為基礎展開的。

---

[430] 班雅明：《經驗與貧乏》，王炳鈞等譯，百花文藝出版社 1999 年版，第 212 頁。
[431] 班雅明：《經驗與貧乏》，王炳鈞等譯，百花文藝出版社 1999 年版，第 208 頁。
[432] 班雅明：《經驗與貧乏》，王炳鈞等譯，百花文藝出版社 1999 年版，第 226 頁。
[433] Walter Benjamin, *Selected Writings*, Vol. 2, Cambridge, Massachusetts & London: The Belknap Press of Harvard University Press, 1999, p. 553.

班雅明對經驗的理解接近心靈哲學的概念，但又不同於後者的內涵，按照他的說法，「經驗是存在於集體和個人生活中的傳統物」[434]，「經驗是活的相似性」[435]，「經驗……是記憶中積累的且經常是潛意識的材料的匯聚」[436]。顯然，這些說法只具有描述性，而非規範性的邏輯概念，班雅明正是以此顯示了他表達方式的獨特性：他的哲學不同於以概念為認識特徵的「具體化的哲學」[437]，「他的哲學尤為重視具體物」[438]。具體化的哲學拒絕對經驗進行思辨化的概念推演，更樂意對之以寓言式的形象化描述。正如哈伯瑪斯所說，「班雅明的藝術理論是一種經驗的理論（然而不屬於反思經驗）」[439]，班雅明自己也說：「拒絕判斷是批評的首要形式」[440]，由此，我們不難理解班雅明為什麼不加以定義式的說明經驗究竟為何了。

班雅明所說的「經驗」（Erfahrung/experience）其實就是積澱在人們心理結構中的文化傳統，它是一個前認識論概念，它是靈肉合一的人在遭遇、親歷、感受相關的人、物、事件後，經過內省、感悟後而得的智慧，是理智與情感、理解與領悟、機智與教訓、記憶與想像諸多因素的統一體，包含親知、理解、教導、訓誡等多種成分，是先人的智慧，是真理，是教養，是希望。它不同於認識論哲學中的經驗概念，後者剝離了一切主

---

[434] Walter Benjamin, *Gesammelte Schriften*, Frankfurt am Main: Suhrkamp, 1974, Band I. 2, S. 608.

[435] Walter Benjamin, *Selected Writings*, Vol. 2, Cambridge, Massachusetts & London: The Belknap Press of Harvard University Press, 1999, p. 533.

[436] 班雅明：《發達資本主義時代的抒情詩人》，張旭東等譯，生活‧讀書‧新知三聯書店 1989 年版，第 126 — 127 頁。

[437] Michael W. Jennings, *Dialectical Images: Walter Benjamin's Theory of literary Criticism*, Ithaca: Cornell University Press, 1987, p. 84.

[438] T. W. Adorno, *Introduction to Benjamin's Schriften*, in: Gary Smith (ed.), On Walter Benjamin, p. 7.

[439] Jürgen Habermas, *Consciousness-Raising or Rescuing Critique*, in: Gary Smith (ed.), On Walter Benjamin, Cambridge, Massachusetts: The MIT Press, 1988, p. 109.

[440] Walter Benjamin, *Selected Writings*, Vol. 2, Cambridge, Massachusetts & London: The Belknap Press of Harvard University Press, 1999, p. 372.

觀成分，是抽象的概念、知識或資訊的匯集。經驗在被傳承時通常以耳提面命的方式，並伴隨某個生動的傳說或故事。經驗這種實踐類型尚未被理性整合，也未被知識、資訊、技術滲透、切割、掌控，班雅明試圖以此說明人與世界之間精神、心理的連繫以及生命活動的完整性、傳統的連續性、人與人之間的親和性，以及人類族群建基於交往能力之上的群體性。

　　經驗要求人們在不同實踐類型之間建立非同尋常的連繫，在極不相同的事物之間發現親和性，對人們習而不察的對象會產生特殊的感覺，從不把具體事物貶低為概念的事例之一，甚至也不把它貶低為某個象徵性意向。在 20 世紀西方哲學越來越趨向於畫地為牢的研究方式時，班雅明卻以他令人注目的異端行徑擴大和拓展了哲學的研究範圍，跳出一般認識論研究，加強人之認識能力與宗教經驗和哲學神祕主義之間的連繫。

　　班雅明認為，經驗世界即人與人、人與自然之間的和諧境況被迅速發展的機械工業社會打破；口耳相傳的經驗交流能力隨著故事藝術的終結而萎縮乃至消失了；現代社會，「非常明顯，經驗已經貶值」[441]。這種情形一方面使得人們愈益關注對外部空間的開拓和對物質世界的占有，把現實利益的滿足視為生存的目標；另一方面又使得人們放棄了對屬靈世界的追求，情感和精神的交流被人們視為可有可無的雞肋而置之身外。班雅明這一認識從傳統到現實都有豐厚的思想土壤。自盧梭（Jean-Jacques Rous-seau, 1712-1778）以降，西方人反對技術的呼聲從未間斷，工具理性與價值理性的緊張狀態持續存在；現代思想家對此認識不乏回應，在恩斯特·布洛赫、馬丁·海德格、馬克斯·韋伯（Max Weber, 1864-1920）的著作中不難發現類似的觀念。不過，班雅明並沒有因機械而抵制現代社會的存

---

[441] Walter Benjamin, *Selected Writings*, Vol. 2, Cambridge, Massachusetts & London: The Belknap Press of Harvard University Press, 1999, p. 731.

在，他只是痛心人們為了換取進步而付出的犧牲傳統的現代化的代價。

　　班雅明從審美活動的本體類型與人類生存境況之間異質同構的關係為出發點，考察了現代人的生存特徵，並用體驗這一術語描述其特徵。

　　體驗（Erlebnis / lived experience）是「人以經驗的方式越來越無法同化周圍世界的材料」時的境況。[442] 儘管班雅明對體驗沒有像對經驗那樣做出明確的界定，但它在班雅明美學思想中的位置卻是十分重要的。安德魯・班雅明（Andrew Benjamin, 1952-）指出，「班雅明的現代性思想在他對體驗和經驗的區分中得到了充分的表述」[443]。當然，班雅明對體驗和經驗的區分採用的是描述而非概念性的反思方式。

　　體驗的社會基礎是大機器工業和資訊生產體制，其生活表徵人之生存已然片段化，從自然到社會再到個體的感覺、意識和記憶，一切和諧均被打破。體驗的實質是意識內容被分割成條塊般的心理碎片，個體的情感、想像、意志被摘除，經驗的連續性陷入分裂、片面之境。班雅明借助「震驚」（shock）這一術語對體驗的心理基礎進行了精彩的分析。

　　「震驚」源於佛洛伊德的精神分析學理論，班雅明用它指代工業和資訊社會中人的生存狀態：外在事物對人不斷衝擊、刺激，人又對此毫無心理準備，各類神經刺激迅速地相繼湧入人體，人們被動地陷入無數瞬間的心靈驚顫之中。[444] 在由機械和資訊包圍、分割的體驗空間中，個體的想像、情感、意志變得遲鈍且顯得多餘，物質豐足和忙碌的工作節奏減弱了人之間的依賴感以及生活和情感上的交流、連繫。

　　體驗這一生存特徵表明人類經驗的結構已發生整體上的轉變，如果說，

---

[442] Walter Benjamin, *On Some Motifs in Baudelaire*, in: Hannah Arendt (ed.), Illuminations, New York: Harcourt Brace & world, 1968, p. 158.

[443] Andrew Benjamin (ed.), *The Problems of Modernity*, London & New York: Routledge, 1989, p. 134.

[444] Hannah Arendt (ed.), *Illuminations*, New York: Harcourt Brace & world, 1968, p. 175.

經驗展現的是事物性質的完整性、統一性，體驗展現的則是破裂性、片段性。班雅明也知道，技術時代削去了經驗傳承的根基，經驗的失去無可挽回：「大多數人不再願意透過經驗學習了，他們的信念阻止他們這樣做。」[445]

班雅明以經驗和體驗為契機，對藝術活動在不同生存模式下的表現形式和規律進行說明。在他看來，經驗生存模式是史詩和故事的故鄉，體驗模式則是寓言（allegory）繁榮的土壤。在體驗狀態下，經驗破裂、萎縮乃至喪失，傳統藝術與現代大眾的標準化、非自然化的生活狀態之間難以產生回應和共鳴，從接受的角度看，傳統藝術見棄於大眾；從創造的角度看，藝術家難以描繪出一幅自然融洽的完美圖畫。現代藝術形式只能是巴洛克悲劇式的「寓言」外觀，即以破碎、斷裂的結構形式隱喻或暗示陰鬱的世界圖景：自然的頹敗和人性的墮落。

班雅明所說的「寓言」不是那種盡人皆知的文學體裁，「而是某種表達方式」[446]。作為文學體裁的寓言總是呈現為一個知性外觀，即在某個故事或形象後傳達具有固定意義的資訊。作為表達方式的寓言，其內容中的藝術事件與明顯的教訓、意義之間失去了連繫，它「從來就不是完全透明的」，這種寓言的代表形式就是現代「小說」[447]。班雅明心目中的寓言既是表達或書寫的符號，又是被表達或書寫的形象，集能指與所指於一身，它本身也需要人們對之進行反思和認識。班雅明是這樣看待寓言的：它是自然與歷史奇特結合的產物，它描寫的對象是破敗的歷史和僵死的原始大地景象，古典時代的美、整體性及其審美符號明喻、象徵不再存在了，在書寫方式上具有連續性、流動性、發展性。作為現代人的書寫方

[445]　Walter Benjamin, *Selected Writings*, Vol. 2, Cambridge, Massachusetts & London: The Belknap Press of Harvard University Press, 1999, p. 553.
[446]　班雅明：《班雅明文選》，陳永國等譯，中國社會科學出版社 1999 年版，第 118 頁。
[447]　董學文、榮偉編：《現代美學新維度》，北京大學出版社 1990 年版，第 81 頁。

式，「圖像諸方面的這種破碎化是寓言方法的原則」[448]，寓言的基本特點是「暗示」、「怪異」、「迷惑」、「零碎」、「無序」[449]，「意義被言語修飾的方面所掩蓋」[450]，「含混和多義性……以其語義的豐富為榮……始終是意義的清晰和統一的對立面」[451]。寓言是和諧破裂、藝術規律與秩序被瓦解的表徵，是審美與意指的廢墟，因而是一種反古典美學原則的藝術形式。現代寓言的特徵表現就是片段，其意義的實現依賴接受者的解釋。藝術作品作為完整的審美對象，需要接受者的解釋與重建。現代藝術作品是未完成的、開放的。接受者是潛在的作者，也是自我教育者。古典藝術是象徵的，現代藝術是寓言的，「作為一種抽象，作為語言精神本身的一種能力」，「寓言在抽象中存在」[452]，「在寓言語境中，形象不過是本質的一種簽名，不過是對本質的畫押，而非掩蓋的本質自身」。[453] 班雅明的「寓言」是對西方現代派藝術走向晦澀和費解提供了藝術哲學的解釋，由此不難理解為什麼阿多諾、霍克海默和晚期盧卡奇都稱班雅明的寓言概念是理解現代藝術的關鍵。

二、從口傳到媒介：審美生產方式的變遷

　　班雅明一邊著手審美本體模式的轉換考察，一邊考察促成這種轉換的社會因素，提出了他的藝術生產理論。不可否認，班雅明有關藝術生產的構想受到馬克思藝術生產觀的影響和啟發，但在具體考察思路上又與後者迥然不同，因為馬克思在考察人類審美活動的規律時，以經濟決定論為邏

---

[448] 班雅明：《班雅明文選》，陳永國等譯，中國社會科學出版社 1999 年版，第 140 頁。
[449] 班雅明：《班雅明文選》，陳永國等譯，中國社會科學出版社 1999 年版，第 142 頁。
[450] 班雅明：《班雅明文選》，陳永國等譯，中國社會科學出版社 1999 年版，第 146 頁。
[451] 班雅明：《班雅明文選》，陳永國等譯，中國社會科學出版社 1999 年版，第 131 頁。
[452] 班雅明：《班雅明文選》，陳永國等譯，中國社會科學出版社 1999 年版，第 184 頁。
[453] 班雅明：《班雅明文選》，陳永國等譯，中國社會科學出版社 1999 年版，第 166 頁。

輯起點，較關注審美活動與經濟基礎、上層建築乃至意識形態的關聯；班雅明則以生存論、文化論的分析為思想起點，較多關注審美活動與人的精神、心理的關聯。他的美學焦點集中在藝術生產力的諸因素：生產者、技術和媒介，這一點與 20 世紀另外一位大師海德格多有相似。班雅明的〈機械複製時代的藝術作品〉與海德格的〈藝術作品的本源〉同時成文於1935 年，這應該是一個有趣的巧合，但是，他們對「傳統」、「起源」、「技術」、「藝術」等問題的思考和分析不謀而合，並且他們的探索都以現代語境中的日常經驗本質的分析為基礎，恐怕不是巧合，而是思想家都無法迴避的時代問題了。

　　班雅明採用馬克思的政治經濟學思路，對藝術生產、流通、傳播、消費的諸多環節進行透視，對現代藝術生產者的處境和現代大眾的接受狀態進行了精神生態學的精彩描述，對於藝術生產力中的主觀因素（作者、技巧）和客觀因素（技術、媒介），都給予了唯物主義的解釋。

　　班雅明認為，藝術生產的狀況取決於社會物質生活條件，在資本主義市場經濟中，作家成為出賣勞動力換取報酬的精神生產者，由此決定藝術產品不可避免地帶有商品的性質。高明的作家猶如熟練工人一樣，和報刊、出版商簽訂合約，他們與業主之間以及作家與讀者之間無疑是雇員與雇主、售貨員與顧客之間的關係。

　　作家所從事的藝術生產主要是靠「技巧」實現的，因此，技巧被班雅明視為藝術生產力的組成部分。他認為在藝術研究中，「技巧概念提供了辯證出發點，它超越了內容與形式的空洞對立」，「文學技巧的進步與衰退」[454]，也直接影響著文學作品的品質與傾向。如何超越、如何影響，

---

[454] Walter Benjamin, *Selected Writings*, Vol. 2, Cambridge, Massachusetts & London: The Belknap Press of Harvard University Press, 1999, p. 770.

班雅明對此語焉不詳，這一不足在他對藝術生產力客觀因素技術和媒介的分析中被彌補了。

班雅明認為，藝術形式總是與一定的生產力水準相應，藝術的產生和發展不可能脫離科學技術及相應的實踐的影響，技術革新導致藝術媒介和載體形式的變化，這種變化必然影響藝術的存在乃至改變藝術觀念，因此，「技術是某種特定的藝術形式的先聲」[455]。印刷技術和紙張導致史詩、故事的衰落，卻導致小說的產生；電子技術和底片導致小說的沒落，但又促使攝影、電影等藝術新形式的出現。藝術發展中的技術進步不僅會改變智力生產方式的功能，最終會改變藝術形式的功能，因為技術的發展必然改變乃至破壞傳統的藝術觀，這正是技術的革命性表現。班雅明據此提出，在藝術活動中，「藝術的技術水準是最重要的水準之一，研究它，可以彌補通常的精神史中模糊的藝術概念（福克斯自己有時也是如此）所造成的某些損害」[456]。也就是說，班雅明把技術進步視為衡量文學作品革命功能的標準。

媒介研究是班雅明美學中的亮點，也是 20 世紀後期風靡世界的「文化研究」的先聲。因為在班雅明之前，還沒有哪位美學家把媒介視作專門的審美研究對象。班雅明在〈經驗與貧乏〉一文中強調，藝術美不僅「是作為形式的連續性之美」，還是「作為媒介的美」，藝術進步不僅是「不斷改善的創作」，也是「文學形式不斷全面的發展與提升。這一過程運行於時間的無限性之中，這種無限性同時也是媒介的無限性」[457]，「藝術及其作品實質上既不是美的現象，也不是直接的情感衝動的表現，而是形

---

[455] 班雅明：《經驗與貧乏》，王炳鈞等譯，百花文藝出版社 1999 年版，第 285 頁注①。
[456] 班雅明：《經驗與貧乏》，王炳鈞等譯，百花文藝出版社 1999 年版，第 335 頁。
[457] 班雅明：《經驗與貧乏》，王炳鈞等譯，百花文藝出版社 1999 年版，第 107 頁。

式的自處靜態的媒介」[458]。班雅明認為，媒介狀態直接改變了藝術存在的方式，他在〈講故事者〉、〈小說的危機〉、〈攝影簡史〉、〈機械複製時代的藝術作品〉等文中，表達了這樣一種認識：故事是口傳藝術，在以紙張為媒介的小說產生以後，故事藝術走向了它的終點；底片、膠卷媒介的出現又使小說藝術走向窮途末路，因為電影、攝影藝術不僅搶占了小說藝術的敘事對象、敘事空間，而且在傳播速度和範圍上為小說所不及，這是小說產生危機的直接原因。他在《單向道》中寫道：「現在所有的跡象表明，書籍這種傳統形式已經走向末路。」[459] 如果班雅明看到後來的電視與網路，那麼他對大眾文化的研究想必會更加精彩。

　　大眾是現代藝術消費的主體，與作家一起構成了藝術生產關係的兩極，班雅明在與友人的通信中談道，「對群眾概念的批判」在自己的批評中占據著「核心的位置」[460]，這表明他的美學分析確實沿著馬克思的政治經濟學思路而行。他認為，「生產力和大眾相融會，表現了歷史性的人的畫面」[461]。大眾在整個審美活動中不可或缺：「大眾是溫床，當今對待藝術作品的所有慣常態度都在此重新滋長，致使性質改變：參與者的浩大聲勢引起了參與方式的變化。」[462] 不過，正像海德格眼裡的常人（das Man）一樣，班雅明的「大眾」（die Menge）也是處於平均和庸常狀態下的人，用慕西爾的話說，就是沒有個性的人。大眾的普遍特徵是：面孔千篇一律、行色匆匆，對他人的存在毫不關心，表現出一種不近人情的孤僻。處於大眾中的個體並非都是布衣之輩，其中有一些地位高貴的人，更不乏商人、律師和交易所的經紀人，據此人們可以減少對班雅明思想中菁英意識的懷疑和批評。

[458] 班雅明：《經驗與貧乏》，王炳鈞等譯，百花文藝出版社 1999 年版，第 121 頁。
[459] 班雅明：《班雅明文選》，陳永國等譯，中國社會科學出版社 1999 年版，第 361 頁。
[460] 董學文、榮偉編：《現代美學新維度》，北京大學出版社 1990 年版，第 132 頁。
[461] 班雅明：《經驗與貧乏》，王炳鈞等譯，百花文藝出版社 1999 年版，第 336 頁。
[462] 班雅明：《經驗與貧乏》，王炳鈞等譯，百花文藝出版社 1999 年版，第 288 頁。

大眾的審美消費主要停留在感官享樂方面，他們只關注作品的刺激效果，這樣就使藝術作品作為「商品在潮水般擁在它們周圍，並使它們從陶醉的人群那裡獲得了同樣的效果。顧客的集中形成市場，市場又使具體的商品變成一般的商品，這就使商品對一般顧客的魅力大增」[463]。大眾的低俗要求與作家創作之間形成惡性互動，作家為追求金錢，不得不迎合大眾，在商品規律支配並取代藝術自身的規律時，藝術作品的價值是可以想見的。班雅明認為通俗作品的審美價值「都是值得懷疑的」，它們在人物描寫中總是呈現出流行的類型化特徵，「他們有一個共同點：他們都彬彬有禮、於眾無害。這種對同類的看法與實際體驗相距甚遠」[464]。班雅明提出了現代藝術家的兩難處境：出賣主體的創作自由換取冷酷的現金固然不足取，但是，一個作家如果不顧時代的精神狀況，一味追求藝術作品的審美效果，那麼他在文學市場上占據一個糟糕的位置，無法在現實中生存，即使「他沒有意識到他的特殊處境，但這並不能減輕這種處境在他身上的效用」[465]。

對於審美產品的流通與傳播，班雅明也有著相當清醒的認知，他提醒人注意審美流通機制中的硬性因素（資本）與軟性因素（商業趣味），就前者而論，要注意「有多少資金已經從銀行、紡織、煤炭、鋼鐵和印刷業流入出版業？另一方面，出版資金又是如何周轉到書籍市場的？」[466] 就後者而論，班雅明否認出版數字與審美價值之間的對應性，他在〈出版業

---

[463] 班雅明：《發達資本主義時代的抒情詩人》，張旭東等譯，生活·讀書·新知三聯書店 1989 年版，第 74 頁。

[464] 班雅明：《發達資本主義時代的抒情詩人》，張旭東等譯，生活·讀書·新知三聯書店 1989 年版，第 55 頁。

[465] 班雅明：《發達資本主義時代的抒情詩人》，張旭東等譯，生活·讀書·新知三聯書店 1989 年版，第 73 頁。

[466] Walter Benjamin, *Selected Writings*, Vol. 2, Cambridge, Massachusetts & London: The Belknap Press of Harvard University Press, 1999, p. 395.

批判〉一文中，區分了「商業成功」（銷售數字）與「文學成功」（在人群中的批評性接受），指出：「把商業成功視為書籍成功的唯一標準顯然是錯誤的」，因為一些「很有價值的書卻賣不出去」[467]，而一些「沒有文學目的」，「毫無意義的書籍充斥市場」[468]。就此而言，班雅明的認識為後人研究大眾文化與傳播提供了有益的參照視角。

三、從魅靈到複製：藝術生產的類型變化

經驗的衰退和技術發展、媒介變化導致藝術生產類型的變化，這種變化主要展現在古典藝術與現代藝術的特徵變化上。班雅明對這兩種藝術的特徵分別用「魅靈」（aura）[469] 和「機械複製」（mechanical reproduction）加以命名。「魅靈」是班雅明美學思想中的一個核心概念，他最初在〈攝影簡史〉一文中提出這一概念，把它界定為「一種特殊的時空交織物：獨有的距離外觀，無論它有多近」[470]。不過這時的「魅靈」概念只是被看成攝影過程中的一個特殊現象，並不涉及對藝術發展的經驗反思。而在其後的幾年，他又不斷對之修正，從不同角度加以描述。在〈機械複製時代的藝術作品〉中，班雅明描述了魅靈的多重特徵：魅力、神祕、權威、膜拜、儀式、原創、本真、永恆、獨一無二、不可重複，它是此時此地的唯

---

[467] Walter Benjamin, *Selected Writings*, Vol. 2, Cambridge, Massachusetts & London: The Belknap Press of Harvard University Press, 1999, p. 395.

[468] Walter Benjamin, *Selected Writings*, Vol. 2, Cambridge, Massachusetts & London: The Belknap Press of Harvard University Press, 1999, p. 396.

[469] Aura 一詞在中文中有多種譯法：「韻味」、「靈韻」、「靈光」、「輝光」、「光環」、「光暈」、「氛圍」、「氣息」等。Aura 本指生命機體放射的能量場，有人認為人可以透過各種顏色亮光的形式察知它。在通靈術中，aura 與「空靈物」（ectoplasm）非常接近，是一種環繞生命的彩色放射物，透過中介可以被人認識。中國古代文論中的「氤蘊」、「空靈」比上述譯詞更接近 aura 的原義，也更典雅，只是少了一層班雅明強調的神聖、敬畏、不可接近的成分，因此不如採用「魅靈」作為譯詞更為恰切。

[470] Walter Benjamin, *Selected Writings*, Vol. 2, Cambridge, Massachusetts & London: The Belknap Press of Harvard University Press, p. 518.

一，是神聖，是祕密，它既在場又缺席，既無處不在又無跡可求。在〈論波特萊爾的幾個主題〉中，班雅明「把魅靈界定為在『非願意記憶』中自然地趨於圍繞感覺對象的連繫」[471]，認為「魅靈經驗建立在人與人之間的關係，以及人與無機的或自然的對象之間的關係之反應的轉換上」[472]。

班雅明認為，藝術作品因其魅靈成分而與欣賞者保持一定的距離，從而具有一種「膜拜價值」（cult value），即作品由於距離而對接受者保有一種神祕性，從而使接受者產生一種崇奉和敬仰的感情。接受者要理解就要充分調動積極的無意識聯想，這樣就在不同時空的人們之間建立起一種特殊的感情連繫。

與魅靈相對的是「機械複製」的概念。班雅明用機械複製一詞，指透過某種技術手段和器械大量生產某種對象，透過機械複製手段大量生產藝術作品是技術時代特有的文化景觀，攝影術和電影被他視為機械複製技術的代表。班雅明充分肯定了機械複製的歷史意義和作用：「藝術作品的機械複製展現著某種新的東西。」[473]「對複製技術的研究所開啟的是接受的重要意義，這一點幾乎沒有任何一種其他研究方法可以做到。」[474] 這表現在：複製藝術是藝術創造活動的技術化和擴大化，它使藝術接受突破了時空限制，人們可根據需求即時即地的進行藝術欣賞，從而大大增加了藝術作品流布的範圍和影響，使藝術活動走出了宮廷、沙龍和藝術菁英們的「象牙塔」，成為與大眾共用的對象。不過，班雅明同時意識到技術所具有的兩副面孔：它既敞開又遮蔽，技術擴大了藝術的接受範圍，使藝術創造的神祕性、獨特性、不可重複性被一掃而光；同時它也使藝術失去深

[471]　Hannah Arendt (ed.), *Illuminations*, New York: Harcourt Brace & world, 1968, p. 186.
[472]　Hannah Arendt (ed.), *Illuminations*, New York: Harcourt Brace & world, 1968, p. 188.
[473]　Walter Benjamin, *Gesammelte Schriften*, Band I. 2, S. 474.
[474]　班雅明：《經驗與貧乏》，王炳鈞等譯，百花文藝出版社 1999 年版，第 309 頁。

度，變得平面化、標準化、程序化、規範化。對複製作品的接受也是由一系列有意識且可控制的群眾回應所構成的，複製藝術提供給人們的只能是一些文化速食，而這正是有魅靈的藝術與機械複製藝術之間的區別：「我們的眼睛對於一幅畫永遠也沒有饜足，反之，對於相片，則像飢餓之於食物或焦渴之於飲料。」[475]

魅靈意味著神祕，複製意味著透明，它是對藝術神祕色彩的剝離，也是對宗教或世俗權威、膜拜成分的剝離。複製藝術品猶如玻璃製品，因為「玻璃製品沒有『魅靈』。一般說來，玻璃是祕密的敵人，也是占有的敵人」[476]。在班雅明看來，魅靈藝術的衰落與複製技術的繁盛是經驗萎縮為體驗的必然結果，也是世界祛魅的必然結果。現代藝術家使出渾身解數，使其作品顯得難以解釋或不可解釋，正是讓人擺脫透明性，回到世界的不可知與神祕。只是在一個日益技術化的世界，這種努力雖然悲壯但是徒勞，因為魅靈藝術的衰退意味著藝術的內容和形式在新的歷史條件下發生了變化和轉折，「這是一個持續很長時間的過程，只在其間看到一種『衰敗的症候』 —— 更不用說只看到一種『現代』症候，沒有比這更淺薄的了。確切地說，這只是伴隨世俗歷史生產力的症候，一個把敘事從生命言語領域逐漸徹底清除的附加物，同時它使我們在即將消亡的東西中看到一種新的美成為可能」[477]。複製藝術的出現象徵著技術時代藝術的進一步存在，只是以另一種物質、另一種形式和功能存在。新的藝術形式的生長成為可能。

班雅明的論題牽涉到藝術模式與轉型的問題：口傳藝術、印刷藝術、

---

[475] 班雅明：《發達資本主義時代的抒情詩人》，張旭東等譯，生活・讀書・新知三聯書店 1989 年版，第 160 頁。

[476] Walter Benjamin, *Selected Writings*, Vol. 2, Cambridge, Massachusetts & London: The Belknap Press of Harvard University Press, p. 734.

[477] Hannah Arendt (ed.), *Illuminations*, Cambridge, Massachusetts & London: The Belknap Press of Harvard University Press, p. 87.

電子藝術。這三種藝術模式的發展對應於社會生活的經驗與體驗結構。口傳藝術與印刷藝術對應的是以手工或機械生產為特徵的經驗的生存狀態，口傳藝術依靠個體的追憶與想像存在 —— 追憶保證了存在的連續性，而想像則保證了存在的完整性，印刷藝術依靠個體的書寫與敘事而存在，這兩種藝術共同展現了人之生存的內在性、私人性。電子藝術對應的是以大工業生產為特徵的體驗的生存狀態，依靠複製而存在，它展現的是人之生存的外在性；因為在體驗中，完全與切身狀態無關的東西介入了人的生活，想像、記憶顯得多餘，任何經驗對象都會被資訊同化，一切祕密都會成為公開的展示物，成為透明的資訊。資訊是對個性、神祕的通約、化簡、改寫、抹殺，和其他資訊之間具有等值性，可以替代其他資訊，也可以為其他資訊所取代，因此，複製藝術只能是沒有深度的藝術速食。

就像班雅明所說的，這三種模式的轉變實質是美的形態轉變，每一種新的模式都展現了「一種新的美」。魅靈藝術以其神祕、獨特、唯一性成為人們的膜拜對象，而複製藝術靠其重複、強化、放大、視覺衝擊和震驚效果同樣可以成為人們的崇拜對象，比如現代人對明星、鏡頭的崇拜。就此來說，班雅明對以複製和平庸為特徵的大眾藝術持相當謹慎的態度：「音樂和抒情詩變成連環畫，其意義何在？我幾乎無法想像這是個完全否定的現象。」[478] 這與他的同道批評家阿多諾對大眾藝術的尖銳指責，形成了鮮明的對比。

四、從審美到政治：藝術社會功能的特徵

在人類社會中，除了存在階級之間的矛盾與抗爭，還有種族、性別之間的歧視與反抗。班雅明生逢階級矛盾與種族歧視的嚴重時期，一方面，

---

[478] 董學文、榮偉編：《現代美學新維度》，北京大學出版社 1990 年版，第 134 頁。

無產階級與資產階級的衝突和對抗時有發生，另一方面，法西斯主義在德國已經崛起，排猶聲浪日漲，班雅明本人深受其害。在此情形下，班雅明不可能成為一個書齋裡的哲學家。作為一名評論家，他不得不思考藝術乃至整個審美活動所承擔的社會功能。

班雅明指出：「歷史中任何一幅本真的畫面都是政治的。」[479] 他不相信世界上真有「為藝術而藝術」的事情，他認為任何作家或作品都難逃其政治立場。因此，他在〈作為生產者的作家〉一文中，開始就引用萊蒙・費爾南德茲的話說：「我們的任務就是要透過使知識分子意識到他們事業的特性，以及他們作為生產者的條件，從而把他們爭取到工人階級的陣營中來。」

班雅明雖然強調藝術的政治性，但他並沒有因此陷入機械論的泥淖，他不要求藝術直接服務於政治，認為那樣既損害了藝術，也妨礙了政治。他對藝術政治性的分析，都是結合具體的藝術問題而談的，並且表現為不同的論題。

在藝術傾向性問題上，班雅明認為，在階級社會中，任何一個作家的寫作都是一種「傾向性寫作」[480]，但他又強調藝術作品不能變成赤裸裸地說教，政治傾向必須化為藝術的表現，「一篇文學作品的傾向只有在文學方面正確時，才能在政治上也沒有失誤。也就是說，政治上的正確傾向包括文學傾向」[481]。

在班雅明看來，即使在技術領域，也包蘊著政治行為，因為技術是中性的，技術的掌控者卻不是中性的。技術支配下的藝術形態及其產品既能

---

[479] Walter Benjamin, *Selected Writings*, Vol. 2, Cambridge, Massachusetts & London: The Belknap Press of Harvard University Press, p. 406.

[480] 班雅明：《作者即生產者》，弗蘭西斯・弗蘭契娜等編：《現代藝術和現代主義》，張堅等譯，上海人民美術出版社 1988 年版，第 340 頁。

[481] 班雅明：《作者即生產者》，弗蘭西斯・弗蘭契娜等編：《現代藝術和現代主義》，張堅等譯，上海人民美術出版社 1988 年版，第 341 頁。

為大眾所用，也能為權力者所用，無論民主政治或法西斯政治都可利用藝術和美學進行意識形態教育和宣傳。在〈機械複製時代的藝術作品〉中，班雅明如此分析：魅靈藝術的敘事整合能力，它的唯一性和神祕性與權威和膜拜功能緊密相聯，極易成為滋生法西斯主義的溫床。因為法西斯主義無非是一種基於巫術儀式和宗教崇拜的惡性膨脹的力量，它在社會生活上的表現就是「政治審美化」，即利用種族神話而實行反覆儀式化的壓迫性崇拜。「法西斯主義……以領袖崇拜強迫大眾屈膝伏地，與此相對應的是對機器的壓制，即強制它為生產膜拜價值服務。」[482] 想一想未來主義藝術家在第二次世界大戰中的表現，我們便不難理解這一問題，並能認識到班雅明何以稱法西斯主義「Fiat ars-pereat mundus」（崇尚藝術，摧毀世界）的信條為唯美主義的「為藝術而藝術」理論的登峰造極的展現。機械複製技術以眾多的摹本取代了具有不可替代性的原作，以展示價值（exhibition value）取代膜拜價值，瓦解藝術的神祕色彩和神聖意味，使自古以來只能為少數人所掌握的藝術創作和欣賞成為人人皆可參與的普通藝術生產和消費行為，改變了藝術交流中的「要麼唯一，要麼沒有」的情形，這無疑是歷史的進步。班雅明不無激進地認為，如果對複製藝術加以合理利用，那麼無產階級就可能把它變為改造世界的批判性武器，實現自己的「藝術政治化」的目的。這樣，「藝術的全部功能就顛倒過來了，它就不再建立於儀式的基礎之上，而是開始建立在另一種實踐 —— 政治之上了」[483]。班雅明強調，「對於作為生產者的作者來說，技術進步依然是政治進步的基礎」[484]。原因即在於此。

　　一些班雅明研究者稱班雅明是一個技術決定論者，並沒有多少道理，

[482] Walter Benjamin, *Gesammelte Schriften*, Frankfurt am Main: Suhrkamp, 1974, Band I. 2, S. 506.
[483] Walter Benjamin, *Gesammelte Schriften*, Frankfurt am Main: Suhrkamp, 1974, Band I. 2, S. 482.
[484] Walter Benjamin, *Gesammelte Schriften*, Frankfurt am Main: Suhrkamp, 1974, Band I. 2, S. 344.

因為技術帶給藝術的負面因素，班雅明並非沒有意識到，從他在〈機械複製時代的藝術作品〉及〈論波特萊爾的幾個主題〉中論述魅靈藝術時所不時流露出的傾慕態度不難看出這一點。鑑於兩次世界大戰帶給人們的慘痛經歷，班雅明不得不走向激進，並在一個兩難的選擇中選擇了前者：因為打破權威和保留傳統幾乎是不可兼得的事情。在這一點上他和布萊希特意見一致：傳統藝術應該消亡，而被一種適應進步目的的技術藝術所取代。科赫（Gertrud Koch, 1924-2016）所謂「革命激情和末世學的主題並行於班雅明的由電影技術開闢的坎坷道路的旅途上」[485]，確是抓住了班雅明藝術理論認識上的矛盾特徵。

　　班雅明還對技術支配下的大眾文化形式 —— 新聞進行了語義政治學的分析，在他看來，新聞內容「空洞乏義」的特徵正是由新聞的政治性質所決定的：它是「權力工具。它只能從它所服務的權力的性質那裡展現價值；不僅在它所代表的東西上，而且在它所做的事情上，它都是這種權力的表達……它首先要從現在流行的東西中確立自己的聲望，使貶低前者的那些思想不再流通」[486]，「新聞界生產大眾輿論的目的恰恰是要使大眾失去判斷的能力」[487]。這種媒介政治學分析可以說是班雅明技術政治學分析的一個有益補充，因為新聞確實是權力者極力掌控的一個工具、一個傳達意識形態資訊的媒介，只是其政治性顯得極為隱蔽而已，就像班雅明在〈作為生產者的作家〉中提及的這樣一個事實：資產階級的創作和出版機構也能夠吸收革命題材，並且能夠在不嚴重動搖自身及其所處階級的生存基礎條件下，宣傳革命題材。

---

[485] G. Koch, "Cosmos in Film", in: A. Benjamin and P. Osborne (ed.), Walter Benjamin's Philosophy: Destruction and Experience, London & New York: Routledge, 1994, p. 213.
[486] 班雅明：《班雅明文選》，陳永國等譯，中國社會科學出版社 1999 年版，第 211 頁。
[487] 班雅明：《班雅明文選》，陳永國等譯，中國社會科學出版社 1999 年版，第 202 頁。

　　班雅明以其全面而辯證的藝術分析提供給人們這樣一種思想：審美活動永遠無法擺脫政治的干擾和影響，藝術家永遠無法逃避政治和社會責任；但是藝術無法直接對接政治或承擔社會責任。真正的藝術至多是語義學層次上的政治學，無法與政治學直接達到同一，否則它就會失去藝術的本質與特徵。

第四節　馬庫色

　　赫伯特·馬庫色（Herbert Marcuse, 1898-1979），1898 年 7 月 19 日出生在柏林一個家資豐盈、頗有名望的猶太資產階級家庭。早年他在哲學與歷史學方面深受典型的德國傳統文化薰陶，青少年時代即對現實社會有著特殊的敏感。他 1916 年到 1918 年曾在德國某預備軍中服役，並開始在柏林大學攻讀博士學位。他早期的政治生涯就是從這時開始的：1917 年，他加入了德國社會民主黨的左翼組織；盧森堡（Rosa Luxemburg, 1871-1919）被害後，他因不滿該黨的背叛行為而退黨。1918 年，他曾短暫做過柏林的革命士兵委員會的成員。在該委員會被鎮壓和退出社會民主黨之後，馬庫色結束了他早年有組織的政治活動。

　　1919 年，馬庫色進入弗萊堡大學繼續學業。1922 年，他完成了論文〈論德國藝術家小說〉並獲得哲學博士學位。此後，他在柏林做了一段圖書銷售工作之後，於 1928 年重回弗萊堡，成為當時極具聲譽的海德格的助手，在其指導下研究哲學。由於對哲學與政治之間的內在關係感興趣，他於 1933 年加入法蘭克福社會研究所，之後成為法蘭克福學派的核心成員之一。希特勒上臺後，他於 1934 年隨該社會研究所移居美國。1942 年 12 月，馬庫色加入美國戰略情報局任高級研究員。1943 年 3 月，馬庫色

轉到國家祕密行動處，在中歐部的研究和分析部門一直工作到戰爭結束。1945 年 9 月，馬庫色轉到美國國務院，任中歐局的領導人並於 1951 年離開政府部門。之後，他重新開始了學術生活，並在哥倫比亞大學（1952 － 1953）和哈佛大學（1954 － 1955）任教。1958 年，馬庫色在布蘭戴斯大學獲得固定教職，並成為最受歡迎和最有影響力的教師之一。1965 年，他接受了加利福尼亞大學的職位，一直工作到 1970 年代退休。

　　由於身處發達資本主義的最前沿，以及對法蘭克福學派社會批判理論的忠誠與捍衛，所以，他在對經典馬克思主義、政治和社會鬥爭的態度等方面，要比法蘭克福學派的其他成員更加激進。1960 年代後期，他由於被看作是新左派運動和學生運動的精神領袖而聲名遠播。在很大程度上，法蘭克福學派對當代資本主義社會政治、經濟、文化諸領域的批判，實際上是透過馬庫色的理論與實踐、特別是透過他的通俗化闡釋才廣為人知的。麥克萊倫（David McLellan, 1940-）指出：「馬庫色是法蘭克福學派中最著名的，也是研究所成員中唯一沒有放棄他的早期革命觀點的人。」[488] 應該說，這一評價是中肯的。

　　馬庫色一生著述甚豐，從他為獲博士學位提交的第一篇論文到 1979 年逝世前出版的《無產階級的物化》為止，共出版論著、論集、論文、談話錄近百篇（部）。影響較大的有：《歷史唯物論的現象學導引》、《辯證法的課題》、《黑格爾本體論與歷史性理論的基礎》、《歷史唯物論的基礎》、《理性與革命》、《愛欲與文明》、《蘇聯的馬克思主義》、《單向度的人》、《文化與社會》、《革命倫理學》、《否定》、《論解放》、《反革命與造反》、《審美之維》等。

---

[488] 麥克萊倫：《馬克思以後的馬克思主義》，余其銓等譯，中國社會科學出版社 1986 年版，第 351 頁。

一、政治哲學：對技術理性的批判

　　像法蘭克福學派社會研究所所長霍克海默所宣導的那樣，馬庫色的學術生涯也是從哲學開始的，但與法蘭克福學派其他研究哲學的成員不同，他一開始就對政治充滿了濃厚的興趣。從政治進入哲學，然後又從哲學反觀政治與社會，使他具有了不同常人的視角，也使他的學說獲得更多走向現實的機會。因此，這在 1960 年代的學生運動中，他被視為精神導師，他的學說被視為思想武器絕不是偶然的巧合；同樣，學界把他的哲學與美學看作是一種廣義的政治學，也不是故作驚人之語，他的哲學與美學確實和政治存在著深厚的關係。

　　在 1930 年代後期完成了家庭與權威、資產階級文化等一系列論文之後，馬庫色便埋頭研究法西斯主義意識形態，於 1941 年出版了《理性與革命》。從 1942 年年底到美國的「戰略情報局」任職直到 1955 年《愛欲與文明》發表為止，這段時間往往被稱為馬庫色的學術沉默期。然而，透過美國學者的挖掘整理，我們發現，馬庫色在這個時期其實並不沉默。在那些形成文字的思考中（多數文章在當時並未發表），他一方面延續了《理性與革命》中所形成的基本主題，同時也偏離在這部著作中已經成型的思路，從而構成了他早期理論與後期思想的過渡。

　　《理性與革命》是馬庫色在法蘭克福社會研究所期間寫的，這個時期的他由於這部著作而一般被學界稱為「黑格爾主義的馬克思主義者」。這是毫不奇怪的，因為這部著作實際上是對黑格爾哲學的正名和重新命名，其中也分明包含著馬庫色對黑格爾的某種旨趣；而透過這種研究，馬庫色又形成了兩個基本主題：第一，論證黑格爾的哲學並非法西斯主義的哲學基礎；第二，拯救掩埋在黑格爾哲學內部的否定性思想。他在 1930 年代

後期埋頭於黑格爾研究表面上顯得偶然，實際上卻是情勢所迫。因為當法西斯主義甚囂塵上時，學界形成了這樣一種說法：黑格爾的國家哲學導致了法西斯主義的興起。顯然，對於鍾愛黑格爾的馬庫色來說，這是一個無法接受的論斷，於是，批判這種邪說也就成了他義不容辭的責任。與此同時，抨擊法西斯主義並揭示其形成的根源，在 1930 年代後期又是法蘭克福社會研究所的大事。正是在這種背景下，馬庫色選擇了黑格爾。

　　馬庫色的哲學思想正是透過對黑格爾的研究開始成型。他在談到寫作動機時指出：「寫作此書是希望為復興做點貢獻；不是復興黑格爾，而是復興瀕臨絕跡的精神能力：否定性思想的力量。」[489] 在他看來，「否定」是辯證法的核心範疇，「自由」是存在的最內在動力。而由於自由能夠克服存在的異化狀態，所以自由在本質上又是否定的。而否定、自由、對立、矛盾則是構成黑格爾所謂「理性」的基本元素。然而，「隨著經濟、政治和文化控制的不斷集中與生效，所有領域中的反抗已被平息、協調或消滅」[490]。於是，當技術文明發展使人們在自己的言論與行動中只剩下承認、甚至肯定現實或現狀的能力時，呼喚、拯救並強調黑格爾辯證法中的否定性思想便顯得特別重要。因為否定性思想的作用是要「打破常識的自信與自滿，破壞對事實的力量和語言的盲目信任，說明事物的核心極不自由，以至他們的內在矛盾的發展必然變質：既定事態的爆炸或災變」[491]。顯然，當馬庫色如此強調「否定性力量」的功能時，他已經暗示了他以後的批判方向。因為有無否定性，既是區分批判理性與技術理性

---

[489] 馬庫色：《理性與革命》，參見梅・所羅門編《馬克思主義與藝術》，杜章智等譯，文化藝術出版社 1989 年版，第 569 頁。

[490] Herbert Marcuse, *Reason and Revolution: Hegel and the Rise of Social Theory,* New Jersey: Humanities Press, 1983, p. 434.

[491] 馬庫色：《理性與革命》，參見梅・所羅門編《馬克思主義與藝術》，杜章智等譯，文化藝術出版社 1989 年版，第 571 頁。

的主要特徵，也是衡量社會與人是否「單向度」的重要標準。

　　從這個意義上看，〈現代技術的社會含義〉是一篇承先啟後的重要文章。馬庫色透過它描繪了個人主義在某個特殊歷史時期（從資產階級革命時代開始到現代技術社會出現為止）由盛到衰的過程。在他看來，個體理性（individual rationality）在反對迷信、非理性和統治的過程中取得了勝利，並由此確立了個體反對社會的批判姿態。批判理性（critical rationality）因此成為創造性原則之一：它既是個體解放之源，又是社會進步之本。當資產階級意識形態在 18 至 19 世紀形成之後，新生的自由－民主社會確保了這種價值觀的流行：個人可以追求自己的切身利益，同時也是為社會的進步加磚添瓦。然而，現代工業與技術理性（technological rationality）的發展卻暗中破壞了批判理性的基礎，並讓個體在潛滋暗長的技術－社會機器的統治面前俯首稱臣。而隨著資本主義與技術的發展，發達的工業社會又不斷滋生並調節於經濟、社會機器，屈服於總體的統治與管理的需要，結果，「順從的機制」（mechanics of conformity）擴散於整個社會。個體逐漸被技術／工業社會的效率與力量所征服，也就逐漸喪失了批判理性的早期特徵（比如自律、對社會持有異議、否定的力量等），而正是由於個性的衰落才導致了馬庫色後來所謂的「單向度社會」和「單面人」的出現。[492]

　　可見，原來在《理性與革命》中並不明顯的「技術」已經開始浮出水面，從而成為馬庫色的一個新的學術視角，因為在他的後期著作中，技術以及由此帶來的一切問題，是他對極權主義社會進行判斷、認識和批判的主要依據之一。雖然他在此文中並沒有一味否認技術，而是在「工藝」

---

[492] Herbert Marcuse, *Technology, War, and Fascism*, Douglas Kellner (ed.), London & New York: Routledge, 1998, pp. 41-65. 此處主要依據凱爾納的歸納。參見凱爾納為該書寫的長篇導讀 *Technology, War and Fascism: Marcuse in the 1940s*，第 4 － 5 頁。

（technics）的層面論述了技術帶給人的自由和解放，但相比較而言，他實際上更重視技術所帶來的負面效果。因為現代社會實際上就是靠技術維持和武裝起來的官僚體制社會，技術以法西斯主義進行武裝，從而導致了戰爭；而建立在技術基礎之上的技術理性，一方面維持了統治的合理性，一方面又摧毀了個體的反抗欲望。馬庫色引用霍克海默的話並闡釋道：「技術理性的工具主義概念幾乎擴散到所有的思想領域，並賦予不同的智力活動某種共同特徵。於是這些活動也就變成了一種技術、一種培訓，而不是一種個性，它需要的是專家而不是完整人格。」[493] 因此，可以說技術理性的猖獗之日也就是批判理性的衰微之時，而批判理性的衰微則意味著個體的消亡，個體之死又意味著大眾之生。

必須指出，「技術理性」的發明並非馬庫色的專利，而是他與霍克海默、阿多諾流亡美國期間共同使用的一個學術概念。不過，儘管霍克海默在 1967 年出版了《工具理性批判》一書，但與霍克海默和阿多諾相比，馬庫色對「技術理性」的開掘與思考更執著，他始終把「技術理性」放在批判理性的對立面，以此來認識它在資本主義社會中扮演的角色。經過長達 20 多年的思考之後，馬庫色最終把技術理性定性為發達的工業社會的意識形態：

技術理性這一概念，也許本身就是意識形態的。不僅是技術的應用，而且技術本身就是（對自然和人的）統治 —— 有計畫的、科學的、計算好的和正在計算的控制。統治的特殊的目的與利益並不是「後來」或從外部強加於技術之上的；它們早已進入到技術設備的構造中。技術總是一種歷史－社會的規劃（project）：一個社會與其統治利益打算用人或物所做的

---

[493] Herbert Marcuse, *Technology, War, and Fascism*, Douglas Kellner (ed.), London & New York: Routledge, 1998, p. 56.

事情都被技術規劃著。這樣一種統治的「目的」是「實質性的」，而在這一範圍內它便屬於技術理性的形式。[494]

　　這段論述出自馬庫色 1964 年發表的〈馬克斯・韋伯著作中的工業化與資本主義〉一文，是他對韋伯合理性的「價值中立」觀點的批判性清理。韋伯認為，價值判斷不可能是合理的，因為根本不存在客觀的或「真實的」價值。因此，唯一真實的合理性就是他所謂的「工具理性」（instrumental rationality），即把手段有效地用於目的。而由於這些目的處在合理的判斷之外，所以你無法判斷它們是否合理。[495]正是在這樣一種理性觀的指導下，韋伯得出了如下的結論：資本主義在現階段雖然是由國家的強權政治所統治的，但它的管理（官僚層統治）依然保持著形式合理性。而形式合理性又為價值中立的技術賦予了某種特權，因為「無生命的機器是凝固的精神，只有這樣它才具有讓人進入其服務範圍的力量」。馬庫色對此評論道：所謂「凝固的精神」（congealed spirit），實際上也是人對人的統治。「因此，這種技術理性再生產出了奴役。對技術的服從變成了對統治本身的服從；形式的技術合理性轉變成了物質的政治合理性。」[496]顯然，在馬庫色看來，韋伯的技術價值中立說是一個不折不扣的騙局。由於它只考慮「資本核算」中的成效與收益，取消了對技術的價值判斷，它也就成了為既存的統治合理性進行辯護的學說。如此推論下去，資本主義的形式合理性就完全可以在電腦時代的來臨中慶祝自己的勝利了，因為「電腦計算一切，卻不問目的如何」。它為統治者提供了計算盈利與虧損的機會，

---

[494] Herbert Marcuse, *Technology, War, and Fascism*, Douglas Kellner (ed.), London & New York: Routledge, 1998, pp. 223-224.
[495] 萊斯諾夫：《二十世紀的政治哲學家》，馮克利譯，商務印書館 2001 年版，第 59 頁。
[496] Herbert Marcuse, *Technology, War, and Fascism*, Douglas Kellner (ed.), London & New York: Routledge, 1998, p. 222.

同樣也提供去計算毀滅一切的機會。[497] 這樣的理論顯然應該在掃蕩之列。

　　在批判韋伯的意義上，可以把「技術理性就是意識形態」的論斷看作馬庫色和歷史的一次對話，但我們同時也應該意識到這一思考對現實的挑戰色彩。因為在 1960 年，保守主義者丹尼爾·貝爾（Daniel Bell, 1919-2011）出版了他的社會學專著——《意識形態的終結》。這部著作在對 1950 年代的美國進行了全方位考察之後認為：技術治國是歷史的必然，大眾社會的出現是進步的象徵，勞動階級普遍滿足於社會現狀，而「接受福利國家，希望分權、混合經濟體系和多元政治體系」已經成為普遍共識。「從這個意義上講，意識形態的時代也已經走向了終結。」而對於激進的知識分子來說，所謂意識形態只不過是他們製造出來的政治話語。「這些飄浮無根的知識分子有一股使自己的衝動變成政治衝動的『先天』衝動」，然而，隨著商業文明的來臨，「舊的意識形態已經喪失了它們的『真理性』，喪失了它們的說服力」。[498] 馬庫色顯然不同意這種意識形態終結論。因為隨著麥卡錫主義時代的結束，恐怖的政治統治雖然終結了，但是隨著「富裕社會」來臨，極權主義的統治卻以更隱蔽的方式展開對人們身心世界的全面管理與操縱。這種潛在的東西就是技術理性對社會各個領域的滲透。從這個意義上說，意識形態沒有終結也不可能終結。

　　無論從哪方面看，把技術理性定位成發達工業社會的意識形態都意義重大。因為對於美國來說，從二戰結束到 1960 年代初是一個舉世公認的繁榮年代。技術的廣泛應用，經濟的高速成長，工作時間的縮短，閒暇時間的增多——種種跡象表明，這個資本主義最發達的國度已經進入到一個國家興旺富強、人民安居樂業的時代。然而，正是在這樣一個歡樂祥和

---

[497] Herbert Marcuse, *Technology, War, and Fascism*, Douglas Kellner (ed.), London & New York: Routledge, 1998, p. 225.
[498] 貝爾：《意識形態的終結》，張國清譯，江蘇人民出版社 2001 年版，第 461－464 頁。

的時期，馬庫色卻發布了他的盛世危言。

那麼，當馬庫色以這樣的眼光打量西方成熟的政治體制、發達的工業文明社會時，他發現了什麼呢？他認為，當代工業社會已經變成了新型的極權主義社會，因為它成功地壓抑了這個社會中的反對派和反對意見，壓制了人們心中的否定性、批判性和超越性的向度，使這個社會變成了單向度的社會，使生活於其中的人變成了單向度的人。而造成發達工業社會的極權主義性質的主要不是恐怖與暴力，而是技術的進步。技術的進步造成了一種「控制的新形式」。它使發達工業社會處於富裕的生活水準，讓人們滿足於眼前的物質需求，而付出不再追求自由、不再想像另一種生活方式的代價；它使發達工業社會對人的控制透過電視、電臺、電影、收音機、報紙雜誌等大眾傳播媒體，無孔不入地侵入人們的閒暇時間，占領人們的私人空間，卻又不激起人們的反向和抗爭心理；它為政治經濟運行提供合理的操作方式，使其達到高度有序化，從而使統治者與被統治者在理性層面上達到了和諧統一；它導致科學主義與實證主義思維及方法大行其道，從而把人們的思維變成可供分析和操作的領域，思維的懷疑、否定、批判、超越等特性消失殆盡。透過對發達工業社會文明的研究，馬庫色得出了如下結論：技術進步是發達工業社會文明最集中的、也是最高的表現，它造福社會，也使這個社會付出了高昂代價，亦即造就了缺乏否定精神、沒有批判意識、更無超越欲望的「單面人」。

在馬庫色對發達工業社會的分析和批判中，他主要關注的兩個方面：第一是極權政治，第二是處於這種政治體制中的人。他明確指出：「作為一個技術世界，發達工業社會是一個政治的世界，是實現一項特殊歷史謀劃的最後階段，即在這一階段上，對自然的實驗、改造和組織都僅僅作為

統治的材料。」[499] 而在與馬吉（Bryan Magee, 1930-2019）的對話中，他又坦率地談到了他與傳統馬克思主義的分歧：

馬克思的確不大關心個人的問題，而且他也不必去這樣做，因為在他那個時代，無產階級的存在本身，就使得這個階級成了一個潛在的革命階級。但從那以後情況發生了很大的變化，現在的問題是：「當今西方發達工業國家中的工人階級在多大程度上仍然能夠被稱之為無產階級？」……現實情況是，大多數人都被同化到現存的資本主義制度中去了。組織化的工人階級已經不是「一無所有、失去的只有鎖鏈」，而是可以失去很多；這種變化不僅發生在物質方面，而且也發生在心理方面。下等人的心理意識已經發生了變化。最令人吃驚的是統治的權力結構對個人的意識、潛意識甚至無意識領域進行操縱、引導和控制的程度。因此……心理學是必須深入馬克思主義理論的一個主要知識部門，這不是為了取代馬克思主義，而是為了充實馬克思主義。[500]

從以上所引的文字中，我們一方面發現馬庫色「引用」佛洛伊德理論的真實動機，另一方面也可以看出，政治在他的思想天平上依然是很重的砝碼。只不過在寫作《單向度的人》時，他的政治學辭典裡已更多地刪除了無產階級、勞動階級等具有古典意味且政治色彩濃郁的詞彙，而以「（抽象的）的『人』（Man），而不是（具體的）的『人們』（Men）」[501]代之。但是，關心人被極權政治的操控程度，打破技術文明，尤其是技術理性對人的禁錮，進而讓人的內心世界煥發出革命的衝動，去砸碎那個讓

[499] 馬庫色：《單向度的人 —— 發達工業社會意識形態研究》，劉繼譯，上海譯文出版社 1989 年版，第 7 頁。

[500] 馬吉：《思想家 —— 當代哲學的創造者們》，周穗明等譯，生活・讀書・新知三聯書店 1987 年版，第 61 － 62 頁。

[501] 麥金太爾：《馬庫色》，邵一誕譯，桂冠圖書股份有限公司 1992 年版，第 18 頁。

人身心遭到異化的世界，則是馬庫色著作中一個隱蔽而潛在的動機。因此，儘管馬庫色聲稱他與傳統馬克思主義存在著分歧，但是，我們在這裡依然看到了他與傳統馬克思主義的內在關聯。

然而，實際的情況是，隨著 1960 年代後期學生運動的失敗，馬庫色那種激進甚至革命的理論失去了神聖的光輝。換句話說，這次失敗至少說明了革命理論在直接轉換為革命行動時還面臨諸多問題。而對於馬庫色來說，尋找否定性一直是他追尋的目標，但遺憾的是，他在無產階級大眾和 1968 年的大學生中並沒有發現這種否定性。於是，如何培養並發展人的這種否定性就成了他必須解決的重要課題。正是在這種背景下，他選擇了藝術和美學。他認為：「藝術不能改變世界，但是，它能夠致力於變革男人和女人的意識和衝動，而這些男人和女人是能夠改變世界的。1960 年代的運動，意在迅速改變人的主體性、本性、感性、想像力和理性。這場運動開啟了認識事物的全新視野，開啟了上層建築對基礎的滲透。」[502] 這是他對 1960 年代學生運動一個意味深長的總結，也是他決定改弦更張的重要訊號。於是，像阿多諾一樣，在他生命的最後階段，美學成了他思想的最後停泊地。

二、激進美學：解放愛欲與建立新感性

說馬庫色最後選擇美學作為其思想皈依點，並不意味著這是一場「突發性事件」，因為假如採用回溯的目光來考察他以前的著作，我們就會發現，在他那些哲學或哲學化的論著中早已存在著一些美學的片論。而正是由於這種最後的選擇，才使得這些片論有了聚攏起來的可能。概而言之，

---

[502] 馬庫色：《審美之維 —— 馬庫色美學論著集》，李小兵譯，生活・讀書・新知三聯書店 1989 年版，第 229 頁。

他在美學方面的重要貢獻有二：第一，把愛欲引入審美活動；第二，提出了建立新感性的具體構想。

馬庫色激進美學的邏輯起點是解放人的本能。由於人的身心在技術統治的世界裡已遭到全面異化、變成了單向度的人，所以，若要把人從這個物化的世界裡拯救出來，使人走出工具理性的沼澤，首要任務就是挽救人的愛欲、靈性、激情、想像、直覺這種感性之維。於是，在馬庫色的構想中，審美解放成了人的歷史使命，本能革命則成了審美解放的必由之路。

馬庫色的這一構想並非空穴來風，他的思想靈感首先來自馬克思的《手稿》。把人的感覺從「粗陋的實際需求」中解放出來，進而讓人帶著「人的感覺」在對象世界中肯定自己，是馬克思《手稿》中的核心命題。然而，在馬庫色看來，儘管人們對《手稿》解釋很多，但對於這一命題卻多有忽略。於是，他根據馬克思的論述進一步發揮道：「所謂『感覺的解放』，意味著感覺在社會的重建過程中有『實際作用的』東西，意味著它們在人與人、人與物、人與自然之間創造出新的（社會主義的）關係。同樣地，感覺也成為一種新的（社會主義的）理性的『泉源』：這種新的理性擺脫了剝削的合理性。而當這些解放了的感性擯棄了資本主義的工具主義的理性時，它們將保留和發展這種新型的社會成就。」[503] 顯然，在馬庫色看來，這種感覺的解放將在變革現實的鬥爭中發揮關鍵性作用。於是他所謂的感覺，絕不僅僅是個人身上的某種心理現象，而是使社會變革成為個人需要的媒介。

馬庫色思想靈感的第二個來源是他對康德－席勒美學理論的批判性揚棄。受康德思想的影響，席勒透過對近代工業社會的考察發現，勞動與享

---

[503] 馬庫色：《審美之維 —— 馬庫色美學論著集》，李小兵譯，生活・讀書・新知三聯書店 1989 年版，第 135 － 136 頁。

受分離、手段與目的分離已成了早期資本主義社會中一個觸目驚心的事實，原本完整、和諧、統一的人已變成了資本主義機器大生產中的一個小小零件。席勒認為，這一切都根源於人性的分裂與墮落，而造成這種墮落的原因則是近代以來日益嚴密化的科學技術分工割裂了人性中原本處於和諧狀態的感性與理性、自由與必然。因而要克服現代社會中的不合理現象，唯一的辦法就是走審美之路，培養高尚的人格，透過遊戲活動即審美活動，使人性中分裂的因素重新合而為一，消除一切壓迫，使人在物質－感性方面與精神－理性方面都恢復自由。「只有當人充分是人的時候，他才遊戲；只有當人遊戲時，他才完全是人」，席勒的這句名言實際上是他對人的理想狀態的嚮往與描繪。

席勒把審美活動放到了核心位置上，這是馬庫色非常感興趣的；但讓他無法滿意的是，審美活動在席勒那裡最終依然只不過是溝通純粹理性與實踐理性、調和感性衝動與形式衝動的橋梁。席勒雖然意識到現代科技理性的發達對人類生存狀況的多重影響，但他並不反對理性本身。恰恰相反，他所設想的未來社會正是要恢復遭到破壞的人類理性。所以在論述審美之路時，席勒雖然也認為要限制理性的權利，但並沒有對理性與感性的任何一方有所偏愛，而是極力強調兩者的調和，以期建立一種不與感性直接對立的理性社會。然而，在馬庫色看來，文明發展的歷史就是人類的感性逐漸淡出、理性逐漸占據歷史舞臺的歷史；而近代以來，由於這種理性過分發達，人類已喪失了原本完整美好的生存狀態，勞動變成了苦役，人的存在則淪為理性的工具。因此，若要建立新的文明秩序，首要任務是必須清除理性施加於感性的暴政，恢復感性的權力和地位。於是，當馬庫色談到審美時，這種審美已不是橋梁而是歸宿，不是手段而是目的本身。[504]

---

[504] 朱立元主編：《法蘭克福學派美學思想論稿》，復旦大學出版社 1997 年版，第 217 － 218 頁。

只有在審美活動中，感性才能被拂去灰塵、擦去鏽跡，放射出燦爛的光輝。

把審美活動看作是感性獲得新生的途徑，把感性解放看作是人類解放的必經之路，這是貫穿於馬庫色美學思想的主線。這種觀點的提出在當時固然也稱得上振聾發聵，但是在其實現過程中卻會遇到諸多難題。比如在發達的工業社會中，人的正常感性世界已遭汙染甚至已不復存在，如何才能喚醒人們沉睡的感性並使其煥發出力量？把審美看作是拯救感性的有效途徑，審美真有如此大的威力嗎？審美活動可以憑藉的力量又來自何處？假如不能解決諸如此類的問題，那麼審美云云之說難免顯得空泛。從美學角度看，或許正是為了解決這些理論難題，馬庫色才把佛洛伊德請進了他的美學殿堂，讓他去充當打開僵硬的理性缺口的先鋒。

但是，馬庫色並不同意佛洛伊德的悲觀主義觀點。佛洛伊德的基本假設是，文明的歷史就是人的本能欲望遭到壓抑的歷史，因此，文明與本能滿足是一對不可解決的矛盾，要麼毀滅文明，要麼接受壓抑，非壓抑性文明是不存在的。然而，在馬庫色看來，本能力量的解放與文明的發展並不矛盾，如果人們能夠合理地使用自己的本能力量，那麼非壓抑性文明社會的出現是可能的。「在非壓抑性生存的環境中，工作時間（即苦役）被降低到了最低限度，而自由時間擺脫了統治利益強加於它的所有閒暇活動和被動狀態。」[505] 這是馬庫色所描繪出來的文明社會的理想狀態。為了在理論上更好地論證非壓抑性文明的可能性，馬庫色又在佛洛伊德壓抑假說的基礎上，進一步把壓抑分為基本壓抑和額外壓抑兩種。前者主要由不可避免的生存原因所造成，因而具有合理性；後者由人為的「不合理的組成方式」所造成，不具有必然性與合理性，因而是多餘的、應該消除的。他

---

[505] 馬庫色：《愛欲與文明》「1961 年標準版序言」，黃勇等譯，上海譯文出版社 1987 年版。

認為，隨著科技和生產力的高度發展，基本壓抑在當今已大致失去了存在的理由，現代社會中存在的壓抑形式主要是額外壓抑。如此，消除額外壓抑就和推翻現行的體制建立起了某種必然連繫。

解放愛欲、消除額外壓抑是馬庫色所制定的人類解放的總體策略，那麼，具體到美學領域，愛欲解放與美學革命的連結點又在哪裡呢？在對佛洛伊德「幻想說」的開掘中，我們可以發現馬庫色的良苦用心：

> 幻想，作為一種基本的、獨立的心理過程，有它自己的、符合它自己的經驗的真理價值，這就是超越對抗性的人類存在。在想像中，個體與整體、欲望與實現、幸福與理性得到了調和。雖然現存的現實原則使這種和諧成為烏托邦，但是幻想堅持認為，這種和諧必須而且可以成為現實。……因此對幻覺的認識功能的分析產生了作為「審美科學」的美學。美學形式的背後乃是美感與理性的被壓抑的和諧，是對統治邏輯組織生活的持久抗議，是對操作原則的批判。[506]

把幻想或想像看作是反抗現實原則的得力拐杖，這是馬庫色從佛洛伊德那裡拿來並加以改造的理論武器。但是，假如沒有某種實質性的內容來補充幻想或想像，它們就成了無源之水，美學革命的暴動將成為紙上談兵。於是，為了充實幻想與想像的力量，馬庫色又從包括佛洛伊德在內的哲人那裡拿來了「回憶」。在他看來，回憶「不是對充滿童心的天真、原始人等東西的記憶，也不是對『黃金時代』的追憶（這個時代從未存在過）。回憶作為認識的功能毋寧說是一種綜合，是把在歪曲的人性和扭曲的自然中所能發現的那些支離破碎的東西重新組合在一起。這種回憶出來的素材，就成為想像的領域，它在藝術被壓抑的社會中得到確認，它以一

---

[506] 馬庫色：《愛欲與文明》「1961 年標準版序言」，黃勇等譯，上海譯文出版社 1987 年版，第 103 － 104 頁。

種『詩的真理』── 也僅僅作為詩的真理出現」。

　　從幻想、回憶等出發去尋找否定性的力量，馬庫色也就必然遭遇藝術。「因為從古以來的藝術，就像埋藏在地層深處的礦脈，攜帶著巨大的資訊：所有遭到壓抑的衝動，所有遭到禁忌的意象、自由的渴望、幸福的期待等，都包含在裡面。像佛洛伊德從人的本能力量中單單挑出幻想一樣，馬庫色也從幻想中看到了自由和希望的圖景。」[507] 在他看來：「藝術，在其基本的層次上，就是回憶：它希望達到某種前概念的經驗和理解。而這些前概念的東西又都再現於、或相悖於經驗和理解的社會功用的框架，也就是說，這些東西都相悖於工具主義的理性和感性。」[508] 顯然，在馬庫色看來，藝術之所以能成為審美的依託，關鍵在於藝術可以憑藉幻想和回憶創造出直覺的而非邏輯的、感性的而非理性的審美形式，建構出受「享樂原則」而非「現實原則」支配的新的感性世界。這種孕育著「新感性」的藝術世界與審美形式，可以打破人們的日常生活經驗，把淪落的感性之維從工具理性的泥沼中揭示出來，把禁忌的愛欲從被壓抑的文明中解放出來。也正是在這一意義上，馬庫色提出了他的「藝術即大拒絕」的著名命題：「藝術無論儀式化與否，都包容著否定的合理性。在其先進的位置上，藝術是大拒絕，即對現存事物的抗議。」[509]

　　藝術既要成為審美的依託，又要成為對現存事物的抗議，那麼，後一種功能的邏輯依據又是什麼呢？這牽涉到馬庫色的又一重要命題：藝術即異在。

---

[507] 程巍：《否定性思維 ── 馬庫色思想研究》，北京大學出版社 2001 年版，第 152 頁。

[508] 馬庫色：《審美之維 ── 馬庫色美學論著集》，李小兵譯，生活・讀書・新知三聯書店 1989 年版，第 171 － 172 頁。

[509] 馬庫色：《單向度的人 ── 發達工業社會意識形態研究》，劉繼譯，上海譯文出版社 1989 年版，第 59 頁。

　　無論藝術是怎樣地被現行的趣味和行為的價值、標準以及經驗的限制所決定、定型和導向，它總是超越對現實存在的美化、崇高化，超越為現實排遣和辯解。即使是最現實主義的作品，也建構出它本己的現實：它的男人和女人、它的對象、它的風景、它的音樂，皆揭示出那些在日常生活中尚未述說、尚未看見、尚未聽到的東西。藝術即「異在」。[510]

　　馬庫色的這個命題包含在一個更大的命題之中：藝術應成為現實的形式。使藝術成為現實的形式，並不是要美化既定現實，而是要創造出一個與既定現實相抗的新的現實。馬庫色並不否認，無論現代藝術還是古典藝術都具有雙重性質：「藝術，作為現存文化的一部分，它是肯定的，即依附於這種文化；藝術，作為現存現實的異在，它是一種否定的力量。藝術的歷史可以理解為這種對立的和諧化。」[511] 但是，從建立「新感性」的宏偉策略出發，他更看重藝術異在性所表現的否定性力量，因為只有藝術的異在性才能使藝術與現實世界保持某種批判的距離。而藝術之所以能具有異在性，關鍵還在於構成藝術的重要元素 —— 想像、回憶等具有異在性。因為在人類的想像中始終保存著對過去和諧生活的回憶，正是這種回憶隨時提醒人們注意理想與現實之間的距離，使藝術始終保持著與現實的對立、異在和超越。現代工業社會的主要問題之一就是取消了藝術的這種異在性，當藝術品淪落為商品之後，它的超越性、否定性和顛覆性也就蕩然無存了。

　　到此為止，馬庫色的美學思路已大致清楚了。他的美學目標是要建立「新感性」，因為這是促使人們用一種「新的方式去看、去聽、去感受事

---

[510] 馬庫色：《審美之維 —— 馬庫色美學論著集》，李小兵譯，生活・讀書・新知三聯書店 1989 年版，第 194 頁。

[511] 馬庫色：《審美之維 —— 馬庫色美學論著集》，李小兵譯，生活・讀書・新知三聯書店 1989 年版，第 194 頁。

物」的前提。而要想使既成的感性不在美學世界中被純粹理性和實踐理性所擠壓，不在工業社會中被科技理性或工具理性所汙染，人的感性世界就必須大換血。於是借助馬克思、席勒、佛洛伊德等思想家的理論資源，他用回憶、幻想、想像、激情、靈性等詩性智慧作為他再造新感性的主要武器，同時又強化藝術的拒絕、異在、否定等功能，使之和這些武器配套。而立足於「新感性」的審美世界一旦成型，即意味著擁有了與現實世界分庭抗禮的資本；從本能革命到美學革命的道路一經貫通，也就可以踏上人類解放的征途了 —— 這就是馬庫色所構想的美學方案，也是他設計的人類解放的宏偉藍圖。

那麼，當馬庫色規劃自己的審美園地時，他是不是已經淡忘了政治呢？回答應該是否定的。在他晚期的著作中，政治依然是他美學合唱中的一個不容忽視的聲部：「我認為藝術的政治潛能在於藝術本身，即在審美形式本身。」[512]「藝術借助其內在的功能，要成為一股政治力量。」[513]這種表述不僅昭示了馬庫色的政治情結，也說明了使美學政治化依然是他堅定不移地追求的目標。這樣一來，他的美學火藥味十足也就不難理解了，因為這很可能是真正讓人「行動的美學」。然而，唯其如此，也就更顯出了這種美學的烏托邦意味。因為實際的情況是，在 1970 年代來臨、保守主義復甦的時代裡，1968 年造反的大學生早已偃旗息鼓，他們開始進入資本主義統治的秩序中，開始了對中產階級體面生活的追求。於是馬庫色的美學也就失去了忠實的聽眾，他的那種「變革男人和女人的意識和衝動」的計畫也就成了真正的理論假設。

---

[512] 馬庫色：《審美之維 —— 馬庫色美學論著集》，李小兵譯，生活·讀書·新知三聯書店 1989 年版，第 203 頁。

[513] 馬庫色：《審美之維 —— 馬庫色美學論著集》，李小兵譯，生活·讀書·新知三聯書店 1989 年版，第 198 頁。

三、大眾文化理論：從「整合」到「顛覆」

馬庫色的大眾文化理論是法蘭克福學派大眾文化批判理論的重要組成部分，但他與阿多諾和霍克海默等人的觀點又不太相同。一方面，他認同法蘭克福學派的主流觀點，認為大眾文化是宰制的工具、極權主義的傳聲筒，具有整合大眾的作用；另一方面，在特定的歷史時期，他又看到了大眾文化具有顛覆資本主義的功能。只有意識到馬庫色大眾文化觀的矛盾性和複雜性，我們才能對他的大眾文化理論有一個全面的認識。

當阿多諾與霍克海默等人在 1930 至 1940 年代研究大眾文化時，馬庫色主要把精力集中在研究法西斯主義意識形態、資產階級文化、家庭與權威等問題上，他對大眾文化並沒有多大的興趣。但進入 1960 年代之後，大眾傳媒與大眾文化卻頻頻出現在他的文章與著作中，構成了他對新型的極權主義社會和控制的新形式進行判斷與定位的主要依據。比如，他認為：「透過大眾媒介、學校、運動隊、青少年團體等，社會直接控制了初生的自我（nascent ego）。」「兒童意識到，玩伴、鄰居、團夥的頭頭、體育比賽、電影而非父親才是他們相宜的心理行為和身體行為的權威。」而大眾在一個無父的時代裡並不感到焦慮，因為大眾媒介與大眾文化成了他們的親密夥伴：「每一座房子上的天線，每一個海濱上的收音機，每一個酒吧與飯館裡的自動唱片機，如同種種絕望的嚎叫 —— 他不會扔下它們不管，他無法與這些現代怪物分離開來，他不會譴責這些東西的無聊或憎而恨之，也不會抱怨它們攪了自己的美夢。這些嚎叫吞沒了其他人，甚至吞沒了那些雖遭譴責但依然渴望實現其自我的人。在龐大的被捕獲的聽眾中，絕大多數人陶醉在那些嚎叫聲裡。」[514] 把這些論述與《單向度的人》

---

[514] Herbert Marcuse, *Five Lectures: Psychoanalysis, Politics, and Utopia*, Jeremy J. Shapiro & Shierry M. Weber (trans.), Beacon Press, 1970, p. 47, p. 52, p. 49.

結合起來看，我們就可以把後面這部著作解讀為對大眾文化進行批判理論。因為馬庫色反覆提到的「發達的工業社會」或「單向度社會」實際上就是「現代大眾社會」，「單向度的人」實際上就是喪失了反抗欲望和否定能力而被社會整合得服服貼貼的「大眾」，而所謂「單向度文化」其實也就是「大眾文化」。那麼，與阿多諾等人的大眾文化理論相比，馬庫色有哪些新思想呢？

第一，他更多地著重注意透過消費領域來論述大眾文化的整合功能。阿多諾等人主要從生產方式的角度對大眾文化進行批判，雖然其批判理論無疑也涉及消費領域，但由於更多借助馬克思的商品拜物教理論來思考大眾文化，而馬克思又主要是從生產方式、生產關係角度來考察資本主義制度的，所以，生產決定消費的思維定式使得他們無法過多關注消費領域。但馬庫色認為：「在馬克思的用語中，『異化』代表一種社會－經濟概念，它基本上是說（只能非常簡略地表述一下），在資本主義制度下，人們在其工作中不能實現自己的才能和滿足自己的需求；而這種情況是資本主義生產方式造成的；因此要克服異化，就必須從根本上改變資本主義生產方式。今天，異化概念的含義已經大大擴展，它原來的含義幾乎喪失殆盡了。如今人們已經用它來解釋各式各樣的心理毛病。但並不是人們所遇到的一切麻煩和問題 —— 如男女戀愛中的問題 —— 都必然是資本主義生產方式的結果。」[515] 而事實上，從 1950 年代的《愛欲與文明》起，馬庫色就開始了對馬克思的改寫；而從《單向度的人》開始，馬庫色又把思考集中在資本主義世界的消費領域。這種舉措一方面是對馬克思理論的進一步擴充，另一方面也可以把它看作是對阿多諾的大眾文化批判理論的充實與發展。

---

[515] 馬吉編：《思想家 —— 當代哲學的創造者們》，周穗明等譯，生活·讀書·新知三聯書店 1987年版，第 68 － 69 頁。

　　第二，指出了「虛假需求」與大眾文化的關係。馬庫色認為，那些為了特定社會利益而從外部強加在個人身上的需求，使艱辛、侵略、痛苦和非正義永恆化的需求，以及休息、娛樂、按廣告宣傳來處世、消費和愛恨的需求都屬於虛假需求。[516]而真實的需求則是指自由、愛欲、解放、審美等需求。在他看來，作為他律的虛假需求是由大眾文化和大眾傳媒製造出來的。當統治者的文化產業機器啟動後，它實際上是要推銷其意識形態，並控制消費者，但又打著為大眾著想的旗幟，於是文化產業首先向大眾輸出的是一種虛假意識。而由於這種虛假意識事先以技術合理化的名義經過處理，所以，在它的輸出過程中已經盜用了真實的名義。而當它被大眾接受並變成某種生活方式時，就說明這種虛假意識的輸出已經獲得了滿意的接受效果。此後，按照這種生活方式做出的某種設計與構想，就會成為大眾的某種自覺的行為，文化產業接下來所要做的只不過是不斷地強化這種意識，並讓大眾透過不斷滋生的虛假需求的衝動獲得真實的心理滿足。假作真時真亦假，長此以往，大眾也就既失去了真實需求的動機，又失去了區別真假需求的能力。

　　那麼，為什麼說馬庫色的大眾文化理論中還有某種顛覆思想呢？這主要是指他在 1960 年代文化革命中所形成的思想。在文化革命之前，由於馬庫色看到的更多是資產階級意識形態透過大眾文化對大眾的整合，馬克思意義上的無產階級已經「有產」，從而也喪失了革命的動力和鬥志，所以，他曾經一度非常悲觀。但是隨著文化革命的來臨，馬庫色發現了新的「革命主體」。他們是造反學生、黑人、嬉皮、知識分子新左派、受性壓迫的婦女、第三世界的人民大眾。這樣一支革命隊伍雖然成分複雜、難

---

[516] Herbert Marcuse, *One-Dimensional Man: Studies in the Ideology of Advanced Industrial Society*, Boston: Beacon Press, 1991, pp. 4-5.

免魚龍混雜，但他們都是發達工業社會與不發達國家的弱勢群體與邊緣群體，是沒有被強大的國家機器整合的「剩餘者」，同時，他們又有相同的革命要求。因而在他看來，雖然這些人離他所需要的「革命主體」還有一定距離，但是在革命的高潮當中，他們顯然是一股比勞動階級更革命的力量。為了提高革命主體的革命意識並使之擁有革命的武器，馬庫色便發現了大眾文化的顛覆功能。

在《單向度的人》中，馬庫色對語言領域的革命已不抱任何希望，因為政治與商業聯手把這個世界徹底征服了。然而在《論解放》中，他卻發現了一個沒有被征服的地方：次文化群體（subcultural groups），因為這一群體創造了屬於他們自己的語言。在嬉皮對 trip，grass，pot，acid 等語詞的變形使用中，尤其是在黑人的「汙言穢語」（obscenities）中（如 fuck，shit 等），他發現了語言的否定性和顛覆性功能：「一種更富有顛覆性的話語領域的暴動出現在黑人鬥士們的語言當中，這是一場有計劃的語言造反。它粉碎了語詞所被使用和規定的意識形態語境，然後把這些語詞放在了一個相反的語境中，即放在對既存語境的否定之中。」[517] 從相關語境中可以看出，當馬庫色賦予這種汙言穢語這樣的革命功能時，他一方面涉及俄國形式主義中的陌生化理論，另一方面又從班雅明所欣賞的布萊希特的「間離效果」那裡汲取了靈感。更讓人感興趣的是，他在思考這一問題時表現了與巴赫金幾乎相同的思路。在巴赫金論述的語境中，「官方話語」以其單義、嚴肅、假正經與故作威嚴，並因其空洞的說教、陳腐的觀念和僵硬的道德指令而成為一種無趣的語言。然而，這種話語由於在其生產中經過了權力的滲透和整合，所以也就必然製造了民眾的恐懼心理和全

---

[517] Herbert Marcuse, *One-Dimensional Man: Studies in the Ideology of Advanced Industrial Society*, Boston: Beacon Press, 1991, p. 35.

社會的恐怖氣氛。因此，官方話語是語言的異化形式，無論從內容上還是形式上看，它的美學特徵只能是無趣。與此相反，「廣場話語」則是一種鮮活的、寬容的、充滿生命活力和自由精神的話語，在插科打諢、打情罵俏、汙言穢語、降格以求、褻瀆、冒犯、粗鄙、狎昵、詈罵、辱罵、笑罵，以及「言語中充滿著生殖器官、肚腹、屎尿、病患、口鼻、被肢解的人體」[518] 等形式的話語表述中，「廣場話語」一方面確認了自身的民間立場，另一方面又完成了對「官方話語」的解構。馬庫色同樣是把「汙言穢語」放在一個與官方話語對立的語境中來延展自身思路的，因此，「汙言穢語」的革命性在於，它能打破虛假的意識形態話語的壟斷，並透過對某個國家領導人的「穢稱」和「淫罵」（如 Pig X，Fuck Nixon）剝去其神聖光環。[519] 顯然，馬庫色在這裡使用了與巴赫金相似的策略與技巧，即透過「物質－肉體下部語言」的降格處理，使貌似嚴肅性、神聖性的東西現出原形。

在賦予「汙言穢語」某種革命性意義之後，馬庫色又對爵士樂、搖滾樂發表了肯定性評論。他說：「非寫實的、抽象的繪畫與雕刻，意識流和形式主義文學，十二音階曲式，布魯斯和爵士樂，這些東西並不僅僅是修正和強化了舊感性的新的感覺形式，而毋寧說它們摧毀了感覺結構本身，以便騰出空間。」[520] 雖然這些藝術形式還不是馬庫色心目中真正的藝術對象（他認為新的藝術對象還沒有出現），但它們在對舊感覺結構的破壞與新感覺結構的建立中無疑扮演著重要角色。而爵士樂與搖滾樂就這樣成了一種革命武器。

---

[518] 巴赫金：《拉伯雷研究》，李兆林等譯，河北教育出版社 1998 年版，第 370 頁。

[519] Herbert Marcuse, *An Essay on Liberation*, Boston: Beacon Press, 1969, p. 35. See also Herbert Marcuse, *Counterrevolution and Revolt*, Boston: Beacon Press, 1972, p. 80.

[520] Herbert Marcuse, *An Essay on Liberation*, Boston: Beacon Press,1969, p. 35. See also Herbert Marcuse, *Counterrevolution and Revolt*, Boston: Beacon Press, 1972, p. 38.

馬庫色的大眾文化理論是和他的「愛欲解放」、「建立新感性」的美學構想連繫在一起的，所以，他的美學思考有助於我們對其大眾文化理論的認識。同時，需要說明的是，雖然對大眾文化的肯定性評價並不是他的最終立場，但是與阿多諾相比，馬庫色畢竟向前邁了一大步。這一大步的含義並不是因為從「整合」到「顛覆」必然意味著觀念的更新換代和與時俱進，而是說馬庫色所看的大眾文化要比阿多諾更為豐富：一方面，阿多諾只看到了大眾文化那副「整合」面孔，而馬庫色卻看到了大眾文化「整合」與「顛覆」時的兩面。另一方面，必須指出，當文化革命高潮過去之後，馬庫色所期望的革命主體和大眾文化並沒有對資本主義造成觸動。從某種意義上說，這樣的結局對馬庫色的刺激很大，因此他後來不得不修正自己的理論，拋棄了那種貌似革命的大眾文化，而是選擇了藝術和美學作為他最後的皈依之所。

第五節　哈伯瑪斯

仔細算起來，哈伯瑪斯（Jürgen Habermas, 1929- ）雖然早在 1950 年代末就已嶄露頭角，但由於種種原因，他並不屬於「少年得志」，倒是有些「大器晚成」。直到 1970 年代後期，哈伯瑪斯作為一位哲學家、社會理論家的地位才真正確立起來。1994 年，哈伯瑪斯正式退休，德國的重要刊物和報紙紛紛予以報導，至此，他最終被供奉到了德國哲學思想史的名人堂當中。

今日，哈伯瑪斯已不僅僅被看作是法蘭克福學派的一面旗幟，更被廣泛認為是德國當代哲學思想的代表之一。他把不同的思想路線、理論範疇有機地結合起來，比如馬克思主義與精神分析理論、德國唯心主義哲學傳

統與美國實用主義哲學傳統、哲學先驗主義與哲學經驗主義等，從方法論、認識論、語言哲學、社會學、政治學、法學乃至神學等不同的角度，建立和完善自己的交往行為理論體系，試圖從規範的角度對法蘭克福學派的「批判理論」加以系統性的重建。就審美層面而言，哈伯瑪斯試圖用他的交往理性建構起以審美現代性批判為核心內涵的對話美學。

　　哈伯瑪斯於 1929 年 6 月 18 日出生在杜塞道夫附近的小鎮古姆斯巴赫，並在那裡長大。他在家中受到了良好的教育，養成了嚴謹的作風和生活習慣。1949 年至 1954 年在哥廷根、蘇黎世和波恩上大學，學習了哲學、歷史學、心理學、文學和經濟學等。1954 年以論文〈絕對性和歷史性 —— 論謝林思想中的矛盾〉在波恩大學獲得了哲學博士學位。1956 年進入法蘭克福社會研究所，並擔任阿多諾的助手，在此期間，他認真研習了法蘭克福學派的經典著作，撰寫教授資格論文〈公共領域的結構轉型〉。1960 年師從亞本卓斯（Wolfgang Abendroth, 1906-1985）教授在馬爾堡大學通過教授資格論文答辯，獲得教授資格。1962 年就任海德堡大學哲學副教授，1964 年就任法蘭克福大學哲學和社會學教授。1971 年至 1980 年擔任馬克斯‧普朗克學會生活世界研究所所長，1983 年重回法蘭克福大學執教，任哲學教授，直至 1994 年榮休。

　　哈伯瑪斯自進入法蘭克福大學社會研究所開始涉獵學術研究之時，便以思想活躍、政治激進而著稱於世。他透過跨學科的研究方法，對不同的思想領域（包括德國傳統形而上學、社會理論以及英美語言哲學特別是美國的語用學）進行了深入的研究；透過歷史分析和社會分析，對西方思想史、特別是法蘭克福學派自身的思想歷史進行了釐清和批判，並在此基礎上建立起了自成一說的「交往行為理論」。不容否認，「交往行為理論」作為一種後馬克思主義學說，的確存在著普遍主義、折衷主義以及西方中心

主義等問題，需要我們做深入的分析和批判。但哈伯瑪斯把經典馬克思主義學說與晚期資本主義社會實踐結合起來的嘗試，無論如何都值得我們予以認真關注。

　　哈伯瑪斯的思想特色主要表現為以下幾個方面：首先是論戰性。哈伯瑪斯進入學術領域後，便不斷向各種不同的思想流派和代表人物提出挑戰，掀起了一場又一場的學術論爭。值得重視的有：與波普爾（Karl Popper, 1902-1994）、伽達默爾（Hans-Georg Gadamer, 1900-2002）等的方法論之爭；與傅柯、德希達等的現代性／後現代性之爭；與亨利希（Dieter Henrich, 1927-2022）的形而上學之爭；與諾爾特（Ernst Nolte, 1923-2016）等的歷史學家之爭；與魯曼（Niklas Luhmann, 1927-1998）的社會理論之爭；與羅爾斯（John Rawls, 1921-2002）的規範民主之爭；與斯洛特戴克（Peter Sloterdijk, 1947-）的基因技術之爭以及與德國總理施羅德（Gerhard Fritz Kurt Schröder, 1944-）的第三條道路之爭等。

　　其次是綜合性。哈伯瑪斯是一位傑出的綜合大師，他把康德的「綜合」範疇運用得爐火純青。他在不同的思想路線、理論範疇之間縱橫捭闔，在把它們系統結合起來的基礎上加以超越，比如，對於馬克思主義與精神分析的綜合、對於德國唯心主義哲學傳統與美國實用主義哲學傳統的綜合、對於哲學先驗主義與哲學經驗主義的綜合等。

　　第三是體系性。有學者認為，哈伯瑪斯是 20 世紀最後一位「黑格爾意義上的體系哲學家」。的確，哈伯瑪斯十分重視自身理論體系的建構。長期以來，他從方法論、認識論、語言哲學、社會學、美學、政治學、法學等不同的角度，逐步建立和完善了自己的交往行為理論體系，試圖從規範的角度對馬克思主義、特別是法蘭克福學派的批判理論加以系統重建。

　　最後還有實踐性。哈伯瑪斯雖然是一位學院派思想家，但十分看重自

身思想的實踐性，始終強調要把理論付諸實踐。從 1968 年積極投身「學生運動」開始，哈伯瑪斯在德國的政治實踐領域一直都發揮著巨大的影響力。在 1998 年德國大選中，哈伯瑪斯更是在關鍵時刻挺身而出，為社會民主黨大造輿論，提供理論支持。此外，自 1980 年代起，哈伯瑪斯就率領自己的弟子，與以時任黑森州環境部長的菲舍爾（Joseph Fischer, 1948-）為代表的一批政治家組成「政治俱樂部」，定期舉辦政治沙龍，從政治哲學的角度討論重大內政與外交問題，為菲舍爾的外交政策奠定了學理基礎，而菲舍爾對於歐盟改革的許多建議，與哈伯瑪斯的話語政治模式之間就存在著一定的內在連繫。

　　哈伯瑪斯著述之豐富，實在出乎我們的想像。可以說，幾乎每一兩年，他就有重要著作問世，這些作品完整地描畫了他的思想發展軌跡，構成了一個嚴整緊密的系統，並對哲學乃至整個社會科學領域產生了重大影響。無怪乎曾有人不無感慨地評論道，哈伯瑪斯每一本著作的出版都可算是哲學界的一件大事。透過他不同時期的作品，我們大致可以將哈伯瑪斯的思想歷程分為四個時期。1953 年至 1961 年為其前學術期，以完成於這一時期的〈公共領域的結構轉型〉為主要代表。1962 年至 1980 年為其前交往期，代表作有《理論與實踐》（1963）、《社會科學的邏輯》（1967 － 1970）、《認識與興趣》（1968）、《科學和技術作為意識形態》（1968）、《重建歷史唯物主義》（1976）等。1981 年至 1989 年為其交往期，主要著作有《交往行為理論》（1981）、《交往行為理論的準備和補充》（1984）、《現代性的哲學話語》（1985）、《後形而上學思想》（1988）等，這是他的理論集大成的時期，也是他不斷改進和調整自己思路的時期。1989 年以後為其後交往期，著作以政治哲學（法哲學）為主，其中《在事實與規範之間》（1992）影響最大，另外還有《包容他者》（1996）、《後民族結構》

（1998）、《真理與論證》（2000）、《自然主義與宗教》（2005）等。

　　哈伯瑪斯堪稱是一位百科全書式的學者，依靠著廣闊的知識背景（德國唯心主義哲學、馬克思主義、佛洛伊德的精神分析學說、語言分析學派、解釋學、現象學、德國社會理論等），在吸收前輩學者知識成果的同時，也對它們提出了批判和改造，提出了自己一系列獨特的理論見解。

一、文學公共領域

　　在開始討論文學在公共領域中的地位和功能之前，我們所遇到的一個問題是，何謂公共領域，只有在解釋清楚公共領域這個概念之後，我們才有可能理解哈伯瑪斯所說的文學公共領域概念的具體內涵和意義。哈伯瑪斯在其教授資格論文〈公共領域的結構轉型〉中，對公共領域概念做了較為詳盡且集中的闡釋。在他看來，所謂公共領域，無疑是相對於私人領域而言的。因此，「公」與「私」的劃分應該說是理解公共領域的一個基本前提，或者說，是公共領域得以出現的一個基本前提。

　　哈伯瑪斯認為，「公」和「私」這兩個範疇早在古希臘時期就已經出現。當時，自由民所共有的公共領域「koine」和每個人所特有的私人領域「idia」之間已經劃分得很明確。在古希臘人看來，公共領域是自由王國和永恆王國，私人領域則是必然王國和瞬間王國，兩者之間形成了鮮明的對照。但是，就作為一個生活空間和思想範疇而言，公共領域直到文藝復興時期才發揮出了它應有的規範作用，這一規範作用一直延續到了今天，儘管中間一度被人為地削弱，但並未真正中斷。值得指出的是，公共領域作為一個思想範疇，其功能主要集中在思想史上。對於公共領域的分析，實際上既是一種社會結構的分析，也是一種意識形態的批判。

　　在哈伯瑪斯看來，從古到今，歷史上共出現過三種不同的公共領域：

一種是古希臘時期的公共領域，這是公共領域的雛形，因為它尚未形成一定的約束力。最重要的是後來出現的兩種公共領域。其一是封建社會的代表型公共領域（Repräsentative Öffentlichkeit）；其二是資本主義社會的市民公共領域。由代表型公共領域向市民公共領域的轉變，不僅象徵現代社會的出現，更象徵現代性的萌芽和發展。也正是從這個意義上講，對公共領域概念的分析，實際上成了現代性研究的一個入口。[521]

哈伯瑪斯認為，無論是作為一個政治範疇、社會範疇，還是一個思想範疇，公共領域必定有其特定的文化機制作為載體。三種不同類型的公共領域，各自的文化機制也迥然不同。由於哈伯瑪斯分析的重點落在代表型公共領域與市民公共領域上，因此，我們也循著這兩種公共領域與文化的關係來考察他對文學公共領域的理解。

首先來看代表型公共領域。所謂代表型公共領域指的不是一個社會範疇，而是一種社會地位的象徵：封建領主的地位的象徵，或者是某種特權的象徵。在代表型公共領域中，「公」和「私」的關係比較微妙，大公不是無私，而是大私，「公」和「私」由高度對立走向了高度統一，且是無中介的統一。「朕即國家」，即是對「代表型公共領域」的最好說明。代表型公共領域的文化機制展現在節日與教會中。封建社會中的節日與古希臘城邦的公共競技存在著根本的區別。節日，由於其象徵性和神聖意味，並不是每個人都能參加的，而是歸屬於某個社會階層的特權。因此，哈伯瑪斯指出，代表型公共領域的出現和發展，是和某個人的一些特徵密切相關的，比如權力象徵物、行為舉止以及修辭方式等。代表型公共領域的另一個重要文化機制是教會。中世紀是一個神學意識形態占據主導地位的社

---

[521] 參見哈伯瑪斯《公共領域的結構轉型》（*Strukturwandel der Öffentichkeit*），曹衛東等譯，學林出版社 1999 年版。

會，教會不光是一種神聖組織，也是一種基本的社會組織。王權和神權的合一，是中世紀國家和社會合一的表現。作為「代表型公共領域」的文化機制，教會的作用要遠遠大於宮廷，而且它還被比較完整地保存了下來，從而對現代市民公共領域產生了不容低估的影響，直到今天它還依然在一定程度上主宰著人們的生活方式和思維模式。

從時間上講，代表型公共領域在 15 世紀法國勃艮第宮廷中到達了它的成熟和極致。但是，也正是從那以後，在代表型公共領域的內部卻漸漸出現了一些變化。導致這種變化的一個主要動力不是別的，還是文化，即義大利北部資本主義萌芽時期的貴族文化。這種貴族文化深刻地推動和催化了代表型公共領域的發展，其根本動因在於它吸收了帶有人文主義精神的資產階級文化。從這個意義上看，人文主義才是代表型公共領域發生變化的真正催化劑，它不僅改造了宮廷，而且也對教會產生了革命性的影響。沒有人文主義，恐怕就談不上有現代社會的出現，更談不上市民公共領域的形成。因此，哈伯瑪斯把人文主義和市場經濟、民主運動並列為現代性的三大支柱，是有其充分理由的。今天，我們在對當代文化的現代性問題進行反思之時，應該特別關注這種觀點。

市民階級公共領域的出現，是公共領域概念史上的一個大革命。根據哈伯瑪斯的理解，市民階級公共領域首先可以理解為一個由私人集合而成的公眾的領域；但私人隨即就要求這一受上層控制的公共領域反對公共權力自身，以便就基本上屬於私人，但仍然具有公共性質的商品交換和社會勞動領域中的一般交換規則與公共權力展開討論。[522] 按照哈伯瑪斯的理解，市民公共領域的一個特殊之處就在於它建立起了一塊文學公共領域。這個特殊的公共領域是哈伯瑪斯文學概念的一個獨創。為了便於我們形象

---

[522] 哈伯瑪斯：《公共領域的結構轉型》，曹衛東等譯，學林出版社 1999 年版，第 86 頁。

地認識市民公共領域的結構，並掌握文學公共領域在其中所處的地位，我
們不妨把哈伯瑪斯給出的相關圖式引錄下來：[523]

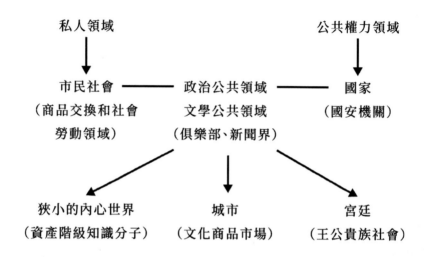

從這幅圖上我們清楚地看到，文學在其中占據著中介地位。它不僅是
私人領域與公共領域之間的中間地帶，也是政治公共領域的前身，更是代
表型公共領域向市民公共領域過渡的一個中介。透過文學公共領域的創
建，私人領域向公共權力領域發起了尋求自身權力的呼聲，並為討論的展
開提供了可能性。

與代表型公共領域不同，市民公共領域的文化機制主要有這麼三個：
咖啡館、沙龍和（語言）文學團體。之所以要展開對這三種文化機制的考
察，乃是因為文學的中介作用在它們之中表現得一清二楚。

作為一種現代因素，沙龍最初出現在 18 世紀，其典型特徵是，毫無
經濟生產能力和政治影響能力的城市貴族和諸多作家、藝術家、科學家在
其中活動，共同討論他們所關心的問題，包括社會問題和思想問題。沙龍

---

[523] 哈伯瑪斯：《公共領域的結構轉型》，曹衛東等譯，學林出版社 1999 年版，第 89 頁。

的出現，打破了宮廷對思想、文學和藝術等的控制，使得文學藝術由國王的專有物變成了公眾的共有物。如此，公眾的意識才能透過文學的討論傳達出自身的政治訴求，那麼，文學公共領域也就能夠慢慢地向政治公共領域轉變。

咖啡館同樣也是一個現代文化機制。據考證，第一家咖啡館出現在 17 世紀中葉，到了 18 世紀初，僅倫敦就已有三千多家咖啡館，每一家都有自己的常客，其中，作家是核心人物，比如，英國文學史上的眾多知名作家當年都是咖啡館的常客，有一些甚至就是在咖啡館裡出名的，像我們所熟知的德萊頓（John Dryden, 1631-1700）、艾迪生（Joseph Addison, 1672-1719）、米爾頓（John Milton, 1608-1674）等都是如此。

文學在咖啡館和沙龍中獲得了合法性，也就代表市民公共領域取得了合法性。在沙龍和咖啡館裡，知識分子和貴族走到了一起，這也就表明貴族已經走出了他們的莊園，進入新興的社會，成為社會的組成部分。沙龍和咖啡館中圍繞著文學和藝術所展開的討論很快就迅速轉變，發展成對於經濟和政治的討論。毫無疑問，文學和藝術在咖啡館和沙龍中所引發的思想革命和觀念革新，很快就會成為社會革命的導火線。因此，哈伯瑪斯指出，咖啡館和沙龍作為文化機制之一，具有強大的社會功能，它們首先是文學批評中心，但最終還是政治批評中心。正是在此種批評過程中，作為現代社會中堅力量的中產階級 —— 市民階層形成了。如果說咖啡館和沙龍是英國和法國的文化機制，（語言）文學團體則是德國的文化機制。鑑於它與前兩者在本質上的一致性，在此也就不加贅述了。

文學和藝術作為公共領域的文化機制所發揮的是一種仲介作用，即文學公共領域是代表型公共領域向市民公共領域轉變的仲介。為了說明文學

公共領域的這一仲介作用，哈伯瑪斯選擇了歌德的《威廉‧麥斯特的學徒歲月》（*Wilhelm Meister*）作為範本加以解讀。[524] 哈伯瑪斯認為，歌德的《威廉‧麥斯特的學徒歲月》這部小說可以說是對代表型公共領域向市民公共領域轉型的著重描述，或者說，是公共領域在德國發生現代轉型的實錄。

按照哈伯瑪斯的理解，威廉和他的表弟分別是代表型公共領域和市民公共領域的代表。他們之間的衝突不是個人衝突，而是兩個世界、兩個階級、兩種思想觀念的衝突，當然更是兩種公共領域的衝突。作為代表型公共領域的信奉者和捍衛者，威廉聲稱和他的表弟勢不兩立，要和他所代表的市民生活世界一刀兩斷，在致表弟的信中，威廉寫道：

一個平民只能去做事，以最大的辛苦培育他的精神；他盡可如心所願地去做，但他卻失去了個性。至於貴族，因為他與最高貴的人們往來，使自己具有一種高貴的儀表就成了他的義務；並且因為，沒有門戶對於他是關閉的，所以這儀表就成了最自由的儀表，又因為無論在宮廷裡或在軍隊裡他都必須保持他的人格，所以他就有理由尊重人格，並且讓人看見他確實尊重人格。[525]

在威廉看來，貴族是權威的代表，其權威表現在有教養的個性當中。哈伯瑪斯對這封信的解讀很有啟發意義。他認為，歌德本來是想把傳統的公眾代表意義再次賦予公共領域裡的人物，可是，這種公共領域中的人物的含義在當時已變得模糊起來。貴族成了一種托詞，它所代表的實際上已經不是封建貴族，而是集中展現在德國古典文學新人文主義中的市民階級觀念。這點從威廉所追求的個性當中可以得到證明。因為個性屬於市民階

---

[524] 哈伯瑪斯：《公共領域的結構轉型》，曹衛東等譯，學林出版社 1999 年版，第 67 - 69 頁。
[525] 哈伯瑪斯：《公共領域的結構轉型》，曹衛東等譯，學林出版社 1999 年版，第 68 頁。

級，人格才是貴族所看重的。

威廉告訴他的表弟說他想成為一個公共領域裡的人物，到廣闊天地裡去闖出一片天。然而，他忘記了一點，他畢竟不是一個真正的貴族，現實中已經沒有什麼真正的貴族，或者說現實社會已經不需要什麼貴族了。但是，不識時務的威廉以為只要對現實採取視若無睹的態度，就可以把自己的現實身分拋開。為了滿足自己想成為貴族的野心，威廉找到了舞臺作為現實的替代物。

可是，正如我們前文所說，此時此刻，戲劇的觀眾組成已經發生了徹底的變化，作為市民公共領域的代表，他們對代表型公共領域已經不感興趣了，這就注定使威廉的舞臺表演以失敗告終。哈伯瑪斯將威廉失敗的原因言簡意賅地歸納為：「威廉這樣做，和市民公共領域顯得格格不入，因為此時此刻，市民公共領域已經占據了舞臺」。[526] 透過哈伯瑪斯對《威廉‧麥斯特的學徒歲月》的解讀，我們在代表型公共領域到市民公共領域的轉型過程中，文學（藝術）發揮了思想革命與精神解放的中介作用，從根本上促成了轉型的成功。這對我們理解作為審美話語的文學在公共領域中的地位和功能有很大的幫助。

二、文學作為生活世界的話語

文學除了是一種審美話語之外，它還是生活世界中的一種話語形式，那麼，我們應該如何看待它與同處一個系統的哲學以及科學之間的關係呢？在哈伯瑪斯看來，文學、哲學、科學三者之間，應該相互貫通，以綜合研究。這個觀點與他跨學科研究的主張是完全相符的。其實，打通文學話語和哲學、科學等話語體系之間的連繫，進而加以綜合，這在國際思想

---

[526] 哈伯瑪斯：《公共領域的結構轉型》，曹衛東等譯，學林出版社 1999 年版，第 69 頁。

界已是一種非常普遍的做法。由於現代學科的不斷分化，文學和哲學、科學之間的關係不再是從前那種不相往來的情形，相反的，它們之間開始主動的相互靠攏。這種狀況導致了哲學家、科學家與文學家之間的界線越來越模糊，也越來越難以確定。正如哈伯瑪斯所說，作為法學家的薩維尼（Friedrich Carl von Savigny, 1779-1861），作為史學家的布克哈特（Jacob Burckhardt, 1818-1897），作為心理學家的佛洛伊德，以及作為哲學家的阿多諾等，同時也都是偉大的作家。而且，他們作為科學家或者哲學家的身分與他們作為作家的身分，相互之間並不衝突，反而相得益彰。當然，這種綜合性的影響不僅走出了單一學科的界限，還呈現出了跨學科的趨勢。[527]

理論上這種學科間的整合趨勢，在現實中已廣泛為人們所接受，並逐漸成為一種共識。僅以德國為例，哈伯瑪斯指出，現實中企圖再把專業書籍和文學作品進行涇渭分明的區分已經變得不足取了。德國最大的報紙《法蘭克福匯報》就是最好的例子。在《法蘭克福匯報》中，文藝副刊上原本只能夠刊登純文學作品，但是現在的趨勢是，大量的哲學家著作開始涉足此地帶，甚而形成風潮。哈伯瑪斯對此種做法並不斥責，相反地，他把這視為一種大膽的嘗試，或者從某種角度來看，更像是一次大膽的挑戰，它所挑戰的也許不僅僅是學科和文類之間的差別問題，還是一種傳統的思維方式。其實，不僅德國如此，各國當前也出現了學科整合的大趨勢。

學科的分類本來是不言而喻的，文類之間的融合也是如此。看一看西方思想史，我們不難發現，幾乎所有的大家都是跨文類的。但是，哈伯瑪斯方法論的一個顯著特點是在強調跨學科的同時，又極力反對文類的不確定性。或者可以說，哈伯瑪斯堅持的跨學科研究方法，與後現代主義徹底

---

[527] 參見馬丁·傑伊《法蘭克福學派史》，單世聯譯，廣東人民出版社1996年版。

模糊學科界線的「文類的不確定性」[528]有著本質的區別。因為，哈伯瑪斯認為，跨文類並不等於抹殺文類。文類之間的界線不僅是合理的也是必要的，沒有文類的劃分，就沒有現代學術機制的建立和完善，更談不上現在我們所看到的現代學術成就。從這個意義上看，學科分類不但無可厚非，而且還必須繼續予以保留和完善。

就文學和哲學、科學的文類差別而言，哈伯瑪斯認為，言語行為在文學文本中所失去的力量，卻在日常交往實踐中保存了下來。在日常交往實踐中，言語行為的活動領域不是虛構的世界，而是具體的行為語境。參與者不是要去試圖了解它，而是必須去熟悉它，並且這種熟悉所採取的姿態，不能是置身其外，只能是親臨其境。在文學文本中，言語行為的目的是讓人接受，讀者在接受過程中雖然和文本世界有了一定的連繫，但並沒有完全被文本所吞沒，甚至可能因此而與文本疏遠開來，這和布萊希特所說的陌生化概念有相近之處。

從言語行為的有效性要求來看，哈伯瑪斯認為，哲學文本、科學文本等作為日常生活中的應用文所要求的有效性包括：陳述的真實性、規範的正確性、表達的真誠性以及價值的優先性。[529]這些要求既針對言語者，也面向接受者提出；雙方只要有一方不滿足這些要求，交往就無法實現，文本也就變得不可理解。相反，文學文本雖然也要求具備這些有效性，但它們只適用於文本中的人物形象，對讀者沒有約束力；這就是說，讀者即使無法滿足這些有效性要求，他也同樣可以和文本之間建立起一種交往關係。因此，哈伯瑪斯認為，文學言語行為和哲學、科學等言語行為之間的不同之處，就在於它不具備以言表意的力量：

---

[528] 參見德希達《論文字學》，以及德曼（Paul De Mann）的相關論述。

[529] 參見哈伯瑪斯〈哲學和科學作為文學〉（*Philosophie und Wissenschaft als Literarur*），載其《後形而上學思想》，曹衛東等譯，譯林出版社 2001 年版。

敘事內容在意義和價值上的內在聯繫，只對小說的人物形象，第三人稱以及轉變成第三人稱的人物形象有效，對於真正的讀者則沒有什麼價值。[530]

哈伯瑪斯反對文類的不確定性有其具體的對象，即他針對的是後現代主義者。哈伯瑪斯與法國後現代主義者（後結構主義者）之間在文學問題上就確定性與不確定性所展開的爭論，實際上是他們之間的現代性論爭中的一個部分。後現代主義的文類不確定性論調，與哈伯瑪斯強調的文類之間存在的起碼界線有著根本的不同，兩者不能混同。哈伯瑪斯堅持文類之間的基本界線，矛頭實際上針對的是文化中心主義。文類的不確定，意味著文類之間毫無差別的徹底統一。這一全然不顧事物之間差別、將一切事物整齊劃一的做法實際上是理性中心主義的怪異表現。

理性中心主義恰恰是哈伯瑪斯所要徹底破除的。哈伯瑪斯的理性觀，一言以蔽之，就是打破理性中心主義，建立理性交往主義。所謂理性交往主義，指的是在承認理性分化的基礎上強調理性的統一性，或者說，在肯定理性差異性的前提之下研究理性的統一性。後現代主義的問題就出在要抹殺文類的差異性，而只談文類的統一性。具體而言，就文學與科學、哲學的關係來看，後現代主義者在顛覆哲學中心地位的同時，想把文學立為新的中心，這樣一來，文學就成了哲學的替代物。於是，在後現代主義者那裡，文學哲學化和哲學文學化的呼聲震耳欲聾。

為了說明文類不確定性概念所存在的錯誤和可能會引發的混亂，哈伯瑪斯還採取了以其人之道還治其人之身的辦法。他選擇了義大利著名的後現代作家卡爾維諾（Italo Calvino, 1923-1985）的作品《如果在冬夜，一個

---

[530] 參見哈伯瑪斯〈哲學和科學作為文學〉（*Philosophie und Wissenschaft als Literarur*），載其《後形而上學思想》，曹衛東等譯，譯林出版社 2001 年版，第 261 頁。

旅人》做文本解讀。哈伯瑪斯認為，小說中的譯者瑪拉納（Marana）這個人物形象一邊製造出佛蘭納瑞（Flannery）小說的日譯本，一邊又悄悄地告訴讀者這些譯本是偽造的。因此，在文學作品中，「真」和「假」的決定權在作者手中，讀者無法決定，而「一旦作者允許讀者自行判斷佛蘭納瑞對盧德米娜所說的一切，以及盧德米娜回答佛蘭納瑞的內容是否屬實，那麼，他就放棄了一個文學作者的獨立地位 —— 結果他所創作出來的就是另一種文本」[531]。

　　所以，哈伯瑪斯強調文類的確定性和差異性，一方面是要捍衛文學的自律性，另一方面則是反對把文學中心化。他認為，哲學的確從它所取代的神學的神聖位置上走了下來，但我們不該再把文學放到哲學曾經占據的位置上，我們也不需要這類替代物。哲學中心地位的瓦解，為各學科之間的平等對話創造了條件，學科間的規範必須由各學科共同商討建立，而不應由某個學科給出。這是哈伯瑪斯跨學科方法論的核心思想。這樣看來，哈伯瑪斯的跨學科方法論思想，可以進一步概括為反對學科相對主義和學科中心主義。這和他反對文化相對主義和文化客觀主義是一致的，同時，也是他反對思想史上的主觀主義和客觀主義的表現形式之一。哈伯瑪斯所主張的跨學科的方法論可以概括為學科交往主義，這當然是他的交往理性的具體運用。

　　因此，哈伯瑪斯透過對文類不確定的尖銳批判，確立了自己的現代性設計與後現代主義的反現代性設計之間的區別。當然，哈伯瑪斯的矛頭雖然指向的是後現代主義者，但他可能沒有想到，並非所有的後現代主義者都像法國的後現代主義者那樣，極端地主張文類的不確定性，並且熱衷於文學中心

---

[531] 哈伯瑪斯：〈哲學和科學作為文學〉（*Philosophie und Wissenschaft als Literarur*），載其《後形而上學思想》曹衛東等譯，譯林出版社 2001 年版，第 261 頁。

主義。起碼，我們所熟悉的理察‧羅蒂就不是這樣。在很大程度上，我們可以發現，哈伯瑪斯和羅蒂的觀點竟然是十分契合的，雖然他們所捍衛的現代性模式相去甚遠，但是他們對待學科話語的態度卻是基本一致的。

三、審美仲介論

哈伯瑪斯對審美（以文學為表徵）在文化現代性中功能的論述並不局限於功能論層面，卻有更多本體論的味道，即力求闡明審美就其社會本質而言究竟是什麼。如果說他對文學作為一種審美話語在公共領域中的定義，是對審美內在本質的一種確認的話，那麼，他對文學在整個文化現代性中的定義，則可以稱為其外在本質的具體顯現。無論是就其內在本質而言，還是就其社會本質而言，文學在公共領域中所發揮的都是一種中介的作用。這是哈伯瑪斯在進一步闡明文學（藝術）功能時首先指出的一點，也是其審美中介論的核心觀念。

關於文學（藝術）在公共領域範疇內的中介作用，我們在前面已有論述，現在我們著重來看文學（藝術）在文化現代性範疇內的中介作用。從文化現代性的角度來看，文學（藝術）首先是個體之間的中介形式之一。它成了個體與個體、個體與他者、個體與共同體之間建立交往關係的某種行之有效的仲介手段，也就是說，文學（藝術）為個體建立起了一系列的主體間性關係，使得個體能夠在這些關係當中確立自己的地位，進而透過這些關係構築起整個社會體系。

就個體與（自我）個體而言，文學（藝術）幫助個體建立起自己的主體性，明確個體在面對他者時的自我認同。這是文學（藝術）作為中介的基礎作用，沒有主體性，也就沒有主體間性；主體性的確立為主體間性奠定了基礎。哈伯瑪斯認為，在中世紀公私不分的情況下，文學（藝術）也

成了「大公無私」的東西，成了國王的專有物，其作用是供王公貴族應酬和消遣。文學（藝術）的活動場所僅限於宮廷。

資產階級革命之後，宮廷失去了中心地位，文學也從宮廷走了出來，進入初具雛形的市民階級公共領域當中，由「大公無私」之物變成了真正的私人之物，文學（藝術）活動成了真正的個體活動。個人基本上是在文學（藝術）的創作和接受過程中確立起自己的身分和地位的：

在小家庭的私人領域中，私人甚至還認為自己獨立於其經濟活動的社會領域之外 —— 並且還認為自己是相互能夠保持純粹人性關係的人。當時的文學形式是書信。18 世紀被稱為書信世紀並非偶然；寫信使個體的主體性表現了出來……到了感傷時代，書信內容不再是「冰冷的信息」，而是心靈的傾吐。如果不得已提到冰冷的信息，則需要予以道歉。用當時的行話來說，書信是心靈的複製和探訪；書信中充滿了作者的血和淚。[532]

這段話有兩點值得重視，首先，文學（藝術）幫助私人確立出某個真正屬於私人的領域，這個領域是眾多私人領域當中的一個，並且和其他私人領域之間保持著相對的獨立性；其次，文學（藝術）幫助個體在私人領域中確立起自我意識，使個體意識到自己是私人領域的主人，個體應當把注意力集中在屬於自己的私人領域當中，集中到自我身上。一句話，個體應當有自己的主體性。書信作為某種特殊的文學（藝術）形式，可以說是能夠幫助個體確立自我認同的最有效的手段。

但是，個體的自我認同絕不僅僅局限於建立自我的主體性，以及捍衛屬於自己的私人領域上。與這種封閉的訴求正相反，真正意義上的個體的自我認同應該是雙向的，其中不僅包括自我與自我的認同，同時也包括

---

[532] 哈伯瑪斯：《公共領域的結構轉型》，曹衛東等譯，學林出版社 1999 年版，第 113 頁。

自我與他者的認同。個體永遠都處於這樣一種雙重關係中——既自我關懷，又關涉別人。自我關懷的目的是為了關涉他者，關涉他者反過來又加強了自我關懷。因此，即便是最內在的私人主體性也都與他者和大眾相繫。自我與他者的關係，正是私人領域和公共領域關係的一種轉化。

當然，個體關涉他者並不是透過揭露他者的隱私而實現的，相反，是透過披露自己的隱私而與他者發生關係的。就文學（藝術）而言，它們雖然表現的是個體的內心世界，但其目的不是要自我欣賞，而是要在自我表現的過程中讓他者參與到自我的意識活動之中。因此，「日記變成了一種寫給寄信人的書信；第一人稱小說則可以說是講給收信人聽的獨白」[533]。按照哈伯瑪斯的理解，我們從書信和日記這種極端私人性的寫作中，以及其中所透露出來的直接或間接與大眾相關的主體性，可以很好地來解釋18世紀典型的文學類型以及真正的文學成就的起源，諸如市民小說、傳記形式的心理描寫等。從這個意義上來講，可以說並沒有什麼真正的私人寫作，寫作永遠都是公共的，所謂私人寫作不過是一種錯誤的意識形態。

作者、作品以及讀者之間的關係變成了內心對人性、自我認識以及同那些對自己深感興趣的私人相互之間的親密關係。透過寫作，私人進入了公共領域；透過閱讀，私人也進入了公共領域：文學（藝術）作為中介形式所挑起的一邊是私人性，另一邊則是公共性。它們相互依賴，私人個體的主體性和公眾性不但在現實中密切相關，在文學中更是緊密地連繫在一起。「一方面，滿腔熱情的讀者重溫文學作品中所表現出來的私人關係；他們根據實際經驗來充實虛構的私人空間，並且用虛構的私人空間來檢驗實際經驗。另一方面，最初靠文學傳達的私人空間，亦即具有文學表現能力的主體性，在事實上已經變成了擁有廣泛讀者的文學；同時，組成大眾

---

[533] 哈伯瑪斯：《公共領域的結構轉型》，曹衛東等譯，學林出版社1999年版，第114－115頁。

的私人就所閱讀到的內容一同展開討論，把它們帶進共同推動向前的啟蒙過程當中。」依靠文學（藝術），他們組成了大眾，又在公共領域當中建立起以文學討論為主的公共領域；透過文學討論，他們實現了自我啟蒙和公共啟蒙，對私人領域的主體性和公共領域的主體間性都有了清楚的認知。

因此，文學（藝術）實際上發揮的是一種交往理性的作用，審美中介論最後推導出來的藝術的本質是交往，哈伯瑪斯透過對席勒的批評表達了這一觀點。[534] 哈伯瑪斯認為，席勒的《審美教育書簡》是現代性審美批判的第一部綱領。席勒用康德哲學的概念來重新診斷現代性，認為要想挽救內部已經四分五裂的現代性，就必須設計出一整套的審美烏托邦計畫，從而賦予藝術全面的社會革命作用。這種社會革命作用就是團結的作用、整合的作用，其目的是把社會重新整合起來。在這個時候，藝術實際上已經變成了宗教的替代品，必須發揮出它應有的凝聚力。因此，在席勒那裡，藝術被看作是一種深入到人的主體間性關係中的「中介形式」，藝術就是一種潛在的交往理性，在未來的審美王國裡一定能夠付諸實現：

藝術本身就是通過教化使人達到真正的政治自由的媒介。教化過程與個體無關，涉及的是民族的集體生活語境……藝術要想能夠完成使分裂的現代性統一起來的歷史使命，就不應死抓住個體不放，而必須對個體參與其中的生活形式加以轉化。所以，席勒強調藝術應發揮交往、建立同感和團結的力量，即強調藝術的公共特徵。[535]

藝術之所以能夠擔當教化和交往的媒介，是因為藝術能夠產生出中和的心境，其中，人的心靈既不受物質也不受道德的強制，但卻以這兩種方

---

[534] 哈伯瑪斯：《現代性的哲學話語》（*Der Philosophische Diskurs der Moderne*），曹衛東等譯，譯林出版社 2004 年版，第 259－264 頁。

[535] 哈伯瑪斯：《現代性的哲學話語》（*Der Philosophische Diskurs der Moderne*），曹衛東等譯，譯林出版社 2004 年版，第 59 頁。

式進行活動，這就為社會提供了一種整體性的特徵。在物質的支配下，世界處於分裂狀態；在道德的支配下，世界也同樣難以完整地顯現出來，只有在藝術的主宰下，世界才能被完整地呈現出來，同時，社會也才能夠穩定地前進。

藝術之所以能夠推動社會健康地前進，其主要原因就在於，它在社會中建立一種調和機制。這是一種特殊的社會機制。它是由審美的創造活動建立起來的遊戲和假象的王國。在這個王國裡，審美使人從一切關係的枷鎖當中解放了出來，擺脫了一切強制，實現了真正的自由，亦即實現了人的真正解放：

> 一切其他的表象形式都會分裂社會，因為它們不是完全和個別成員的私人感受發生關係，就是完全和個別成員的個人能力發生關係，因而也就同人與人之間的差別產生關係，唯獨美的中介能夠使社會統一起來，因為它同所有成員的共同點發生關係。[536]

席勒當時還不可能透過正面的論述，來界定審美作為交往媒介的具體形態。他透過對主體間性的兩種對立的變形，即個人化和大眾化來確立主體間性的理想形態。這就是說，主體間性的理想形態應當處於個人化和大眾化之間，是兩者的統一，而非兩者的對立。哈伯瑪斯基本上接受了席勒所確立的這種主體間性的理想形態，並在社會理論層面上使之得以進一步的具體化。用哈伯瑪斯的說法，主體間性就是個體在保持個體化的基礎上的社會化和在社會化基礎上的個體化。[537]

審美烏托邦的建立有一個致命的錯誤傾向，那就是把整個生活世界審

---

[536] 哈伯瑪斯：《現代性的哲學話語》（*Der Philosophische Diskurs der Moderne*），曹衛東等譯，譯林出版社 2004 年版，第 63 頁。

[537] 參見哈伯瑪斯〈個體與社會化〉（*Individuierung durch Vergesellschaftung. Zu G. H. Meads Theorie der Subjektivität*）載其《後形而上學思想》曹衛東等譯，譯林出版社 2001 年版。

美化了，它所帶來的嚴重後果是，把現代性由某種片面性推向了另外一種新的片面性。總而言之，泛審美化的最終結局，依然還是工具理性統治。因此，在理解席勒的審美現代性時必須清楚地意識到，席勒的目的不是要用生活世界的審美化對抗道德世界和自然世界的工具化，而是要求把審美現代性統合到整個文化現代性當中，進行一場徹底的交往理性革命。

　　從文化現代性的設計來看，審美烏托邦的建立隱藏著這樣一種觀念，即科學、道德和藝術等作為現代世界的文化機制和文化價值領域，都有其相對獨立的規律和特質。現代性在任何一個領域中都應當得以完整而全面地展現和展開。任何領域的相對萎縮和相對膨脹，都表明現代性的失誤和危機。需要強調的一點是，在哈伯瑪斯看來，三個領域之間儘管需要維持平等的協調關係，但審美現代性在歷史上和現實中都具有某種優先性。從歷史上看，強調審美現代性的優先性是為了補償其發展的相對不足；而在現實當中，審美現代性的優先性，則是因為它能夠帶動文化現代性的快速發展。

第四章

結構主義美學

概論

如果不考慮「結構」概念的確立歷史的話，那麼，作為一種被明確提出的新方法論的結構主義，是離我們並不太遠的事情。總體來說，其理論基礎是瑞士語言學家索緒爾的語言學理論，其發展和在語言學領域之外的應用，則經歷了差不多40年的光景。結構主義形成一股潮流或主張，是1950至1970年代的重要事件，其影響和成果，則表現在它為符號學的發展打下了基礎，並完全匯入了正在獲得獨立地位的此一學科之中。

索緒爾是在接受前人研究成果的基礎上開始其對語言學之科學基礎的探索的，並在擔任日內瓦大學教授期間逐步建立了自己的學說。這種學說彙總在他去世後由其學生整理出版的《普通語言學教程》一書中。概括說來，他的理論主要在於將語言看作是一種系統，而在這種系統中，每一個成分只由它與其他成分之間保持的等值關係或對立關係來確定。這些關係的集合便是結構。具體說來，這涉及他有關語言是一種符號系統、符號是由能指與所指構成的、語言的共時性是語言學研究的主要對象、語言符號的連接是由聯想關係和句段關係完成的等等諸多方面。可以說，後來形成的結構主義不論從事哪一個領域的研究，都基本上未能脫離這些概念，儘管側重點會有所不同。

索緒爾的理論首先在語言學研究領域被人接受和廣泛發展，在歐洲先後出現了兩大學派：布拉格學派和哥本哈根學派。布拉格學派形成於1926年，他們的活動一直延續到第二次世界大戰開始。參與這種學派的主要是原先屬於莫斯科學派的一些青年學者，其中有特魯別茨科伊（Nikolai Trubetzkoy, 1890-1938）、雅各布森（Roman Jakobson, 1896-1982）等，還有幾位法國學者，如泰尼埃（Lucien Tesnière, 1893-1954）、邦弗尼斯特

（Émile Benveniste, 1902-1976）和馬蒂內（André Martinet, 1908-1999）。這種學派的研究成果，後來彙集在從 1929 年到 1938 年陸續出版的八卷《布拉格語言學學派研究成果》之中。這個學派的研究方法基礎是將被分析的語言看作一個系統，該系統具有一種功能、一種目的，因此也有與之相適應的操作方式。他們更關心當代語言事實，建立起了可以闡述語言事實的連結規則，直至傾向於解釋個別的變化情況。其中，特魯別茨科伊對於音位學的研究成果尤為突出，雅各布森也開始涉獵詩歌中的語言學事實。需要指出的是，1928 年在海牙舉辦的國際語言學會議就以「結構音位學」為主題。哥本哈根學派是在繼承丹麥語言學研究傳統的基礎上，接受索緒爾的語言學理論後形成的，並在各方面對後者做出重大的貢獻。布倫達爾（Viggo Brøndal, 1887-1942）認為，語言學的對象是在語言中找出某些邏輯概念、尤其是研究範疇的數量和它們的定義，這種觀念導致了「共同概念」的建立；這種學派的另一代表人物是葉爾姆斯列夫（Louis Hjelmslev, 1899-1965），正是他為這種學派起名為「語符學」（la sémantique）。葉爾姆斯列夫提出了突變理論，該理論可以闡述處於歷時性動態之中的連續共時現象，顯然，語言與言語的對立概念、結構概念均在這種理論中占有重要位置。可以說，語言學後來的發展，無一不是各種形式的結構主義，這包括美國的分配主義、轉換生成語法和法國的功能主義等。

　　把結構語言學的模式引入人文社會科學，首先是雅各布森和克勞德·李維史陀的貢獻。雅各布森對於語言學的研究是多方面的，但最為人所知的是其言語活動的傳播模式和對於索緒爾聯想關係與句段關係的闡述與發展。他提出的傳播模式為後來的傳播學奠定了基礎，從對於失語症的兩種錯亂現象（相似性錯亂和臨近性錯亂）的研究中，他發現了語言學上的聯想關係和句段關係與詩學上的隱喻和換喻的一致性。李維史陀在人類學研

究中結合了結構語言學模式，他在 1945 年就發表了論文〈語言學結構分析與人類學結構分析〉，而他於 1949 年發表的博士論文《親屬關係的基本結構》（*Les Structures élémentaires de la parenté*）則是人文社會科學領域結構主義的奠基性著作。他在這部著作中告訴我們，「原始」社會中的親屬關係是由結合法則與分離法則主導的，這就像主導語言的所有發音關係的法則那樣。而且，正是在這部著作發表之後，結構主義在法國開始蓬勃發展起來。

　　法國的結構主義興起於 1950 年代，一直延續到 1970 年代。在這個時期，除了李維史陀之外，還出現了雅各‧拉岡在精神分析學領域對結構主義的探索、阿圖塞在馬克思主義研究方面的結構主義探索、羅蘭‧巴特對文學藝術的結構主義探索、傅柯在哲學方面的結構主義探索等，隨後還有格雷馬斯（Algirdas Julien Greimas, 1917-1992）、熱奈特（Gérard Genette, 1930-2018）、托多羅夫（Tzvetan Todorov, 1939-2017）等人在文學領域的研究。這些嘗試，都在不同的領域中獲得了具有一定價值的研究成果。

　　儘管研究的領域不同，但我們卻可以概括出結構主義研究在各個領域的共同特點。

　　在理論上，它們都強調結構對於事件或現象的重要性。他們認為，社會的各種程序都分布在其最基本的結構範圍之中，而這些結構通常是潛意識的。人們正在經歷的東西與他們有意識地經歷的東西之間，存在著某種差距（décalage）。正是這種差距產生人們的話語，而無法恰當地闡述實際社會程序的人們就是靠這種差距來談論他們的行為。就像語言借助其區別性關係來產生意義那樣，正是社會的組織情況主導人的某些實踐活動和部分精神活動。

　　按照李維史陀的話來說，其應用範圍是「提供某種系統特徵的」一切東西，也就是說，是那些只要其一要素的變化或被取消就會帶來整體變動的東西。因此，結構主義的方法在於根據某種現象在它所屬的整體內部的位置來闡釋這種現象，其原則是被認為相對不變的結合與分解活動，其具體做法就是「切分」一些最小的單位，然後在它們之間確立各種關係。因此，結構主義尤其看重「共時性」研究，而不顧及「歷時性」研究，即對於孤立要素的產生或歷史的研究。按照結構主義觀點，正是所有構成要素在同一個整體內的同時存在，提供了可理解性。

　　結構主義在文學藝術上的應用，自然也遵循上述理論和方法。它把文學藝術作品看作一個獨立的封閉整體，將某種相關符號和意指的理論與作品中的某種接換／替代分析連繫起來，研究作品內部穩定的關係系統。

　　在涉及文學事實的時候，結構主義研究不大考慮真實的文學作品的多樣性，主要關注作品的思維結構、敘述結構和它們的「文學性」。具體說來，它把文學看作是一種由符號組成的言語活動，但這種符號不是初級符號，而是由一個聲音形象（能指）和一個概念（所指）組成的符號與另一個新的概念結合而成的「二級」符號；這種符號的能指常常是「不穩定的」（李維史陀語）或「無限變化的」（巴特語）；符號之間的結合是依據索緒爾語言學理論中的聚合關係和組合關係來進行的，由此產生了文學創作的最為重要的兩個修辭手法 —— 隱喻和換喻，這是雅各布森的發現，巴特又對此作了更為簡明的闡釋：「與選擇方面對應的，是隱喻，它是用一個能指取代另一個能指，而這兩個能指具有相同的意義，甚至具有相同的價值；與結合方面對應的，是換喻，它是依據某種意義從一個能指向著另一個能指的滑動」[538]；在敘述結構上，結構主義研究常為作品找出某

---

[538] R. Barthes, *Essais critiques*, Seuil, 1964 , p. 241.

種模式，例如，格雷馬斯在總結俄國學者普羅普（Vladimir Propp, 1895-1970）的民間故事形態的基礎上為整個敘事文找出的敘事模式：主體－對象、發送者－接收者、助手－對手，以及符號學矩陣和陳述模態，巴特為敘事文概括的「功能性句法」。這些模式，便導致了結構主義美學探索的一個重要概念──「文學性」（littéralité）。這個概念是雅各布森1919年在其〈俄國新詩〉一文中提出來的，他說：「文學科學的對象，並不是文學，而是文學性，也就是說使一已知作品成為文學作品的東西」，他又說，「如果文學研究要想成為科學，那就應該……找出操作手段」[539]。這樣一來，對作品所共有的言語活動方面的，或本文構成方面的特徵的辨認，便成為文學研究的主要對象。熱奈特對於「敘事話語」的研究，便集中在敘事文的「順序」、「延續」、「頻率」、「方式」、「語態」方面；托多羅夫對於「敘事詩學」的研究則集中在敘事句法的轉換方式和類型方面。

結構主義對於戲劇的研究也集中在「戲劇性」（théâtralité）上；按照巴特的定義，戲劇性「就是減去本文之後的戲劇，就是依據所寫出的劇情梗概而建立起的一定密度的符號和感覺，就是對於感情技巧，如姿態、聲調、距離、實質、燈光的普遍感知」[540]。

結構主義的研究對傳統的審美價值提出了挑戰。在結構主義者看來，「對於一部作品的價值判斷就取決於這部作品的結構……價值被內含在作品當中」[541]。

但結構主義在其發展過程中也明顯地暴露出一定的不足或缺陷。

其一是局限於共時性，以便找出被研究對象的結構，因此結構主義者

---

[539] R. Jakobson, *Questions de poétique*, Seuil, 1973, p. 15.

[540] R. Barthes, *Essais critiques*, Seuil, 1964, p. 45.

[541] T. Todorov, *Poétique*, Seuil, 1968, p. 104.

們都是在歷史的某個既定時刻來研究結構的，並把這種時刻看作是不變的，這樣一來，人與社會在歷史中的沿革便被置之不顧。

其二是取消社會結構確定過程中的任何個體性、任何個體動作，只尋找集體潛意識的東西，在文學藝術中則取消創作的主體 —— 作者。個體和個體之間的關係是由社會結構即某種集體潛意識決定的，這是正確的，但這只是問題的方面之一。原始社會中個體的意識只能透過集體意識表現出來，但在進化的社會中，個體和個體之間關係的變化也改變社會的結構，這又是問題同樣正確的另一方面。所以，過分強調共性有礙於發展，也無法使人正確理解事物的變化。

結構主義作為活動，或者作為方法論之一，其鼎盛時期已過。其研究成果已經匯入至今仍在發展的符號學之中，這是因為結構主義帶有一定的科學特徵，它一定程度地揭示了事物的本質。格雷馬斯在總結結構主義時說：「我們一般將 1960 年代在法國進行的全部受語言學啟發的研究都列在法國結構主義的名下，這些研究涉及各個人文科學領域。由於它的成功，不幸的，它很快就變成了某種時髦的哲學……作為科學態度，結構主義有它的價值。它的特徵或者表現為對於內在結構的研究，或者表現為對於模式的建構：不管在哪一種情況下，它都保持著一種原則，即根據這種原則，被考慮的認知對象是關係（或結構），而不是術語或類別。結構主義保留完整價值，而確定其特性的態度完全可以比之於研究自然科學的態度。正是從結構主義起，符號學在它衝破語言學框架的同時得到了發展。」[542]

---

[542] A. J. Greimas et J. Courtès (éds.), *Sémiotique, dictionnaire raisonné de la théorie du langage*, Hachette Livre, 1993, p. 359.

第一節　李維史陀

李維史陀（Claude Lévi-Strauss, 1908-2009）是20世紀西方著名學者、人類學家，人文社會科學領域結構主義的奠基人。他的人類學注重理論探討，而且研究對象又多是構成文化現象重要內容的神話與藝術，因此，又被稱為文化人類學。*

1908 年，李維史陀出生於比利時，父母都是法國人。父親是位職業畫家，家庭的薰陶使他從小就對藝術格外感興趣。上大學時，他由於數學很差而選擇了哲學。儘管他不太喜歡哲學，但這一階段的學習為他後來從事人類學研究打下了堅實的基礎。畢業後，他先在一所中學教書，1935 年，一個意外的機會使他得以到了巴西的聖保羅，在由法國創辦的聖保羅大學講授社會學。1938 年至 1939 年，他曾得到法國政府的資助，深入到巴西中部印第安人部落考察，透過親身體驗收集到大量資料，從此開始了人類學的初步研究。他在第二次世界大戰爆發以後回到法國，在法國軍隊中服役。1941 年，由於有猶太人血統，在納粹分子對歐陸猶太人的迫害有增無減的情況下，他在一位親戚的幫助下西渡美國，先後在紐約社會研究新學院和研究生院任教授，主講社會學，並於 1946 年至 1947 年擔任法國駐美國文化參贊。其間，他結識了雅各布森。1948 年，他返回法國，在國家社會科學研究中心擔任研究員和人種學教授，後又在巴黎大學任教，1959 年，擔任法蘭西公學院（Collège de France）社會人類學教授。1973 年，他當選為法蘭西學術院（Académie française）院士。

在幾十年的學術研究和教學工作中，李維史陀建立起自己的理論體系，這一體系在 20 世紀文化思潮中占據著重要位置。他思想新穎，大膽創新，為人們都知曉的事實提出了新的觀察方法。這種方法即結構方法，

因此，他的人類學又被稱作結構人類學。但是，這種人類學不是憑空出現的，它是在吸收前人的研究成果，特別是 20 世紀初以來人文科學領域內重大理論研究成果的基礎上建立起來的。概括說來，李維史陀主要受到了三個方面的影響。

首先是現代語言學的影響。由索緒爾創立的結構語言學理論，是李維史陀進行人類學研究的主要理論和方法依據，我們甚至可以說，他的方法從根本上講，就是把結構語言學的原理運用到了非語言學的材料上。正如法國學者普永（Jean Pouillon, 1916-2002）所說：李維史陀「正是受到了索緒爾的語言學、特魯別茨科伊和羅曼·雅各布森的音位學方法的啟發：不僅要研究有意識的現象，還要研究潛意識的基本結構；不僅要承認系統中各個要素具有獨立實體的價值，而且要承認其位置意義，也就是說取決於連接這些要素和使之對立的各種關係的意義，並且把這些關係作為分析的基礎；同時，還要承認這些關係在可以找出其結構的某種相關系統中只具有一種位置意義」[543]。

其次是社會學方面的影響。這個方面似乎可以以他去美國避難為界分為兩個階段。赴美之前，他主要接受了莫斯（Marcel Mauss, 1872-1950）的社會學思想。莫斯是法國現代實證社會學主要代表人物涂爾幹（Emile Durkheim, 1858-1917）的學生，其社會學研究主要是從整體掌握社會現象，致力於闡述行為的物理特徵、生理特徵、心理特徵和社會特徵，所採用的研究方法與結構語言學的方法極為相似。受這一方法的啟發，李維史陀認為，人類學研究的任務應該是探討「人們可以借助對於制度或言語活動的研究來實現的潛意識心理結構」[544]。赴美之後，他廣泛地閱讀了美

[543] Jean Pouillon, "*Structure de l'œuvre*"（作品的結構）, Magazine littéraire, No. 223, 1985, p.31.
[544] 《馬塞·莫斯著作導論》（*Introduction à l'œuvre de Marcel Mauss*），參見莫斯，*Sociologie et anthropologie*, Presses Universitaires de France, 1950.

國人類學家鮑亞士（Franz Boas, 1858-1942）、克羅伯（Alfred Louis Kroe-ber, 1876-1960）、羅伊（Robert Harry Lowie, 1883-1957）等人的著作，吸取他們的長處並豐富自己的研究。對於赴美之後的這段時間，李維史陀自己是這樣評價的，他說：「正是在這些年內，我真正地學習了人種學。」[545]

最後是精神分析學方面的影響。早在上大學期間，他就受一位同學的影響（其父親是一位精神分析學家），閱讀了當時翻譯成法文的佛洛伊德的著述，因此，潛意識概念在其人類學研究中尤其受到重視。用他自己的話來說：「我不認為他（佛洛伊德）的解釋是十全十美的，我僅看重他指出的如下事實，即潛意識可以引導到意識思維平面，並且，非理性可以是理性思維的結果。這才是主要的。」[546]

當然，更加具體地看，李維史陀也在不同程度上受益於盧梭和馬克思的思想以及地理學方面的知識。

李維史陀從 1940 年代就開始了其結構人類學的探索。他 1945 年 8 月發表在雅各布森主辦的《語詞：紐約語言學團體雜誌》（*Word: Journal of the Linguistic Circle of New York*）上的論文〈語言學結構分析與人類學結構分析〉（*L'analyse Analyse structurale en linguistique et en anthropologie*），便確定了其結構主義的基本原則。正像文章標題所指出的那樣，他是從索緒爾的結構語言學得到啟發，並把這種啟發用在人類學的研究方面。從此，他在系統的各種要素上，不去辨認那些各自獨立的實體的價值，而是辨認位置價值，也就是說，辨認那取決於將各個實體結合在一起或使之對立的關係的位置價值，並將這些關係當作分析的基礎；他還承認，這些關係在需要搞清其結構的相互連繫的系統內部，也只具有某種位置價值；同

---

[545] 參見《文學雜誌》，*Magazine littéraire*, No. 223, 1985, p. 21.
[546] *Lévi-Strauss en 33 mots*，參見《文學雜誌》，*Magazine littéraire*, No. 223, 1985, p. 27.

時，他不再研究意識現象，而是研究潛意識的基礎結構。結構主義方法的使用，使他對於原始人的親屬關係、神話、圖騰等的分析獲得了全新的結論：親屬系統從形式上講與音位系統相似；神話由「神話素」構成，神話之間有著內在連繫，它們共同組成神話網，以致無法隨意截取其中的任何片段，神話中有著「完美對稱」、「精確相似」；圖騰是某種動物或植物與某個群體或個人之間的特殊關係所形成的信仰。

　　由於李維史陀的人類學是文化人類學，所以，它從研究的開始就無法不涉及藝術的美學思考。儘管他沒有系統的美學專著，但散見於其浩繁著述中的美學思想，已經受到人們的極大重視，並成為結構美學的重要理論依據。下面，我們基本按照他的不同研究階段，簡要概述其美學思想。

一、藝術與社會的關係

　　對於藝術與社會的關係的論述，主要見於李維史陀 1945 年至 1959 年所寫的大量文章中，其中一部分已編入《憂鬱的熱帶》（*Tristes Tropiques*）和《結構人類學》第一卷（*Anthropologie structurale I*）。

　　在這些著述中，李維史陀主要借用心理學方法和形式結構分析來比較不同的原始文化，進而說明藝術依賴於社會並表現社會。他提出的一個重要論斷，就是原始文化都進行「二重性表現」，或者，從藝術形式本身來講，它們都是「二等分表象」。

　　所謂「二等分表象」，就是把原始人的藝術形式（以面部彩繪為主）既看作人從動物上升為文明人的條件，又看作人在社會內部地位的表現，也就是說，原始藝術既賦予人更高的意義，又表現為社會的階級結構。「面部彩繪首先賦予個人作為人的尊嚴」[547]，並且，它「服務於說明和

---

[547] Claude Lévi-Strauss, *Tristes tropiques*, Paris: Plon,1954, p. 166.

肯定階級的級別」[548]。據此，李維史陀令人信服地解釋了原始民族身體與面部的各種表象變化，並且指出，具有一定風格技巧的面部彩繪，只出現在階級結構極強的面具文化之中。「二等分表象」在其面具功能裡似乎就是文化的工具。藝術依靠面部彩繪服務於社會和社會各個部分。不僅如此，這種服務還是一種補償性活動，它成了社會各種矛盾的一種幻覺式解決方式，即想像的調節方式，它是其賴以產生的那個社會的烏托邦形式的隱喻。此外，李維史陀提出，原始藝術並不等於對現實的自然主義謄寫，他的發現與鮑亞士等人所說的在原始藝術中「形式重於自然」是一致的。

在這一時期，李維史陀提出的另一個重要概念，是藝術與「不穩定能指」之間關係的概念，這涉及藝術的起源問題。

「不穩定能指」概念，是李維史陀在為《馬塞·莫斯著作選》所寫的「序」中提出來的，這一概念與象徵概念不可分割。象徵在人類生活的交際活動中占據核心地位。人類交際的特點是可表現的，並採用意指（signification）的方式。在這種情況下，交際的各種形式也就必然是一些象徵系統，這些系統「旨在解釋肉體實際與社會實際的某些方面，並進一步解釋這兩種實際之間以及在象徵系統之間建立的關係」[549]。

按照李維史陀的觀點，象徵功能具有兩種差距：一是象徵功能的兩極即能指（signifiant）與所指（signifié）之間的差距；二是象徵功能的各個系統或不同象徵平面之間的差距。第一種差距是與最初的象徵系統即言語活動一起出現的。李維史陀認為，「宇宙從一開始就包含著人類可能知道的整體」[550]，於是，人在過去和現在都生活在「一種基本的和屬於人類

---

[548] Claude Lévi-Strauss, *Anthropologie structurale I*, Paris: Plon,1958, p. 281.

[549] 《馬塞·莫斯著作導論》，XIX (*Introduction à l'œuvre de Marcel Mauss*)，參見莫斯，*Sociologie et anthropo logie*, Presses Universitaires de France, 1950.

[550] 《馬塞·莫斯著作導論》，XLVII-XLVIII (*Introduction à l'œuvre de Marcel Mauss*)，參見莫斯，*Sociologie et anthropo logie*, Presses Universitaires de France, 1950.

條件的境遇之中」，人「從其起源時起，就擁有他難於使之與（以原型出現的、但卻無法因此而被認識的）所指相吻合的能指完整性」[551]，這就是說，能指與所指不完全對稱。因此，人在社會實踐和理解社會的活動中，總是擁有剩餘的意指，象徵思維就表現為對於這種剩餘意指的分配，在這種情況下，能指呈現出一種自由狀態，即「不穩定能指」。李維史陀認為，神話虛構和藝術創作就植根於這種不穩定能指之中，而藝術和神話產品的普遍性，就是由於不穩定能指不停伴隨人的歷史發展歷程而形成的。這種想法新穎獨特，它比籠統地把藝術起源歸於社會實踐的看法似乎更進一步。

象徵功能的第二種差距（李維史陀有時也稱之為第一種差距的「第二次拆分」），是象徵功能由各種象徵系統來承擔這一情況造成的。這些系統之間經常處於矛盾之中，加之它們是歷史地形成的，相互存在著「不可簡縮性」，因此，「沒有一個社會曾經是完整地和全面地建立在象徵之上的；或者更準確地講，社會從未能夠向所有成員同等提供完全適用於建立某種象徵結構的方式」[552]，於是，這便導致在社會中經常出現的處於邊緣地位的個體，以其「邊緣分子」的思維「形象地表現某些在集體平面上無法實現的妥協方式，去虛構一些想像的轉換，去具體地表現一些不可並存的綜合」[553]。這便是各個社會中那些具有非正常行為的人。於是，社會中的巫神、驅魔儀式參加者，或者那些精神官能症患者的「象徵流露」，就可以解釋為：這些人都懷有一種期望，期望以烏托邦的隱喻進行

---

[551] 《馬塞・莫斯著作導論》，XLIX (*Introduction à l'œuvre de Marcel Mauss*)，參見莫斯，*Sociologie et anthropo logie*, Presses Universitaires de France, 1950.

[552] 《馬塞・莫斯著作導論》，XX (*Introduction à l'œuvre de Marcel Mauss*)，參見莫斯，*Sociologie et anthropo logie*, Presses Universitaires de France, 1950.

[553] 《馬塞・莫斯著作導論》，XX-1 (*Introduction à l'œuvre de Marcel Mauss*)，參見莫斯，*Sociologie et anthropo logie*, Presses Universitaires de France, 1950.

「社會的平衡」，而想像出來的事物便對社會之不足發揮彌補作用。在這些論述中，李維史陀是把潛意識概念等同於象徵功能概念的，因此，他在巫神與精神分析學家之間、魔法與精神分析之間建立了可比性。

李維史陀認為，象徵功能的這兩種差距是密切相關的：「邊緣」思維總是在搶占不穩定能指，「正常的思維總是所指不足，而所謂反常思維（至少是在某些表現之中）卻擁有過多的能指」[554]。「邊緣」思維對於象徵過程具有「活化」的作用，並產生象徵性調節作用。

二、藝術創作的「壓縮模式」理論

把藝術確定為特定文化的表現，這是《野性的思維》（*La Pensée sauvage*）一書中關於藝術論述的核心問題。李維史陀首先比較了神話與科學，確定它們的區別。神話是一種理智形式的修補術，即一種「零散活動」；它伴隨著符號進行，透過使用時間（人類活動）的參與和碎屑來建立結構；科學靠概念工作，它把結構（即其假說和理論）當作方法來創造事件（改造世界的舉動）。然後，他又比較了藝術與神話、藝術與科學，指出「藝術位於科學與認識和神話思維即魔法思維之間」[555]，藝術可以說是把結構的秩序與事件的秩序匯合在一起，藝術家「用工藝方式來製作同時也是認識對象的一種物質對象」[556]，藝術創作是從一個整體（對象＋事件）出發達到最終發現其結構。

李維史陀在此下的一個重要論斷是，藝術對象是一種壓縮模式（modèle réduit）。這種壓縮模式概念不僅包容以往的微型化風格論，而且也指造型藝術表現的整個領域，因為任何圖示或造型的位移都不會是對於

---

[554] Claude Lévi-Strauss, *Anthropologie structurale I*, Paris: Plon, 1958, p. 200.
[555] Claude Lévi-Strauss, *La Pensée sauvage*, Paris: Plon, 1962, p. 38.
[556] Claude Lévi-Strauss, *La Pensée sauvage*, Paris: Plon, 1962, p. 38.

對象的完全摹寫。

首先，這種壓縮模式要求改變對象的比例。這種情況不僅出現在造型藝術中，也出現在詞語藝術作品中，因為在後者那裡，人們把作品當作世界的縮影來對待，只有對這些作品進行原子論的考慮，才能看到各種感情之象徵性反映的特點。「比例越小，對象整體似乎越容易掌握。由於尺寸的縮小，在我們看來，它們似乎在內容上也簡化了。」[557]

其次，按照這種壓縮模式概念，藝術作品即便談不上比例壓縮，但卻不得不放棄其他維度。繪畫放棄體積，雕刻放棄嗅覺和觸覺的感受，而這些均放棄時間維度。

第三，壓縮模式是「人造的」，它不是對象的「投影或某種消極的相似物」，「它對於對象構成了一種真正的經驗」。這自然要涉及創作手法即技巧問題，「挑選一種解決方法牽扯到其他解決方法……而且實際上同時呈現於觀賞者的，是某種特殊解決方法所提出的一幅各種變換的總圖」，掌握作品的製作方式，始終意味著要同時了解改變方式的可能性，而讀者（或觀賞者）在對作品的沉思中，是能夠想到作品存在的其他可能的方式的，「這些方式對於已經完成的作品，構成同樣多的補充前景」[558]。這就是說，作品具有多種解釋的可能性，而一旦讀者（或觀眾）占有了同一作品的其他可能方式，那他也就成了行為者（agent），他就「模糊地感覺到自己是比創作者本人更稱職的創作者」[559]。

依據壓縮模式的理論來看待藝術創作，其過程就是與機會、材料和用途這三種偶然性建立連繫。機會就是事件，它是創作行為之外和之前的偶然性。藝術家使用的材料的大小、形狀、工具完善程度和藝術品的特殊用

[557] Claude Lévi-Strauss, *La Pensée sauvage*, Paris: Plon, 1962, p. 38.
[558] Claude Lévi-Strauss, *La Pensée sauvage*, Paris: Plon, 1962, p. 36.
[559] Claude Lévi-Strauss, *La Pensée sauvage*, Paris: Plon, 1962, p. 36.

途，也同樣是創作行為不可缺少的偶然性。因此，「藝術創作的過程，在於尋求或與模式（實踐）、或與材料、或與使用者的對話，而這要看處於創作之中的藝術家首先考慮的是哪一方面的資訊。一般來說，每一種可能性都對應於一種容易標記的藝術類型：第一種對應於西方的造型藝術；第二種對應於所謂原始的或遠古時代的藝術；第三種對應於實用藝術。但是，要按字面來解釋這些分法，那就會過於簡單化。任何一種形式，都包含這三個方面，它只是以這三個方面相對的比例來區別於其他藝術」[560]。

李維史陀進而把這三種偶然性（或稱三種時刻）概括成為外在偶然性（機會、用途）和內在偶然性（以材料為依據的創作手法）。他認為，只有把外在偶然性融於創作手法因而使作品成為完美的審美對象時，才能使人動情，「如果說古代藝術、原始藝術和最富有技巧的藝術的『原始時期』是唯一不朽的，那麼，它們就應該把這歸為對於為創作手法服務的偶然事件的認可」[561]。李維史陀在此還談到了（儘管不是全面地談到）藝術的認識功能。但是，由於審美認知是建立在解讀按照壓縮模式而創作的藝術作品基礎上的，因而，它是一般認識過程的某種顛倒：「與我們盡力了解以真實大小存在的一件事物或單個人時出現的情況相反，在壓縮模式裡，對於整體的認識先於對於部分的認識。」[562]

需要進一步說明的是，李維史陀的壓縮模式概念不同於傳統的模仿說，壓縮模式論是一種結構論概念，其顯著特徵就是把作品置於思考的中心，主要是突出其技巧－語義維度和作為人造事件的本質。壓縮模式也依靠模仿，但它所求助的恰恰是模仿的複雜性。

有人對李維史陀有關藝術的思考作了如下概述：

---

[560] Claude Lévi-Strauss, *La Pensée sauvage*, Paris: Plon, 1962, p. 40.
[561] Claude Lévi-Strauss, *La Pensée sauvage*, Paris: Plon, 1962, p. 43.
[562] Claude Lévi-Strauss, *La Pensée sauvage*, Paris: Plon, 1962, p. 35.

1. 藝術，可以在與文化不可分的象徵過程的論證本身之中獲得，而特別是在「不穩定能指」現象的連續浮現之中獲得，這種連續的浮現具體地展現在進行想像綜合的個人行動之中，其意義依附於構成社會生活各種象徵系統的持續的相互不可壓縮性。

2. 這種起源由藝術和神話、宗教等一起來分擔。相反，從其特定的存在方式來看，藝術就像是處於科學與神話之間的一種活動。它是依靠符號而非依靠概念來進行的思維形式之一；它產生的對象，是真實實體的一種壓縮，這便在隱喻方面把審美認知與科學認知區分開來。

3. 這後一種特徵顯示了藝術作品的手工方面和它的人造本質，不管是從作者這方面，還是從觀眾這方面來看，都是這樣的。

4. 最後，像神話一樣（而與科學不同），藝術意欲模仿真實之現象的面貌，但是，神話思維是從某種結構出發，然後賦予對象－事件這一總體以形象，藝術的路徑卻與此相反：它借助於偶然性的形式建立對話來賦予形象給某種結構，即是說，有時要和作品創作手法的各種困難建立對話，有時則和模式的歷史特點建立對話，還有時是和藝術對象用途的變化建立對話 —— 在這一點上，較之於與創作經驗的其他偶然性對話，與創作手法偶然性的對話更為合理 [563]。

三、藝術與文化

李維史陀的研究領域，並不限於原始藝術，他還對藝術史尤其是「熱」社會的藝術鍾情不已。由於藝術基本是與各種偶然性的對話，所以它無法躲避歷史為其帶來的多樣性。李維史陀在這方面的論述，可見於

---

[563] 參見梅吉奧 José Guilherme Merquior, *L'esthétique de Lévi-Strauss,* Presses Universitaires de France, 1977.

他的許多著述，而尤其見於他與喬治·沙邦尼爾（Georges Charbonnier, 1921-1990）的談話和四卷本的《神話學》（*Mythologiques*）。這些著述重提藝術與文化間各種關係的意指，並指出，藝術潛在地表現為對於文化的一種批評。

這種論述是建立在對於「冷」社會和「熱」社會的特點的區分基礎上的。李維史陀在《野性的思維》一書中這樣提道：「我在別處指出過，人們在『無歷史的種族』與其他種族之間所做的笨拙區分，可以更恰當地以（為方便起見）『冷』社會和『熱』社會之間的區別來取代：前者企圖透過它們的機制以半自動的方式消除歷史因素對其平衡和連續性的影響；後者堅定地使歷史過程內在化，從而把它變為這些社會發展的動力。」[564]「熱」社會的特點就是不能使用曾經使原始社會抵抗其結構變化的三種智慧：（1）節約需求和保護自然資源；（2）限制人口成長；（3）把政治緊張壓縮到最低。

在這樣的社會裡，借助於「邊緣」思維來使用象徵功能，就是在原始文化（按照李維史陀的觀點，就是義大利文藝復興之前的文化）依靠「社會神話」的地方，利用某種「個人神話」。在這樣的社會裡，藝術生產出現了兩種情況：「一方面，是藝術的個體化；另一方面，是其越來越形象化或越來越表象化的特徵。」[565]

李維史陀提醒我們，藝術生產的個體化並非指藝術家與社會其他成員之間密切關係的解體，它代表近現代文化的各種意識普遍「個體化」的結果，是由「個人的」神話詩學引起的。藝術生產越來越形象化的特徵，伴隨著「意指的某種損失或減弱」。李維史陀認為，原始藝術中，「模式總是

[564] Claude Lévi-Strauss, *La Pensée sauvage*, Paris: Plon, 1962, p. 310.
[565] Georges Charbonnier, *Entretien avec Claude Lévi-Strauss*, Paris: Plon-Julliard, 1961, p. 63.

超出其意象」[566]，原始藝術之所以不是形象的，是因為他們的藝術浸潤著對一種真正的「對象過剩」的感覺。而近現代藝術，卻是熱烈追求「複製品」的藝術，這是因為，近現代人相信「人們不僅可以和存在交流，而且可以透過擬像把存在占為己有」[567]。

李維史陀告訴我們，這兩種情況是密切相關的，它們「在功能上連在一起」[568]，它們都是社會分化的結果。

在這部分內容中，李維史陀對於詞語藝術也做了深入的探討，並指出，意指的減弱同樣出現在這些藝術裡。他論證說，意指與結構實際上是一個問題的兩個方面，意指的減弱自然伴隨結構的無力。因此，按照李維史陀的觀點，文學（以小說形式為例）就像是為了獲得神話所特有的結構力量而做的一種堪稱勇敢的努力，它不顧一切，力求在重建意指和結構、並在社會中尋求不存在的真正價值：真實的小說，在敘述本質上是揭示社會存在秩序的一種追求，這種追求既可以認為是機械文明的社會條件的反映，又可以認為是為了超越這些條件所進行的一種異乎尋常的努力。從這個意義上講，文學藝術一直是在與「熱」社會即機械文明的精神抗爭。

此外，李維史陀在四卷本的巨著《神話學》的「開篇」和「尾歌」中闡述的音樂理論，也極為深刻地代表了他的美學思想，同時也使我們進一步了解他對於藝術與文化之間關係的思考。

李維史陀首先認為，音樂是像神話一樣具有言語活動的事實，音樂的特點之一是以系統的方式求助於「生理的甚至肺腑的時間」，音樂使用兩種「柵網」（grille），一種是自然的，屬於人的器官節奏內容，另一種是「外在的，或文化的柵網，是由音程的等級和音符之間的等級關係構成

---

[566] Georges Charbonnier, *Entretien avec Claude Lévi-Strauss*, Paris: Plon-Julliard, 1961, p. 89.

[567] Georges Charbonnier, *Entretien avec Claude Lévi-Strauss*, Paris: Plon-Julliard, 1961, p. 69.

[568] Georges Charbonnier, *Entretien avec Claude Lévi-Strauss*, Paris: Plon-Julliard, 1961, p. 66.

的，它依靠一種潛在的不連貫性，即樂音的不連貫性。這些樂音……已經
完全是文化的對象」[569]。李維史陀認為，「文化的柵網」極為重要，因為
它服務於表達與交流；音樂具有高度調解功能，它比其他藝術既「更富於
自然性」，又「更富於文化性」，它在自然與文化之間架設了最牢固的橋
梁。但是，由於文明中固有的苦惱意識伴隨著所有文化形式，在與機械文
明的抗爭中產生的藝術，自然也就構成了對於文化的批評。

李維史陀極為重視華格納（Wilhelm Richard Wagner, 1813-1883）的音
樂作品，這一方面是因為他年少時「就了解華格納的作品」[570]，另一方
面則是因為他發現華格納堪稱「神話的結構分析之父」[571]，華格納的音
樂是以忘卻日常感情的形式出現的對於文化的批評。他對華格納美學體系
的深刻理解，揭示了結構主義觀念的一個基本特點：它與近現代即後浪漫
主義的藝術傳統具有相似性，而這種傳統本身也是圍繞著對於文化的批評
觀念形成的。

《神話學》四部曲的「尾歌」[572]比較綜合地反映了李維史陀的美學思
想，它不僅進一步論證了前面提到的論題，而且提出了與音樂美學有關的
不少新觀點。這些觀點絲毫不缺乏邏輯的嚴密性，較集中地反映了李維史
陀後來的美學思想的發展。例如，音樂與神話在結構和聽覺經驗上的類比
性，笑與象徵功能的節約過程密切相關（這種理論脫離了柏格森關於笑的
起源即器官與機械力之間的對比的著名理論），藝術形式轉生說等等。這
些觀點新穎獨特，大大豐富了當代美學的理論。

1960 年代初，李維史陀與羅曼・雅各布森於 1962 年在《人類》

[569] Claude Lévi-Strauss: *Mythologiques, I-Le Cru et Le Cuit*, Paris: Plon, p. 36.
[570] Claude Lévi-Strauss: *Mythologiques, I-Le Cru et Le Cuit*, Paris: Plon, p. 18.
[571] Claude Lévi-Strauss: *Mythologiques, I-Le Cru et Le Cuit*, Paris: Plon, p. 18
[572] Claude Lévi-Strauss: *Mythologiques, IV-L'Homme nu*, Paris: Plon, 1971, pp. 559-621.

（*L'Humanité*）雜誌上發表的〈波特萊爾的《貓》〉一文，從詩的語音、韻律和句法方面做了詳盡的分析，這種分析讓人們看到了從前沒有看到的一些層面，從而對當時開始形成的結構主義潮流起到了一定的推動作用。

結語

　　李維史陀的卷帙浩繁的著述含有豐富的美學思考。但我們同時要指出，其結構主義人類學的某些關鍵性概念，也是借助於藝術領域的概念類比得以確定的，對於這一點，人們很容易聯想到他對神話處理方式和解釋方式的特徵描述，而這種描述是建立在與音樂的比較基礎上的。

　　李維史陀的研究影響了一代學者。由他開創的結構主義人類學方法論，在後來的發展中出現了不同的方向，這些方向補充和完善了這種研究，並使之向符號學邁進。在推動建立符號學這一方面，李維史陀也有著不可磨滅的貢獻，因為他早已告訴人們如何借助符號來看待藝術，所以，他的結構人類學很早就參與了符號學的活動。有人認為，象徵理論過渡到卡西勒的理論或榮格的理論，過渡到對於符號的更為特定的探索，是一個重大進步，而這種進步則主要是結構人類學的進步帶來的。

　　當然，人們也不時地指出李維史陀結構主義人類學研究的缺陷。他也一直關注人們的不同意見，但他堅持自己的做法。他 1984 年在法國雜誌《新觀察家》（*Le Nouvel Observateur*）上發表文章，說：「我希望人們不要光談論結構主義，而應該更多地將其應用在各個方面……我們以前怎麼做，今後還將怎麼做。」

第二節　拉岡

　　雅各‧拉岡（Jacques Lacan, 1901-1981），是繼李維史陀之後的重要代表人物。他在自己的精神分析研究領域引進結構語言學理論，並以此重新對佛洛伊德的理論作了「評述」，使他成為獨樹一幟的結構精神分析學創始人。拉岡一生的研究工作可以分為兩個階段：從 1932 年至 1952 年，是他在佛洛伊德的影響之下獨立進行探索的階段；從 1953 年起，他致力於「返回佛洛伊德」，進行了近 20 年的重新解釋佛洛伊德的研究。本書擬依據這兩個階段，尤其是結合其與審美有關的研究內容進行概述。

一、第一階段的研究

　　拉岡的第一個研究階段，又大致分為三個時期：研究「偏執狂」時期；「鏡像階段」和發現「偏執狂結構」時期。

　　拉岡研究「偏執狂」始於 1931 年，那時他還是正在準備精神病學博士論文的學生。期間，他師從洛溫斯坦（Rudoph Loewenstein, 1898-1976），並為研究精神病學而開始接觸精神分析學。一年後，他的論文〈論偏執狂心理及其與人格的關係〉得以通過，並隨後出版。但他並沒有停止這方面的研究，而是將其延續到 1935 年。他的研究旨在表明「偏執狂」是源於自戀的一種疾病和一種自戀變態。他的貢獻在於將佛洛伊德的自我與自戀結合在了一起。他把佛洛伊德意義上的自我解釋成為自戀的基礎，而不是佛洛伊德所主張的是客觀的認識原則，他說自戀不是「感覺—意識的系統」或「肌體藉以適應現實原則的全部機制」[573]。他在博士論文中明確告訴人們：有無智力缺陷並不重要，精神病基本上就是精神綜合

---

[573] Jacques Lacan, *Écrits*, Seuil, 1966, p. 178.

的一種紊亂。這種綜合就是人格，而「偏執狂」精神病就是對於人格的某種傷害。在拉岡看來，人格可確定為一種綜合與統一過程的結果與表現，而「偏執狂」精神病就是對於這種綜合與統一的破壞。但是，拉岡並不滿足於為人格定義，而是選定了一個範例，並對其成功地進行了前所未有的臨床驗證，這便是從 20 例精神病患者中選定的「艾梅」（Aimée）病歷：1930 年 4 月 10 日，一位 38 歲的婦女用刀刺傷了巴黎著名女演員 Z 夫人，在這位婦女後來住進聖安娜醫院一年半的時間裡，拉岡一直負責觀察她。最後，拉岡認為，這位婦女患有兩種妄想症：迫害性妄想和誇大性妄想。但是，傳統的精神病理論不能對這兩種妄想症作出令人滿意的解釋，於是，他開始研究佛洛伊德的理論，認為精神病的基礎是掩藏在狂妄表現之下的潛意識攻擊性衝動，而他的博士論文就在於回答如何看待這種衝動。為此，拉岡主要參照了佛洛伊德 1924 年發表的〈虐待狂的經濟學問題〉和 1922 年的〈論妒忌、偏執狂和同性戀的幾項精神官能症機制〉兩篇文章，使力比多與自我的關係成了他研究「偏執狂」精神病學的中心研究課題，也使艾梅一例得到了解釋。

　　1936 年 8 月 3 日，拉岡在第十四屆國際精神分析學大會宣讀了他的文章〈鏡像階段〉（*The looking-glass Phase*），象徵他從「偏執狂」精神病研究轉入借助於鏡像來闡明自我出現（即佛洛伊德所說的初期自戀）的更為普遍的研究領域。拉岡不同意佛洛伊德對自戀的解釋，而認為初期自戀完全是從外部來確定一個人，外部即「另一個」（autre），也包括外在事件；鏡像階段所說明的就是這種狀況下的自戀。關於鏡像研究，在拉岡之前，已有瓦隆（Henri Wallon, 1879-1962）在其《兒童性格的起源》（*Les origines du caractère chez l'enfant*）一書中對於有關兒童與其自己在鏡子中的形象的研究作過總結，他告訴了人們兒童在一年內的不同階段對自己在鏡子

中形象的反映情況。按照瓦隆的說法，當兒童在鏡子中認出自己的時候，他就具有了某種與他的運動機制的內在感受相脫離的他的身體的表象，這是一種由於形象的外在特徵而成為可能的表象，是一種由內向外的過程。拉岡不同意這種解釋，認為自我不能透過由內向外的運動來形成，而是相反。他認為，自我的產生與本質由四個部分構成：

（1）缺乏有機機制階段：小孩出生後在較長的時間內依靠「另一個」，這說明兒童一出生就是社會性的，否則他只能死去。

（2）某種歷時性：兒童在一段時間內是看著另一個來完成他的運動機制以後才能完成動作的，因此，在其視覺與感覺能力之間存在某種時差。這種視覺使他看到了他的身體的未來；另一個形象在吸引著他，在促使他成長，在鍛鍊著他。

（3）統一整體：拉岡認為，「鏡像階段」出現在兒童從 6 個月到 18 個月期間，因為他這時看到的是另一個的整體，而不是自己身體的一部分。

（4）力比多：拉岡發現的最新穎內容，是他認為在「鏡像階段」有裡比多的投入。

拉岡在瓦隆於「鏡像階段」看到兒童認識能力之形成的基礎上，更強調兒童在鏡子裡看到自己形象時興高采烈地發出「啊！」的叫喊聲，鏡子裡與之相似的形象所以使他高興，是因為他喜歡這個形象，他在鏡子中的形象上發現了他所沒有的東西：完整性、自主性、動作的自由性。可見，鏡中形象具有形態發生能力：該形象不再是簡單被動的反映形象，它是兒童自我的出現。「鏡像階段」是一種根本性求同的時刻，因為這種求同奠基了自我，但同時也將自我確定為「另一個」，並立即將另一個認知為另一個自我（alter ego）。「鏡像階段」因此而成了一種特殊的、根本性的異化場所。這種形象是外在的，而且不同於感知和運動機能的場所。如此一

來，外在可以顯示的東西正是自我的構成場所。

因此，兒童自身的內感知性感覺來自另一個的形象，這是一種自外向內的過程：「主體在依據另一個的形象來感覺自我的過程中識辨自己，而另一個的形象偶爾也在主體身上獲取這種感覺。」[574] 拉岡認為這便是對於另一個的情愛的傳遞性。很久以後，拉岡又把這種認知過程定名為想像之物（imaginaire）。

從第二次世界大戰之後即從1946年開始，拉岡又開始研究「偏執狂」的結構。他認為，自我具有「偏執狂」的結構，並發明了「偏執狂認識」一詞。偏執狂認識是鏡像階段所說明的內容的後果，即一種想像性認知。兒童面對比自己大的人時，會有一種傳遞性，這便是辨認的符號：與感性相同，即我在看到另一個笑時我也會笑，我看到另一個痛苦時我也會痛苦。由此出現了某種可劃分為三個階段的過程：存在的停滯、不認識自我和自殺行動。透過視覺進行對另一個的空間的騙取，這種認識是「偏執狂」性的。在自我之外，透過視覺，另一個的空間吸引著我，另一個的形象會突然鎖住我的目光，這便是社會的時間性透過可見空間而出現的停止時刻，因此，形象帶有對象的固定性、同一性和實體性。這便是存在的停滯。這種情況在超現實主義的藝術創作（例如達利的繪畫）中得到了很好的展現。關於不認識自我，拉岡認為，「偏執狂認識」也是一種認識，但這種認識對外面看得很清楚，而對於「我之所是」卻不認識。這就是說，我清楚地看到在另一個的身上的壞的方面，我在另一個的身上看到了我自己，但我認不出發生在我身上的東西。拿自殺來說，由於我認不出自己，我便攻擊在另一個的自我形象上的壞的層面。這便是艾梅對於 Z 夫人的情況，從而造成「自我打擊」的結果。

---

[574] Jacques Lacan, *Écrits*, Seuil, 1966, p. 181.

　　在其研究工作的第一個階段的後期，即從 1940 年代起，拉岡開始接觸結構語言學。例如，他 1945 年發表的〈邏輯時間與預期確定性的肯定 —— 新的詭辯〉一文中，第一次提到「能指」這個術語，他說：「完全相反，在此爭論的一些現象像能指那樣進入關係之中，就使得邏輯過程中的時間結構而不是空間結構占據了優勢地位。」[575] 可見，這時的拉岡已經處於向結構精神分析學的過渡之中。

二、對於結構語言學理論的逐步運用

　　從 1953 年起，拉岡正式進入了「返回佛洛伊德」的過程，但是「這種重返，不在於去簡單地閱讀，也不在於對其老師的著述進行新的探討，而在於一種評述」[576]。而進行這種評述的方法，則是他對於結構語言學的逐步深入的運用。

　　從他的《文集》所收錄的文章來看，拉岡首先是透過閱讀梅洛－龐蒂的著作接觸到索緒爾的結構語言學理論的。他真正參照結構語言學並嘗試闡述精神分析學相關概念，見於 1953 年 9 月 26 日至 27 日他在羅馬大學心理學學院舉辦的報告會上所作的〈精神分析學中言語和言語活動的功能與領域〉的報告。該報告被認為是拉岡轉向結構精神分析學的宣言。全文共分為前言、導論、主體在精神分析實施過程中的虛語與實語、作為精神分析領域的結構與界限的象徵與言語活動、精神分析技術中解釋的迴響和主體的時間幾個部分。拉岡明確宣布，「我們的任務是要表明，只有轉向言語活動領域，只有按照言語的功能來組織，這些概念才能具有其實在的

---

[575] Jacques Lacan, *Écrits,* Seuil, 1966, p. 203.
[576] 薩福安（Moustafa Safouan）為其《結構精神分析學》（*Le structuralisme en psychanalyse*）一書中文版所寫的「中譯本序」，天津社會科學出版社 2001 年版，第 14 頁。

意義」[577]；因此，「不論精神分析學是用於治療，還是用於培訓，或是用於調查，它只有一種媒介：患者的言語。這種事實顯而易見，不容忽視。而且，任何言語都要求回答。我們將指出，即使言語碰到的只是沉默，只要它有一位聆聽者，就不存在沒有回答的言語，我們還要指出，這正是言語在分析中的功能」[578]。嘗試用結構語言學理論來解釋佛洛伊德相關的理論，是拉岡在這篇長文中努力的目的。「讓我們重新來看一下佛洛伊德在《夢的解釋》一書中所做的工作，我們會重新想到，夢具有一個句子的結構，或者用他的話來說，夢具有一個字謎的結構，也就是說具有一種書面文字的結構，兒童的夢就表現為這種書面文字的最初表意形態，而在成人的夢裡，它則重現各種帶有意義的成分的語音和象徵。」[579]

關於佛洛伊德對於日常生活中的心理病理學的研究，拉岡認為：「每一個失敗的行為都是一種成功的言語，甚至是一種很講究的言語，而在口誤之中，正是阻塞在影響著言語，而且恰恰是依據這種現象，善於聽話的人從中有所收穫……因為，如果為了接受精神分析的心理病理學中的一種病症，不管它是精神官能症的或是別的方面，佛洛伊德都要求出現由某種雙重意義構成的最少的語義限制……雖然佛洛伊德已經教會了我們在自由聯想的本文中關注這種象徵線索的越來越多的分支，以便在詞語形式重新交會的地方標記下其結構的所有結點，但已經非常清楚的是，病症完全是在對於言語活動的分析之中得到解決的，因為它本身也像言語活動那樣構造的，而且它就是言語應該從中得以出現的言語活動。」[580]「在此，病症就是主體意識中一種被壓抑的所指的能指。」[581]

[577] Jacques Lacan, *Écrits*, Seuil, 1966, p. 246.
[578] Jacques Lacan, *Écrits*, Seuil, 1966, p. 247.
[579] Jacques Lacan, *Écrits*, Seuil, 1966, p. 267.
[580] Jacques Lacan, *Écrits*, Seuil, 1966, pp. 268-269.
[581] Jacques Lacan, *Écrits*, Seuil, 1966, p. 280.

　　拉岡在這篇文章中提出的最著名的論斷是「潛意識……是像言語活動那樣構造的」[582]。拉岡對於象徵作了較為深入的分析，我們將在後面介紹他論述「象徵」、「想像」和「真實」三種「界」時再作詳細闡述。從下面的引言中，我們會進一步了解拉岡對於結構語言學的參照：「把音位看成具有由語義的最小可理解的區別成分構成的對立組合，這種發現已經包含在數學化的形式之中了，這一情況使我們接觸到了佛洛伊德的所有基礎，在這些基礎之中，他的最後學說透過一種詞語內涵的出現與不出現，指出了象徵功能的主觀淵源。」[583]「最後，對於語言學的參照為我們引入了一種方法，這種方法在區分言語活動中共時結構和歷時結構的同時，可以使我們更好地理解我們的言語活動在解釋阻抗和移置時所取用的不同價值，或者更可以使我們區分壓抑的特有作用和個人神話在頑固性精神官能症中的結構。」[584]

　　他 1956 年在《精神－神經病沿革》雜誌（當年第 1 期）上發表的〈佛洛伊德學說或在精神分析學中返回佛洛伊德的意義〉一文中，對於結構主義語言學理論在精神分析學中的應用作了進一步闡述。文中在談到佛洛伊德學說的運用時說：「一位精神分析學家應該很容易地深入到能指與所指之間的基本區別之中，並開始用其組織起來的互不重疊的關係網路來進行工作。第一個網路即能指網路，它是言語活動的物質材料的共時結構，因為每一個成分都再次具有不同於其他成分的準確用法；這是在不同層面上調整語言成分功能的分配原則 —— 從音位對立連對到複合的短語，而現代最新研究的任務便是找出其穩定形式。第二個網路即

[582] Jacques Lacan, *Écrits*, Seuil, 1966, p. 268.
[583] Jacques Lacan, *Écrits*, Seuil, 1966, pp. 284-285.
[584] Jacques Lacan, *Écrits*, Seuil, 1966, p. 288.

所指網路，它是具體說出的話語的歷時性整體，這種整體自古以來就依據第一個網路來運作，同樣，第一個網路的結構支配著第二個網路的通道。」[585]

1957年，拉岡在〈潛意識中文字階段或自佛洛伊德以來的理性〉一文中，進一步闡述了他對於索緒爾語言學的認識：「為了闡述語言學的影響，我們說，就像在現代所有科學的情況裡那樣，這種影響存在於奠定這種語言學的一個公式中，這個公式為 S － S，它意味著：能指與所指，由橫線將兩個階段分開。這樣寫出的符號要歸功於索緒爾，儘管並非所有的圖示都可以簡縮為這種形式……這門科學的主題今後將終止在能指與所指的位置上。」[586] 需要說明的一點是，與索緒爾的公式相反，拉岡在這裡寫的這個公式是將「能指」放在了所指之上，並且，他明確地說明，將「能指」與所指分開的橫線就充當主體。

從1957年開始，「能指」這一術語頻頻地出現在他的《文集》之中。實際上，我們注意到，拉岡在使用「能指」一詞之前，經常使用「signifi-catif」（顯示）一詞來指「病症」，而從這時開始，他則使用「significant」（能指），他說，病症是一種「能指」。從下面這段話也許可以明確看出從「顯示」病症向著「能指」病症的過渡：「這就是說，我們重新在此找到了佛洛伊德給予病症的構成條件，以便於使之在分析意義上與這個名稱相配，因為對於得到優待的某種先前情況的記憶成分，可以被用來陳述目前的情況，也就是說，它可以被潛意識地用作能指成分，其結果便是把對於體驗的不確定性塑造成一種傾向性意指。」[587]

---

[585]　Jacques Lacan, *Écrits*, Seuil, 1966, p. 414.
[586]　Jacques Lacan, *Écrits*, Seuil, 1966, p. 497.
[587]　Jacques Lacan, *Écrits*, Seuil, 1966, p. 447.

　　在 1960 年至 1966 年的文章中，他開始經常使用「共時性」、「歷時性」概念。他在 1960 年至 1964 年定稿的〈潛意識的位置〉（*Position de l'inconscient*）一文中寫道：「理所當然地，又回到這個問題上：是言語活動的作用還是言語的作用？我們注意到，這個問題在此只採用了索緒爾的二分法的外表。如果轉向使其製造者感興趣的東西即語言的作用，那麼，這個問題就向共時性與歷時性之間的關係提供了橫向與縱向的關係」。[588] 他在 1966 年發表的〈科學與真理〉一文中分析李維史陀的神話思想時指出：「在論證由神話素構成的機制的能力以便分析神話的轉換時 —— 這些轉換在這一階段就像是建立在被其可逆性所簡化的一種共時性之中了，李維史陀並不打算為我們提供神話成分的本質。」[589] 按照巴特的定義，「請您注意誰在運用能指與所指、共時性與歷時性，您就會知道結構主義的看法是否已經形成了」[590]，此時的拉岡，已是十足的結構主義精神分析學家了。對於結構語言學的參照，使他的精神分析另闢蹊徑，從而加深和拓寬了精神分析學的研究領域，他甚至於 1966 年十分乾脆地說：「精神分析學，一旦它忘記了其在言語活動方面的首要任務，它便什麼都不是。」[591] 需要指出的是，拉岡習慣於使用「言語活動」（langage）和「言語」（parole）這種對立，而不是「語言」（langue）和「言語」的對立。按照索緒爾語言學的理論，言語活動包含著「語言」和「言語」兩個方面；語言是一套社會規約，而言語則是個人對於語言的使用。從上面的介紹中我們可以看到，拉岡術語中的「言語活動」實際上就是「語言」，這如同英美文化中將 language 同時作為「言語活動」和「語言」來理解一樣。

---

[588] Jacques Lacan, *Écrits*, Seuil, 1966, p. 835.
[589] Jacques Lacan, *Écrits*, Seuil, 1966, p. 862.
[590] Roland Barthes, *Essais critiques*, Seuil, 1964, pp. 221-222.
[591] Roland Barthes, *Essais critiques*, Seuil, 1964, p. 721.

三、「講習班」與對於佛洛伊德著述的重新評述

1951 年 5 月 2 日，在法國精神分析學學會成立大會上，拉岡宣讀了他的〈關於自我的一些思考〉一文，開始了返回佛洛伊德的進程。但他真正返回佛洛伊德則始於 1953 年脫離巴黎精神分析學學會之後。從此，他開始對佛洛伊德的全部著述進行評述，而這種評述主要是透過「講習班」來進行的。

1953 年至 1954 年，拉岡在聖安娜醫院開辦了第一期講習班。他的方法是將佛洛伊德的全部著述視為面向分析者說出的一種言語，這種言語透過本文自身產生的難解之處向分析者提出問題。返回佛洛伊德之後，他最早開始評述、也是在後來的十年中不斷完善的內容，是他依據佛洛伊德的「精神現實」提出的三個概念，即象徵（la symbolique）、想像（l'imaginaire）和真實（le réel）。對於這三個概念，拉岡稱之為三個「範疇」（ordre，也有人將其翻譯成「級」或「界」）。對於「真實」（1974 年 11 月 1 日在羅馬通報會上發表的《第三》中，拉岡才正式地提出了「真實」，比提出「想像」和「象徵」晚了許多年），從其所論不多的文字中，我們只知道「真實」並不等於現實，這種「真實界」是處在錯覺之外、鏡子的映像之外，然而卻永遠在場的東西，它難於用語言表達清楚，拉岡說它是「忍受能指之苦的東西」，是「在任何象徵過程之外存在的領域」[592]，是一種「空白的意義」。我們在此引用拉岡的研究者艾倫·瓦尼耶（Alain Vanier, 1948-）在其《精神分析學詞彙》（Lexique de psychanalyse）一書中對於「真實」條目的介紹，以便讀者進一步了解這一概念：「這是拉岡引入的一個術語，它與象徵和想像共同構成精神分析學的基本論域。它不是作為象徵之結果和受幻覺支配的現實。它是透過象徵而產生

---

[592]　Jacques Lacan, *Écrits*, Seuil, 1966, p. 388.

的一種範疇，該範疇與象徵在得以建立的同時所排斥的東西相一致。雖然拉岡是在精神病中和在一些幻覺現象中注意到了真實──『不是從象徵中顯示的東西，出現在了真實之中』，但卻是在重新質疑佛洛伊德的性慾和依據幻覺而建立的性別關係的問題的時候，他以更為明確的方式探討了真實。根據潛意識中無性別區分之紀錄和男性生殖器像對於兩種性別的幻覺立場，拉岡最終說『不存在性別關係』，這是對於佛洛伊德有關性別區分和主體從父母開始被引入性慾之中的問題的重新表述。這便是對於一個主體來說構成真實的東西。這種無關係是言語活動和言語的作用結果。根據它與象徵相比所處的地位，真實便是不可命名的東西；拉岡說，真實是不可能的。」也許我們結合拉岡在其他地方有關象徵「來源於真實」和真實就是「精神創傷」的論述，可以較為貼近地理解「真實」的概念。

對於「想像」，他早在 1932 年就提出過該詞，在返回佛洛伊德之後的十年中，他進一步加以發掘，並使之與「象徵」連繫起來；拉岡的「想像」是指主體與其相似之物和與其自身的關係。但他闡述最多的是「象徵」，拉岡的「象徵」既參照能指與言語活動，又參照李維史陀先前在闡述社會群體內部交流關係時所採用的象徵功能。需要指出的是，這三個概念，從提出時間先後來講，應該是「想像」、「象徵」、「真實」，但拉岡 1974 年的講習班卻將「真實」放在了第一位，將「象徵」放在了第二位，「想像」則退居第三位。不難看出，這三個「範疇」，都是可以與審美結構緊密連繫在一起的。

可以說，從 1953 年到 1963 年的十年中，拉岡主要闡述了「象徵」。為此，他越過了「意象」（imago）而進入了潛意識，遂將潛意識引入了象徵之中。但是，為了表明有必要引入潛意識，他從對想像關係進行認真的審視開始。早在第一期的「講習班」上，拉岡就談到了象徵與想像的關

係，這種關係是前者對後者的「至上」關係。拉岡的講習班，是以重新闡述佛洛伊德的第二個系統即包括「本我」、「自我」和「超我」的系統開始的，這是佛洛伊德 1920 年確定的系統。他選擇這個系統是為了指出，象徵對於想像具有更為至上的價值，象徵重疊在想像之上並決定想像，這種至上就是自我的理想對於理想的自我的至上。為了說明這種關係，他再次對於「鏡像階段」作了解釋，這種解釋是佛洛伊德式的解釋，從而對他最初時將鏡子作為第二個自我的解釋提出了質疑。他所修訂的內容主要是：分析是一種過程，該過程「重建」和「修復」自戀的「意象」，而這種自戀的意象的成功則是透過對分析者個人的「想像」秩序的一種移置來完成的。在拉岡看來，佛洛伊德透過理想自我和自我之間關係所建立的東西，就是想像認定，也就是說，「鏡像階段」所說明的是，如果兒童自喜於在作為其想像物的鏡子裡預感到了自制力和他所不具備的儀表及身材，那是因為理想自我即另一個自我是自我形成的動因。根據這種認定，兒童具有把自己再現為身體形象的能力。因此，佛洛伊德說：「自我是起因於肉體的自我，它不僅是一種表面存在，而且它自己也是一種表面的投影。」[593]換句話說，從視覺角度來看，由於形象從來是不確定的，如果形象停留在理想自我到自我的想像平面上，那麼，這樣出現的意義就是一種抽象符號；其病理學的解釋告訴人們，為其帶來一種規則和某種核心的另一種維度，就具體地重疊在這種關係之上：象徵維度即自我的理想。

　　那麼，拉岡是如何將象徵與潛意識結合在一起的呢？他的做法是從形式上區分兩類關係，第一類是屬於想像領域的，即兩個自我（理想的自我與自我）之間的關係；第二種關係是兩個主體（被分析的對象與他者）之間的象徵性關係。兩類關係的對應性如下：

---

[593] Jacques Lacan, *Le moi et le ça*, Payot, 1981, P. 22.

想像關係	象徵關係
- 偏執狂認識，空間化過程	- 在象徵中辨認和歷史化過程
- 已知的他者的視覺化過程	- 他者，在對於已知之辨識的言語中的主觀化過程
- 格式塔心理學確定的意指	- 能指的字母確定主體
- 他者的破壞	- 借助於約定而共存
- 愛、仇恨和物質作為自我的激情	- 主體的欲望作為他者的欲望
- 生活衝動和快樂—不快樂的原理	- 在死亡衝動和快樂—不快樂的原理之外

不過，這兩種途徑是相互排斥的：「欲望本身為了在人身上得到滿足，而要求在象徵或想像中被言語活動的贊同或魅力之間的爭鬥所承認。」[594] 而分析則在於選擇第二條途徑，即象徵。拉岡使用下列圖示對想像與象徵之間的區分作了說明：

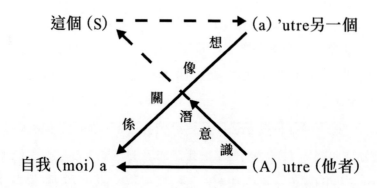

---

[594] Jacques Lacan, *Le moi et le ça*, Payot, 1981, p. 279.

　　圖中，S 就是主體，理想的自我就是另一個，另一個是主體自我形成的動因，而他者則是另一個在自我產生意義的過程中出現的自我的理想。與 a-a' 之間的想像關係相對立的是作為潛意識（S-A）的象徵關係。那麼，這種象徵關係是否屬於言語與言語活動的範疇呢？拉岡的回答是肯定的。但是，它屬於言語活動解釋的另一個平面。他在說明上述圖示的時候告訴我們：圖「裡面有鏡像平面，有自我和與其相似之物的對稱世界。必須區分出我們稱之為言語活動之牆壁的另一個平面」[595]。他接著說：「正是從言語活動之牆壁所確定的秩序出發，想像採取了其虛假的現實，其實它也是一種被驗證的真實。我們所理解的自我、另一個（即相似之物），所有這些想像都是對象……因為它們都是在一種組織良好的系統裡被命名的，這種系統就是言語活動之牆壁系統。」[596] 他在另一處還寫道：「每當我說出一種言語時，我們針對的正是主體，但是，我達到的卻總是 a'、a"……我始終針對真正的主體，然而我卻要滿足於那些影子。主體脫離他者（Autre），真理，被言語活動之牆壁所分離。」[597] 為了找出言語活動的這另一個平面，即發現被言語活動所分離的真理，拉岡發明了「充實言語」（parole pleine）這一概念，這便是精神分析家的言語，這種言語將穿越言語活動的牆壁而進入對象徵的發現之中，其「解決辦法就是要從另一側即他者（我們以 Autre 來表示）一側來尋找，我們以這個名稱來為象徵的結構指定一個根本的位置……正是從他者的位置開始，分析家才可以接受移置的授權，使其可以在主體的潛意識之中發揮其合理的作用」[598]。「精神分析學家參與潛意識的概念，因為他們構成了這種概念的靈巧性。

---

[595] Jacques Lacan, *Séminaires*, 11, Seuil, p. 284.
[596] Jacques Lacan, *Séminaires*, 11, Seuil, p. 284
[597] Jacques Lacan, *Séminaires*, 11, Seuil, p. 286.
[598] Jacques Lacan, *Écrits*, Seuil, 1966, p. 454.

今後，我們在這一概念所陳述的論題中無法不包含我們對於潛意識的話語，因為我們的話語正是潛意識的出現為了使自己位於他者之處而在任何話語及其陳述活動中所尋找的話語。分析家作為有意支持這種出現的主體本身，在這種假設中應該同時獲得資訊和『被牽連』：也就是說，他要感覺到自己必須服從於對能指的再加工。」[599] 那麼，如何建構分析家的這種話語呢？那就要在主體的言語活動中去尋找材料。

拉岡要我們注意主體話語中的兩種現象：一是主體話語中能指的異化（alienation），「在對象領域，只有能指的關係是能設想為可以產生異化的」。異化就是「一個能指代替另外一個能指來再現一個主體。這便是構成潛意識的所有成分的結構、夢幻、口誤和俏皮話。而且，這也是可以解釋主體之分裂的結構」[600]。顯然，拉岡在這裡將佛洛伊德精神分析學上的「縮聚」（condensation）現象與言語活動中的「隱喻」（métaphore）連繫在一起。二是主體話語中的「分離」（separation）現象，它是透過「對象的分裂」得以建立的過程，「由這第二種過程可以辯證地加以改變的邏輯形式，在象徵邏輯上叫作連言（intersection）……在此，這種功能借助於在缺失之上取用缺失的一個部分的方式來獲得變化，主體則以此在他者的欲望之中重新找到與其作為潛意識之主體相等的等同物」，這是一種類似於「從一個動詞的意義向另一個意義滑動」的過程，「分離（séparer）即避開（se parer）：為了避開主體必須服從的能指，他便攻取語言鏈，我們已經將這種語言鏈在其間隔點處壓縮為恰到好處的一種二項對立關係。作為能指鏈的最為徹底的結構，這種重複的間隔是作為欲望載體的換喻經常出現的場所」[601]。顯然，拉岡在此將精神分析學上的「移置」與言語活動

[599] Jacques Lacan, *Écrits*, Seuil, 1966, p. 834.
[600] Jacques Lacan, *Écrits*, Seuil, 1966, p. 840.
[601] Jacques Lacan, *Écrits*, Seuil, 1966, pp. 842-845.

中的「換喻」相連繫。而「隱喻」和「換喻」則分別屬於語言學上「聚合關係」（共時性）和「組合關係」（歷時性），這樣，難以確定的潛意識則根據結構語言學的原理去理解與解釋。而且，我們看到，在這種解釋中，拉岡全然不顧佛洛伊德學說中的「性」決定論。

在此，我們必須就拉岡有關「另一個」（autre）和「他者」（Autre）的區分進一步做些介紹，而後者正是拉岡思想的重要概念。要知道，關於「另一個」的提法是佛洛伊德的創造，他最早在《精神分析學初步》一書中就使用了這個術語。他說：「我們假設，提供感知的對象是一種類似物，也就是說是另一個……正是在與另一個的關係中，人學習認識事物……另一個的情結被分為兩部分，一部分表現為某種固定的結構，而且在其自身聚集，這如同事物，而另一部分則透過某種記憶成果被理解，換句話說，被人簡化為對於身體自身的一種運動的預報。」[602] 這裡，佛洛伊德的「另一個」是指主體之外的某種相似之物（semblable）。但是，拉岡注意到這裡還存在著明顯的層次，還需要區別一些互不相等的語域（registre）。顯然，在構築自我時，兒童是在對於一切均不了解的情況下借助於與另一個的形象的同化機制來進行的：這是一種想像的同化，它作為攻擊性和愛情的起因說明的是相異性（altérité）以某種方法被抹掉的另一個的某種維度，因為相對比的人與人之間傾向於越來越相像。

可是，與這種初步的相異性的維度相對立的，還有另外一種維度，那就是一種不消失的相異性，是一個不相像的「他者」（Autre），拉岡用一個大寫的 A 使之區別於相象的「另一個」（autre）。以這種書寫方式所要指出的是，在自我的表象之外，在相像的、鏡像的同化之外，主體被完全先於他和外在於他的一種秩序所制約，即便在他打算控制這種秩序的時

---

[602] Jacques Lacan, *Petit abrégé de psychanalyse*, 1924, pp. 415-416.

候，他也依賴於這種秩序，而這種秩序就是一種場所（lieu），它是欲望的場所、潛意識的場所，即象徵的場所。在有關「焦慮」（angoisse）的第10次講習班中，拉岡介紹了主體不僅與對於「他者」的占有之間的關係，而且介紹了與「他者」的要求和這種要求所包含的欲望之間的關係，認為焦慮是可以直接接觸「他者」這種維度的問題之一。那麼，「他者」的本質是什麼呢？拉岡認為，對於主體來說，構成他所參照的另外的秩序，構成尤其是支配我們的法則的能指的東西，就是言語活動，這樣一來，「他者」最終就與言語活動的秩序（我們應該將其理解為索緒爾理論中的「語言」）結合在了一起。正是在言語活動的「他者」之中，主體透過某種總是需要重新進行的探索去尋求自己的定位，因為沒有任何一個能指可以同時足以確認他。實際上，這裡的「他者」已經變成了社會性的東西，它是社會規範、社會文化的展現。連繫到佛洛伊德賴以建立精神分析學說的伊底帕斯情結，拉岡指出，「他者」在其中就是展現了社會體制和倫理觀念的父親的名字。

　　拉岡的體系中還有兩個重要的層面需要介紹，那就是他提出的「對象 a」和「博羅梅結」。提出對象 a，可以說是拉岡個人對於精神分析基本理論的貢獻。他是在 1966 年開辦有關「幻覺邏輯」（La logique du fantasme）的講習班上最早提出這一概念的。他後來說：「對象 a 是我的設計、是我的建構。」（1972）拉岡的對象 a，就是一種引起欲望的對象。在佛洛伊德的理論中，對象首先是某種缺失的對象，而精神分析學正是與這種缺失的對象有關係。每當主體在其周圍看到一種似乎可以與其欲望相應的對象時，他都會尋求借助於這個對象來使自己滿足，但最終他又發現，這種對象並非就是他所尋找的對象。因此，對象 a 是一種想像對象，它由周圍世界在某一時刻喚起欲望感的對象來構成，同時它又是真正缺失的對象。

對象 a 是「真實的」，因為它是失去的、不可表象化的，在鏡像中是不會出現的。不過，拉岡認為，這種對象卻是可以在身體的局部上標記的，例如作為衝動對象的乳房和臀部就是這樣；除了這兩部分之外，拉岡還加上了嗓音與目光。這種對象與主體的分裂密切相關。它是主題藉以組織其言語活動和據以說話的那種缺失。因此，對象 a 很接近局部對象和過渡對象概念。這種對象是與「想像」和「象徵」密切關聯的。

博羅梅結（noeud borroméen，又稱三不互扣環），原指義大利 15 世紀米蘭博羅梅家族由三個交叉圓組成的徽章圖案。拉岡借用博羅梅結來指象徵、想像、真實三者之間的關係，以及這三者以對象 a 為中心建立的與身體、意義、陰莖享樂、他者享樂之間的關係。這種結可以使我們更為直觀地掌握拉岡的整個體系。三個圓呈等邊三角形交叉在一起，上面的圓代表想像，左側的圓代表真實，右邊的圓代表象徵。代表象徵的圓被視同為身體。在代表真實的圓與代表象徵的圓的交叉處是陰莖享樂。在代表想像的圓與代表象徵的圓之間是意義之所在。對象 a 位於三個圓的交叉中心。而代表想像的圓與代表真實的圓之間，則是他者的享樂。

綜上所述，拉岡除了早期進行的對於精神分析學本身的研究之外，還用結構語言學的理論來重新評述佛洛伊德的學說，使潛意識概念達到可以具體分析的程度，並使之擺脫「泛性」的局限從而擴大到社會文化結構，這本身就不僅僅是對於這種學說的評述，而是對於它的發展。他有關「想像」、「象徵」、「他者」、「對象 a」的界定和論述，更成為我們理解精神分析學的本質和深化我們對於審美創作認知的有力工具。拉岡對於其後諸如巴特等學者產生巨大的影響，是不足為怪的。

第三節　羅蘭·巴特

羅蘭·巴特（Roland Barthes, 1915-1980），1915 年 11 月 12 日出生於法國西南部巴約納（Bayonne）市附近的瑟堡鎮（Cherbourg），1980 年 2 月 25 日遭遇到一次意外的車禍，同年 3 月 26 日去世。他在世時出版著述 15 部，去世後又由出版社編輯出版了 5 部，其由門檻出版社最後編輯並分別於 1993 年、1994 年和 1995 年出版的 3 卷本《巴特全集》（*Œuvres complètes*），總計達 4,700 多頁。在他從事寫作的 30 多年時間裡，他將自己的大部分精力都用在了結構主義的研究和實踐方面，成了這一新的方法論的先驅者之一，他以結構主義方法為基礎建立的「符號學」思想至今成為在「sémiologie」名下進行符號學探索的典範。

關於巴特的寫作編年史，他自己在《巴特自述》（*Roland Barthes par Roland Barthes*）一書中做過一個總結，他把自己的寫作歷程劃分為四個階段：（1）在馬克思、沙特和布萊希特影響下進行「社會神話」寫作時期；（2）在索緒爾影響下進行「符號學」寫作時期；（3）在索萊爾斯（Philippe Sollers, 1936-2023）、克利斯蒂娃（Julia Kristeva, 1941-）、德希達和拉岡影響下進行「本文性」寫作時期；（4）在尼采影響下進行「道德觀」寫作時期。根據巴特的研究歷程和其代表性作品發表的時間，我們似乎可以粗略地把第一個階段框定在 1950 年至 1957 年之間，第二個階段在 1958 年至 1967 年之間，第三個階段在 1968 年至 1972 年之間，第四個階段在 1972 年以後。巴特隨後還對上述劃分作了說明，「顯然，在這些時期中，有一些部分重疊、回返、親合、延存；通常說來，是（在雜誌上發表的）文章在確保這種連接作用」[603]。我們下面分別介紹巴特在不同寫作時期的結構主義美學思想。

---

[603] Roland Barthes, *Roland Barthes par Roland Barthes*, Paris: Seuil, 1975, p. 148.

一、「社會神話」寫作時期

巴特在「社會神話」寫作時期的結構主義思想，主要展現在 1953 年出版的《寫作的零度》（*Le Degré zéro de l'écriture*）和 1957 年的《神話學》（*Mythologies*）兩書中。

根據其好友格雷馬斯的回憶，巴特接觸索緒爾的結構主義語言學理論，是在第二次世界大戰之後他被從羅馬尼亞趕出而流亡埃及亞歷山大城期間的 1950 年。在格雷馬斯的建議下，巴特開始閱讀《普通語言學教程》（*Cours de linguistique générale*），並於同年 11 月到 12 月發表了多篇與這種語言學理論影響有關的文章，隨後於 1953 年出版了《寫作的零度》這本論文集。

《寫作的零度》是一本包含十篇文章的小書，這十篇文章都是關於寫作的，它是巴特的第一個論文集。這本書在初版之後曾經以其新穎的觀點而引起評論界的關注，但隨後受到忽視。不過，當人們回過頭來研究巴特思想的形成過程時驚異地發現，他的結構主義思想在這本小書中已經得到了一定的展現。著名符號學家茱莉亞·克利斯蒂娃 1982 年這樣說過：在這本書中，「一種新批評的所有技巧和賭注均被顯示，後來的時間只不過是對其加以確定」。

語言與寫作的關係，是書中開篇就討論的問題。作者告訴我們：「語言是規範與習慣的集合體，是同一時代作家所共通的。這就意味著，語言如同一種自然屬性，它完全貫穿於作家的言語活動之中，而不賦予言語任何形式，甚至也不會孕育言語……它獨立於文學而存在；從定義上講，它是一種社會現象……因為貫穿語言的，是整個歷史，是以自然方式存在的完整而統一的歷史。」[604] 顯然，這是結合文學現象對於索緒爾有關

---

[604] Roland Barthes, *Communication*, No. 36, Seuil, 1982, p. 117.

語言的社會性本質所作的進一步闡述。他接著論述道：「語言是存在於文學之中」的，在「語言與風格之間，就為另一種有形的現實留下了一席之地：寫作。不論何種文學形式，總有情調、氣質的一般選擇，而作家正是在此明確地表現出個性，因為正是在此他介入進來」[605]。索緒爾結構語言學的重要理論基礎之一，就是將「言語活動」（langage）劃分為「語言」（langue）與「言語」（parole）。根據這種認為「語言」是一套詞彙和規則、「言語」是個人對於這一套詞彙和規則的應用的結構主義語言學觀點，巴特的上述論述已經告訴我們：「寫作」就是「言語」。在《寫作的零度》中經常被人們提到的重要內容，是他比照語言與言語的劃分而將文學的社會維度與作家的個人「風格」（個人維度）相對立論述的做法，這也是他初期結構主義思想的展現。在書中，他從不同的角度論證了寫作與歷史、寫作與社會的關係：「寫作是一種具有歷史連帶性的行為……寫作是一種功能：它是創作與社會之間的連繫，它是因其社會目的而得以改造的文學性的言語活動，它是因其具有的人的意志而被理解並因此與歷史的重大轉折密不可分的形式。」[606] 他還認為，使巴爾札克與福樓拜的寫作產生區別的，是兩種經濟結構發生交替從而在其接合過程中引起精神與意識形態決定性變化的時刻出現的某種「基本斷裂」。巴特對於資產階級寫作的鞭撻尤為痛切，認為「資產階級的寫作於 17 世紀出現在直接靠近政權的團體之中……這種寫作首先是伴隨著政治上初勝時期所慣有的犬儒主義而作為人數不多但享有特權的一個階級的語言來出現的」，並最終認為，寫作「是建立在社會言語基礎上的文學言語活動」[607]。需要指出的是，他並沒有直接論述社會與作家個人「風格」的關係，論述的只是社會與寫

---

[605]　Roland Barthes, *Le degré zéro de l'écriture*, Seuil, 1953 et 1972, p. 11.

[606]　Roland Barthes, *Le degré zéro de l'écriture*, Seuil, 1953 et 1972, p. 12.

[607]　Roland Barthes, *Le degré zéro de l'écriture*, Seuil, 1953 et 1972, p. 13.

作的關係。但由於他對「風格」的確定出自這樣的論述：「某些意象、某些敘述方式和詞彙都出自作家本身及作家的過去，逐漸地形成其藝術的規律性的東西」[608]，所以，不難推論，「風格」是與作家的「寫作」結合在一起的——儘管巴特自己不這麼提。這正是「語言」與「言語」之分的結構觀點在文學研究上的進一步應用。

　　至此，我們似乎應該介紹一下作者對於寫作的「零度」的論述，因為有關「零度」的寫作一直是他的美學思考之一。寫作的「零度」思想的雛形，是他 1944 年發表在《存在》（Existences）雜誌（1944 年 7 月，總第 33 期）上的〈關於《局外人》的風格的思考〉（Réflexion sur le style de L'Étranger）一文，他在文中說加謬這部小說「是一種中性的實體」，「成功地表現出某種古怪的風格，古典主義手法在這種風格中被經常重複地使用。結果便是，這本書沒有了風格，然而它卻寫得很好」[609]。《局外人》中「出現了一種新的風格，即沉默的風格，在這種風格中，藝術家的聲音（也遠離哀嘆、遠離誹謗、遠離讚美）是一種白色的聲音，這是唯一與我們的無法治癒的苦惱相協調的聲音」[610]。這種論述在論文集《寫作的零度》中〈寫作與沉默〉（L'écriture et le silence）一文中得到了進一步闡述：「在文學言語活動的這種擺脫性努力之中，還有一種解決辦法：創立一種白色寫作，這種寫作排除了任何一種對於言語活動的有標記秩序的強迫性服從。……相較之下，零度的寫作實際上是一種直陳式寫作。」[611] 概括說來，巴特發現不無讚賞的「零度」寫作，是一種很少有作家個人「介入」的寫作，也就是說在「語言」與「言語」的劃分之中，在「言語」一側更

[608] Roland Barthes, *Le degré zéro de l'écriture*, Seuil, 1953 et 1972, pp. 14-15.
[609] Roland Barthes, *Œuvres complètes*, Tome 1, Paris: Seuil, 1993, p. 60.
[610] Roland Barthes, *Œuvres complètes*, Tome 1, Paris: Seuil, 1993, p. 63.
[611] Roland Barthes, *Le degré zéro de l'écriture*, Seuil, 1953 et 1972, p. 56.

多地去掉屬於作者個人「風格」的部分。所以，他的「零度」審美是可以在其結構主義的思想方面得到解釋的。

《神話學》是對巴特 1954 年至 1957 年間在報刊上每月一篇發表的文章的彙編，也是作者嘗試將索緒爾提出的「符號學」思想用於社會分析的第一部論文集。除了書後有一篇是談論文學符號學的〈今日神話〉（*Le mythe aujourd'hui*）外，其餘篇目都是結合當時的社會現實所寫的隨筆。其目的是透過這些隨筆揭示大眾文化，因為在他看來，這種文化代表了資產階級的某種衰退，並在一系列「相似性」基礎上奠定了其表現形式。在這些隨筆中，巴特將這種文化的各種表現形式看作是「符號」，進而挖掘其依附於一定文化系統的「所指」意義，即「內涵」系統。巴特 1970 年為《神話學》所寫的「補序」中說道：「我確信，在把『集體表現』按照符號系統處理的時候，我們有希望擺脫那種好心的披露，而詳細地闡述那種將小資產階級的文化轉換成普遍的本質的神話活動。」[612]《神話學》最後實現了這一願望。他後來總結說：「對索緒爾的參照導致了一種特殊的結構主義，或者如果我們更願意這樣認定的話，導致了一種更為負責的結構主義……對於索緒爾的求助要求我們決心不把意指系統局限於能指，而是要包含對於所指的研究。」[613] 因此，在《神話學》中，「蘭開夏式的摔跤」的作用就不是爭個輸贏而已，而「在於成為一種過分的表演」，其「每一個符號都具有某種完整明確性」，「運動員在其自身的基本意指之外，還具有某種次級的但總是很恰當的解釋作用，他們透過動作、姿態和最大限度地表明其意願的模仿表演幫助對戰鬥的理解」[614]；「電影中的羅馬」、

---

[612] Roland Barthes, *Mythologies*, Seuil, 1957, p. 7.

[613] Roland Barthes, "*Réponse à une enquête sur le structuralisme*", in: Œuvres complètes, Tome 1, Paris: Seuil, 1993, p. 1533.

[614] Roland Barthes, *Mythologies*, Seuil, 1957, p. 16.

「百姓因凱撒和馬克・安東尼後來的理由而傷心，但他們流汗，他們以這種符號很經濟地把他們激動的情緒和其條件的粗野特徵結合了起來」[615]；葡萄酒也「是社會化的」，因為它「建立了某種道德觀」[616]；而且「吃帶血的牛排同時代表著一種本性和道德觀」[617] 等等。至於書中的第二部分〈今日神話〉，更是對「所指」即「內涵」系統的研究。文章一開頭就告訴我們：「神話是一種言語」，又說「神話是一種符號系統」「是一種意指方式，是一種形式」[618]，在此，巴特為文學的符號學研究進行了初步探討。

二、「符號學」寫作時期

1958 年至 1967 年是巴特寫作的第二個階段。這一階段正是法國結構主義盛行的時期，他的結構主義思想在這時成熟了。但按照他自己的劃分，這一時期是他在索緒爾影響下進行「符號學」寫作的時期。可見，在巴特的思想中，「符號學」概念與「結構主義」概念是一致的，他所進行的「符號學」研究始終是一種「共時的結構主義」[619]。在這個時期，他寫了大量文章並出版了五部著述：《論拉辛》（*Sur Racine*）、《批評隨筆》（*Essais critiques*）、《符號學基礎》（*Eléments de sémiologie*）、《批評與真理》（*Critique et vérité*）和《服飾系統》（*Système de la mode*）。這些文章和著述闡明了他的結構主義思想，並確立了他作為結構主義大師的地位。

《論拉辛》被認為是巴特「為研究言語活動的結構主義並從中發現作者的心理共鳴而在文學批評方面進行的第一個探索例證」[620]。他自己也

---

[615] Roland Barthes, *Mythologies*, Seuil, 1957, p. 29.
[616] Roland Barthes, *Mythologies*, Seuil, 1957, p. 76.
[617] Roland Barthes, *Mythologies*, Seuil, 1957, p. 78.
[618] Roland Barthes, *Mythologies*, Seuil, 1957, p. 139.
[619] Roland Barthes, "*Réponse à une enquête sur le structuralisme*", in: Œuvres complètes, Tome 1, Paris: Seuil, 1993, p. 1534.
[620] Anne Clancier, *Psychanalyse et critique littéraire*, Edouard Privat Editions, 1973, p. 169.

說：「我用我們時代的語言來評價拉辛，同時在文化意義上使用結構和精神分析的方法。」[621] 這部書共包括三方面內容：「拉辛式的人」、「說說拉辛」、「歷史或文學」。巴特的結構主義思想主要展現在第一部分和第三部分中。在這部書中，作者盡力探討的「是某種拉辛式的人類學，這種人類學既是結構的，又是分析的：說其在內容上是結構的，是因為悲劇在此被處理成一種單位系統（各種『外在形象』）和功能」[622]。於是，拉辛劇中的臥室、游牧人口、兩種色情、情緒的混亂、色情「場面」、明暗程度、基本關係等，都成了巴特的分析單位。在此，我們看到了拉岡結構精神分析學理論的影響：巴特認為拉辛劇中真實和潛在地出現的「父親」就是「他者」（Autre），甚至父子相殘而流的「血」也是父親的替代物。他對於拉辛悲劇的分析招致了以雷蒙・皮卡德（Raymond Picard, 1917-1975）為代表的學院派的反對。皮卡爾發表了〈新批評還是新騙局？〉（*Nouvelle critique ou nouvelle imposture*），矛頭直指當時在不同領域以進行結構主義研究為主，冠以「新批評」的「精神分析學批評」、「結構主義批評」和「社會學批評」。為了捍衛新批評，巴特於 1966 年發表了《批評與真理》，全面地論述了文學批評研究需要進行新探索的必要性，指出：「試圖建立文學作品的結構，這是一項重要的事業……文學的特徵只能在某種有關符號的總體理論中才能得到確定。」[623]

巴特對自己的第二個寫作階段還有另一種稱謂，即「科學階段，或至少是科學性的階段」[624]。這主要是針對他完成的《符號學基礎》和《服飾

[621] Roland Barthes, "*Au nom de la 'nouvelle critique' Roland Barthes répond à Raymond Picard*", Œuvres complètes, Tome 1, Paris: Seuil, 1993, p. 1564.
[622] Roland Barthes, "*Au nom de la 'nouvelle critique' Roland Barthes répond à Raymond Picard*", Paris: Seuil, 1993, p. 985.
[623] Roland Barthes, *Œuvres complètes*, Tome 2, Paris: Seuil, 1994, pp. 17-51.
[624] Roland Barthes, *L'Aventure sémiologique*, Seuil, 1985, p. 11.

系統》兩書來說的。前者是在符號學層面上對索緒爾結構語言學基本概念的進一步闡述,「旨在從語言學中分離出一些分析性概念,人們先驗地認為這些概念對於進行符號學研究是帶有足夠的普遍意義的」[625],並在「結論」中明確指出,「符號學研究的目的,是依據任何結構主義活動本身的設想,即建構被觀察的對象的類比事物的設想,來重新建立語言之外的意指系統的運作機制」[626]。儘管作者在接受採訪時說這本書「最多是一種臨時的術語彙編,目的在於宣傳一種正在進行談論的研究計畫」[627],但它出版後對於法國學術界在「sémiologie」名下進行的符號學研究形成典範,甚至影響到了義大利的符號學研究。《服飾系統》是結合服飾的描述語言這一特定對象,具體運用了符號學的分析方法。作者寫作這本書前後用了七年的時間,大體經歷了三個過程:最初,他曾想對於真實的服裝進行結構主義研究,因無法達到理想的目的而中輟,後來他轉向在時裝書刊所描述的服裝,最後他發現,他應該根據系統本身的物質性(製作技術、攝影形象和描述詞語)來使分析脫離系統,於是,他從真實的服飾過渡到了被描述的服飾。需要指出的一點是,作者在寫作這本書之前、期間和之後曾經發表過十幾篇論述服飾的文章,足見他對這一對象鍾情之深。在書出版後,接受採訪時,他談到了他對服飾的傾心:「服飾是一種傳播對象,就像事物、舉動、行為、會話,我一直對這些有著很深的興趣並予以過問,因為它們一方面具有日常存在性,並且在我看來代表著在某種直接的層面上對自我的認識的可能性……另一方面,它們允許借助於一些形式手

---

[625]　Roland Barthes, *L'Aventure sémiologique*, Paris: Seuil, 1985, p. 19.

[626]　Roland Barthes, *L'Aventure sémiologique*, Paris: Seuil, 1985, p. 80.

[627]　Roland Barthes, *"Entretien sur le structuralisme"*, in: Œuvres complètes, Tome 2: 1966-1973, Paris: Seuil, 1994, p. 117.

段來進行系統分析。」[628]

這本書一開始就依據結構主義語言學的「語言」與「言語」之劃分，也將服飾劃分為服飾體制（語言）和個別服飾（言語），並在服飾體制層面上對服飾的歷史提出自己的看法。接著，作者論述了服飾的「能指」與「所指」及其「意指」。顯然，這也沒有脫離結構主義的主旨。值得注意的是，這本書中專門有一章介紹了服飾「詩學」，指出，這種「詩學」是「由物質與語言的結合一起來決定的」，「一旦我們從實際功能轉向展示，甚至當這種展示偽裝在功能的表象之下時，就會存在詩學的變化。總之，每一種非及物的（非生產型的）描述都具有某種詩學的可能性，即使這一詩學依據審美價值來說並不完整」[629]。巴特的分析告訴我們，他這項研究工作所討論的既不是服飾，也不是語言，而是從服飾實體到語言描述的一種「轉譯」（traduction）。這種做法為在其之後得到開展的繪畫描述語言的符號學分析樹立了榜樣。在此，我們還必須提到他對索緒爾的「語言學是符號學的分支」的論斷大膽地提出了反論，他說：「倘若服飾不借助於描述它、評價它並賦予它豐富的能指和所指來建立一個意義系統的話，它還能有意指嗎？人注定要依賴分節語言，不論採用什麼樣的符號學都不能忽視這一點，或許，我們應該把索緒爾的體系顛倒一下，宣布符號學是語言學的一部分」[630]。

除了這些書籍之外，巴特還撰寫了大量零散文章和訪談錄，進一步完善了其結構主義理論和方法。在這一方面，他 1963 年發表的〈結構主義

---

[628] Roland Barthes, *"Sur le 'système de la mode' et l'analyse structurale des récits"*, in: Œuvres complètes, Tome 2: 1966-1973, Paris: Seuil, 1994, p. 453.

[629] Roland Barthes, *"système de la mode"*, in: Œuvres complètes, Tome 2: 1966-1973, Paris: Seuil, 1994, p. 325.

[630] Roland Barthes, *"système de la mode"*, in: Œuvres complètes, Tome 2: 1966-1973, Paris: Seuil, 1994, p. 132.

活動〉[631]（*L'activité structuraliste*）和 1966 年發表的〈敘事文的結構分析導論〉（*Introduction à l'analyse structurale des récits*）[632] 是應該認真研究的文章。在〈結構主義活動〉一文中，作者告訴我們，「結構」已經是一個被廣泛使用的概念，但結構主義與一般的結構探討不同，今天，「為了探討結構主義與其他思維方式的不同，大概必須追溯到像能指－所指和共時性－歷時性這些成對的概念」，「請您注意誰在運用能指與所指、共時性與歷時性，您就會知道結構主義的看法是否已經形成了」。這是巴特總結出的結構主義研究的「特徵」；他還認為，結構主義不是一種運動、一種學派，它主要是一種「活動」，即「一定數量的精神過程的有調節的接續過程」；其目的是重建一種「對象」，以便在重建之中表現這種對象發揮作用的規律，因此，「結構實際上就是對象的幻象，而且是有指向和連繫的幻象」；分析的過程就是「結構的人抓住現實、分解現實，然後又重新組合現實」，而在結構主義活動的這種分解和重組之間出現的「幻象」就是「補加到對象上的理解力」，所以，結構主義活動是使對象變得可以理解的活動；而結構主義活動的典型操作過程，便是「分割與排列。把提供給幻象活動的第一個對象加以分割，就是在其本身找出一些活動的片斷，正是這些片斷有差異的情境在產生某種意義；片斷本身沒有意義，但是片斷外形的哪怕是最小的變化都會引起總體的變化」，「單元提出之後，結構的人應該發現或確定它們的搭配規則：這是繼賦予其名稱之後的排列活動」。這是巴特對當時開始盛行的結構主義分析方法和自己實踐的概括。這些論述在〈敘事文的結構分析導論〉中更為深入和具體。該文在建立敘事文的符號學努力方面又邁進了一步，我們從中明顯地看到了俄羅斯形式主義理

---

[631]　Roland Barthes, *Essais critiques*, Seuil, 1964, pp. 221-228.
[632]　Roland Barthes, *Essais critiques*, Seuil, 1964, pp. 167-206.

論家普洛普和法國人類學家李維史陀的影響。他自己也說：「俄國形式主義學者普羅普，還有李維史陀，教會了我們進行下面兩種推理：要麼，敘事文是一種普通的事件結合，如是，我們只能在信賴敘述者（作者）的藝術、才能和天才即各種偶然的神祕形式的情況下，才能談論敘事文；要麼，一種敘事文與其他敘事文共同擁有可以用於分析的某種結構，儘管需要一定耐心才可以陳述出這種結構，因為在最複雜的偶發之作與最簡單的組合作品之間有著一條鴻溝，而在不參照某種暗含的單位和規則系統的情況下，誰都不可能組合（生產）一篇敘事文」[633]。這時的巴特把揭示這種系統即尋找這種結構作為自己的使命。他認為，結構語言學可以為敘事文的結構分析提供決定性的概念和方法，為此，敘事文分析應該跳出傳統語言學的最大分析單位 —— 句子，而將句子看成是話語的最小組成要素。於是，他提出要分析敘事文的不同方面：功能、行為、敘述活動和敘事文的系統。在他的論述中，我們到處可以看到李維史陀、普羅普、托多羅夫等人的影響。這篇文章似乎可以看作是巴特對自己的結構主義思考在敘事文分析方面的總結，但同時也似乎是給自己此前的思考畫上了一個句號。因為從此之後，他的研究出現了重大的轉向。

三、「文本」研究階段及其他

從 1968 年開始，巴特逐步轉向了他的「本文」研究階段，即他在索萊爾斯、克利斯蒂娃、德希達和拉岡影響下進行寫作的第三個時期。他在這個時期的代表作是《S/Z》（*S/Z*）、《符號帝國》（*L'Empire des signes*）和《薩德、傅立葉、羅耀拉》（*Sade, Fourier, Loyola*）。其中，《S/Z》無疑是其這個階段最具代表性的作品。

---

[633] Roland Barthes, *Essais critiques*, Seuil, 1964, pp. 168.

　　《S/Z》是作者從 1968 年 2 月至 1969 年年底在法蘭西公學（Collège de France）講習班上的授課內容結集，是對巴爾札克一部中篇小說《薩拉辛》（*Sarrasine*）進行新的分析的嘗試。作者在 1968 年 7 月底的一次接受採訪時，告訴了我們他進行這種新嘗試的起因，他說，在他完成了《符號學基礎》和《服飾系統》的寫作之後，「事情再一次出現了變化，這更多的是由於克利斯蒂娃研究的影響，還由於她使我們了解了巴赫金的觀點，也還要算上德希達、索萊爾斯的某些表達方式的影響，他們都幫助了我修正某些觀念」[634]。他在為這次講習班所寫的授課報告中簡單介紹了這種嘗試的思路：「我們認為有必要從對敘述的宏觀結構的描述過渡到對一部作品的完美審視，以便標記所有單位和它們的編碼，並以此闡述微觀結構」[635]，而在講習班結束時寫的報告中，我們看到了他對這種方法的總結：「這是對巴爾札克的本文的每個片斷所具有的各種同時性意義進行的一種細緻的、漸次的、沿著本文移動的、簿記式的、評述性的、需要時可以離題的分析。」[636] 我們在書中看到，作者將《薩拉辛》的本文劃分成 561 個意義語彙（單位），然後逐次分析每一個語彙的編碼和其可能的多方面意義。開頭部分用了十幾節的內容介紹這種新的分析嘗試的理論依據。我們在第一節「估價」中看到了巴特對於他以前進行的結構分析的反思，他把以前的結構分析比喻成「佛教徒苦心修行，最終能在一粒蠶豆中看到整幅景致」的做法，「我們從每一個故事中找出它的模式，然後再依據這些模式找出一種大的敘述結構，此後，我們便可把這種結構用於（為

---

[634] Roland Barthes, “*Structuralisme et sémiologie*”, in: Œuvres complètes, Tome 2: Paris: 1966-1973, Seuil, 1994, p. 523.

[635] Roland Barthes, “*Structuralisme et sémiologie*”, in: Œuvres complètes, Tome 2: Paris: 1966-1973, Seuil, 1994, p. 521.

[636] Roland Barthes, “*Structuralisme et sémiologie*”, in: Œuvres complètes, Tome 2: Paris: 1966-1973, Seuil, 1994, p. 549.

了驗證）任何一種敘事文：這一任務耗時費力⋯⋯最後成為不受歡迎的東西，因為本文在這裡失去了區別性」[637]。在第十一節中，我們了解到了他用來框定本文中所有內容的五種編碼：闡釋編碼、語義編碼、情節編碼、象徵編碼、文化編碼；在第十六節中，我們了解到他這樣做的美學主張：「美是無法解釋的」，它「只好由話語來論述每個細節的完美，並把『剩下的內容』歸於奠定任何美的編碼：藝術。⋯⋯美是自生的，它沒有任何先前的編碼，因此，它是緘默不語的。它拒絕任何直接的謂語；只有像同語反覆（一張完美的橢圓形的臉）或比喻式（美得像拉斐爾畫的聖母像，美得像寶石的夢等）那樣的謂語才是可能的；這樣一來，美便歸於無限的編碼」[638]。這就告訴我們，美存在於多義性的解釋之中。這顯然與他在第二個寫作階段追求的敘事文的宏觀結構美大相徑庭。從《S/Z》開始，巴特轉向了人們後來稱之的「後結構主義」或「解構主義」，或者，用巴特自己的術語來說，就是轉入了「多元性批評」。

巴特在同一時期發表了《符號帝國》和《薩德、傅立葉、羅耀拉》，前者是作者對於日本一些符號系統的精闢分析，認為「日本提供了符號循環得極為細膩和發展成熟的一種文明」[639]，後者不是從內容上而是從「能指」上論述了色情本文、社會本文和神意本文的寫作方式。

這裡還需要提到，巴特在進入其第四個寫作階段之後，應法國大百科全書出版社之約而寫的〈本文理論〉（*Théorie du texte*）一文。這就是作者所說的一篇跨越寫作階段的「重疊」性文章。在這篇文章中，巴特主張按照茱莉亞・克利斯蒂娃的「語義分析」（sémanalyse）來建立「本文理

---

[637] Roland Barthes, *S/Z*, Seuil, 1970, p. 9.
[638] Roland Barthes, *S/Z*, Seuil, 1970, p. 40.
[639] Roland Barthes, "*Sur S/Z et L' Empire des signes*", in: Œuvres complètes, Tome 2, Paris: Seuil, 1994, p. 1014.

論」。於是，克利斯蒂娃的「能指實踐」（pratique signifiante）、「能產性」（productivité）、「意指活動」（signifiance）、「現象本文」（phéno-texte）、「生成本文」（géno-texte）、「互文性」（inter-textualité）等概念，均在文中得到了進一步闡述，並指出過去的「結構主義」研究是停留在現象本文上的研究，而「語義分析」則「存在於言語活動與主體之中」。從此，「本文就不再意味著一種勞動的產品，而是本文的生產者與其讀者匯合在一起的一種生產活動場所：因此，本文在任何時刻和不論在哪一側，都『在從事工作』」。這裡，我們似乎可以說，被巴特在結構主義研究階段一度宣布「死亡」的「作者」即本文的「生產者」[640]，今後也將一定程度地得到「復活」。

　　巴特在受尼采影響而進行寫作的第四個階段，出版了《本文的快樂》（*Le Plaisir du Texte*）、《巴特自述》（*Roland Barthes par Roland Barthes*）、《戀人絮語》（*Fragments d'un discours amoureux*）等書和一系列文章。在這一階段，他放棄了分析方法的探討，而轉向了對「道德觀」的論述。這些書，除了被統一稱為「道德觀」的「內涵」外，在寫作方式上都是採用「片斷」方式寫作的。這種方式與他的結構主義美學探討已經基本沒有什麼關係，但它作為作者的一種審美探索和追求，也是很值得一提的。

　　關於採用的「片斷」書寫形式，巴特回憶說，一方面，他一直喜歡採用「片斷」的書寫方式，而對長文章越來越無法忍受。另一方面，他必須採用一種形式來化解幾乎要形成的「意義」。於是，他決定使他的書成為「以分散的整體」出現的書。顯然，這兩方面代表了巴特的寫作主張。首先，綜觀巴特的全部著述，他除了專題著述（《論拉辛》、《服飾系

---

[640] Roland Barthes, "*La mort de l'auteur*", in: Œuvres complètes, Tome 2: 1966-1973, Paris: Seuil, 1994, pp. 491-492.

統》、《S/Z》等）之外，其餘的書都是文章的彙編，而且即使那幾本專題著述，其內部結構也是零散的，有的甚至就是片斷式的。他說過，「對片斷的喜愛由來已久，而這在《巴特自述》中重新得到了利用。在我寫作專著和文章的時候（這一點我以前不曾發現），我注意到，我總是按照一種短的寫作方式來寫，即以片斷、小幅圖畫、冠以標題的段落，或以條目來寫的 —— 在我的生命中的一個階段，我甚至只寫短文，而沒有寫成本的書。這種對於短的形式的喜愛，現在正在系統化」[641]。其實，他的第一篇文章就是以片斷形式寫成的，「當時，這種選擇被認定是紀德式的，『因為更喜歡結構鬆散，而不喜歡走樣的秩序』，從此，他實際上沒有停止短篇的寫作」[642]。其次，巴特堅持反對「多格札」（doxa）即形成穩定意義的「主流意見」，也使他無法寫作長篇大論。他說：「一種多格札（主流意見）出現了，但是無法忍受；為了擺脫它，我假設一種反論；隨後，這種反論開始得以確立，它自己也變成了新的成型之物、新的多格札，而我又需要走向一種新的反論。」[643]。他之所以這樣做、不得不這樣做，是因為「價值的波動」引起的：「一方面，價值在控制、在決定……另一方面，任何對立關係都是可疑的，意義在於疲勞……價值（意義便與價值在一起）就是如此波動，沒有休止。」[644]為了達到這樣的目的，片斷寫作「可以打碎我所定名的成型觀念、論述和話語，因為這些東西都是人們按照對所說內容給予最終意義的想法來建構的 —— 這正是以往世紀中整個修辭學的規則。與所建話語的成型狀態相比，片斷是一種可喜的打亂即一種斷續，

---

[641] Roland Barthes, "*Vingt mots-clés pour Roland Barthes*", in: Œuvres complètes, Tome 3, Paris: Seuil, 1995, p. 318.

[642] Roland Barthes, "*Le cercle des fragments*", in: Roland Barthes par Roland Barthes, Paris: Seuil, 1975, p. 96.

[643] Roland Barthes, "*Doxa/paradoxa*", in: Roland Barthes par Roland Barthes, Paris: Seuil, 1975, p. 75.

[644] Roland Barthes, "*Oscillation de la valeur*", in: Roland Barthes par Roland Barthes, Paris: Seuil, 1975, p. 142.

它確立句子、形象和思想的一種粉化狀態，在這種狀態下，它們都不能最終地得以『完整確立』」[645]。

那麼，片斷寫作會產生什麼樣的審美效果呢？對此，巴特早已形成了自己的審美觀。他在《本文的快樂》一書中做過完整的總結：「閱讀的快樂顯然源自某些斷裂……文化及其破壞都不具色情特點；是它們之間的斷層變成了色情的」，「快樂所需要的，是一種出現損失的場所，是斷層，是中斷，是風蝕」，「人體最具色情之處，難道不就是衣飾微開的地方嗎？……間斷具有色情：在兩種對象（褲子與毛衣）之間、在兩個邊緣（半開的襯衣、手套和袖子）之間閃耀的皮膚的間斷具有色情；正是閃耀本身在誘惑，或進一步說，是一種顯現－消失的表現狀態在誘惑」[646]。這不正是片斷寫作可以帶來的效果嗎？

巴特已離世多年。他的一生是探索的一生，他的探索反映了那個時代人們的認知發展。他善於進取，善於修正自己，也為後人樹立了嚴謹治學的榜樣。他的探索是留給人類的一大筆財富。

第四節　路易‧阿圖塞

路易‧阿圖塞（Louis Althusser, 1918-1990）於 1918 年 10 月 16 日出生於阿爾及爾（法屬殖民地）近郊的比曼德利（Birmandreis）小鎮。自 1924 年開始，他先後在阿爾及爾、馬賽和里昂等地讀完小學和中學，1939 年考入巴黎高師。然而，無情的戰火摧毀了他的宗教和哲學夢，五年的囚俘生活改變了他的人生命運。戰爭使年輕的阿圖塞落下了精神病的病根，

---

[645] Roland Barthes, *Œuvres completes, Tome 3: 1974-1980*, Paris: Seuil, 1995, p. 318.
[646] Roland Barthes, *Plaisir du texte*, Paris: Seuil, 1973, p. 15, p. 19.

也讓他接觸到了決定他終生的信仰 —— 馬克思主義。

　　1945 年二戰結束，阿圖塞回到巴黎高師繼續完成學業，並與參加過法國抵抗運動的共產黨員海萊娜·里特曼（Hélène Rytmann, 1910-1980）相識相愛。1947 年起，他因精神病發作不得不接受電療。後在現象學哲學家加斯東·巴舍拉（Gaston Bachelard, 1884-1962）指導下完成了論文〈黑格爾哲學中的內容概念〉，並留校任教。從此，以下三方面的因素將影響他終生的命運：（1）1948 年他突然加入法國共產黨，政治信仰和哲學研究方向開始轉變，從古典哲學、黑格爾哲學轉向馬克思主義哲學；（2）健康狀況的惡化使他對佛洛伊德思想產生濃厚興趣，繼而受拉岡重讀佛洛伊德的啟示重讀馬克思，創造性地提出了「症候式閱讀」（symptomatic reading）；（3）與海萊娜的婚姻、病痛的折磨、對妻子的強烈依賴與殘殺將他推到了生活悲劇的深淵。

　　阿圖塞 1948 年以後在巴黎高師和巴黎大學講授馬克思主義哲學，並以自己獨特的教學與研究方式（師生共同細讀《資本論》）在知識界產生了巨大影響。他還邀請拉岡到巴黎高師設立精神分析研討班，吸引了來自世界各地的青年學生。自 1959 年發表《孟德斯鳩：政治和歷史》之後，陸續發表了一系列討論馬克思主義哲學的論文。1965 年 9 月，他將這些文章結集成書，以《保衛馬克思》為名出版，大聲疾呼 ——「歷史把我們推到了死胡同去，而為了從中脫身，我們就必須去探索馬克思的哲學思想」。同月，他與其他幾位同仁合作的著作《閱讀〈資本論〉》也出版發行，一時間在法國知識界，尤其在青年學生當中引起巨大的迴響。阿圖塞將自己的理論研究看作挽救法國馬克思主義理論貧乏症的莊嚴抗爭，這種抗爭的悲壯感一直延續到他生命的最後時刻。

　　隨著《閱讀〈資本論〉》和其他一批在阿圖塞影響下的研究成果的問

世，阿圖塞對 1960 年代末 1970 年代初西方理論界的影響達到了高潮。發生在 1968 年的「五月風暴」成為當代西方政治鬥爭和文化運動的轉捩點，自此之後，知識分子的整體改造力量在法國日漸衰落，青年學生對馬克思主義理論的興趣也日漸衰退。阿圖塞對這場運動進行了深刻的理論總結，寫出了對文學批評、文化研究和身分政治迄今還有重要影響的論文〈意識形態與意識形態國家機器〉，對（個體）主體改變社會結構的能力和界限進行了更為深入而嚴峻的探討，深刻揭示出資本主義文明國家維持其統治體制的雙重方式：強制性壓迫和意識形態教化共同構成了一種「恩威並治」的嚴密的社會控制網路。

　　1970 年代後，阿圖塞中止了在巴黎高師的研討班教學，投入黨內理論鬥爭。他勇於直面馬克思主義的現實危機，修正了自己的一些觀點，先後出版《列寧和哲學及其他論文集》、《答約翰－路易斯》、《自我批評文集》、《哲學與科學家的自發哲學》、《立場》和《事實》等著作。為爭取國家博士學位，他於 1975 年向皮卡第大學提交論文答辯，題目就是〈要成為一個馬克思主義哲學家容易嗎？〉。[647] 此文全面總結了自己研究馬克思主義的過程和思想方法，尤其強調了哲學與政治實踐的不可分離性及由此引發的艱難性。在他看來，這種艱難性在於「馬克思、列寧和葛蘭西提示我們馬克思主義所要求的哲學不是那種作為『哲學』產生的（『哲學化的』）哲學，而是一種全新的哲學實踐」。[648] 由於馬克思主義「包含著對於制度（國家）的不信任，也包含著對於一種占統治地位的意識形態的一

---

[647] 最初發表在法國《思想》雜誌（*La Pensee*）183 期（1975 年 10 月），後收入古格里・艾略特（Gregory Elliott）編《哲學和科學家的自發哲學》，*Philosophy and the Spontaneous Philosophy of the Scientists*, London: Verso, 1990. 顧良據法文所譯的中文稿見《馬列主義研究資料》（北京）1986 年 3～4 輯合刊，標題為「亞眠的答辯」。

[648] "*The Transformation of Philosophy*" (1976), See Gregory Elliott (ed.), *Philosophy and the Spontaneous Philosophy of the Scientists*, London: Verso, 1990, p. 262.

體化（哲學）的不信任。……（因而）遠離一切試圖將哲學『哲學化』的努力，以使自己不會去『讚美現存事物的秩序』。那麼馬克思留給後來的馬克思主義者一個十分艱難的任務。……（他）留給馬克思主義哲學家們的使命就是去創造新的哲學介入現實的方式，從而加速資產階級意識形態霸權的滅亡」。[649] 這種嶄新的實踐哲學與傳統的以構造理論體系為目標的「哲學化」哲學有著本質的區別，是一種可以在政治實踐中同步建構的鮮活哲學。

　　1980 年 11 月 16 日，阿圖塞在精神病發作的無意識狀態中，掐死了與自己相守 30 多年的妻子，從此被迫遠離他鍾愛的巴黎高師和理論界。1990 年 10 月 22 日，他因心臟病發作而死亡。一般認為，儘管法國司法部門對阿圖塞沒有提出起訴和懲罰，但作為哲學家的他在 1980 年殺妻後實際上已經死亡。但事實上，他的精神時好時壞，還會時時記起殺妻的恐怖場景，還得忍受常人難以想像的靈魂折磨。在雖生猶死的十年間，他一邊讀別人寫的關於自己的書，一邊開始寫自傳分析體著作《來日方長》（*L'avenir dure longtemps*）。此書在他死後出版，結尾寫道：「儘管生命具有戲劇性，它依然可以是美麗的。我現在 67 歲，即使我的人生不久就要完結，但是我感覺到從未有過的年輕 —— 我沒有青春，因為我沒有自愛過。是的，來日方長。」[650] 言語之中流溢出無法言說的悲壯。

　　英國學者古格里·艾略特（Gregory Elliott）在其著名論文〈終結的分析，無法終結的分析〉中，深入剖析了阿圖塞的人生悲劇、思想矛盾和思想獨創性。在他看來，阿氏的思想看似過時卻並不，具有複雜的當代性／

[649] "*The Transformation of Philosophy*" (1976), See Gregory Elliott (ed.), *Philosophy and the Spontaneous Philosophy of the Scientists*, London: Verso, 1990, p. 264.
[650] Althusser, *The Future Lasts a Long Time*, Richard Veasey (trans.), London: Chatto & Windus, 1993, p. 279.

非當代性，在一定程度上展現了馬克思主義和後現代主義之間的哲學轉變方式。[651] 阿圖塞是一個被多段歷史所詛咒和厭惡的孩子，他經歷了法國所面臨的各種世界性的政治運動，如第二次世界大戰、阿爾及利亞獨立運動、反越戰運動、巴黎「五月風暴」等。他不僅是「現代雜誌」和「原樣雜誌」的同代人，而且是存在主義、結構主義和後結構主義、新小說的同代人，「他既是一個參與者，也是一個反應者（和受害者）……他在現代法國知識分子文化史上占有不可忽視的、極其重要的地位」[652]。

　　不幸的生活事件和流逝的歲月無法銷蝕偉大思想家富有創見的聲音，阿圖塞的理論在經歷了 1960 至 1970 年代的影響高潮之後，依然具有重大的理論和學術價值。他以自己「閱讀」經典的獨特方法，進一步闡明了「意識形態」和主體建構之間的關係，對 20 世紀後半葉的社會和人文學術產生了深遠的影響。他對意識形態的論述，迄今仍然是西方馬克思主義文學批評和文化批判所依賴的重要思想資源。他創造的「意識形態國家機器」、「召喚（質詢）主體」等術語，不僅被當代眾多的文學批評（文化研究）流派所採用，而且被擴展到對社會文化體制的激烈批判。從對政治、宗教、法律、性別、種族、階級的意識形態分析，到對家庭、學校、大眾傳媒、網路影像等所隱含的構造主體功能的深層揭示，甚至到對個體文化身分的鬥爭（如女性主義運動、同性戀運動、酷兒運動、少數民族話語權以及後殖民主義理論等），都可以發現阿圖塞思想的「蹤跡」。

　　作為一名政治哲學家，阿圖塞本人其實很少直接討論文藝和美學問題。阿氏生前發表的三篇討論文藝的文章：〈米蘭「小劇院」，貝爾朵拉西和布萊希特：關於一部唯物主義戲劇的筆記〉、〈一封論藝術的信〉和〈抽

---

[651] Gregory Elliott (ed.), *Althusser: A Critical Reader*, p. 193.
[652] Gregory Elliott (ed.), *Althusser: A Critical Reader*, "Preface", p. 8.

象畫家克雷莫尼尼〉早在 1980 年代中期就被譯成中文出版[653]。2013 年，阿圖塞論述文藝的其他五篇長短不一的文章（有的甚至不足千字，有的是未完成稿），由陳越先生從法文翻譯成中文發表。[654] 據他統計，目前可見的阿圖塞論述文藝的文章也不過 10 篇上下。與其他多位被冠名為「西方馬克思主義理論家」的學者相比較，阿氏關於文藝和美學的論述實在是太少了。

　　然而，有西方學者認為，阿圖塞是「對近年來的文學理論影響較大的馬克思主義哲學家，他的影響甚至超過了包括盧卡奇和沙特在內的許多馬克思主義哲學家」[655]。這種評價也許有誇大之嫌，但至少說明了阿圖塞的思想對西方當代文藝理論和美學的確有深遠影響這一事實。總體來看，這種影響具體表現在以下兩個方面。首先，他深刻影響甚至哺育了一批有著重要影響的文論家、美學家〔如法國的皮埃爾‧馬歇雷（Pierre Ma-cherey, 1938- ）、英國的泰瑞‧伊格頓（Terry Eagleton, 1943- ）和弗里德里克‧詹姆森（Fredric Jameson, 1934- ）等和一些文藝批評流派（如英國《銀幕》雜誌批評團體等）〕。其次，他本人關於戲劇和美學的探討，實際上觸及了馬克思主義文藝理論和美學的核心問題：真正的文藝究竟是不是意識形態，或者說，它與意識形態是一種什麼樣的關係？

　　關於文藝與意識形態的關係問題，阿圖塞似乎未能給出完滿的回答，

---

[653] 第一篇作為《保衛馬克思》的一章，早在此書中文版（1984）發行後即與讀者見面（當時的譯名是〈皮科羅劇團，貝爾多拉西和布萊希特：關於一部唯物主義戲劇的筆記〉）；後兩篇曾發表於《馬克思主義文藝理論研究》第七卷，杜章智譯，文化藝術出版社 1986 年版。

[654] 這五篇是〈在超現實主義面前：阿爾瓦雷茲－里奧斯〉（1962）、〈致巴烏羅‧格拉斯的信〉（1968）、〈論布萊希特和馬克思〉（1968）、〈論盧西奧‧方迪〉（1977）、〈林〉（1977），連載於《文藝理論與批評》2011 年第 6 期和 2013 年第 1 期。據統計，阿氏還有兩篇文章——〈藝術實踐（《給非哲學家的哲學入門》第 15 章）〉（1976 － 1978）和有待整理發表的〈文學史的概念〉（1963）——尚未被介紹到中文學術界。

[655] Leonard Jackson, *The Dematerialisation of Karl Marx: Literature and Marxist Theory*, London: Long-man Publisher, 1994, p. 173.

但他的貢獻恰恰就在於勇敢地推進了文藝與意識形態之間關係的複雜化。總體來說，他的獨特思考使這一關係最終呈現為一種看似矛盾卻非常深刻的兩難處境：從嚴格意義上講，文藝並不是一種意識形態，但它卻迫使現存的支配性意識形態窘相畢露，力求激盪觀眾對於生命的體悟和對階級壓迫的覺醒，進而發揮文藝批判現實和解放下層民眾的意識形態功能。

一、阿圖塞的哲學觀和意識形態理論

為了理解阿圖塞文藝美學思想的複雜性，我們應該從他獨特的馬克思主義哲學觀入手。在 1975 年向皮卡第（Picardy）大學提交的博士學位答辯論文〈要成為一個馬克思主義哲學家容易嗎？〉[656]當中，他強調了馬克思主義哲學與政治實踐的不可分離性及由此引發的艱難性。他明確指出，「馬克思、列寧和葛蘭西早已提示我們，馬克思主義所需要的哲學不是那種被當作『哲學』而生產出來的（『哲學化的』）哲學，而是一種全新的哲學實踐」[657]。由於馬克思主義「包含著對於制度（國家）的不信任，也包含著對於一種占統治地位的意識形態的一體化（哲學）的不信任。……（因而）遠離一切試圖將哲學『哲學化』的努力，以使自己不會去『讚美現存事物的秩序』。那麼馬克思留給後來的馬克思主義者一個十分艱難的任務。……（他）留給馬克思主義哲學家們的使命就是去創造新的哲學介

---

[656] 最初發表在法國《思想》雜誌（*La Pensee*）183 期（1975 年 10 月），後收入古格里・艾略特（Gregory Elliott）編《哲學和科學家的自發哲學》，*Philosophy and the Spontaneous Philosophy of the Scientists*, London: Verso, 1990. 顧良據法文所譯的中文稿見《馬列主義研究資料》（北京）1986 年 3 ～ 4 輯合刊，標題為「亞眠的答辯」。陳越編譯《哲學與政治：阿圖塞讀本》（吉林人民出版社 2003 年版）再次收錄此文重譯稿，標題譯為〈在哲學中成為一個馬克思主義者容易嗎？〉。

[657] Louis Althusser, *Philosophy and the Spontaneous Philosophy of the Scientists*, Gregory Elliott (ed.), London: Verso, 1990, p. 262.

入現實的方式，從而加速資產階級意識形態霸權的滅亡」。[658] 在他看來，這種嶄新的實踐哲學與傳統的以構造理論體系為目標的「哲學化」哲學有著本質的區別，是一種可以在政治實踐中同步建構的鮮活哲學。

如果用這種獨特的哲學實踐觀來觀察文藝活動，自然會注意到文藝作為一種意識形態表現形式所具有的現實政治介入功能。當然，阿圖塞力求避免簡單的政治功利論，而試圖更多地去展現文藝介入現實的複雜性。他發現文藝形式對現實生活結構有一種移置作用，對於司空見慣的意識形態屏障和欺騙性也有著強勁的衝擊力和震撼力。而要理解這一點，又必須從整體上掌握阿圖塞對於意識形態和意識形態國家機器的獨特界定和理解。

阿圖塞大概是葛蘭西之後對意識形態理論有重大推進的少數幾個馬克思主義思想家之一。阿圖塞對意識形態問題的討論有點類似於馬克思對商品神祕性的討論，是從揭示意識形態的神祕性開始的。他首先將意識形態放在社會結構當中去理解，在很大程度上繞開了將意識形態當成精神現象或理論（知識）體系的普遍思路。他在初步揭示意識形態的外在特徵和社會功能之後，進一步思考了作為表象體系的意識形態與個體「意識」的相互關係，並傾向於將意識形態理解為一種先於個體存在的文化客體、社會結構、思考途徑或政治無意識。他認為意識形態所反映的是人類與自己生存條件的「想像」關係，「是人們與真實生存條件的真實關係和想像關係結成的不均衡決定的（overdetermined）統一」[659]。因此，意識形態表象背後隱藏著複雜的社會關係結構和主體認同活動，它不僅僅是一種否定性的虛假存在，還可能是一種動力體系，物質地、真實地發揮著改造我們的功能。這意味著，意識形態是一種無處不在、略顯神祕而又時時發揮著現

---

[658] Louis Althusser, *Philosophy and the Spontaneous Philosophy of the Scientists*, Gregory Elliott (ed.), London: Verso, 1990, p. 264.

[659] Louis Althusser, *For Marx*, Ben Brewster (trans.), London: Verso, 1979, pp. 232-234.

實功用的物質性存在。如何認識意識形態的物質存在和功能？在 1969 年所寫的著名論文〈意識形態和意識形態國家機器〉中，阿氏認為還是要回到勞動力的再生產問題當中，但他考察的重點似乎更多集中到了支配個體生存信念的最重要載體——意識形態國家機器之上。

阿圖塞認為，馬克思所說的生產條件的再生產至少包括兩個必要條件：「（1）勞動力的再生產；（2）現存生產關係的再生產。」[660] 他尤其重視勞動力的再生產問題，認為後者涉及意識形態和主體構造這個更複雜的問題。「勞動力的再生產不僅要求再生產出勞動力的技能，同時還要求再生產出勞動力對現存秩序的各種規範的服從，即一方面為工人們再生產出對於占統治地位的意識形態的服從，另一方面為從事剝削和鎮壓的當事人再生產出正確運用占統治地位的意識形態的能力。」[661] 從勞動力再生產的角度考察意識形態所起的特殊功用，將問題推向主體的自我建構，推向國家機器和社會機構的教化功能問題，這基本上切入了阿圖塞意識形態理論的核心思路。

在探討國家機器與意識形態的關係時，阿圖塞直接繼承了葛蘭西對於國家和意識形態的精闢探討。葛蘭西是第一個強調意識形態之物質載體的創造型馬克思主義思想家，阿氏高度讚揚葛蘭西的獨創性，認為葛蘭西提出一種新的「令人驚異的」國家觀念，即「國家不應被簡縮為（強制性）的國家機器，還應當包括一定數量的『市民社會』機構，如教會、學校、工會等」。受此啟發，阿圖塞指出，儘管馬克思主義經典作家一般將國家看成與政權緊密相關的強制性機器，但在他們的政治實踐中還是看到了國

---

[660] Louis Althusser, *Lenin and Philosophy and Other Essays*, Ben Brewster (trans.), New York: Monthly Review Press 1971, p. 128.

[661] Louis Althusser, *Lenin and Philosophy and Other Essays*, Ben Brewster (trans.), New York: Monthly Review Press 1971, pp. 131-132.

家機構的複雜性，看到了國家政權（state power）與國家機器（state appa-ratus）之間的相對差別。政權的覆滅或更替並不意味著所有國家機器都要發生完全的變革，掌握政權的階級或階級聯盟有可能利用原有國家機器的職能來達到自己的階級目的。他強調「不僅必須考慮到國家政權和國家機器的區分，而且還必須考慮到另一類明顯與（強制性）國家機器並立的實體（reality），但一定不要把這些實體同（強制性）國家機器混淆起來。我將這類實體稱作意識形態國家機器（the Ideological State Apparatuses，簡稱ISAs）」。[662] 因此，國家權力的實施可以透過兩種方式，並在兩種國家機器中進行：一種是強制性（鎮壓性）國家機器，另一種則是意識形態國家機器。前者包括政府、行政機構、警察、法庭和監獄等，它們透過暴力或強制方式發揮其功能；後者包括宗教的、教育的、家庭的、法律的、政治的、工會的、傳媒的（出版、廣播、電視等）、文化的（文學、藝術、體育比賽等）等諸多方面的意識形態國家機器，以意識形態方式發揮作用。

不難看出，阿圖塞在這裡將文學和藝術也歸到意識形態國家機器的範疇之內，這似乎讓人留下一種印象：文學和藝術也是一種以機構方式存在的精神表現形態，它們同樣以意識形態的方式行使著國家權力的教化功能。如果僅僅停留在這一認識上，那麼阿圖塞對於文藝的觀點就沒有多少創新性了。因為在他之前和之後的很多馬克思主義文藝理論家，都明顯知道和強調過這一點。阿圖塞是個非常喜歡為自己的理論找麻煩的思想家，也是一個對文藝問題有獨到體會和見解的思想家，他在其他文章中的相關論述就讓文藝與意識形態的關係這一問題複雜化了。

---

[662] Louis Althusser, *Lenin and Philosophy and Other Essays*, Ben Brewster (trans.), New York: Monthly Review Press, 1971, pp. 142-143. 「意識形態國家機器」一詞的法語表述為 Appareils Idéologiques d'État，簡稱 AIE，詳見陳越編《哲學與政治：阿圖塞讀本》，吉林人民出版社 2003 年版，第 335 頁。

二、文藝與意識形態

在 1966 年所寫的〈一封論藝術的信 —— 答安德烈・達斯普爾〉當中，阿圖塞專門討論到了文藝與意識形態的關係問題。「藝術和意識形態之間的關係問題，是個很複雜很困難的問題。然而，我能告訴你我們研究的一些方向。我並不把真正的藝術列入意識形態之中，雖然藝術的確與意識形態有很特殊的關係。」[663] 為了達成對藝術的「科學」的而非「意識形態的」認識，阿氏對藝術與科學、藝術與意識形態的差別和連繫進行了比較討論。他有如下一段被廣泛引用的論述。

「藝術（我是指真正的藝術，而不是平常一般的、中規中矩的作品）並不給予我們嚴格意義上的認識，因此，它不能代替認識（現代意義上的，即科學的認識），但是它所給予我們的，卻與認識有某種特殊的關係。……我相信，藝術的特性是『使我們看到』（nous donner a voir），『使我們覺察到』、『使我們感覺到』某種間接提到的（又譯『被引喻』、『暗指』）現實的東西。……藝術使我們看到的，因此也就是以『看到』、『覺察到』和『感覺到』的形式（不是以認識的形式）所給予我們的，乃是它從中誕生出來、沉浸其中、作為藝術與之分離開來並且間接提到的那種意識形態。……（對偉大作家作品的分析）需要的是從產生他們小說的意識形態向後退一步，在內部挪開一點距離。他們在某種意義上是從內部，透過內部的距離，使我們『覺察到』（但不是認識）他們所展現的那種意識形態。」[664]

這段論述比較完整地表達了阿圖塞對文藝的特性以及文藝與意識形態

[663] 阿圖塞：《列寧和哲學》，杜章智譯，臺灣遠流出版公司 1990 年版，第 241 頁。

[664] Althusser, *Lenin and Philosophy and Other Essays*, Ben Brewster (trans.), New York: Monthly Review Press, 1971, pp. 222-223.

的關係問題的看法，當然也觸及了馬克思主義文藝美學觀念的多重維度。我們從中至少可以概括出三個命題。第一，文藝對人產生效果的方式與科學、意識形態有差異，它不像科學那樣能夠提供認識，也不會墮入意識形態的迷霧，受蒙騙而不自覺，它可以提供對意識形態的覺悟或感受。第二，文藝與意識形態應該保持一種距離，以便人們能從文藝中感性地「覺察到」意識形態的存在。第三，真正的藝術是那些能夠讓人們「覺察到」意識形態的藝術，而不是那種讓人迷醉、讓人忘我、讓人麻木的不地道的藝術。

那麼，什麼樣的藝術才算是真正的藝術？阿圖塞在此並沒有給出明確的回答，但提出了一些可供比較的思路。馬克思主義通常認為，「科學」是對現實的真實感知和理解，提供對現實的認識或知識；「意識形態」更多時候是一套掩蓋真實的虛假觀念，其中所描繪的現實是由那些擁有既得利益而拒斥劇烈社會變革的人們所提供的措辭，因而是相當片面和歪曲的。藝術和科學都可以起到揭示意識形態虛幻性的作用，但揭示的方式大不相同；科學以認識的、理論的方式從而讓人獲取「知識」去揭露意識形態，而藝術則以陌生化的、讓人覺醒的方式「感覺到」、「覺察到」意識形態的欺騙性和局限性。[665] 真正的藝術會使意識形態陷入自我尷尬的窘迫境地，以此實現對意識形態的破解；但一般性的、庸常的藝術則因為只能反映部分的現實真實而再次陷入意識形態的藩籬。

阿圖塞並沒有直接說明他所認同的真正的藝術都有哪些具體的標準，

---

[665] 阿圖塞在《保衛馬克思》中曾闡明：「我將把具有科學性質的一切理論實踐叫作理論，我把限定一門真正科學的理論體系（它的基本概念在一定的階段既是矛盾的，又是統一的）叫作（帶引號的）『理論』。……我把一般的理論，即關於一般實踐的理論叫作（大寫的）理論（Theory），這種理論本身是依據（各門科學）現有理論實踐所構成的大寫理論而精心構建的，而後者把現有的『經驗』實踐（人的具體活動）的意識形態產物轉變為『各種知識』（科學真理）。」Louis Althusser, *For Marx*, Ben Brewster (trans.), London: Verso, 1979, p. 168.

但他分明意識到自己對藝術的要求是站在革命的馬克思主義立場之上的。「現在我相信，我們能夠希望取得真正的藝術和知識，深入了解藝術工作的特性、認識那些產生『美學作用』的機制的唯一途徑，正好是對『馬克思主義的基本原則』多花時間，予以最大的注意，而不是匆匆『轉到別的一些東西上去』，因為如果我們過於迅速地轉到『別的一些東西』上去，我們得到的將不是藝術的知識，而是藝術的意識形態。如果我們必須轉到『馬克思主義的基本原則』上去（這要求細緻而艱苦的工作），以便能夠站到正確的立場上，使用正確的概念（不是審美自發性的意識形態概念，而是與自己的對象符合的科學概念，從而必然是新的概念），那麼，這不是為了悄悄地把藝術撇在一邊，或者把它犧牲給科學：完全只是為了認識它，給予它應有的評價。」[666] 從中不難看出，阿圖塞不但極其重視藝術的重要性和獨特性，更強調應該用馬克思主義基本原理去認識藝術獨特性，為探討藝術問題指明了一條深刻而謙遜的理論道路。

統觀阿圖塞對藝術與意識形態關係的討論，我們發現，他並不認為藝術與意識形態的關係是一種二元相對的關係，而是一種由藝術、意識形態和科學構成的三元關係。只有在這種複雜的多元關係當中，藝術的獨特性才可能顯現出來。藝術既不是科學，也無法被簡單地歸為意識形態。說它不是科學，是因它不提供科學知識；無法簡單地說它是意識形態，是因為它提供了窺破意識形態體驗的某種距離，這種距離使我們能「看見」、「覺察到」意識形態的矛盾性存在。從這點來看，英國文化理論家托尼・貝內特（Tony Bennett, 1947-）將藝術形象地比作意識形態的「內奸」，真是精妙無比。藝術在不聲不響中使意識形態發現自己被出賣了。這意味著，文藝可以暫時拆開意識形態的鏈條，從而創造一種開放的自由精神空間。文

---

[666] 阿圖塞：《列寧和哲學》，杜章智譯，臺灣遠流出版公司 1990 年版，第 246 頁。

學無法直接產生革命意識，也不是用科學知識取代意識形態；但它在導致意識形態暫時懸置、失效的同時，趨向於開發一種對待現實的新思維和新態度。[667] 阿圖塞本人並沒有明確論述文藝所具有的這種創新效應，而對文藝揭露、呈現意識形態內在矛盾的「祛魅」功能情有獨鍾。貝內特對文藝開啟新思維和新姿態的發揮性論述具有重要的理論價值，與其他更多的阿圖塞的思想繼承者一樣，他似乎更為重視文藝在拆解意識形態鎖鏈時所帶來的自由精神和解放力量。從這一點來說，阿圖塞強調文藝對意識形態的內在批判，實際上也就強調了文藝的政治實踐效果，應該說這正是他對馬克思主義文藝理論的傑出貢獻之一。

三、阿圖塞論布萊希特的戲劇觀

　　阿圖塞不但從理論上對藝術與意識形態的關係有深刻的闡述，對藝術的特性有明確的強調，而且努力在自己對藝術作品的批評實踐中去深化和實現自己的理論主張。具體來說，阿圖塞對著名的戲劇家貝托爾特·布萊希特（Bertolt Brecht, 1898-1956）的戲劇和抽象派畫家萊昂納多·克雷莫尼尼（Leonardo Cremonini, 1925-2010）等人的畫作，進行了非常具體而獨到的分析。

　　〈米蘭「小劇院」，貝爾朵拉西和布萊希特（關於一部唯物主義戲劇的筆記）〉是阿圖塞早年探討文藝問題的重要論文。這篇文章看似是對一部普通劇《我們的米蘭》的批評鑑賞，但正如他在 1968 年所寫的〈論布萊希特和馬克思〉一文中所說的，「《我們的米蘭》在我的哲學研究中扮演了重要的角色，在觀看《我們的米蘭》時，我更進一步地理解了馬克思思

---

[667] Tony Bennett, *Formalism and Marxism*, London: Routledge, 2003, p. 100. 中譯文可參考壽靜心所譯〈科學、文學與意識形態〉，載《遼寧大學學報》1994 年第 4 期。

想中某些重要的東西」[668]。國內有學者稱此文為「阿圖塞美學思想的誕生地」[669]，國外不少學者也很重視這篇文章，因為它要闡明的是戲劇（尤其是布萊希特戲劇）的唯物主義哲學基礎問題，而後者直接關係到阿圖塞對馬克思主義原理的理解。

　　阿圖塞從該劇的表演中，「讀」出了一種潛在的戲劇文本結構——一種不對稱的、離心的結構，並強調這種結構變形與布萊希特的戲劇觀有深刻的一致性。從馬克思主義的基本原則出發，阿氏認為「真正的批判只能是內在的批判，而在成為有意識的批判前，首先應該是真實的和物質的批判。因此，我覺得也許可以把這種不對稱的、離心的結構看作是唯物主義戲劇嘗試的基本特點」。在他看來，布萊希特的戲劇觀突破了黑格爾「現象學」及其任何一種在意識內部批判自身的意識形態的缺陷，「正是在這個十分確切的含義上，我們可以說：當布萊希特不再用自我意識的形式表達劇本的意義和潛在意義時，他推翻了傳統戲劇的問題域（problematic）。我想說的意思是，為了使觀眾產生一種新的、真實的和能動的意識，布萊希特的世界必定要打消任何想以自我意識的形式充分地發現自己和表現自己的念頭」[670]。由於布萊希特戲劇對傳統戲劇產生了革命性的改造，我們可以透過對兩者的比較去探討唯物主義戲劇的美學原則。

　　阿圖塞認為，傳統戲劇和布萊希特戲劇的根本區別，首先在於能否對意識形態構成自覺的批判。傳統戲劇對應於「一個沒有真正自我批判

---

[668]〈阿圖塞論藝術五篇〉（上），陳越、王立秋譯，《文藝理論與批評》2011 年第 6 期。

[669] 王傑即持此說，但未作深入討論。參見其論文〈藝術與意識形態：阿圖塞的美學思想〉，《國外社會科學》1996 年第 5 期。英國學者托尼‧貝內特和美國學者弗雷德里克‧詹姆森都很重視阿圖塞對於布萊希特戲劇的討論，參見前者《形式主義和馬克思主義》（*Formalism and Marxism*, London: Methuen, 1984）第六章；後者《布萊希特與方法》，陳永國譯，中國社會科學出版社 1999 年版）。

[670] Louis Althusser, *For Marx*, Ben Brewster (trans.), London: Verso, 1979, p. 143. 參見顧良譯《保衛馬克思》，商務印書館 2006 年版，第 135 頁。

的時代」，這個時代「必然傾向於透過非批判的戲劇來表現自己和承認自己」。因此，「未經批判的意識形態無非是一個社會或一個時代可以從中認出自己（不是認識自己）的那些家喻戶曉和眾所周知的神話，也就是它為了認出自己而去照的那面鏡子，而它如果要認識自己，那就必須把這面鏡子打碎」[671]。而布萊希特劇本的離心性和不對稱性，正好是對意識形態鏡像神話的破除。破除意識形態神話需要各種策略，阿圖塞看重的是布萊希特採取的物質的藝術方式，如在舞臺設計中突現非對稱性，注重對側面、邊緣地帶、旁白和其他為古典戲劇所輕視的地方的顯現。在他看來，布萊希特所要做的，就是在舞臺操作中把自我意識這個意識形態美學的明確條件（以及它在古典戲劇中的派生物「三一律」）排除出去，因此才能與傳統戲劇發生根本決裂：物質條件的決裂。

　　布萊希特戲劇之所以深受阿圖塞的重視，就在於他開創了一種新的文藝典型，這種文藝典型透過物質手段造成的間離效果，在觀眾和演出之間建立了一種新型的批判的能動關係，「要使觀眾成為把未演完的戲在真實生活中演完的演員」。[672]這意味著新的戲劇將打破文藝與現實的人為界線，將使觀眾和演員的關係發生根本性的轉變。這種變革使戲劇取消了主角，也抹去了主角曾帶有的英雄光環和個體曾享有的完整的自我幻象，從而使觀眾可以從對劇中主角的依賴和遵從地位中擺脫出來。普通群眾不再需要透過體驗和崇拜偶像的情感世界來體驗自身生命的意義，他們本身就成為歷史的創造者。在阿圖塞看來，布萊希特的唯物主義戲劇觀意味著戲劇家哲學觀和革命立場的轉變，因此是值得深入思考的重大理論問題。

---

[671] 阿圖塞：《保衛馬克思》，顧良譯，商務印書館 2006 年版，第 136 頁。
[672] 阿圖塞：《保衛馬克思》，顧良譯，商務印書館 2006 年版，第 138 頁。

四、藝術變形與意識形態批判效應

　　阿圖塞曾在〈一封論藝術的信〉中承諾,「希望在幾個月之後能夠發表關於這個題目(即藝術與意識形態的關係及藝術的特殊性問題)的重要研究成果」,但由於種種原因,他對藝術與意識形態關係的討論也就從此中斷。幾個月後他發表的〈抽象派畫家克雷莫尼尼〉一文,依然集中於對繪畫作品進行理論分析,並進而提出了文藝呈現意識形態真相的一些手法和策略,尤其強調藝術變形的意識形態批判效應。

　　阿氏在開篇即指出,欣賞克雷莫尼尼的繪畫需要一種不同於流行的鑑賞美學的理論視角。在他眼中,克氏所畫的既不是「物體」,也不是個人的情緒表現,「而是『物』與它的『主人』之間的真實關係」。他批評現代評論家只在畫家的主觀性的奧祕中思考畫與作者的關係;對於他們來說,鑑賞美學與創造美學建基於「同樣的基本意識形態範疇之上:主體的範疇(無論是創造者還是消費者均具有主體的屬性,如自由、創造、意圖和判斷)和客體的屬性(作品中表現或反映的「物」,作為客體被生產或消費)。這意味著創造的主觀性只不過是鑑賞的主觀性的鏡像反映(而這種反映就是美的意識形態本身),『作品』只不過是畫家的主觀性的現象」[673]。阿圖塞反對這種主體創造型文藝觀,他要從抽象派的繪畫中發現自己所要闡明的新文藝觀,挖掘潛藏於畫面呈現物之下的意象關係所展現的社會哲學關係,讓觀眾在震驚中獲得一種備受壓抑的感受,產生一種對現存社會秩序的反感、反思和反抗。

　　阿圖塞對克雷莫尼尼繪畫的分析,可以與海德格對梵谷〈農鞋〉的分

---

[673] 阿圖塞:《列寧和哲學》,杜章智譯,臺灣遠流出版公司 1990 年版,第 249 - 250 頁。

析相參照。[674] 他將畫面中的山岩（人類生存的依賴）、植物（莖、花的無
聲與內在的吶喊）、動物（瘦骨嶙峋的羊、狗，在收揀骸骨中苟延殘喘的
牲畜和牠的主人，一樣的行屍走肉）、人們以及這幾者之間的關係都看成
了哲學分析的對象，特意在畫中所示的場景與我們慣常的意識形態成見之
間拉開了一段陌生化距離。畫面上出現的並不是一般評論家所認為的具體
的人／物或者是對具體的人／物的呈現，而是「物」與人之間的某種神祕
的歷史與命運關係。

　　「人們：他們最初曾有，而且現在仍然有他們的『物』的形態，也就
是自然『物』的形態。石頭的軀體和面孔，在它們的物體和姿態中顯露出
它們最初的『起源』……人們：凝固在他們的本質中、他們的過去中、他
們的起源中，也就是他們的不在場（absence）中的存在物中。這種不在場
使他們成為現在的樣子，他們從來沒有要求過生活，或問過為什麼應該生
活。『物』：那些工具、器皿、把內外分開的隔牆、空氣的陰影、舊油漆的
陰暗光澤、天空的清澈透明。『人』：由他們的客體的材料塑造成，被這些
材料圍繞著，永遠被它決定了：面孔受空氣腐蝕了，被啃咬了，而且似乎
被切割了（幾乎是大部分面孔），姿態和吶喊凝固成永遠不變的重力，這
是時間對被還原成物質的永恆的人的嘲弄。」[675]

　　阿圖塞由此指出，這幅畫是對「歷史」中無聲地說話的東西 —— 人
與物之間的關係 —— 的揭示；指明了某種不在場的社會歷史結構或日常
意識形態結構對人物命運的支配，這種支配使人失去了反省自身生命意義

---

[674] 從表面上看，海德格對〈農鞋〉的詩化描述顯然充滿著人道主義的哲思和溫情，而後者正是阿
　　　圖塞所極力反駁和批判的。實際上，他們對於大地、器物與人的關係的深刻思考，以不同的思
　　　路共同趨向於對普通人的生命潛能、人格尊嚴和存在意義的釋放。阿圖塞對個體所承受的沉重
　　　的歷史與意識形態壓抑有著神經質般的敏感，這正是為了將主體從麻木和不自覺中解放出來。
　　　他的理論分析讀起來都很冷峻，但處處流露出對人性尊嚴與幸福生活的熱切期望。
[675] 阿圖塞：《列寧和哲學》，杜章智譯，臺灣遠流出版公司 1990 年版，第 253 頁。

的意識和能力，成為物化的行屍走肉。他認為畫面中暗藏著一種控制人與物之間關係的深層結構，而藝術要表現這種結構，「永遠不能用它的在場、從外表上以正面地和凸雕的方式來描繪，而只能用跡象和作用、用不在場的象徵、用負面的和凹雕來描繪」[676]。為了彰顯深層的無聲的連繫，阿氏極其重視克氏繪畫中出現的兩個相關意象 —— 鏡子和面孔。在他看來，「這面（舊）鏡子是平民們的唯一財富，他們從中能看到自己不幸的過去。他們看著自己：不，他們是被人看著。這是他們的鏡子，是緊緊纏住他們的不幸，不管他們願意與否，是讓他們看到他們所做的一切和唯一不能轉讓的財產：他們自己的形象」[677]。鏡子是阿圖塞從畫面中發現的最具有意指性的物象，鏡子的冷漠與永恆不變不僅映照著平民的面孔和形象，而且既能讓我們看見，更能讓他們看見自己的形象和面孔。

　　畫家怎樣畫人的面孔已經不單單是一個物象呈現問題，還是一個涉及藝術原理的意識形態問題。克氏繪畫讓人看到的幾乎全是殘缺、變形的面孔，在阿氏看來，「克雷莫尼尼的人的面孔不是表現主義的，因為它們的特徵不是畸形（醜陋），而是變形：它們的變形只是形態的一種決定因素的不在場，只是一種對它們的無個性特徵所作的『描繪』，而正是這種無個性特徵構成對人道主義意識形態的範疇的實際廢棄。……它們常常是以一種不在場的方式出現的：一種純粹否定的不在場，它們被拒絕擁有也被它們拒絕擁有的人道主義作用的不在場；還有一種肯定的、決定因素的不在場，即決定著它們，使它們成為現在這種無個性特徵的存在物、成為支配它們的現實關係的結構效應的這個世界的結構的不在場」。阿圖塞強調藝術中所呈現的物象只是意識的變形，這種變形顯示了不在場的深層意義

---

[676] 阿圖塞：《列寧和哲學》，杜章智譯，臺灣遠流出版公司 1990 年版，第 255 － 256 頁。
[677] 阿圖塞：《列寧和哲學》，杜章智譯，臺灣遠流出版公司 1990 年版，第 253 － 254 頁。

的真實存在。正是那些無表情的、不完整的面孔，以雙重的（否定／肯定）不在場方式昭示了「人」在克雷莫尼尼的作品中的存在；「正因為如此，他的繪畫是深刻反人道主義的和唯物主義的」[678]。阿圖塞認為，藝術變形在對象與觀眾之間製造出了一定的距離，使「我們無法在畫中（意識形態地）認出自己。……我們在其中以藝術（這裡是繪畫）所提供的特殊形式認識自己」。藝術變形促成了對自我現存處境的反省和自覺，這與偉大的唯物主義思想家為人類開闢的道路相通。照此說來，抽象派畫家是藝術領域的思想先知和革命家，雖然他們所畫的是人們與世界的「抽象」關係，但實際上關注的是每一個具體的人的生存。

實際上，阿圖塞對文藝變形與抽象的討論分明又回到了文藝的社會功能方面。這意味著不同於意識形態、顯現意識形態的藝術，最終成為一種可以產生意識形態效果的東西。「每一件藝術品，都是由一種既是美學的又是意識形態的意圖產生出來的。當它作為一件藝術作品存在時，它作為一件藝術作品（用它對它使我們看到的意識形態開始進行的那種批判和認識）產生出一種意識形態的結果。……由於藝術作品的特殊功能是透過它與現在意識形態（不論以任何形式出現）的現實所保持的距離，使人看到（donner à voir）這種現實，所以藝術作品肯定會產生直接的意識形態效果，因此，藝術作品與意識形態保持的關係比任何其他物體都遠為密切，不考慮到它和意識形態之間的特殊關係，即它的直接的和不可避免的意識形態效果，就不可能按它的特殊美學存在來思考藝術作品。」[679]阿圖塞對藝術抽象與變形的創造性闡釋，目的就在於強調文藝對意識形態眞相的呈現有其獨特的方式。這就是說，透過變形與陌生化抽象，使人們與日常

---

[678] 阿圖塞：《列寧和哲學》，杜章智譯，臺灣遠流出版公司 1990 年版，第 257 － 258 頁。
[679] 阿圖塞：《列寧和哲學》，杜章智譯，臺灣遠流出版公司 1990 年版，第 259 － 260 頁。

浸潤其中的意識形態常規拉開一段審視的距離，從而萌發起自覺的審美批判意識。如果對此稍加引申，就不難發現，這種致意識形態於窘地的藝術變形也正是文藝發揮自身革命性的獨特方式之一。

不難發現，阿圖塞對藝術變形、抽象和陌生化的哲學分析，與俄蘇形式主義、未來派詩歌、超現實主義等文藝思潮對語言陌生化的強調有不少相通之處。未來派詩人甚至將新的句式和語言看成革命的實際操練，超現實主義者甚至將超現實的奇異意象看成革命性的創造，俄蘇形式主義者渴望從表現手法和語言的陌生化中去恢復對藝術獨特性的藝術感性，似乎都在強調對現有藝術形式的超越和陌生化問題，尤其強調要創造出具有某種新型藝術特色的藝術作品。與之相較，阿圖塞強調從變形的、抽象的意象本身去呈現意識形態的虛幻性和矛盾性，更看重藝術陷意識形態於窘境的政治實踐效果。對於我們來說，尋找並探討那些為各派理論家共同關注的重要問題（比如藝術變形和陌生化問題），可能比區分這些理論家的不同傾向具有更重要的理論意義。在文藝批評實踐中，藝術形象的變形、抽象與陌生化應該成為關注的核心，因為對它們的分析可以突顯藝術生產的特殊過程，突顯藝術對現實的加工和取捨程度，找到文藝批評的切入點。

強調真正的藝術透過強化與讀者（觀眾）的距離，必須讓我們「感覺到」、「看到」間接暗指現實的某些意識形態。他之所以看重戲劇家布萊希特和抽象派畫家克雷莫尼尼，首先是因為他們動搖了意識形態的虛假意識，讓觀眾「看到」了某些現實的事物，對社會變革產生了作用。阿氏稱讚克雷莫尼尼的繪畫「拒絕與觀眾共用聖餐 —— 志得意滿地將富有人情味的麵包慢慢掰碎；在這種共謀關係中，透過『畫』中的描繪可以使觀眾

互相串通和確認他們自發的意識形態」。[680] 這意味著，真正的藝術（或革命的文藝）絕不像大多數平庸藝術那樣，以人們所熟悉的、感到愜意的方式呈現生活或想像，而採取人們不夠熟悉並感到憤懣的表象去表現。反之，那些對現實進行原樣「複製」的形形色色的自然主義，都由於扮演了維持意識形態現狀的角色而應受到平庸（或不革命）的批評。

五、意識形態、文學生產與文學批評

為進一步理解文藝與意識形態關係的複雜性，我們應該重視阿圖塞在〈意識形態和意識形態國家機器〉中的理論立場，從文藝的物質生產過程入手對文藝在社會生產結構中所處的地位和所發揮的社會功能進行分析。我們可以用阿圖塞的意識形態理論去理解文藝的生產，可以將文藝看成一種特殊的意識形態實踐方式。那麼，文藝的生產就不應被籠統地理解為（創作）主體的創作活動和（接受）主體的接受過程，而應該被理解為一種與藝術媒介（主要是語言）有直接關係的特殊的意識形態實踐。在馬歇雷和伊格頓看來，這種特殊的意識形態實踐就是文學話語（literary discourse）實踐。文學生產以文學話語為物質載體、媒介和傳達方式，受意識形態語境、無意識想像和虛構等因素的或隱或顯的影響。文學生產和接受過程中必然涉及語言交流行為，文學話語除了具有一般語言具有的意識形態性之外，還具有更為複雜的審美特性，而文學的審美功能卻只有透過文學話語實踐，透過藝術變形、抽象和陌生化等手法來完成。從這一點來說，西方理論家將文學看成一種文學話語實踐或生產，為探討文學與一般意識形態的深層連繫和差別找到了物質載體，也為文本的意識形態分析提

---

[680] 阿圖塞：《列寧和哲學》，杜章智譯，臺灣遠流出版公司 1990 年版，第 258 頁。筆者根據英文版對譯文稍加改動。

供了可行的操作手段。

為了理解文學是一種文學話語生產，我們有必要對話語概念進行一些辨析。「話語」概念被廣泛應用於當代人文學術的諸多領域，人們對話語的理解也各有不同，但一般都認可話語是一種關係到語言傳達和交流的社會實踐活動。話語作為一種語言實踐活動，必然涉及傳話人、受話者、接受語境、活動載體（文本）等因素，因此與意識形態、語言、主體身分和社會權力等方面有密切的關係。語言是主體之間交流意識的媒介，是意識形態的載體。從這一點來看，話語理論與馬克思對意識形態與語言關係的經典論述有著深層的思想連繫。[681] 阿圖塞從理論上區分了知識客體和對象客體，認為知識概念與指涉物分屬於不同的領域，知識概念與指涉對象之間並無一一對應的關係。我們可以將知識看成具有相對獨立性和相對自足性的領域，看成一種知識話語的生產。皮埃爾‧馬歇雷的《文學生產論》，伊格頓的《馬克思主義與文學批評》和《美學意識形態》等著作，其實都涉及這一問題，在不同程度上都受到阿圖塞文藝美學觀的啟發。當然，阿圖塞也受到了馬歇雷的影響（阿圖塞在〈一封論藝術的信〉中承認了這一點）。

在《文學生產論》中，馬歇雷集中討論了藝術與意識形態的特殊關係，為我們理解文學話語的構成和特徵有較大的助益。為探討文學生產的深層祕密，馬歇雷認為應該區分意識形態「幻象」（illusion）和文藝「虛構」（fiction）的本質差別。幻象是伴隨於意識形態而出現的社會必然現象，因為意識形態就是由各種社會信仰所組成的具有幻象性的思想系統，

---

[681] 馬克思曾講到語言與意識形態的深層關係：「『精神』從一開始就很倒楣，注定要受物質的『糾纏』，物質在這裡表現為震動著的空氣層、聲音，簡言之，即語言。語言和意識具有同樣長久的歷史；語言是一種實踐的、既為別人存在並僅僅因此也為我自己存在的、現實的意識。」《馬克思恩格斯選集》第 1 卷，第 35 頁。

而虛構則是文學家自覺進行的創造性活動，兩者有根本的差別。虛構話語雖然以幻象話語為基礎，但並不是幻象話語的簡單表達，而更像是幻象語言的獨立生產。幻象是人的一般意識形態經驗，它是作者加工的材料，但在加工過程中，意識形態材料獲得了特殊的形式和結構，它發生了變化，被限制在「虛構」的範圍內，成了與意識形態不同的東西。「被派上用場的幻象不再只是一種幻象，不再只是欺騙。它是一種被打斷的、被認識到的、被完全轉變了的幻象。」[682] 文學虛構話語的這種深層轉換也就是藝術對意識形態的定型作用，透過拉開或製造與意識形態的距離，文藝可以讓意識形態呈現自身的幻象性和窘迫性。但是應當看到，文學虛構話語與科學的「理論」話語不同，它對意識形態幻象性的揭示不是透過理論性認識來完成的，而是透過觸動、震撼我們的審美感覺來完成的。

阿圖塞、馬歇雷、伊格頓等人對意識形態、文學話語及文學生產的討論，將文學活動置於社會生產關係當中去討論，充分揭示了文學生產和文學話語實踐過程的複雜性。文學創作賴以進行的日常語言都是意識形態語言，文學的生產就是對日常意識形態語言進行審美化處理的文學話語實踐；文學話語實踐創造出來的應該是一個新的世界圖景，並不是對現實世界的簡單再現或對情感的直接傳達，而是對意識形態內在衝突的有意識突顯。正像馬克思透過對資本主義社會生產過程的分析揭示出了商品的祕密一樣，阿圖塞和馬歇雷嘗試從文學生產的過程中去揭示文本構成的祕密。只有理解了文學生產和文學話語構成的深層過程，才能進行真正的馬克思主義文學批評，文學批評才有資格成為一種嚴肅的事業，而不至於成為與社會事實「對號入座」或按圖索驥的黑色幽默或判斷遊戲。

---

[682] Pierre Macherey, *A Theory of Literary Production*, Geoffrey Wall (trans.), London & New York: Routledge & Kegan Paul, 1978, p. 62.

　　統觀阿圖塞及其影響下的文藝批評觀，似乎始終糾纏在文藝對意識形態的批判和瓦解方面，而將文藝活動主體（創作主體或接受主體）的自由排除在討論之外。阿圖塞對文學批評的貢獻主要不在於他本人進行的少量的批評實踐（儘管他的批評文章是意識形態批評的範例，且具有強烈的個性化色彩），而在於他的意識形態批評對已有的文學理論和美學理論構成了顛覆性的影響。阿氏關注的是文藝的政治功用，是文藝對意識形態窘相的揭露，他希望文藝能夠對接受主體（浸泡於日常意識形態空氣當中）的自足感和完整感產生震撼，希望普通民眾能直面人生的真實境遇，在棄絕資本主義意識形態的麻醉中走向解放。但是，僅僅強調文藝的意識形態功用是極不充分的，文藝活動涉及的主體和審美問題還是一個不容迴避的問題。

六、「症候式閱讀」與文藝批評

　　由於文學審美意蘊的生成直接源於文本的生產和文學話語的實踐，因此，文本解讀和文學批評應該以文學生產過程和文學話語構成的特殊性為理論出發點。阿圖塞的「多重因素不平衡決定論」使我們相信意識形態是一個受多元矛盾決定的結構，它滲透於人的一切行為當中，與個體的生活體驗和無意識想像密切相關，它的內在矛盾和衝突可以在文學文本中得到或隱或顯的呈現。產生於意識形態「大氣」中的意識形態話語本身就有一些值得分析的虛幻性，而文學話語作為對意識形態話語的二度加工，滲入了更多的虛構和想像成分，更增加了對文學話語和文學文本進行意識形態分析的複雜性。在馬歇雷等人看來，文學形式是對現實意識形態矛盾的一種「想像性的解決」，它以一種不同於普通語言的特殊話語方式掩蓋了現實意識形態的矛盾；批評家／讀者要想獲得對文本意識形態的理論性認識，只有借助一種特殊的方法 —— 「症候式閱讀法」才能完成。

　　阿圖塞的「症候式閱讀法」就是要在「顯在話語」的背後讀出「無聲話語」來，「要看見那些看不見的東西，要看見那些『失察的東西（oversight）』，要在充斥著的話語中辯論出缺乏的東西，在充滿文字的文本中發現空白的地方，我們需要某種完全不同於直接注視的方式，這是一種新的、有資訊的（informed）注視，是由視野的轉變而對正在起作用的視野的思考產生出來的，馬克思把它描繪為問題總框架的轉換」[683]。「症候式閱讀」首先是對文本明晰性的質疑和拋棄，它強化了文本的可疑性和非透明性，使得閱讀行為本身增加了複雜性和多義性。阿氏認為要重視理論文本的知識自足性，而不要將文本看成現實的直接對應物。「我們必須拋棄直接觀看和閱讀的鏡子神話，將知識想像為一種生產。」[684] 將知識視為一種生產的觀點，對伊格頓影響很大。伊格頓將文學文本看成「一種意識形態生產」，並認為這種生產與戲劇生產最為相似。因為「戲劇的生產並不是對其所依賴的戲劇文本的『表現』、『反映』或『再生產』；它『生產』文本，將戲劇文本轉變成一種獨一無二的、不可還原的實體。戲劇的生產不是依照其對文本的忠誠程度來判斷……文本和生產不是彼此相伴的對稱方式，可以像度量兩個物體之間的距離和關係那樣去度量它們之間的關係。文本和生產是不對稱的，因為它們居於不同的真實存在和理論空間」[685]。將文學文本視為意識形態話語的二度創造，意味著文學批評的中心任務不是去尋找與意識形態話語相對應的現實圖景或主體情愫（因為這種對應根本就不存在），而是去揭示文本生產過程的祕密。

　　正如英國學者凱薩琳・貝爾西（Catherine Belsey, 1940-2021）所指出的：「批評的目的不是去尋找作品的統一，而是去發現文本中可能具有的

---

[683] Louis Althusser, *Reading Capital*, London: Verso, 2009, p. 27.
[684] Louis Althusser, *Reading Capital* , London: Verso, 2009, p. 24.
[685] Terry Eagleton, *Criticism and Ideology*, London: Verso, 1976, p. 64.

多樣和不同的意義，文本的不完全性，它所顯示出但未能描述的省略，尤其是它的矛盾性。」[686] 應該指明的是，阿圖塞和馬歇雷所說的批評性「閱讀」，都旨在讓文本自身呈現其內涵的意識形態矛盾或症候。馬歇雷對儒勒‧凡爾納（Jules Gabriel Verne, 1828-1905）的科幻小說《神祕島》進行了詳細的分析，發現在文本自身所呈現的原始神祕與凡爾納意圖設計的殖民文明改造之間產生了無法彌合的矛盾。公開的意識形態設計是對荒蠻自然的征服和改造，但船長尼莫的神祕存在所具有的神話般的力量正好暗示了自然界的神奇，是對殖民主義意識形態的破解。在阿圖塞和馬歇雷看來，文本自身所擁有的症候和空白，處在各種意義的交鋒之中，隱含著對其所附屬的意識形態的內在批評。

「症候式閱讀」以文本自身是可疑的意識形態文本為前提，打破了作家對文本意義的壟斷性闡釋地位，也打破了某一種闡釋獨領風騷的局面，使這種閱讀式的批評更像是對充滿多義性的文學文本的解讀。文學批評家們更易於理解和應用「症候式閱讀」的技巧，在各式各樣的文本中查看「斷裂和沉默」，以便能提供心理的或政治的無意識。「症候式閱讀」意味著對文本自身矛盾的呈現，意味著對文學文本多種意蘊的釋放，這與那種總是探究作品意義一貫性的傳統的批評實踐正好相反。傳統的批評和闡釋往往傾向於抹平文本內在的矛盾，透過制定一套可接受的規則，為文本提供可接受的解釋，將那些可能與自己所信奉的意識形態產生衝突的文本因素統統清除乾淨，為文本提供某種閉合的闡釋。實際上，這種批評最終會成為某種意識形態的同謀。在此意義上，文學批評更像是對文本自身矛盾的一種理論呈現，更像是對文學生產過程的一種解讀。解讀文本意味著對文本的開放，意味著對文本潛在意蘊和潛在功能的開放。這種解讀最終所

---

[686] 凱瑟琳‧貝爾西：《批評的實踐》，胡亞敏譯，中國社會科學出版社 1993 年版，第 137 頁。

涉及的問題實際上不僅是闡釋學關注的問題，而且是後結構主義和解構主義關注的思想主題。

結語

　　阿圖塞有關意識形態與藝術之間的關係的討論，一方面促使人們將文學看成一種與意識形態話語密切相關的生產實踐，另一方面又促使人們去思考文學話語的特殊構成。正是從文學生產和話語構成這一思路入手，他的思想繼承者打破了人們對於文本完整性的幻覺，傾向於將文本看成一種充滿問題的文本。阿圖塞的「症候式閱讀」正好為我們提供了文本分析的新方法，使我們傾向於探尋和闡釋文學話語自身的矛盾和悖論，探尋文學話語的生產與社會語境之間的關係。也就是說，文學批評不再只關注文本和作家到底寫了些什麼，而應該關注文本是怎麼寫成的，是如何建構起來的。這種拆解式的文本閱讀旨在瓦解意識形態的穩固性和統一性，與解構主義文學批評對文本完整性的破解有相似之處。儘管這種相似無法掩蓋兩者在理論基礎上的差別 —— 解構批評更多地依賴於對語言和話語自身悖論的解析，意識形態批評依然依賴於馬克思、阿圖塞對意識形態複雜虛幻性的揭露，但我們在西方當代馬克思主義文論家的批評實踐中似乎看到了兩者的融合。詹姆森拋棄傳統的表現因果律認識觀，以阿圖塞的結構因果律為出發點，將晚期資本主義社會紛紜複雜的文化現象看成縱橫交織的宏大「社會文本」，試圖在具有社會象徵行為的敘事中呈現社會文本背後的「政治無意識」，呈現被淹沒的永遠無法窮盡的歷史邊界。當代文化批評和文化理論所擁有的闊大胸懷和開放姿態，使我們相信阿圖塞的意識形態理論和哲學思想，依然可以為馬克思主義文論開闢出新的開闊大道。

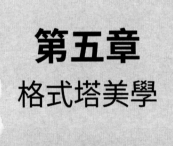

第五章

格式塔美學

概論

「格式塔美學」（Gestalt Aesthetics），是 20 世紀中葉在歐美影響很大的美學流派。「格式塔」是德文「Gestalt」的音譯，有「形態」與「構形」的意思，但中文裡並無準確的對應詞，英文裡也沒有準確的對應詞，比較接近的詞是「form」（形式）抑或「shape」（形狀）。在心理學領域，「Gestalt」通常被翻譯成「pattern」（模式）和「configuration」（完形），所以「格式塔心理學」（Gestalt Psychology or the Psychology of Gestalt）又被稱為「完形心理學」。「格式塔美學」只是格式塔心理學的一個分支，儘管它是 20 世紀的美學新潮，但「格式塔心理學」卻創生於 19 世紀末葉的奧地利和德國，且最早擺脫了 19 世紀實驗心理學主流而走向現象分析。

1890 年，德國哲學家厄稜費爾（Christian von Ehrenfels, 1859-1932）便在一篇論文中提出所謂「格式塔質」（Gestaltqualität）。當他將這個新詞介紹到心理學領域時，很大程度上依賴於對音樂曲調的審美分析。厄稜費爾讓 12 位聽者同時聽一段由 12 個樂音組成的曲子，讓每個人只能去傾聽其中一個樂音，結果非常明顯：這 12 位聽者各自獲得的經驗綜合，絕對不同於一位聽者傾聽整個曲子之後的經驗。這證明了「格式塔質」的最基本的性質：心理意義上的整體絕不是部分相加之和，反而是大於部分之和。這樣，「知覺整體性」就不能由各自部分的感覺元素所組成，前者是先於後者並且決定後者的。所以，「格式塔」注重的是「整體論」和「完整性」，應用於美學分析領域，就是要總體掌握審美對象的結構樣式。

格式塔心理學運動的創始人是德國心理學家韋特墨（Max Wertheimer, 1880-1943）。他於 1912 年在法蘭克福促使完形心理學 —— 關於形的心理學的問世，其〈關於運動視覺的實驗研究〉一文便是這種心理學的基

石,「研究課題是對運動的感知。當光線被投射穿過一條垂直的小裂口,以後又穿過一條向右傾斜 20 度或 30 度的裂口時,兩次投射的間隔可以這樣選定,使這道光線似乎是從一個位置落到另一個位置上。韋特墨進一步從數量上找出這些時間關係,據此,他能提供:(1)兩個同時亮起來的裂口;(2)從 A 到 B 的運動感受;(3)時間上的連續感。第一由第二相隨,但不涉及任何運動。主要問題是運動感受的本質,ø 現象(phi phenomenon)」[687]。這種心理學上的所謂「似動現象」,不僅從運動的角度反擊了知覺是由各種感覺要素的複合的「要素論」,而且打擊了宣導「聯想主義」的馮特(Wilhelm Wundt, 1832-1920)心理學;具體到美學領域,這種取向所抨擊的是著名的「移情說」。

　　韋特墨最重要的兩位合作者,便是心理學家科勒(Wolfgang Köhler, 1887-1967)與考夫卡(Kurt Koffka, 1886-1841),他們都是格式塔心理學的奠基者。前者繼續從事「認識―知覺發展」研究,使知覺、思維、感情和行為之間的關係得以系統化,並在《格式塔心理學》和《心理學中的原動力》中論述了審美價值問題。後者則直接將格式塔心理原則應用於兒童心智發展研究,其〈思維的發展〉、〈格式塔心理學的原則〉都是重要文獻。他們繼續將「似動現象」直接解釋為格式塔現象,按照完整的「趨向定律」,視覺結構將形成一個像優勢條件所允許的那樣完好的格式塔。此外,「場物理學」的研究對於格式塔心理學也產生了重要影響,這種物理學強調「場」才是物質存在的基本形態,它彌漫於整個空間,場與場之間是相互作用的。這方面的格式塔心理學方面的代表人物是勒溫(Kurt Lewin, 1890-1947),他的〈心理運動 —— 向生命空間確定區域內的目標的運動〉將物理學和數學的成就應用於心理動力學,提出了「場論」,直

---

[687] G. 墨菲,J. 柯瓦奇:《近代心理學歷史導引》,林方等譯,商務印書館 1982 年版,第 352 頁。

接使思維的「場方式」轉變為心理學。他所強調的「緊張系統」始終要趨於保持平衡的想法，都在格式塔美學那裡得到了彰顯。

1930 年代中期，在一些心理學家的共同努力下，格式塔心理學已經演變成「完善的體系」，心理學的一切重要領域和問題都被「完形理論」重新審視了一遍。然而，格式塔美學的真正成熟卻是在大約 20 年之後。格式塔心理學的系統化，為格式塔美學走向巔峰奠定了堅實的基礎；反過來說，格式塔美學也從審美角度（特別是視知覺角度），充分完善了格式塔心理學。

從整個心理學系統來看，「隨著完整性、趨合（closure）、蘊含和成員特性等原理的發揮和闡釋，完形論者認為剩下來的問題主要是把這個學說應用於複雜的人類情境，要這樣做，正像他們所看到的那樣，唯一有效的辦法是一步一步地進行探討。這方面突出的創造是完形論者論述藝術的著作：特別是有關音樂、素描、雕刻和建築等領域都適用的全部動力概念體系了。於是，在《藝術與視知覺》中，空間（或者時間）結構被充分而系統地連繫於完形原理加以研究；觀賞藝術中的運動、明暗、色調以及更複雜的象徵方面的研究也發展起來」[688]。在格式塔美學的建樹中，可以清晰地看到以前的完形心理學家所創立的基本方法對美學研究的內在影響。毋庸置疑，阿恩海姆（Rudolf Arnheim, 1904-2007）作為 20 世紀的心理學家，他在格式塔美學領域所做的創造性研究足以使其名垂青史。

格式塔美學作出的具有轉折意義的貢獻是顯而易見的，它改變了美學的主流傾向，開啟了一種新的美學思路：「如果沒有格式塔主義（Gestaltism），今日藝術的任何沉思將仍由美的形而上學、批評的哲學抑或內省的心理學所構成。我們對格式塔主義表示感謝，它用對知覺的有條不

---

[688] G. 墨菲，J. 柯瓦奇：《近代心理學歷史導引》，林方等譯，商務印書館 1982 年版，第 360 頁。

素的反思，對各種起源及其效果的實驗性解析，取代了對藝術含混不清的或在理論假設性的沉思，它闡明了藝術品，透過被創造和感知的一系列形式，使藝術品成了單個事件（a single event）……格式塔心理學要求我們既要有情感的又要有理智的分析（noetic analytic）」。[689]

格式塔心理學實際上已經形成了一系列相對穩定的形式法則，可以稱之為「格式塔法則」（Gestaltgesetz）。這些原則包括：越接近的東西越容易構成完形，即「接近性」（proximity）；越相似的東西越容易構成完形，即「類似性」；趨於封閉的東西容易構成完形，即「封閉性」；趨於連繫的東西容易構成完形，即「連續性」；趨於規則的東西容易構成完形，即「規則性」。這些原則都成了格式塔美學在造型和視覺方面繼續研究的基本法則，它們在從形狀到色彩、從靜態研究到動態解析的美學研究中是隨處可見的。當這些潛在規則應用於美學問題研究時，一種天衣無縫的契合性和闡釋力便自然呈現了出來。「格式塔思想似乎已將一項基礎性的任務強加於所有的美學研究形式，亦即去擔任對藝術品的形式分析的任務。即使不去理會其關於均衡和心理－生理同構的基本原理，格式塔思想也構成了一種科學的方法論，並將之應用於藝術之中。」[690]

應該說，阿恩海姆在美學領域是最主要的所謂「正統」格式塔主義者。然而，除他之外，格式塔的美學分析精神也被許多致力於藝術研究的學者所運用。其中，受阿恩海姆的《藝術與視知覺》影響的最重要的藝術史家，就是貢布里希（Ernst Hans Josef Gombrich, 1909-2001）。他在其名著《藝術與錯覺：圖畫再現的心理學研究》（*Art and Illusion: A Study in*

---

[689] Mikel Dufrenne, *Main Trends in Aesthetics and the Science of Art*, New York: Holmes & Meier Publishers, 1979, pp. 121-122.
[690] Mikel Dufrenne, *Main Trends in Aesthetics and the Science of Art*, New York: Holmes & Meier Publishers, 1979, p. 129.

the Psychology of Pictorial Representation）中，承認對阿恩海姆的「視覺物象」理論有所接受，並在後者論述兒童藝術的章節中受益匪淺。[691] 同時，他也談到另外一位深受格式塔心理學影響的奧地利藝術心理學家埃倫茨維格（Anton Ehrenzweig, 1908-1966）。

真正使埃倫茨維格獲得世界聲響的，是他 1953 年用英文寫成的《藝術視聽覺心理分析》，其副標題為「無意識直覺理論引論」。埃倫茨維格直接將「格式塔心理學」與「精神分析心理學」這兩大流派融合起來解釋藝術心理現象，從而取得了巨大成就。該書探討的主要是「隱藏在藝術作品無意識結構後面的非具象形式因素（inarticulate form elements）」[692]。換言之，這本書探討的是「知覺過程」的「無意識結構」，並透過這種無意識結構來解析人們究竟如何主動創作和被動欣賞那些無意識的形式因素。從美學的角度來看，這本書是考察藝術形式與彙聚在藝術形式上的知覺之關係的。

《藝術視聽覺心理分析》的核心議題，是揭示「表層知覺」與「深層知覺」的基本內涵及其相互關係。按照埃倫茨維格的觀點，格式塔心理學的「完形原則」只適用於有意識的「表層知覺」範圍，但超出這個範圍，尤其是達到了深度心理的層面，或者從心理表象向內心深處前進時，就會出現一種全新的原則。這種原則可以稱之為「完形原則的逆定理」，因為它與「完形原則」所堅持的諸如「精確」、「簡單」、「單義」的性質相反，趨向於某種「模糊」、「混合」、「多義」的性質，這正是佛洛伊德所揭示的潛意識世界的性質。在視覺心理學層面上，作者又區分了「深度視覺」

---

[691] E. H. 貢布里希：《藝術與錯覺——圖畫再現的心理學研究》，林夕等譯，浙江攝影出版社 1987 年版，第 30 頁。

[692] 厄稜費爾：《藝術視聽覺心理分析——無意識知覺理論引論》（第 1 版），凌君等譯，中國人民大學出版社 1989 年版，第 11 頁。

與「表層視覺」，就後者這種普通的視覺而言，兩張不同對象的照片無法被同時觀察（除非被拼合到一塊），但是，在前者的視界裡，諸如「重置的視覺」之類的現象是可能的。

埃倫茨維格似乎更關注的是「深層幻想」，因為這些幻想已經超出了完形的範圍，呈現出非具象的、雜亂的、未分的、朦朧的、迷置的本性，這正是許多現代主義藝術夢寐以求的藝術效果。他讓大家千萬不要忘記那些被「深層知覺」捕捉的非具象的東西，比如畫家草圖上看似雜亂紛呈的信筆塗抹，因為這些看似偶然、瑣碎的東西，恰恰是與「深層知覺」相對的。而人們的「表層知覺」則直接與所謂「『良好』的完形」或者「『良好』的格式塔」相匹配，因為它要符合精確、簡潔而整齊劃一的審美原則。換言之，「表層知覺」與「深層知覺」所遵循的原則恰恰相反，但兩者又是相輔相成的。

在埃倫茨維格看來，當這兩種知覺形成互動時，就能由此產生出一種關於藝術形式的「新動力理論」的內核。這種互動過程是這樣被描述的：「非具象深層知覺的存在是以破壞表層知覺為條件的，它的增加造成了一種雙重的具象過程，而透過這種過程，表象知覺又重新恢復了充滿活力的控制力量。這種過程將一種新的物體意義注入物體範圍外的形式因素（我們將這個過程稱之為『繼發具體化』）；這種過程還把具象的完形投射到藝術形式範圍外的因素上（我們將這個過程成為『繼發完形潤飾』）」，這兩種具象過程的動力機能是源自一體的。無論是「繼發具體化」還是「繼發完形潤飾」，都是要將原來的非具象形式因素提升到表層知覺裡面，從而以這種過程豐富表層知覺，也將表層知覺擴大到無意識的深層知覺的層次上。就此而論，這種從深層到表層的運動基本上是「向上」的，就像佛洛伊德所說的本我逃逸出壓抑機制而浮出水面。但從另一個角度看，深層

知覺形成了對具象的表層知覺的威脅，或者說，前者對後者形成了一種「拉力」。這種拉力就是精神分析所謂的「壓抑過程」，它把知覺拉向了非具象的深層知覺層次。就此而言，從表層到深層的這種運動基本上是「向下的」。

總之，在對現代主義藝術的新趨勢的闡釋中，埃倫茨維格的「視覺心理學」走的是一條「綜合」之路：格式塔心理學的「精神分析化」或者精神分析心理學的「格式塔化」，亦即完形心理學的「深度心理化」或者深度心理學的「完形化」。

除了這些「格式塔美學家」的建樹以外，格式塔心理學對其他美學家的影響力也是巨大的。「現象學家們」在格式塔理論有關「形式與意義」之間關係的，迄今仍是精妙發現的基礎上，建構了一種意向主義（intentionalism）和意義的完整性哲學，從廣義上說，這種理論傾向包括梅洛—龐蒂、杜夫海納（M. Dufrenne, 1910-1995）和克萊因（R. Klein）。「藝術社會學」也強調分析「文化模式」的重要性，這些範型在後來的圖像學分析中被作為一個意義層面而廣泛採納，如潘諾夫斯基、貢布里希和薛弗（Jean Louis Schefer, 1938-2022）都具有這種思維取向。[693] 如果從狹義來說，受到格式塔直接影響的美學家，就視覺藝術領域而言，無疑阿恩海姆是領銜者，在聽覺藝術領域，倫納德·邁耶爾也是一位突出的代表，因為他在《音樂的情感與意義》（*Emotion and Meaning in Music*）當中有保留地並極富啟發性地應用了格式塔原理。[694] 此外，格式塔心理學對哲學美學的影響，還可以在安德魯·烏申科（Andrew Ushenko）的《藝術動力學》（*Dynamics of Art*）中找到，他借助「場論」提出了審美的「向量場」

---

[693] Mikel Dufrenne, *Main Trends in Aesthetics and the Science of Art*, New York: Holmes & Meier Publishers, 1979, p. 129.

[694] 邁耶爾：《音樂的情感與意義》，何乾三譯，北京大學出版社 1991 年版。

（vector field）論；同樣，在哈羅德・奧斯本（Harold Osborne, 1887-1985）的《美的理論》（*Theory of Beauty*）和《美學與批評》（*Aesthetics and Criticism*）當中，他所提出的美的「構形理論」（configurational theory）亦受到了格式塔心理學的深刻影響[695]。這些都充分說明，儘管在阿恩海姆之後沒有再出現大的格式塔美學家，但是格式塔心理分析的要素，卻被其他各種美學思潮所吸納。

第一節　阿恩海姆

阿恩海姆是一位影響深遠的心理學家和美學家，他最突出的貢獻是在美學方面對「格式塔心理學」的獨特發展，整個「格式塔心理學」大廈由於他的貢獻而顯得更加巍峨挺拔。

一、生平和著述

阿恩海姆 1904 年出生於柏林，由於他的大姐與德國藝術家、藝術史家巴特（Kurt Badt, 1890-1973）結婚，後者教授他最基本的藝術理念。所以，1923 年在柏林大學學習期間，他的主要學術興趣是心理學，當時的心理學是哲學的一個分支，所以他在大學階段學習的最重要的兩門課程是心理學和哲學，同時還修了美術史和音樂史。這對他的一生產生了重要影響，其畢生成就都是建基在藝術心理學上的，同時，《視覺思維》這樣的著作也富有哲學色彩。他的工作就是在西方哲學的既定框架內進行的，但在來自柏拉圖的理性主義與來自亞里斯多德的經驗主義之間，他義無反顧地選擇了後者。

---

[695] Monroe C. Beardsley, *Aesthetics from Classical Greece to the Present: A Short History,* New York: Macmillan, 1966, pp. 382-383.

　　正是這種介於心理學與藝術之間的居間狀態，使阿恩海姆在大學期間就關注「格式塔心理學」並畢生投入這方面的研究當中。他這種做法直接得益於「格式塔心理學」的兩位奠基者：科勒和韋特墨。後者由於指導阿恩海姆的論文而成為他的良師。阿恩海姆完成於 1928 年的博士論文，主要致力於研究表現問題，韋特墨特意為他設計了「匹配的經驗」，使這篇論文成為論述表現問題的經典之作。

　　阿恩海姆最早的研究成果出現在電影領域，1932 出版的德文版《作為藝術的電影》[696]，將「視知覺」原則應用於電影分析，認定攝影術只是對自然的「機械模仿」，因而不應被稱為藝術，但電影卻是不折不扣的新藝術形式。這本書堪稱是對「默片時代」電影的理論總結之一。隨著納粹在德國肆虐，具有猶太血統的阿恩海姆 1933 年只能離開德國來到羅馬，他的著作也遭到查禁。第二次世界大戰爆發後他又來到英國，直至 1940 年才移居美國，並在 1943 年到 1968 年先後被聘為紐約社會研究院新校和勞倫斯學院的心理學教授，1968 年開始擔任哈佛大學「視覺與環境中心」的藝術心理學教授直至退休。他不僅擔任過一年美國美學協會會長，還曾三度擔任美國心理學會的「心理學與藝術分會」主席。

　　阿恩海姆的主要學術成就都是在美國取得的，其中包括 1954 年使其名聲大噪的《藝術與視知覺：創造之眼的心理學》，1974 年，他對該著作進行了全面修訂，當時在世界範圍內已經出現了 14 種以上的譯本。他一生著作頗豐，其他著作還包括：《走向藝術心理學》（*Toward a Psychology of Art*）、《視覺思維：審美直覺心理學》（*Visual Thinking*）、《藝術心理學新論》（*New Essays on the Psychology of Art*）等，其主要著作幾乎都有中譯本。

---

[696] Rudolf Arnheim, *Film as Art*, Berkeley & Los Angeles: University of California Press, 1957.

二、「異質同構」的「視知覺」理論

　　阿恩海姆在「視覺心理學」方面的建樹是有目共睹的，他對人類的視覺有自己獨特的理解。他最反對將觀看僅僅視為對刺激的被動反應，因為這種反應完全由刺激物駕馭，事實上，人類的觀看活動，是由觀看者的主觀能動性操縱的。那麼，人眼的盯視作用是怎樣完成的呢？阿恩海姆提出了「格式塔心理學」的解答：「盯視，可以被看作是一種使緊張狀態消失的活動。剛進入視野的刺激物是偏離視域的中心的，這樣就導致了視野自身的中心與一個新的或陌生的中心之間的對立。或者說，形成了闖入的外部世界的秩序與已有的內在世界的秩序間的衝突，從而產生出一種緊張。而這種緊張要想消失，就必須透過眼睛的運動使這兩個中心重合，以便使內部的秩序（結構）適應外部的秩序（結構）。在這種情況下，外部結構中所有有感的部分便被置於內部結構的中心部位。」[697]

　　當然，阿恩海姆的「視覺心理學」的核心思想主要表現在《藝術與視知覺》裡，這部專著已成為 20 世紀被閱讀次數最多的關於藝術的書籍之一。它可以說是在本被視為捉摸不定的藝術領域內，運用心理學的科學理性進行「透視」的視覺美學典範之作。或者說，它縮短了科學與藝術知識之間的溝壑，使人們一方面保留了對藝術的天生的敏感、知覺、自我表現，另一方面又能運用科學進行理性分析，而且，這種分析是令人信服的。

　　就《作為電影的藝術》而言，阿恩海姆的理論就已經初具格式塔心理學美學的「雛形」。這是因為說明電影是一種藝術，不僅必須說明電影的每一要素都是完美的，而且必須說明其諸如悅耳的音調、和諧與總的合成

---

[697]　阿恩海姆：《視覺思維》，滕守堯譯，光明日報出版社 1987 年版，第 70 頁。

物這些要素的完美也是相互關聯的。每一個結構都為整體服務，某一個結構無論是增還是減都會影響整個作品。[698] 這種獨特的心理學所揭示的整體先於部分並決定部分性質的「格式塔質」被突顯了出來。

　　就基本的視覺美學觀念而言，阿恩海姆接受了 20 世紀初心理學的「場」（field）的觀念和相應的「物理場」、「心理場」和「張力」（tension）等概念，也接受了電化學領域的「力」這樣的範疇，形成了自己的獨特理論假說。他認為，「按照格式塔心理學家們的實驗，大腦皮層本身就是一個電化學力場，電化學力在這兒自由自在地相互作用，不像它們在那些相互隔離的視網膜受器中那樣，要受到種種限制。也就是說，這個視皮層區域中的任意一個點，只要受到刺激，就會立即將這種刺激擴展到臨近的區域中。……韋特墨認為，在大腦視皮層中，局部的刺激點與局部刺激點之間的相互作用是一種力的相互作用。……至此，我們可以把觀察者觀看到的這種『力』，看作是活躍在大腦視中心的那些生理力的心理對應物，或者就是這些生理力本身。雖然這種力的作用是發生在大腦皮質中的生理現象，但它在心理上卻仍然被體驗為是被觀察事物本身的性質。事實上，視覺觀察到的這些力的作用，與發生在真實的物理對象中的作用，是沒有什麼區別的」[699]。

　　根據目前的心理學成就來看，人類的大腦還像個「黑盒子」一般，我們一般只能透過「刺激－反應」的輸出資訊去猜測大腦究竟如何運作，特別就審美這種相對複雜過程而言究竟是如何變化的。阿恩海姆將審美心理學直接建立在科學的基礎上，但他所提出的「大腦力場說」也只是一種理論闡釋的模型，儘管作者堅信它客觀存在。他的貢獻主要在於直接區分了

[698] Rudolf Arnheim, *Film as Art*, Berkeley & Los Angeles: University of California Press, 1957, p. 156.
[699] 阿恩海姆：《藝術與視知覺》，滕守堯等譯，中國社會科學出版社 1984 年版，第 10 － 11 頁。

「物理的力」、「生理力」及其「心理對應物」的差異，並認定它們之間具有某種「異質同構」的對應和匹配的基本關係。更關鍵的是，阿恩海姆認定，在同一「物理－生理（及心理）」的發生過程裡面，物理場形成的力的張力與生理、心理場的對應的力的張力，具有相同的「張力結構」。《藝術與視知覺》正是透過一個個貼切的例證，來說明這種「異質同構」現象是真實存在的。

阿恩海姆在 1971 年出版的《熵與藝術》（*Entropy and Art*）就更加突出了這一點。其實，面對藝術的心理狀態有些類似熱力學的「熵」狀態。當然，後者原本指的是從「溫差狀態」轉向一種「均勻的熱量散布狀態」，因而也是從有序狀態向無序狀態的轉化。但兩者的差異也是明顯的，「因為格式塔規律被描述為趨向秩序，而熵則趨向非秩序。格式塔規律所反映的是人需要的平衡，而不屬於熵反映的物質世界趨向的死寂。……藝術所追求的是一種動態的平衡，這種平衡只有人才能創造出來」[700]。其實，對藝術的審美心理倒像是一種「反熵」的體驗，因為這種心理過程是從無序到有序的。當一種審美刺激出現的時候，面對物理立場的變化，觀看者的內心的「生理－心理力場」透過人的眼睛的捕捉開始變化。這種被刺激的過程，是趨於將日常的沒有方向的無序心理導向有特定方向的心理有序的狀態，在刺激過後，心理又重新恢復到日常狀態。這便是一次「格式塔」事件發生的過程。

阿恩海姆的論述可以證明這種「格式塔審美心理」是如何發生、發展和結束的：「從本質上說，一切知覺活動都是能動的活動。……知覺活動所涉及的，是一種外部的作用力對有機體的入侵，從而打亂了神經系統之

---

[700] 滕守堯：《阿恩海姆》，參見《當代西方哲學家評傳》第八卷，山東人民出版社 1996 年版，第 176 頁。

平衡的總過程。我們萬萬不能把『刺激』想像成一種把一靜止樣式極其溫和地印在一種被動的媒質上面的活動，所謂『刺激』，實則是用某種衝力在一塊頑強抗拒的媒質上面猛刺一針的活動。這就好像是一場戰鬥，有入侵力量發起的衝擊，遭到生理力的反抗，後者挺身而出，死命消滅入侵者，或者至少要把這些入侵的力轉變成為最簡單的樣式。這兩種互相對抗的力相互較量之後所產生的後果，就是最後生成的知覺對象。……在任何情況下，『刺激』都不會造成一種靜止的樣式，只要光線刺激達到大腦的視覺中心，推力和拉力就會持續一陣子，最後產生出的相對穩定性不是別的，而是相互對抗的力達到的暫時的平衡或動態平衡。……事實上，一切視覺現實都是視覺活動造成的。只有視覺的活動，才能賦予視覺對象表現性，也只有具有表現性的視覺對象，才可能成為藝術創造的媒介。」[701]

三、「創造之眼」的心理功能

　　依據這種基本格式塔心理學構架，阿恩海姆在《藝術與視知覺》中解析了「創造之眼」的心理功能與「審美之眼」的能動創造性。心理層面的「這種能動作用既不是觀賞者對畫進行想像的結果，也不是被畫的事物與觀賞者之間相互作用的結果，而是來自繪畫形式本身所產生的視覺矛盾及其造成的緊張力」[702]。具體方面包括形狀、空間、光線、色彩這些基本的「形式因」，還包括運動、張力、表現這些主要的「變化因」。比如，《藝術與視知覺》的前半部將「簡化的形狀」、「有秩序的組合」、「清晰的重疊」、「圖形和背景區分鮮明的構圖」、「由光線和距離表現的空間感」等「知覺要素」都一一呈現出來，並認為在藝術創造中只有使「形象」準

---

[701] 阿恩海姆：《藝術與視知覺》，滕守堯等譯，中國社會科學出版社 1984 年版，第 567 － 568 頁。
[702] 阿恩海姆：《藝術與視知覺》，滕守堯等譯，中國社會科學出版社 1984 年版，第 174 頁。

確，才能將「主要的視覺特徵」傳遞出來。

在分析過「二維」的面之後，阿恩海姆甚至「假設」人的大腦皮層也有「三度性」，「既然視覺事物具有三個度，那麼在大腦視皮層中也一定具有三個度。大腦視皮層這些度，在本質上不一定是空間的，知覺對象中的一切空間關係也不一定在大腦視皮層中找到準確的副本。……（但可以）把視覺皮層區域設想成為一個三度的算盤。在這個三度的算盤中，每一個算盤都代表著來自視網膜不同點的刺激」[703]。阿恩海姆對這種大膽的假設都做了小心的求證，儘管它僅僅是一個假設而未被證實，但由此推出的結論卻是正確的：要判定一個式樣究竟是二度的還是三度的，取決於哪一種觀看方式能夠產生出「較簡單的式樣」。因為按照格式塔心理學的觀念，人們在觀看一個視覺對象時，在心理上總是容易接受那些被趨於「簡化性力量」的對象。

實際上，圖像投射在視網膜上的投影都得到了不同程度的「變形」。比如就視網膜的投影而言，每一個物體都隨著離觀者的距離的增加而變小，然而，大腦模型裡的效果卻是離得越遠就越大。這兩種相反傾向充分說明：凡是由視網膜所產生的變形，都已經被大腦進行過某種矯正。恰恰是這種矯正使物理事物的形狀與大小，與心理所經驗到的形態和大小保持一致。但是，普通心理學上的「恆常原則」（所見式樣大小和形狀與原物接近）卻在許多情況下並不適用，甚至可以被視為基於偶然標準而作出的。具體來說，當物理對象的形狀不規則時，也就是不趨於「簡化性」時，例如現實裡的大多數山峰，對這類山峰的投射式樣看上去就不是由簡化的式樣變形而來的。在大多數情況下，恆常原則顯然不適用，此時視覺到事物的立體性要依靠其他要素。這恰好證明了阿恩海姆的另一個結論：

---

[703] 阿恩海姆：《藝術與視知覺》，滕守堯等譯，中國社會科學出版社 1984 年版，第 341 － 342 頁。

在恆常原則不起作用的大多數情況下，「投射在眼睛裡的式樣是一個最簡單化的式樣，而不是真實的式樣」，或者說，看到的圖形與物理對象的式樣明顯不同。

這些很細微的「視覺心理學」的規律都被阿恩海姆揭示了出來。格式塔心理學的傑出貢獻在於那些趨向於「動感」的形式分析方面，這無疑是對傳統的趨於「靜態」的形式美學的一種積極推進。

《藝術與視知覺》對「運動」的解析也常常為人所稱道。因為許多自然物都是運動的，同時，靜態自然物的形狀也多半是物理力作用之後留下的痕跡。因此，正是自然力的運動、擴張、收縮和成長才塑造出自然物的形狀。具有「生理－心理力」的人的眼睛和大腦，透過那些不動的式樣所「看到」的「運動」或者「具有傾向性的張力」，正是生理力的活動造成的，「換言之，我們在不動的式樣中感受到的『運動』，就是大腦在對知覺刺激進行組織時激起的生理活動的心理對應物。這種運動性質就是視覺經驗的性質，或者說，它與視覺經驗密不可分，正如視覺對象的那些靜態性質 —— 形狀、大小、色彩，與視覺經驗密不可分一樣」[704]。關鍵在於如何把現實的物理力，透過人們的眼睛轉化為觀者的「視覺力」。

其實，在阿恩海姆看來，無論是「事物」還是「事件」，都是「力的式樣」的不同表現形式，因此兩者並沒有根本的區別。他得出的結論是連「時間藝術」與「空間藝術」都沒有什麼本質區別。顯然這有悖於傳統的既定觀念。就傳統美學視為以時間穿透空間的舞蹈和戲劇而言，當演員穿過舞臺時，就是「力的拓展」變成了「真實的物理力的拓展」，它們的全部活動是由物體確定的，這些物體又是其所做的事確定的。就傳統美學視為空間藝術的繪畫和雕塑而言，「物體的永恆的平衡，是由活動的力量建

---

[704] 阿恩海姆：《藝術與視知覺》，滕守堯等譯，中國社會科學出版社 1984 年版，第 568 頁。

立起來的，這些力量或是要互相排斥和吸引，或是向著某一特定的方向推進，但總是要在形狀和色彩組成的空間次序中顯示自身」[705]。因此，前一媒介是「透過存在確定活動」，後一媒介是「用活動確立存在」，兩者在阿恩海姆那裡是融通的。因此，無論是繪畫雕塑的「空間的時間化」，還是舞蹈戲劇的「時間的空間化」，本質上是相連與融通的。

按照關於運動的格式塔規律，我們可以從中借鑑到對中國藝術門類（例如書法）的「表現性運動」的闡釋：「按照同樣的道理，我們還可以在鋼筆和毛筆的筆跡中直接知覺到手的運動。書寫的過程，實則是用內在的力量將那些標準化的字母構成的形狀再製造的過程。……如果書寫時用力充分，就會使字母向著運動的方向傾斜（大部分是向右方傾斜），還會使字母中的拐角消失，字跡模糊，細節部分也會被刪略掉。在這樣的字體中，由於每一筆劃幾乎是一氣呵成的，就使得字體失去了原來的形狀，變得難以辨認。筆跡學家還能從筆跡的諸種特徵中，間接地揣度出一個人的氣質（或者衝擊力）與個人意志力間的力量對比。……因此，書法一般被看作是心理力的活的圖解。」[706] 儘管阿恩海姆的體驗主要是透過拼音文字的書寫得到的，但是，這種來自西方學者的思考，用於解釋書法與運動過程的關係、書法與個人氣質的關係等，無疑具有重要的啟示價值。

四、「視覺是一種思維」

在 1969 年出版的最富哲學意味的《視覺思維：審美直覺心理學》中，阿恩海姆一改過於實證的傾向，試圖從哲學高度來考察「視覺美學」的基本問題。「視覺思維」，顧名思義，就是認為「視覺」是一種「思維」。他

---

[705] 阿恩海姆：《藝術與視知覺》，滕守堯等譯，中國社會科學出版社 1984 年版，第 517 頁。
[706] 阿恩海姆：《藝術與視知覺》，滕守堯等譯，中國社會科學出版社 1984 年版，第 591 頁。

首先反對的是歐洲傳統中「知覺與思維的割裂」[707]，因而偏信思考而不信任感覺，難怪近代意義上的「美學」即使在建構之初也被認定為「低級認識論」。這就是阿恩海姆所謂「推理認識」對「知覺認識」的傳統性壓制，但在格式塔心理學者看來，這兩者恰恰是相互補充而且不可分離的。

「知覺與思維相互需求。它們互相完善對方的功能。知覺的任務應該只限於收集認識的原始材料。一旦材料收集完畢，思維就開始在一個更高的認識水準上出現，進行加工處理的工作。離開思維的知覺會是沒有用處的，離開知覺的思維則會失去內容。」[708] 但這種原始的關聯還不夠，阿恩海姆始終強調「視知覺」並不是低級認識，因為視覺本身不僅僅具有選擇性，而且還能對刺激物進行能動的加工和改造，它本身已經成了與思維彼此頡頏的高級活動。傳統心理學把思維與視覺區分為截然不同的領域，從而將「眼睛接受的資訊」與「處理這些資訊的過程」割裂開來。事實上，在最初級的視覺經驗裡面，「被動接受」的知覺與「積極的知覺」都是有差異的，在審美過程中，知覺往往就是積極而複雜的。在這個意義上，《視覺思維》直接把知覺定位為一種認識，當然，這裡的認識已非歐洲近代認識論意義上的認知，而是被進行了更廣泛的理解，用於指接受資訊、儲存資訊和加工資訊時涉及的一切心理活動。

這樣，所謂「視知覺」就是「視覺思維」！[709] 以視覺為紐帶，知覺與思維也是融通的。阿恩海姆特別強調「視覺」在知覺和思維理念中的重要性。在後來〈視覺思維辯〉中，他認為「知覺的思維趨向於可視的，而且，事實上視覺是唯一的可以在其中以足夠的精確性和複雜性表現空間

---

[707] 阿恩海姆：《視覺思維》，滕守堯譯，光明日報出版社 1987 年版，第 42 — 44 頁。

[708] 阿恩海姆：〈視覺思維辯〉，《藝術心理學新論》，郭小平等譯，商務印書館 1994 年版，第 184 頁。

[709] 阿恩海姆：《視覺思維》，滕守堯譯，光明日報出版社 1987 年版，第 56 頁。

連繫的感覺樣式」，乃至「思維主要是視覺思維」。[710] 儘管我們無法接受這種過於極端的觀點，但他對「視知覺」或「視覺思維」的解析，卻成了「視覺心理學」的重要一維，亦即「格式塔心理學」的一維。

　　然而，必須補充說明，阿恩海姆的心理學分析是全面的，他透過格式塔心理學對於整個藝術現象都有所描述，同時並沒有完全拋棄再現的要素。這是由於「一個藝術形象不僅僅是知覺活動的產物，同時又是再現活動的產物。所謂再現，也就是某種刺激物中重現發現形象的過程；而所謂知覺一個物體，不過是把投射在視網膜上的未加工的刺激材料加以組織的過程。而要對知覺的結果加以再現，就必須運用某種特定的媒介物去創作出某種與知覺結果相對應的形象」[711]。

　　總而言之，作為建基在格式塔心理學之上的美學流派，「格式塔美學」在整個 20 世紀美學史當中的建樹是獨樹一幟的，儘管它的輝煌時期集中在 20 世紀中葉，但是其持續性的影響卻已跨越到了新的世紀。

第二節　倫納德・邁耶爾

　　倫納德・邁耶爾 [712]（Leonard B. Meyer, 1918-2007）幾乎可以說是 20 世紀的見證人。他是美國著名的音樂美學家、文化史學家、哲學家，他把心理學、哲學和文化史的研究方法綜合進對音樂的鑑賞和音樂理論的分析之中，是 20 世紀音樂美學界的代表性人物。20 世紀興起的格式塔心理學、實用主義哲學以及結構主義和符號理論等思想潮流，都或多或少地影響著

---

[710] 阿恩海姆：〈視覺思維辯〉，《藝術心理學新論》，郭小平等譯，商務印書館 1994 年版，第 195 － 196 頁。

[711] 阿恩海姆：《藝術與視知覺》，滕守堯等譯，中國社會科學出版社 1984 年版，第 176 頁。

[712] 有學者把外國人的姓 Meyer，翻譯為「邁耶」或「梅耶爾」，但根據英語姓名的發音規則和當今國內學者的通常譯法，應選擇「邁耶爾」這個譯名。

邁耶爾音樂理論的形成。如果說，阿恩海姆在視覺藝術的研究中，成功運用和發展了格式塔心理學美學的理論和原則，那麼可以說倫納德‧邁耶爾在聽覺藝術的研究中，特別是在對音樂的分析中，做了和阿恩海姆類似的工作。與阿恩海姆稍稍不同的是，倫納德‧邁耶爾沒有把格式塔理論作為自己音樂研究的理論基礎和前提，他一再強調自己從格式塔理論那裡借來的是分析的材料和已被學界認可的原則。因此，把邁耶爾作為格式塔美學的代表性人物，主要是強調他成功運用格式塔理論的原則分析音樂藝術所取得的輝煌成就。但實際上邁耶爾本人的音樂美學思想則具有相當的複雜性和開放性。

一、邁耶爾的生平與著述

1918 年 1 月 12 日，邁耶爾在紐約出生，家裡富有濃厚的音樂文化氛圍。邁耶爾的父親收藏有大量的音樂經典，而且喜歡為孩子朗讀文學作品，講述經典的文學故事。邁耶爾從小喜愛自然，喜歡聆聽音樂。他 8 歲開始接受正規的音樂教育，直到 1949 年，他在哥倫比亞大學取得音樂作曲方面的碩士學位，他在音樂學習和創作方面所展示的天賦和取得的成績，與其說得益於多年的學院式的音樂教育，不如說是其家庭環境薰陶的結果。

1936 年，邁耶爾開始大學生活，起初在巴德學院（Bard College）學習和聲和對位。在三年級時，轉學哥倫比亞大學，跟隨史特凡‧沃爾普（Stefan Wolpe, 1902-1972）學習作曲。在學習期間，邁耶爾就展現出了在作曲和音樂理論方面的獨特天賦。沃爾普對他的影響遠遠超越了一位作曲老師可及的範圍。他引導邁耶爾關注音樂的動力性結構，注意從綜合辯證的角度，從觀念、歷史和文化等宏大的背景去理解音樂事件之間的連繫，

要設法賦予無生氣的死音程（dead intervals）生命活力。正是沃爾普的影響，格式塔心理學理論的啟發，再加上邁耶爾從小就開始積累的豐富的音樂體驗，使邁耶爾在自己的音樂理論研究中提出了許多真知灼見。邁耶爾曾經說：「我從沃爾普那兒學到了許多音樂中最根本的東西，以及音樂進行的方式。現在我仍然把它們教給我的學生。」[713]

　　1942 年 3 月，邁耶爾被迫應徵入伍，開始了自己的軍旅生涯。作為步兵部隊中的一員，初期的軍旅生活充滿艱辛，必須經受艱苦而嚴格的訓練。邁耶爾經受住了各種考驗，並在 1945 年被任命為軍官，參加第二次世界大戰。戰爭的環境嚴酷無比，險象環生，不可能找到平靜安寧的時刻供音樂家去作曲，但邁耶爾在這樣的環境中並沒有忘記閱讀和思考。在嚴酷的環境中，他透過閱讀文學作品來獲得情感上的撫慰，他像一個政治哲學家一樣懷著責任感去思考戰爭的特點，像人類學家一樣觀察戰爭中部隊的行為。他開始質疑戰爭，他認為許多士兵並不理解戰爭的意義是什麼，不理解為什麼要打仗。他看到，除了戰爭，大多數士兵都忙著取暖、烘乾和加熱那些寒冷的裝備。士兵們在精神上的麻木，讓邁耶爾難以忍受。邁耶爾把這種思想上的麻木看作是人類最大的不幸。他認為，人的墮落源於自己的言行，並非命運注定。人類思想的高貴和尊嚴，不在於不動感情地等待真理，而在於滿懷著真誠的情感對真理的不懈追求和在無畏生活中嚴酷挑戰的信念。可以說，軍旅生活的磨練以及對戰爭中人類行為的思考，使邁耶爾的思想更加成熟，並由此奠定了其學術生涯的基調和方向。[714]

　　第二次世界大戰結束之後，邁耶爾也結束了自己的軍旅生涯。1946

---

[713] 轉引自高拂曉《期待與風格 —— 邁耶爾音樂美學思想研究》，中央音樂學院出版社 2010 年版，第 11 頁。
[714] 參見高拂曉《期待與風格 —— 邁耶爾音樂美學思想研究》，中央音樂學院出版社 2010 年版，第 12 — 13 頁。

年，邁耶爾與在戰爭期間結識的妻子結婚。婚後，他進入哥倫比亞大學攻讀作曲碩士學位，1949 年畢業。在碩士學習期間，邁耶爾創作了大量的音樂作品，其中的許多作品都被表演，有的甚至被改編成芭蕾舞劇。在大學的時候，邁耶爾的父親曾擔心他不大可能成為一名作曲家。因為邁耶爾的父親認為，作曲家需要天賦，而邁耶爾並沒有像莫札特那樣在很小的年齡就表現出作曲天賦。邁耶爾在音樂創作方面的成績，似乎推翻了父親的成見。但綜觀邁耶爾的音樂人生，父親的「成見」似乎也有幾分道理。在為他父親的 70 歲生日創作了一系列鋼琴變奏曲之後，邁耶爾就很少作曲。從此，他就開始了音樂美學的理論研究，以理論家的盛名享譽音樂界和學術界。

　　這種從創作到理論研究的轉折，應該開始於邁耶爾在芝加哥大學歷史文化研究院攻讀博士學位期間。在此期間，他有很多機會與來自不同學科領域的同事交流、溝通。其中，既有著名的音樂家、哲學家、心理學家，也有宗教學家。再加上邁耶爾本人對理論思考的熱愛，這種轉變就自然而然地發生了。1954 年，邁耶爾完成了博士論文《音樂的情感與意義》（*Emotion and Meaning in Music*），通過答辯並獲得博士學位。這象徵邁耶爾的學術興趣已經由作曲徹底轉向了音樂美學和心理學。1956 年，該博士論文在芝加哥大學出版社正式出版。這本書出版不久，就引起了學術界的注意，得到了很多好評。這本書奠定了邁耶爾在音樂理論界的地位，也成為公認的音樂美學領域的代表性著作，也是邁耶爾把格式塔心理學美學發現和確立的諸多原則成功地運用於音樂研究和音樂分析領域的典範之作。

　　除了《音樂的情感與意義》之外，邁耶爾在音樂美學的研究領域，還正式出版了以下著作：《音樂節奏的結構》（*The Rhythmic Structure of Music*），美國芝加哥大學出版社 1960 年出版；《音樂、藝術與觀念──

二十世紀文化中的模式與指向》（*Music, the Arts, and Ideas: Patterns and Predictions in Twentieth-Century Culture*），美國芝加哥大學出版社 1960 年出版第 1 版，1994 年出版第 2 版；《闡釋音樂：論文與探究》（*Explaining Music: Essays and Exploration*），美國芝加哥大學出版社 1973 年出版；《風格與音樂：理論、歷史與意識形態》（*Style and Music: Theory, History and Ideology*），美國費城賓夕法尼亞大學出版社 1989 年出版；《音樂領域：論文集》（*The Spheres of Music: A Gathering of Essays*），美國芝加哥大學出版社 2000 年出版。這些著作的核心內容，大都以單篇論文的形式在雜誌上發表過，但每本著作也都自成體系，代表著邁耶爾在音樂美學理論領域思考和探索的不斷深入，也代表著他的研究視野越來越寬闊，越來越開放。

二、音樂的意義問題

　　音樂的意義問題，是一個在藝術界，特別是在音樂界爭論不休的問題，也是一個關係到音樂的本質，甚至是人的本質的根本性問題。音樂到底是單純的前後相繼的一系列高低不同的聲音，還是人的情感的表達，這可以說是音樂學最根本的理論問題。邁耶爾不但不迴避對這個問題的討論，反而借助於格式塔心理學、杜威的情感心理學、蘇珊・朗格符號學美學理論，以及音樂資訊理論等理論資源，對這個根本問題進行了深入的探討，取得了獨特的成就。

　　音樂能否表達人的情感？在中國魏晉時期就有「聲無哀樂論」的講法，認為聲音與人的情感是分離的。然而，音樂對人的情感具有薰陶教化的功能，卻意味著音樂不可能與人的情感沒有關聯。格式塔心理學發現的人的許多認知規律，諸如完形認知趨向、整體性原則、組織性原則等，都

潛在地意味著人天生就具有審美的能力，人天生就具有賦予生活中遭遇到的萬事萬物以意義的能力。簡言之，可以說，人天生就是一種具有格式塔傾向的動物。

　　根據格式塔心理學揭示的認知規律，邁耶爾結合資訊理論中的情感刺激和反應模式，從刺激物、刺激物所指向的結果和有自覺意識的觀察者三者的關係出發，探尋音樂意義產生的機制。邁耶爾首先描述了一個發生學意義上的意義定義：「任何事物，當它與自身以外的某些事物發生連繫，或者指明或者參照這些事物，並使它自身的全部本質指向和展現在這一連繫之中，它就獲得了意義。」[715] 其次，他指出：「意義並不是事物的一種特性，它不能單獨地置於刺激物之中。同一刺激物可能有許多不同的意義。一塊大岩石，對一位地質學家來說，可能表明一條冰川在某一時期開始消退到某個地點；同樣一塊岩石，對一位農夫來說，可能顯示出為了耕作必須將它從田野清除出去；對一位雕刻家來說，岩石又可能暗示藝術創造的可能性。……因此，要詢問一個音符或一系列音符的內在意義是什麼，是無意義的，作為純粹的物質存在，它們是沒有意義的，只有當它們指向、表明或暗示某些自身以外的其他事物的時候，才具有意義。」[716] 然後，邁耶爾繼續對意義的來源問題進行詳細的闡明。他說：「意義也無法獨自處在某個刺激物所表明、涉及或暗示的對象、事件和經驗之中。岩石的意義是刺激物和它所指向或表明的事物之間的關係的產物。」[717] 然而，關係本身並不處在人的頭腦之中，觀察者所體驗到的意義也不純粹是主觀的。「音與音之間所存在的關係，或者那些音和它們所表明或意味著的事

---

[715] 倫納德・邁耶爾：《音樂的情感與意義》，何乾三譯，北京大學出版社 1991 年 8 月版，第 50 － 51 頁。
[716] 倫納德・邁耶爾：《音樂的情感與意義》，何乾三譯，北京大學出版社 1991 年 8 月版，第 51 頁。
[717] 倫納德・邁耶爾：《音樂的情感與意義》，何乾三譯，北京大學出版社 1991 年 8 月版，第 51 頁。

物之間的關係雖然是某種文化經驗的產物，但都是客觀地存在於文化之中的真正的連繫。」[718] 這種連繫不是聽眾的頭腦突發奇想隨意構造出來的。因此，邁耶爾總結道，意義既不存在於刺激物之中，也不存在於刺激物所指向的事物或觀察者的頭腦中，而是在刺激物、伴隨刺激物的指向所發生的結果和自覺的觀察者三者之間所構成的「三合一」關係之中。[719]

　　邁耶爾對音樂意義問題的闡釋，使他很好地避免了意義的絕對論者（absolutists）和參照論者（referentialists）所堅持的哲學一元論傾向。邁耶爾認為，在音樂的意義問題上，長期存在著絕對論者和參照論者兩種對立的立場。絕對論者認為，音樂的意義唯一地存在於音樂作品自身的上下文之中，與音樂之外的事物沒有關係。這種意義被邁耶爾稱為「絕對意義」（the absolute meaning）或非參照性意義（the non-referential meaning）。這種立場與音樂的自律論者和某些表現主義者所持的立場類似。而參照論者在音樂的意義問題上並沒有明確的表態，因為在他們看來，這個問題是毫無疑問的，是顯而易見的自明性問題。按照參照論者的立場，「音樂的意義在於音樂的符號或記號與它們所指定的音樂以外的事物之間的關係」[720]。參照論者的立場類似堅持音樂他律論者和大部分表現主義者的立場。邁耶爾認為，這種對立的立場間的矛盾並不是邏輯上的矛盾，這兩種在音樂意義上的立場是相互補充的關係。因此，邁耶爾在音樂的意義問題上所持的立場與絕對論者和參照論者的立場都不同，而是融合兩者，博採眾長，堅持一種類似於參照性的絕對主義立場。

　　對音樂意義問題的分析中，邁耶爾在側重分析音樂的絕對意義的前提下，進一步把音樂的意義類型區分為指稱意義（designative meaning）和

[718] 倫納德‧邁耶爾：《音樂的情感與意義》，何乾三譯，北京大學出版社 1991 年 8 月版，第 51 頁。
[719] 倫納德‧邁耶爾：《音樂的情感與意義》，何乾三譯，北京大學出版社 1991 年 8 月版，第 51 頁。
[720] 倫納德‧邁耶爾：《音樂的情感與意義》，何乾三譯，北京大學出版社 1991 年 8 月版，第 50 頁。

具體化意義（embodied meaning）。指稱意義是指「如同一個單字表明或指向一個本身並非語詞的對象或行為一樣，一個刺激物可以表明與它自身類型不同的事件或結果」[721]。反之，如果一個刺激物也可以指明或暗示與它自身同類的事件或結果，這一種意義類型就是具體化意義。如果把一個音、一個樂句或整個樂段的演奏稱為音樂事件，那麼在音樂的欣賞過程中，一個音樂事件發生的意義就在於它指向並使我們期待著另一個音樂事件的發生。可以說，音樂的具體化意義主要是指，音樂的刺激物或一系列刺激物所表明或指向的都不是音樂以外的概念或對象，而是將要發生的其他的音樂事件。[722] 音樂的具體化意義實際上就是指絕對論者所指的音樂的絕對意義或非參照性意義。邁耶爾認為，音樂的具體化意義在實現的過程中，要經歷一個從不確定到確定的發展過程。他把這個發展過程劃分為三個階段：假設的意義（hypothetical meanings）、明顯的意義（evident meanings）、確定的意義（determinate meanings）。

在邁耶爾看來，音樂的具體化意義是音樂欣賞者期待的產物，而欣賞者的期待又受制於對其對音樂風格的熟悉程度和自身的心理需求。

三、音樂期待與風格理論

對於音樂能否表達人的情感，對於如何解釋音樂的意義和欣賞者的情感體驗之間的關聯，邁耶爾借鑑了情感心理學的一條基本原理：「當一種趨向反應被抑制或被阻止時，情感或感情就會被喚起。」按照情感心理學的理解，所謂「趨向反應」其實就是一種「模式感應」。當它被刺激物啟動起來時，就會自動地發生作用或者潛在地趨向發生作用。邁耶爾認為，這種趨向

---

[721] 倫納德・邁耶爾：《音樂的情感與意義》，何乾三譯，北京大學出版社1991年8月版，第52頁。
[722] 倫納德・邁耶爾：《音樂的情感與意義》，何乾三譯，北京大學出版社1991年8月版，第52頁。

反應有的是有意識的，有的是無意識的，但是當反應的正常走向受到阻止或干擾時，反應的趨向就變成一個自覺的有意識的過程。邁耶爾把自覺的有意識的趨向稱為「期待」，而把期待發生的上下文語境系統稱為「風格」。

　　邁耶爾對「期待」與「風格」的理解與通常的理解不同。他在借鑑這兩個概念的一般意義的基礎上，結合欣賞者的音樂體驗，提出了有自己獨特理論含義的音樂期待和風格理論。邁耶爾區分了兩種期待：一種是先天性的期待，是以天然的方式產生的期待，這種期待是人類心理先天固有的內在傾向和習慣，是一種內在的心理認知原則；另一種是後天性的期待，是透過後天學習的方式產生的期待，這種期待是後天學習和訓練的結果。先天性的期待是由人類心理過程的性質決定的，人的內在的知覺能力總是不斷把感覺所提供的材料進行歸類和組織。後天性的期待，作為後天學習的結果，在人的生活中具有更重要的意義，甚至在發生的順序上也先於先天性的期待。因為，在邁耶爾看來，「我們按照一種特定的音樂語言去知覺和思考，正像我們按照一種特定的詞彙表和文法去思考一樣；同時，由一種特殊的音樂詞彙表和文法提供給我們的可能性制約著我們心理過程的運行，並因此制約著在那些過程的基礎上被接受的期待」[723]。像後天性的期待一樣，音樂欣賞者對音樂風格的理解和熟悉程度依賴於後天的學習和反覆聆聽。邁耶爾把音樂風格理解為被一群人所理解和運用的具有一定程度複雜性的聲音關係的體系。在這樣的風格體系中，存在著各種聲音組合的可能性，但是「任何聲音或聲音組合的同時發生或相繼發生，將或多或少取決於這個體系的結構，以及聲音所由發生的上下文」[724]。

　　一般的藝術風格概念，重在強調創作者的獨特個性。然而，邁耶爾的

[723] 倫納德‧邁耶爾：《音樂的情感與意義》，何乾三譯，北京大學出版社 1991 年版，第 61 頁。
[724] 倫納德‧邁耶爾：《音樂的情感與意義》，何乾三譯，北京大學出版社 1991 年版，第 63 頁。

音樂風格概念，是一個多層次的結構等級系統，注重音樂的形式結構，強調風格在音樂的接受、交流和理解方面的作用。邁耶爾對風格的定義，可以概述為以下幾點：（1）風格是期待的上下文；（2）風格是某種複雜的聲音關係的可能性體系；（3）風格是被某一特定時代具有相同文化背景的人們所共同理解和運用的模式和典型；（4）風格是一種內在的機率系統；（5）風格是一種人類行為中或人造物品中模式的複製，由在一組限制中做出的一系列選擇所產生。[725]

　　風格的形成是歷史、文化和意識形態等多種因素相互作用的結果。像語言的多樣性一樣，音樂風格也具有多樣性。不同的民族，不同的文化傳統，其音樂的風格也不一樣。風格也不是一成不變的，風格在穩定中是不怎麼發生變化的，這最終達到一種多元風格並存的狀態。

　　邁耶爾把這種風格狀態稱為「波動的穩定狀態」（fluctuating stasis）。

　　在對音樂的節奏和旋律進行分析時，邁耶爾在格式塔心理學良好繼續和完形法則的啟發下，提出了兩種情感反應模式：空隙－填充模式和暗示－完成模式。這兩種音樂體驗模式的提出，是在他的音樂「期待」理論的視野下完成的。然而，期待發生的背景和前提，卻是由音樂作品的風格所制約和決定的音樂作品的上下文關係。可以說，欣賞者的期待和音樂作品的風格都是音樂的意義得以發生和實現的前提和基礎。在音樂欣賞中，邁耶爾認為，期待和風格之間具有一種相互制約、相輔相成的密不可分的關係。沒有任何懸念，沒有任何意外因素發生的音樂作品，很難激起欣賞者的期待情緒，會讓人感到單調乏味。風格全新的音樂作品，欣賞者就會有理解的困難，音樂意義的充分發生也就無從談起。而且，邁耶爾還從資

---

[725] 高拂曉：《期待與風格 —— 邁耶爾音樂美學思想研究》，中央音樂學院出版社 2010 年版，第 120 頁。

訊理論的角度，論述了在旋律和節奏繼續的過程中，資訊冗餘與意義的不確定性對音樂欣賞和理解的重要作用。

四、音樂的價值問題

　　任何一個作曲家都會問：什麼是好的音樂作品？任何一個音樂家都會問：是什麼使音樂偉大？任何一個音樂欣賞者也會問：判斷一個音樂作品優劣的標準是什麼？邁耶爾認為，他自己在音樂的價值問題上並沒有確定的立場和最終的結論。面對這個無法迴避的問題，邁耶爾在〈論音樂中的價值和偉大性〉這篇文章中真切地描述了自己的態度和做法：

　　實際上，我試圖理解音樂中價值的本質，本希望僅提供限於審美領域的確定答案，結果卻是，這種努力進一步觸及一般的價值本質問題，並最終導向形而上的高深領域。既然對於這些問題，我的觀點仍在變動，那麼我既不會提出一套明確的價值理論，也不會對偉大性進行確切的描述。而是透過指出音樂中的價值與其他領域中的價值之間的相互關係，來提出一些觀點和方法。這樣也許會提供有益的洞見，並可能進而得出看似合理的結論。[726]

　　在邁耶爾看來，音樂價值問題的不可迴避性具有兩個似乎是不言自明的理由。首先，在生活中我們不斷地在為自己或他人做著價值判斷。比如我們在閒暇時選擇聽什麼樣的音樂作品，作為老師選擇哪首曲子在課堂上供學生鑑賞和分析，這必然都涉及價值相關的選擇問題。其次，在我們的藝術交流活動中，暗含著一種價值體系或價值排序。對於交流的描述和價值的描述，這兩者的關係就如同手段與目的，緊密連繫，不可分割。邁

---

[726] 倫納德・邁耶爾：《音樂、藝術與觀念 —— 二十世紀文化中的模式與指向》，劉丹霓譯，楊燕迪校，華東師範大學出版社 2014 年版，第 22 頁。

耶爾認為，「如果你對音樂交流的描述主要著眼於音樂所能引發的指涉性（referential）和聯想性（associative）狀態，或者更多強調的是僅限於音樂內部的意義，在這兩種情況下，你的價值判斷會有所不同」[727]。

受格式塔心理學的影響，邁耶爾認為音樂價值判斷的主體並不單單是音樂作品的創作者、欣賞者或評論家。對於音樂價值的性質，邁耶爾主要從音樂作品和欣賞者之間的關係來加以考察。他把音樂的價值看作是音樂經驗的一種特質。這種價值既不為音樂作品所固有，也不存在於欣賞者的心智理解中，而是產生於音樂作品和欣賞者之間發生的一種互動過程。這一過程受音樂傳統的客觀條件制約。可以說，「任何特定音樂經驗的價值既是欣賞者反應能力（即他習得該音樂風格）的結果，也是其反應方式的結果」[728]。

對於如何判斷一首曲子的優劣，如何判斷一部音樂作品偉大與否、價值高低，邁耶爾認為，沒有一套固定不變的技術標準可以遵循。但是在音樂鑑賞中，邁耶爾還是試圖努力給出一個相對清晰的可供參考的價值標準。邁耶爾區分了音樂鑑賞的三個方面或者說三種音樂欣賞的方式：感官的（the sensuous）、特徵聯想的（the associative-characterizing）和句法結構的（the syntactic）。[729] 這三個方面或三種鑑賞的角度，其實是不可分的。每一首曲子的鑑賞，其實都包含著這三個方面，只是側重點有所不同而已。感官性欣賞重在強調審美愉悅的直接滿足或延遲滿足；特徵聯想性欣賞重在強調賦予進行中的音樂事件特徵，能夠引起對音樂進行的機率性

---

[727]　倫納德·邁耶爾：《音樂、藝術與觀念 —— 二十世紀文化中的模式與指向》，劉丹霓譯，楊燕迪校，華東師範大學出版社 2014 年版，第 23 頁。

[728]　倫納德·邁耶爾：《音樂、藝術與觀念 —— 二十世紀文化中的模式與指向》，劉丹霓譯，楊燕迪校，華東師範大學出版社 2014 年版，第 34 頁。

[729]　倫納德·邁耶爾：《音樂、藝術與觀念 —— 二十世紀文化中的模式與指向》，劉丹霓譯，楊燕迪校，華東師範大學出版社 2014 年版，第 34 頁。